관광통역안내사
한권으로 끝내기

· 독학으로 합격이 가능한 필수교재
· 합격에 필요한 핵심이론 완벽정리
· 실전예상문제 수록

· 1교시 국사 / 관광자원해설
· 2교시 관광법규 / 관광학개론

최신정책
최신법령
출제기준
반영

**필기
1차**

김성태 / 이한용 편저

　최근 한국 문화에 대한 세계인의 관심은 날로 커지고 있습니다. 한국의 대중문화뿐 아니라 역사, 전통, 언어, 음식, 철학 등 깊이 있는 문화 전반에 대한 이해를 바탕으로 외국인에게 한국을 소개할 수 있는 전문 인력의 필요성도 함께 커지고 있습니다. 그런 의미에서 관광통역안내사는 한국의 역사와 문화, 관광자원을 종합적으로 해설할 수 있는 국가 공인 전문가로서 앞으로 더 가치를 인정받게 될 것으로 생각됩니다.

　이러한 흐름 속에서 관광(여행)은 개인의 자아실현을 위한 적극적인 활동입니다. 코로나19 팬데믹으로 억눌렸던 관광 수요는 최근 서울 명동이나 부산 국제시장에서 붐비는 외래 관광객의 모습에서 회복세를 실감할 수 있습니다. 더불어 K-pop, K-Beauty, K-Drama 등으로 대표되는 K-Culture의 세계적 인기 역시 외래 관광객 유치에 강력한 촉매제가 되고 있습니다.

　관광통역안내사 자격증은 단기적인 취업이나 부업의 수단을 넘어, 문화 콘텐츠 분야, 관광 산업, 국제교류 등 다양한 진로로 확장될 수 있으므로, 궁극적으로 미래지향적인 자격입니다.

　본 교재에서 국사, 관광자원해설 과목은 관광통역안내사 시험을 준비하는 분들이 실질적인 합격의 길로 나아갈 수 있도록 돕기 위해 집필하였습니다.

　국사, 관광자원해설에서 가장 중요하게 생각한 것은 기출문제입니다. 기출문제를 철저히 분석하고, 시험에서 자주 다뤄지는 핵심 개념과 출제 포인트 위주로 구성하였습니다. 방대한 양의 지식을 모두 암기하는 것은 비효율적이고 현실적이지도 않다는 생각에 가장 효율적이고 효과적인 내용들을 핵심 정리하기 위해 노력했습니다.

　최근 기출경향을 분석하여 출제 가능성이 높은 주제와 키워드들을 위주로 구성하였고 저의 주관적인 견해나 해석은 배제하였습니다. 실제 기출문제를 교재에 수록하여 실전에서 어떻게 활용되는지 확인해 볼 수 있도록 하였고, 이를 통해 내용을 이해하고 문제를 풀어나가는 과정에서 자연스럽게 지식이 확장되고 실전 감각을 익히는 것을 목표로 하였습니다.

관광법규와 관광학개론 과목은 단순히 시험 합격을 넘어, 향후 관광 종사자나 관광 사업자로서 실무에 도움이 될 수 있는 실용적인 지식까지 제대로 전달할 수 있도록 구성하였습니다.

관광법규는 타 과목에 비해 학습 분량이 적고 범위도 한정적인 전략 과목입니다. 본서에 수록된 내용을 잘 정리하신다면 80점 이상 득점도 가능합니다.

관광학개론은 기본이론에서 약 70%가 출제되며, 나머지는 관광학 전공 수준의 최신 이론, 정부 정책, 시사 이슈 등에서 출제됩니다. 또한 관광자원이나 관광법규와 연계된 문제가 4~5문항 정도 포함되기도 합니다. 다소 어렵게 느껴질 수 있지만, 본 교재의 내용을 충실히 학습하신다면 좋은 점수를 획득할 것으로 기대됩니다.

이 교재를 통해 준비하시는 모든 수험생 분들의 합격을 진심으로 기원합니다. 끝으로 책이 나오기까지 많은 도움을 주신 모든 분들께 진심으로 감사드립니다.

편저자 드림

가. 개요

관광도 하나의 산업으로서 국가경제에 미치는 영향이 크다고 판단되어 문화체육관광부에서 실시하는 통역분야의 유일한 국가공인자격증으로서 외국인 관광객의 국내여행 안내와 한국의 문화를 소개함

나. 변천과정

○ 관광통역안내원에서 관광통역안내사로 명칭 변경(2004년)
○ 외국어시험이 공인어학 성적증명서로 대체 (2007년)
○ 한국관광공사에서 한국산업인력공단으로 자격시험 시행기관 변경(2009년)

다. 수행직무

관광통역안내사는 국내를 여행하는 외국인에게 외국어를 사용하여 관광지 및 관광대상물을 설명하거나 여행을 안내하는 등 여행의 편의를 제공

라. 진로 및 전망

○ 여행사, 호텔, 항공사, 해외여행업계, 프리랜서, 무역회사, 통역사 등 경제, 사회적 발전과 더불어 교통수단의 발전문화교류의 증대, 여가시간의 증가에 따라 관광산업은 인류 전체에 공통적으로 해당되는 유망직종 임.
○ 외국인 관광객을 대상으로 하는 여행업자는 관광통역안내사 자격을 가진 사람을 관광안내에 종사하도록 관광진흥법이 개정 되었습니다.(동법 제38조제1항 단서 신설, 2009. 3. 2 일부개정)

마. 소속부처명

: 문화체육관광부(관광기반과)

바. 시행기관

: 한국산업인력공단 (http://www.Q-Net.or.kr/site/interpreter)

가. 응시자격

: 제한 없음

※ 단, 관광통역안내사 자격시험에서 부정한 방법으로 시험에 응시하거나 시험에서 부정한 행위를 한 사람에 대하여는 그 시험을 정지 또는 무효로 하거나 합격결정을 취소하고, 그 시험을 정지하거나 무효로 한 날 또는 합격결정을 취소한 날부터 3년간 시험 응시자격을 정지함(「관광진흥법」제38조제9항)

나. 결격사유

(「관광진흥법」 제38조제5항, 「관광진흥법」 시행규칙 제53조제2항)

○ 아래의 「관광진흥법」제7조제1항에 따른 결격사유가 없는 자에 한하여 관광종사원 자격 취득 및 관광종사원 자격증 발급 가능

1) 피성년후견인·피한정후견인
2) 파산선고를 받고 복권되지 아니한 자
3) 「관광진흥법」에 따라 등록증 또는 사업계획의 승인이 취소되거나 「관광진흥법」제36조제1항에 따라 영업소가 폐쇄된 후 2년이 지나지 아니한 자
4) 「관광진흥법」을 위반하여 징역 이상의 실형을 선고받고 그 집행이 끝나거나 집행을 받지 아니하기로 확정된 후 2년이 지나지 아니한 자 또는 형의 집행유예 기간 중에 있는 자

다. 원서접수방법

○ Q-Net 관광통역안내사 홈페이지에서 원서접수 하여야 하며, 수수료 결제 및 수험표를 출력하여 접수완료 여부 확인

- 홈페이지 주소 : http://www.Q-Net.or.kr/site/interpreter

라. 원서접수 기간

- 제1·2차 시험(동시접수) : 매년 공고되는 관광통역안내사 자격시험 시행계획 공고 참조

  ※ 원서접수 기간 중에는 24시간 접수 가능(단, 원서접수 마감일은 18:00까지 접수 가능)하며, 접수 기간 종료 후에는 응시원서 접수 불가

  ※ 제1·2차 시험 동시접수에 따라 제2차 시험에만 응시하는 경우에도 해당 기간에 접수하여야 함

  ※ 시험의 일부면제자는 제출된 서류가 승인된(Q-Net 관광통역안내사 홈페이지 – 마이페이지에서 확인가능) 후 원서접수 진행(승인 전 원서접수 시 일반응시자로 접수 됨)

- 시험의 일부면제 : 매년 공고되는 **관광통역안내사 자격시험 시행계획 공고** 참조
- 시험의 일부면제자는 제출된 서류가 승인되어야 면제자로 원서접수 가능
  - 제출 서류 승인 여부는 "Q-Net 관광통역안내사 홈페이지 마이페이지"에서 확인가능하며, 승인되기 전일 경우에는 일반응시자로 원서접수됨
- 제2차(면접) 시험만 응시하는 수험자(필기시험 면제자)도 반드시 위의 원서접수 기간 내에 접수를 완료해야 시험 응시 가능
- 원서접수 기간 중에는 24시간 접수 가능하며, 원서접수 마감일에는 18:00까지 접수 가능(접수 기간 종료 후에는 응시원서 접수 불가)
- 외국어시험(공인어학) 성적 인정 기준 : 매년 공고되는 **관광통역안내사 자격시험 시행계획 공고 참조**
- 기타 시험 관련 상세정보는 Q-Net 관광통역안내사 홈페이지 참조(매년 공고되는 **관광통역안내사 자격시험 시행계획 공고 참조**)

마. 시험과목 및 방법

구 분	시 험 과 목		시험방법	배 점
외국어 시 험	영어, 일본어, 중국어, 프랑스어, 독일어, 스페인어, 러시아어, 이탈리아어, 태국어, 베트남어, 말레이·인도네시아어, 아랍어 중 1과목		다른 외국어시험 성적으로 대체	
제1차 (필기) 시 험	1교시	① 국사	객관식 (4지택일형) 과목별 25분항	40%
		② 관광자원해설		20%
	2교시	③ 관광법규(「관광기본법」·「관광진흥법」·「관광진흥개발기금법」·「국제회의산업 육성에 관한 법률」 등의 관광 관련 법규)		20%
		④ 관광학개론		20%
제2차 (면접) 시 험	① 국가관·사명감 등 정신자세 ② 전문지식과 응용능력 ③ 예의·품행 및 성실성 ④ 의사발표의 정확성과 논리성		면접시험 (1인당 10분 내외)	–

- 시험과 관련하여 법률 등을 적용하여 정답을 구하여야 하는 문제는 시험 시행일 현재 시행 중인 법률 등을 적용하여 그 정답을 구하여야 함

※ 기 활용된 문제, 기출문제 등도 변형·활용되어 출제될 수 있음

※ 입실시간 및 시험시간 등은 매년 공고되는 관광통역안내사 자격시험 시행계획 공고 참조

바. 합격자 결정

(「관광진흥법」시행규칙 제45조 및 제46조)

구 분	합 격 결 정 기 준
제1차(필기) 시험	매 과목 4할 이상, 전 과목의 점수가 배점비율로 환산하여 6할 이상 득점한 자를 합격자로 결정
제2차(면접) 시험	총점의 6할 이상 득점한 자를 합격자로 결정

목차

목차

1과목

국사

1편 선사시대의 문화와 국가의 형성

1장 선사시대의 전개

제1절 구석기 시대와 신석기 시대

1. 구석기 시대

(1) 구석기 시대의 문화 발전

도구	뗀석기, 뼈도구, 불 사용 –사냥용 : 주먹도끼, 찍개, 찌르개 –조리용 : 긁개, 밀개
	▲ 주먹도끼　　▲ 찍개　　▲ 긁개　　▲슴베찌르개
경제	사냥, 채집 → 채집경제
주거	동굴, 막집, 바위그늘
사회	평등한 공동체 사회, 이동생활 지도자는 있으나 권력을 갖지는 못함
문화	동물 뼈, 뿔, 석회암 등을 활용한 조각 제작, 동굴 벽화 제작 → 주술적 의미, 사냥의 성공 기원

(2) 구석기 시대의 유적지와 인류화석

1) 구석기 유적지

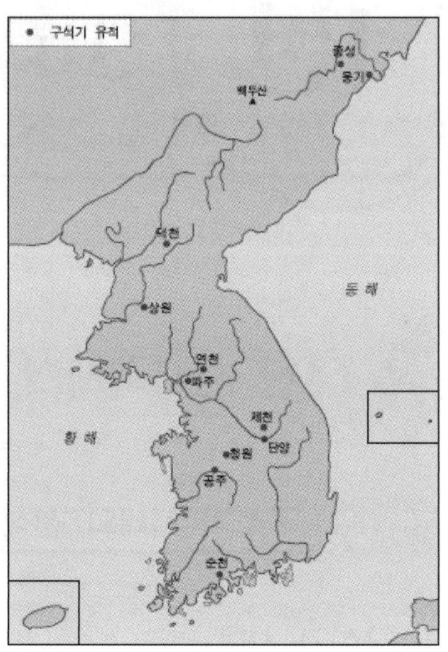

시 대	유적지
전 기	충북 단양 금굴, **경기 연천 전곡리**, **상원 검은모루 동굴, 공주 석장리**
중 기	웅기 굴포리, **덕천 승리산 동굴**, 단양 상시리 바위그늘
후 기	단양 수양개, **청원 두루봉 동굴**, 제천 창내, 종성 동관진

2) 한반도의 인류화석

덕천 승리산 동굴	우리나라 최초로 인류화석이 발견, 덕천인(어금니와 어깨뼈)과 승리산인(아래턱뼈)
단양 상시리 바위그늘	남한에서 최초로 인류화석이 발견, 후기의 구석기인(윗머리뼈)
평양 역포 대현동	7~8세 소녀의 인골화석이 발견(역포인)
청원 두루봉 동굴	5~7세로 추정되는 두 어린이의 인골화석이 발견(흥수아이)
평양 만달리 동굴	성인 남자의 인골화석이 발견

2. 신석기 시대

(1) 신석기 시대와 신석기 혁명

1) 신석기 시대의 기원과 경제변화

① 기원 : 약 기원전 1만 년 전
② 경제 변화 – 신석기 혁명(채집 → 생산)
- 농경과 목축의 시작 : 조·피·수수 등 밭농사 중심 → 벼농사X
- 농기구 제작 : 돌이나 나무를 활용해 제작 ex〉돌괭이, 돌낫, 돌보습, 돌삽
- 채집, 수렵, 어로 등 경제활동 여전히 중요

2) 신석기 시대의 도구와 유적

① 도구

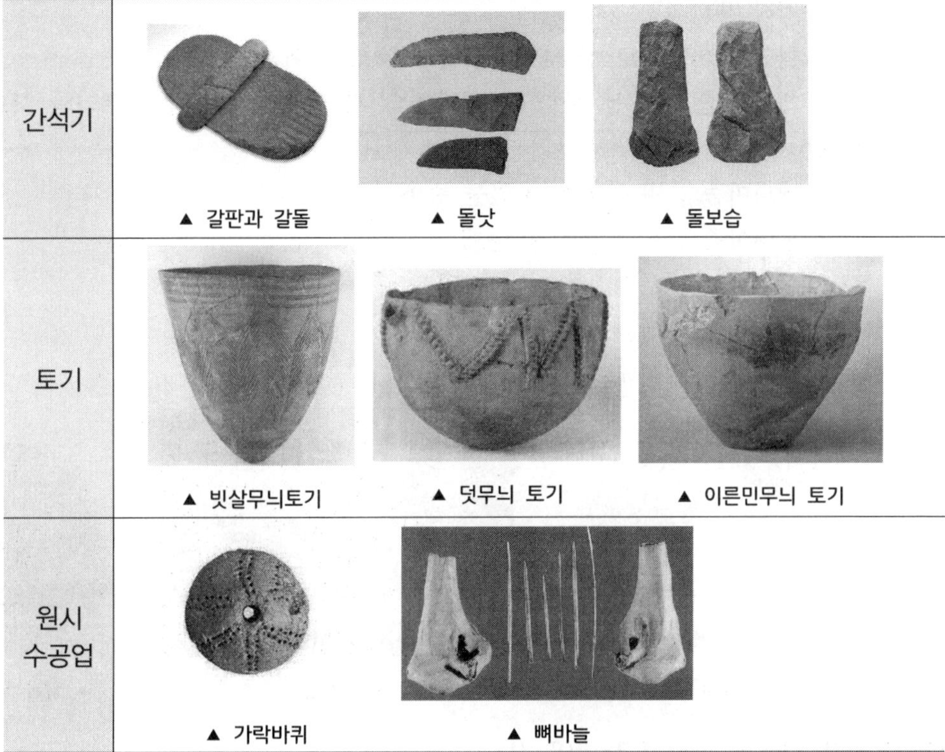

간석기	▲ 갈판과 갈돌	▲ 돌낫	▲ 돌보습
토기	▲ 빗살무늬토기	▲ 덧무늬 토기	▲ 이른민무늬 토기
원시 수공업	▲ 가락바퀴	▲ 뼈바늘	

② 주거

- 강가나 바닷가에 '움집'을 짓고 생활
- 주로 원형이나 모서리가 둥근 사각형, 중앙 화덕, 남쪽 출입문, 화덕이나 출입문 부근에 저장 구덩이, 바닥을 다소 깊게 팜

③ 유적지

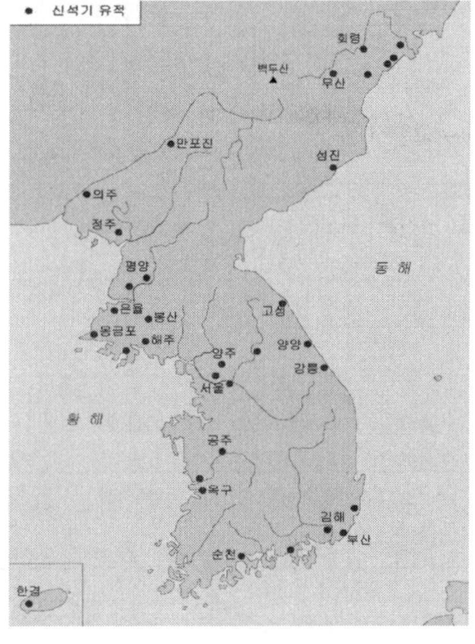

특징	농경과 어로에 유리한 강가나 바닷가 등에 위치
대표 유적	- 서울 암사동 유적 - 제주 한경 고산리 유적 - 강원 양양 오산리 유적 - 황해 봉산 지탑리 유적 - 평양 남경 유적 - 부산 동삼동 유적

3) 신석기 시대의 생활

① 신석기 시대의 사회
  - 정착 생활
  - 혈연을 바탕으로 한 씨족 사회, 대체로 족외혼
  - 계급이 없는 평등 사회 → 연장자나 경험이 많은 사람이 무리의 지도자가 됨

② 원시 신앙
  - 애니미즘 : 자연현상, 자연물 숭배
  - 토테미즘 : 특정 동식물 숭배
  - 샤머니즘 : 무당, 주술 등을 믿음
  - 영혼숭배 : 영혼 불멸 사상
  - 예술 : 조개껍데기 가면, 치레걸이, 얼굴 모양 토기

▲ 조개껍데기 가면

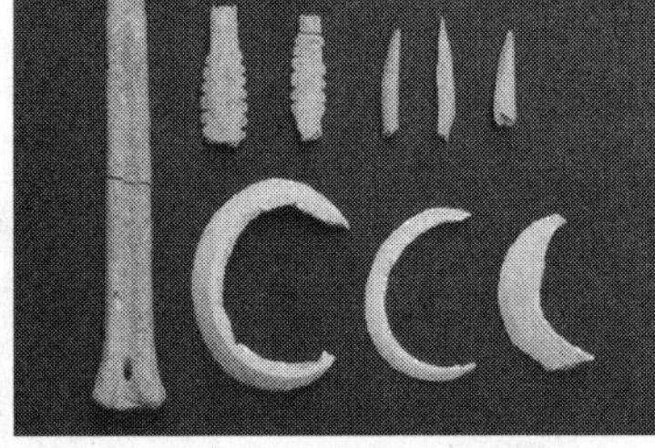

▲ 치레걸이

▲ 얼굴 모양 토기

(2) 구석기 시대와 신석기 시대의 비교

구분	구석기 시대	신석기 시대
시기	약 70만 년 전부터	약 1만년 경부터
유물	뼈도구와 뗀석기 ex〉 주먹도끼·찍개·긁개·밀개	간석기와 토기, 돌로 만든 농기구, ex〉 갈판, 갈돌, 가락바퀴와 뼈바늘
경제	사냥, 채집, 어로	농경과 목축의 시작, 원시적 수공업(옷과 그물 제작)
주거	동굴, 바위그늘, 막집	원형이나 방형의 움집 중앙 화덕, 바닥을 깊게 팜
사회	이동생활, 평등사회	씨족·부족사회(족외혼) 정착생활, 평등사회
신앙과 예술	사냥감의 번성을 비는 조각품 및 동굴 벽화 제작	애니미즘, 토테미즘, 샤머니즘 등 조개껍데기 가면, 치레걸이 제작

1. 청동기 시대

(1) 연대와 특징

1) 청동기 시대의 시작 : 기원전 2000년 ~ 기원전 1500년 경

2) 경제적 변화

① **벼농사** 시작(부여 송국리, 여주 흔암리, 서천 화금리 등)
② 농업 생산력 발달

3) 사회 변화

① 잉여 생산물의 발생 → 사유 재산의 인정 → 빈부 격차 발생 → **계급** 사회의 등장
② **제정일치** 사회 : 족장이나 군장이 제사를 주관 → 선민사상 대두
③ 남녀의 역할 분화

(2) 청동기 시대의 유적지

남한	경기 여주 흔암리, **충남 부여 송국리**, 충북 제천 황석리, 전남 순천 대곡리
북한	함북 회령 오동리, 함북 나진 초도, 평북 강계 공귀리, 평북 의주 미송리

(3) 청동기 시대의 유물

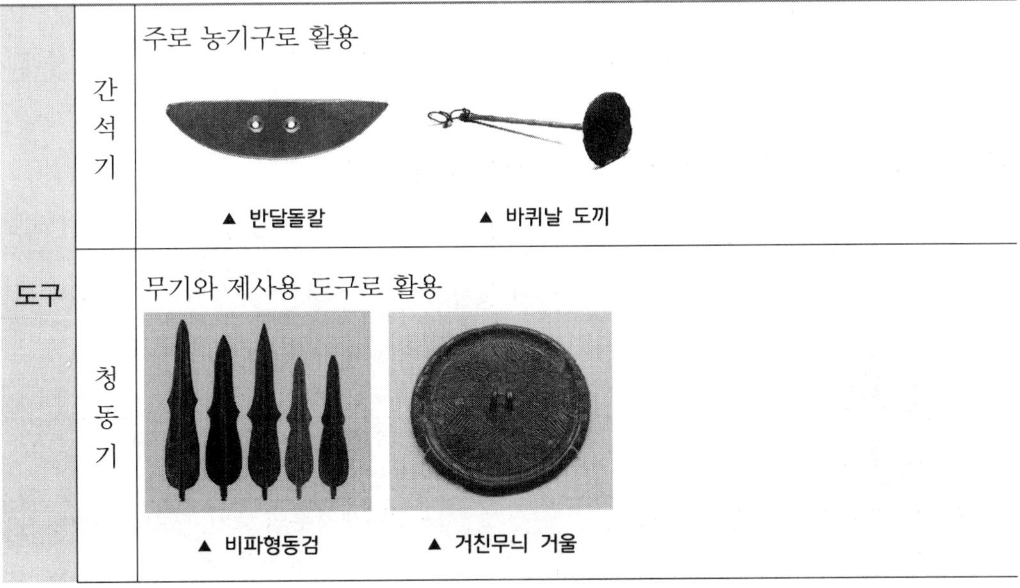

도구	간석기	주로 농기구로 활용 ▲ 반달돌칼　　　▲ 바퀴날 도끼
	청동기	무기와 제사용 도구로 활용 ▲ 비파형동검　　　▲ 거친무늬 거울

토기	▲ 미송리식 토기	▲ 민무늬 토기	▲ 송국리형
무덤	고인돌, 돌널무덤		
	▲ 탁자식 고인돌	▲ 바둑판식 고인돌	

(4) 청동기 시대의 주거 변화

① 야산이나 구릉 지대에 거주

② 움집의 변화: **지상가옥화**, 주춧돌 사용, 직사각이나 원형 집터, 4~8인 규모, 화덕 벽 쪽으로 이동, 저장 구덩이 따로 설치, 집 밖에 따로 저장시설을 만듦

(5) 청동기 시대 예술활동

① 울주 대곡리 반구대 바위그림 : 사냥의 성공과 풍성한 수확 기원

② 고령 장기리 바위그림 : 태양 숭배(기하학 무늬 동심원)

③ 울주 천전리 각석 바위그림 : 태양 숭배, 신라시대의 명문이 새겨져있음, 종교 제단 으로 추정

(6) 신석기 시대와 청동기 시대의 경제·사회 생활 비교

신석기 시대	구분	청동기 시대
• 부족·씨족사회, • 평등한 공동체, 족외혼	사회생활	• 군장의 출현, 계급사회 • 선민사상 등장
• 자급자족적 농민 공동체	경제생활	• 사유재산과 빈부의 격차 발생 • 계급의 발생
• 토묘	무덤	• 고인돌(탁자식, 바둑판식) • 돌널무덤
• 이른 민무늬 토기, 덧무늬 토기, 빗살무늬 토기	토 기	• 덧띠새김무늬 토기, 민무늬 토기, 미송리 식 토기, 붉은간토기

2. 철기 시대

(1) 철기 시대의 발전

경제 변화	벼농사 발달, 목축 확대 중국과의 교류 : 명도전, 반량전 등 중국 화폐 발견, 붓 발견(한자 사용) ▲ 명도전　　　　▲ 반량전	
사회 변화	계층 분화(지배층, 피지배층) 만주와 한반도 일대에 연맹 왕국 등장	
도구	철기	철제 농기구 사용 → 농업생산력 증대, 인구 증가 철제 무기 사용 → 전투력 향상, 전쟁 증가, 새로운 국가 등장
	청동기	의례용 도구로 변화 : 독자적인 청동기 문화 발전 ▲ 세형동검　　　　▲ 잔무늬 거울
	토기	, 덧띠 토기, 검은 간 토기
무덤	독무덤 : 흙이나 돌 대신 커다란 두 개의 항아리를 붙여서 만든 무덤 널무덤 : 넓적한 나무 널(나무관)을 만들어 시신을 안치하는 무덤 ▲ 독무덤　　　　▲ 널무덤	
주거	부뚜막, 여(呂)자형 주거	
예술	사람이나 짐승 모양의 토우 제작	

(2) 선사 시대 비교

1) 토기

신석기 시대	빗살무늬 토기, 이른 민무늬 토기, 덧무늬 토기
청동기 시대	민무늬 토기, 미송리식토기, 붉은 간토기
철기 시대	검은 간토기, 덧띠토기, 가지무늬 토기

2) 주거

구석기 시대	• 이동생활 • 동굴, 강가의 막집, 바위그늘
신석기 시대	• 정착생활 시작 • 주로 강가나 해안가에 움집을 지어 생활 • 화덕이 대체로 중앙에 위치, 바닥을 깊에 팜
청동기 시대	• 산간이나 구릉지대에 움집을 짓고 거주 • 지상가옥화, 화덕이 한쪽 벽으로 이동.

3) 농기구

시대	농기구 종류	특징
신석기	• 돌괭이, 돌보습, 돌낫, 갈판	• 간석기로 만든 농기구 사용
청동기	• 홈자귀, 반달돌칼, 바퀴날도끼	• 여전히 간석기 사용 • 청동 농기구는 제작X
철기	• 철제 농기구 제작	• 철제 농기구 사용으로 생산력 증가

4) 무덤

구석기	청동기	철기
없음	고인돌(탁자식, 바둑판식) 돌널무덤	널무덤(토광묘 또는 목관묘) 독무덤(옹관묘)

2장 고조선 건국과 여러 나라의 성장

제1절 고조선의 건국과 발전

1. 고조선

(1) 고조선의 건국과 세력 범위

1) 고조선의 건국

① 단군왕검이 청동기 문화를 바탕으로 건국(B.C 2333년)
② 건국 후 만주와 한반도 서북부 지역의 여러 부족을 통합
③ 근거 : 삼국유사, 제왕운기, 응제시주, 동국여지승람 등

2) 고조선의 세력 범위

① 요령지방 중심, 한반도 북부, 대동강 유역의 왕검성
② 비파형동검, 탁자식 고인돌, 미송리식 토기의 분포지역과 대체로 일치

(2) 단군신화

사회 모습	단군 이야기의 내용
천손신앙(선민사상)	환인의 아들 환웅
'홍익인간' 건국이념	널리 인간을 이롭게 함.
농경사회	풍백·우사·운사
토테미즘	곰과 호랑이의 등장
부족 연합	환웅과 웅녀 결혼
제정일치 사회	단군왕검

(3) 8조금법

1) 출처 : 한서지리지에 수록

2) 내용

내용	해석
사람을 죽인 자는 즉시 죽인다.	노동력 중시, 생명존중
남에게 상해를 입힌 자는 곡식으로 갚는다.	노동력 중시, 사유재산 인정
도둑질한 자는 노비로 삼는다. 용서받고자 한다면 50만 전을 내야 한다.	노동력 중시, 계급사회
여자들은 정절을 지켜 음란하지 않았다.	가부장적 사회

2. 고조선의 발전

(1) 단군조선

1) 왕위세습 : 부왕 → 준왕

2) 상 · 대부 · 장군 등 관직설치

3) 요서지방을 경계로 **연나라와 대립** → 연나라 장수 진개의 침입으로 서쪽 땅을 잃음

(2) 위만조선

1) 중국의 진한 교체기에 유이민 유입

2) **위만**이 준왕을 몰아내고 왕위에 오름

3) **철기 본격적 수용** → 농기구, 무기

4) 진국과 한나라 사이의 **중계무역으로 성장** → 한나라와 대립

(3) 멸망

1) **한 무제**의 침략과 지배층 내분으로 멸망

2) 멸망 이후 한반도에 한사군 설치(낙랑, 진번, 임둔, 현도)

1. 고대 국가의 발전

(1) 고대 국가의 발전 과정

군장국가(부족국가)		연맹왕국		중앙집권국가
왕이 없고 군장이 통치	⇨	왕이 존재 왕권은 미약	⇨	왕권 강화 : 율령, 불교, 영토확장, 왕위부자상속

(2) 단계별 국가

발전 단계	국가
군장국가 단계에서 멸망	옥저, 동예
연맹왕국 단계에서 멸망	부여, 초기고구려
중앙집권국가로 발전	고구려, 백제, 신라

2. 부여 특징과 풍습

위치	• 만주 길림 송화강 유역
정치	• 왕이 중앙을 통치하고 **사출도(마가, 우가, 저가, 구가)**가 나머지 지역 독자적 통치 • **왕권 미약** : 흉년이나 수해책임을 왕에게 물음.
경제	• 농경과 목축이 주요 산업(반농반목) • 특산물 : 말·주옥·모피
풍습	• 1책12법, 순장, 우제점법, 형사취수제 • 엄격한 형벌 : 살인자, 간음한 자, 투기가 심한 부인은 사형 • 제천행사 영고(12월)
멸망	• 선비족의 침입으로 쇠약해진 후 고구려의 문자왕때 복속(494년)

3. 고구려의 특징과 풍습

위치	• 압록강 유역 졸본 지역
정치	• 5부족 연맹체 • **제가회의** • **왕 아래 상가 고추가 대가 등이 사자, 조의, 선인 등을 거느림**
경제	• 지리적 특성으로 농사가 어려움 • 약탈경제
풍습	• 상무적 기풍 • 서옥제, 국동대혈, 형사취수제 • 제천행사 : 동맹(10월)

4. 옥저와 동예

구분	옥저	동예
위치	함흥 평야에 위치	강원도 북부 해안가에 위치
정치	• 왕이 없고 읍군(邑君)과 삼로(三老)라는 군장이 정치 주도 • 고구려의 견제로 성장 지연 • 연맹왕국으로 발전하기 못함(군장국가에서 정체	
경제	• 고구려의 약탈로 크게 발달하지 못함 • 소금, 해산물 등이 풍부	• 방직기술이 발달 • 특산물 : 단궁, 과하마, 반어피
풍속	• 민며느리제 • 가족공동무덤(골장제)	• 족외혼, 책화 • 철(凸)자형과 여(呂)자형 집터 • 제천행사 : 무천(10월)

5. 삼한

위치	• 한반도 남부지역 • 이 후 마한, 진한, 변한 지역에 각각 백제, 신라, 가야가 성장
정치	• **제정 분리** • 정치 지도자 : **신지, 읍차** – 마한의 목지국이 삼한을 대표 • 제사장 : **천군** • **소도** : 천군이 다스리는 독립적인 지역
경제	• 남부 일부지역에서 벼농사 발달, 저수지 축조 • 변한 지역에서 철 생산, '낙랑'과 '왜'에 수출
풍습	• 두레 : 공동 노동조직 • 제천행사 : 5월제(수릿날), 10월제(계절제)

* **서옥제**

혼인할 때는 말로 미리 약속하고, 여자 집에서 본채 뒤편에 작은 별채인 서옥을 짓는다. ...... 이때 신랑은 돈과 비단을 내놓는다. 자식을 낳아 장성하면 아내를 데리고 집으로 돌아간다.

* **민며느리제**

그 나라 풍속에 여자 나이 10살이 되기 전에 혼인을 약속한다. 신랑 집에서는 여자를 맞이하여 다 클 때까지 길러 아내로 삼는다. (여자가) 성인이 되면 다시 친정으로 돌아가게 한다. 여자의 친정에서는 돈을 요구하는데, (신랑 집에서) 돈을 지불한 후 다시 신랑 집으로 돌아온다.

* **가족공동무덤**

장사 지낼 적에는 큰 나무 곽을 만드는데, 길이가 10여 척이나 되며 한쪽 머리를 열어 놓아 문을 만든다. 사람이 죽으면 시체는 모두 가매장을 하되 겨우 형제만 덮일 만큼 묻었다가 가죽과 살이 다 썩은 다음에 뼈만 추려 곽 속에 안치한다.

* **책화**

산천(山川)을 중시하였으며, 산천마다 각각 읍락(邑落)의 구분이 있어 함부로 서로 건너거나 들어갈 수 없었다. ...... (중략) ...... 그 나라의 읍락이 서로 침범하면 항상 생구(生口)·우마(牛馬)로 죄를 처벌하도록 하였는데, 이를 이름 하여 '책화(責禍)'라고 하였다.

01. 신석기 시대에 관한 설명으로 옳은 것은? (2021년 기출)

① 명도전을 화폐로 사용하였다.

② 검은 간토기를 널리 사용하였다.

③ 바닥이 여(呂) · 철(凸)자형인 집을 짓고 거주하였다.

④ 사냥 · 채집 · 어로가 식량을 획득하는 주요 수단이었다.

해설 ①, ②, ③은 모두 철기시대에 대한 설명이다.

정답 ④

02. 신석기 시대에 관한 설명으로 옳은 것을 모두 고른 것은? (2022년 기출)

> ㄱ. 대표적인 유적으로 서울 암사동 유적, 양양 오산리 유적 등이 있다.
> ㄴ. 움집에 살면서 정착생활을 시작하였다.
> ㄷ. 고인돌과 독무덤을 만들었다.
> ㄹ. 농업생산력의 발달로 계급분화가 이루어졌다.

① ㄱ, ㄴ   ② ㄱ, ㄹ

③ ㄴ, ㄷ   ④ ㄷ, ㄹ

정답 ①

03. 단군의 건국에 관한 기록이 나타난 문헌으로 옳지 않은 것은? (2020년 기출)

① 동국여지승람   ② 삼국유사

③ 제왕운기   ④ 삼국사기

해설 김부식이 편찬한 삼국사기는 유교적 합리주의 사관에 따라 단군의 건국 이야기를 삭제하였다.

정답

04. 청동기 시대에 관한 설명으로 옳은 것은? (2022년 기출)

① 거친무늬 거울을 만들었다.
② 주로 동굴이나 막집에서 살았다.
③ 빗살무늬 토기에 음식을 저장하였다.
④ 소를 이용하여 땅을 갈고 농사를 지었다.

해설 ② 구석기 시대, ③ 신석기 시대, ④ 삼국시대(지증왕)에 대한 설명이다.
정답 ①

05. 고조선에 관한 설명으로 옳지 않은 것은? (2020년 기출)

① 기원전 108년 왕검성이 함락되어 고조선이 멸망하였다.
② 기원전 194년 위만은 우거왕을 몰아내고 스스로 왕이 되었다.
③ 기원전 3세기경에는 왕 밑에 상, 대부, 장군 등의 관직을 두었다.
④ 진·한교체기에 위만은 1천여 명의 무리를 이끌고 고조선으로 들어왔다.

해설 기원전 194년 위만은 준왕을 몰아내고 스스로 왕이 되었다.
정답 ②

06. 다음 나라에 관한 설명으로 옳지 않은 것은? (2020년 기출)

① 동예는 족외혼을 엄격하게 지켰다.
② 삼한에는 제사장인 천군이 소도를 다스렸다.
③ 옥저의 특산물로는 과하마, 단궁, 반어피가 있었다.
④ 부여에는 12월에 열리는 영고라는 제천행사가 있었다.

해설 과하마, 단국, 반어피는 동예의 특산물이다.
정답 ③

07. 밑줄 친 '이 시대'의 사회생활에 관한 설명으로 옳은 것은? (2023년 기출)

> <u>이 시대</u> 정치 세력의 우두머리는 스스로를 '하늘의 자손'이라 내세우며, 제법 넓은 지역의 마을과 집단을 지배하였다. 마을 유적에서는 주위를 감싼 목책과 환호가 발견되었다.

① 무리를 이루어 먹을 것을 찾아 이동생활을 하였다.
② 주로 뗀석기로 사냥과 채집을 하며 생활하였다.
③ 반달 돌칼로 곡식을 수확하였다.
④ 음식을 주로 빗살무늬 토기에 저장하였다.

해설 천손사상이 나타났던 시대는 '청동기 시대'이다. ①, ② 구석기시대, ④ 신석기 시대에 대한 설명이다.
정답 ③

08. 고조선에 관한 설명으로 옳지 않은 것은? (2023년 기출)

① 도둑질한 자를 노비로 삼았다.
② 영고라고 불리는 제천행사를 개최하였다.
③ 지배자는 '왕'이라는 칭호를 사용하였다.
④ 탁자식 고인돌에 주검을 매장하였다.

해설 12월에 영고라고 불리는 제천행하는 개회한 것은 부여이다.
정답 ②

09. 동예에 관한 설명으로 옳은 것은? (2024년 기출)

① 단궁과 과하마 등이 특산물이었다.
② 주요 관명으로 마가, 우가 등이 있었다.
③ 흉년이 들면 왕에게 책임을 묻기도 하였다.
④ 형이 죽으면 동생이 형수를 아내로 맞는 풍습이 있었다.

정답 ①

10. 옥저에 관한 설명으로 옳은 것은? (2021년 기출)

① 서옥제라는 혼인 풍속이 있었다.

② 도둑질을 한 자는 노비로 삼았다.

③ 낙랑군과 고구려의 지배를 받았다.

④ 지배자를 상가, 고추가 등으로 불렀다.

해설 ① 고구려 ② 고조선 ④ 고구려에 대한 설명이다.

정답 ③

11. 다음 풍속을 가진 나라에 관한 설명으로 옳은 것은? (2021년 기출)

> 수해나 한해를 입어 오곡이 잘 익지 않으면, 그 책임을 왕에게 묻기도 하였다.
>
> – 『삼국지』 –

① 살인자는 사형에 처하였다.

② 덩이쇠를 화폐처럼 사용하였다.

③ 산동지방의 제나라와 교역하였다.

④ 매년 무천이라는 제천 행사가 열렸다.

해설 자료는 부여의 풍속에 대한 설명이다. ② 삼한 중 변한(또는 가야), ③ 백제, ④ 동예에 대한 설명이다.

정답 ①

2편 고대 사회의 형성과 발전

1장 고대의 정치

제1절 삼국 시대 정치

1. 중앙집권 국가의 특징과 발전

(1) 중앙집권 국가의 특징

1) 불교공인

2) 율령반포

3) 왕위 부자상속

4) 영토확장

5) 관등제와 관복제

(2) 삼국의 중앙집권 강화

특징	고구려	백제	신라
중앙집권 국가의 기틀	태조왕	고이왕	내물왕
왕위 부자상속	고국천왕	근초고왕	눌지왕
불교 공인	소수림왕	침류왕	법흥왕
율령 반포	소수림왕	고이왕	법흥왕
전성기	장수왕	근초고왕	진흥왕

2. 삼국의 성립과 발전

(1) 고구려의 발전

수도	시기	국왕	주요사건
졸본성	B.C 37년	동명성왕	• B.C 37년 건국(졸본) – 부여의 한 갈래
국내성	1C	유리왕	• 국내성 천도(A.D 3년)
		태조왕	• 활발한 정복 활동 : 옥저 복속(56), 요동 정벌 • 중앙 집권 국가의 기틀 마련 : 계루부 고씨의 왕위 독점
	2C	고국천왕	• 5부 개편 : 부족적 성격의 5부를 행정적 성격으로 개편 • 왕위 부자상속 • 진대법 실시(194) : 을파소의 건의로 시행
	3C	동천왕	• 서안평 공격 • 중국 위나라의 공격(관구검)으로 한 때 수도 함락
	4C	미천왕	• 서안평 점령(311) • 낙랑군 축출(313) • 대방군 축출(314)
		고국원왕	• 전진과 외교 • 국내성 함락(전연의 침입) • 백제 근초고왕의 침입으로 사망
		소수림왕	• **불교수용(372)** • **태학설립(372)** • **율령반포(373)**
		광개토대왕	• 영토 확장 : 만주정벌(숙신 · 거란 격퇴), 한강 이북지역 진출(백제 아신왕 굴복), 동예 복속, 요동 진출(후연 격퇴), **신라에 침입한 왜구 격퇴(신라에 영향력 행사, 가야 중심지 이동)** • 독자적 천하관 : '영락'연호 사용, 태왕 호칭 사용
평양성	5C	장수왕	• 남진정책 : **평양천도(427)**, 백제 한성 함락(개로왕 전사), 한강 유역 확보 • **충주(중원) 고구려비, 광대토대왕릉비 건립**

> ***진대법**
> 소속 관리에게 명하여 매년 봄 3월로부터 가을 7월까지 관청의 곡식을 내어 백성의 식구가 많고 적음에 따라 등급을 정하여 꾸어 주고 겨울 10월에 갚게하는 상설 규정을 만드니 내외가 크게 기뻐했다.
>   -삼국사기-

> ***광개토대왕과 신라의 관계**
>
> 관군이 이르자, 왜적이 물러가므로, 뒤를 급히 추격하여 임나가라의 종벌성에 이르렀다. 성(城)이 곧 귀순하여 복종하므로, 순라병을 두어 지키게 하였다. 신라의 성을 공격하니 왜구는 위축되어 궤멸되었다.
>
> – 광개토대왕릉 비문–

(2) 백제의 발전

수도	시기	국왕	주요사건
한성	B.C 18년	온조	• 고구려 계통의 유이민과 한강 토착세력의 결합으로 건국
	3C	고이왕	• 중앙 집권 국가의 기틀 마련 : 한강장악, **관등제 · 관복제** 정비, 율령반포 • 영토 확장 : 목지국 정복, 한강 유역 확보
	4C	근초고왕	• 내정 : **왕위의 부자 상속**, 고흥 〈서기〉 편찬 • 영토 확장 : 마한정복, **평양성을 공격**하여 황해도 일대 장악(고구려 고국원왕 전사) • 대외 관계 : 요서 · 산동 · 규슈 진출, 일본에 문화 전파(왕인, 아직기)
		침류왕	• 중국 동진으로부터(마라난타) 불교 수용(384)
	5C	비유왕	• 나제동맹 체결(433)
		개로왕	• 북위에 지원 요청 • 장수왕의 침입으로 전사 • 한강유역 상실
웅진		문주왕	• 475년 웅진 천도
		동성왕	• 신라와 혼인 동맹(493)
		무령왕	• 중국 남조와 교류(양직공도, 무령왕릉) • 지방에 22담로를 설치하고 왕족과 귀족을 파견
사비	6C	성왕	• 사비천도, '남부여'국호 • 중국 남조와 교류 • 중앙 22부 설치, 5부 5방 설치 • 일본에 불교 전파(노리사치계) • 신라와 함께 한강유역 일시 회복 → 관산성에서 전사
	7C	의자왕	• 신라의 대야성을 공격하여 함락 • 사비성 함락 → 백제 멸망

*4C 고구려와 백제의 대립

겨울에 왕이 태자와 함께 정예 군사 3만 명을 거느리고 고구려에 쳐들어가 평양성을 공격하였다. 고구려의 왕 사유가 힘을 다해 싸워 막다가 빗나간 화살에 맞아 죽었다. 왕이 군사를 이끌고 물러났다.

-삼국사기-

*개로왕이 북위에 보낸 국서

신은 고구려와 더불어 근원이 부여(扶餘)에서 나왔으므로, 예전에는 서로 친하게 지내었습니다. …… 신의 조상 수(須, 근구수왕)가 군사를 정비하여 번개같이 달려가 기회를 타서 공격하니 잠시 교전 끝에 쇠(고국원왕)의 목을 베어 효시(梟示)하였습니다.

-위서-

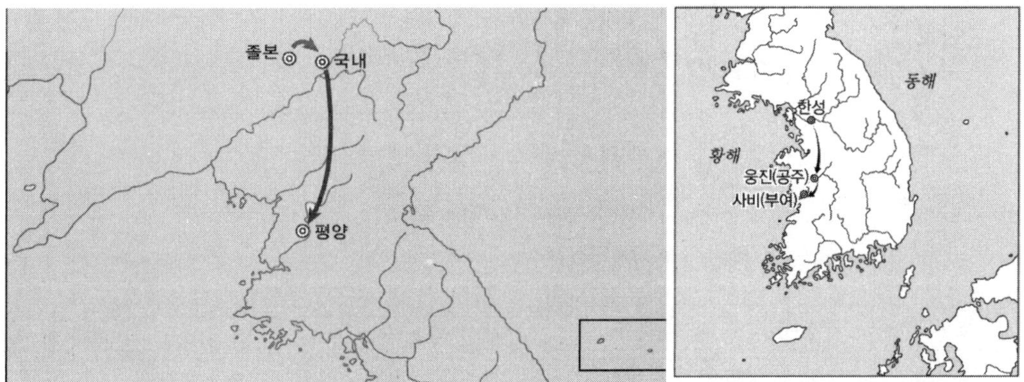

▲ 고구려의 수도 이동   ▲ 백제의 수도 이동

(3) 신라의 발전 (4~7세기 통일 이전)

왕호	시기	국왕	주요사건
거서간, 차차웅	BC 57년	박혁거세	• 진한의 여러 소국 중 사로국에서 건국 • 박석김씨가 교대로 왕위 차지, 왕권 미약, 중앙 집권 국가 발전이 늦음
이사금	BC 19년	유리 이사금	• 이사금 칭호 사용
마립간	4C	내물 마립간	• 중앙 집권 국가 기틀 마련 • 김씨 왕위 세습, '마립간'칭호 • 광개토대왕의 도움으로 가야와 왜 연합국 격퇴
마립간	5C	눌지 마립간	• 나제동맹 체결, • 불교 전래(묵호자), • 왕위 부자상속
마립간	5C	소지 마립간	• 백제 동성왕과 결혼동맹
왕	6C	지증왕	• '신라'국호, '왕'칭호사용, • 우산국 복속 • 우경 보급, 동시전 설치, 순장 금지
왕	6C	법흥왕	• 중앙 집권 체제의 확립 : 병부설치, 율령반포, 공복제정, 골품제정비, 관등제정비, 불교공인 • 불교식왕명, 금관가야 정복, '건원'연호사용
왕	6C	진흥왕	• 영토확장 : 한강점령(중국과직접교역), 함경도진출, 대가야정복(562) • 단양적성비(551), 북한산비(551), 창녕비(561), 황초령비(568), 마운령비(568) 건립 • 화랑도를 국가조직으로 개편, '개국'연호 사용, 황룡사 건립, 국사 편찬(거칠부)
왕	6C	진평왕	• 원광법사 세속5계, 걸사표
왕	7C	선덕여왕	• 황룡사 9층목탑, 첨성대, 분황사 건립
왕	7C	진덕여왕	• 집사부 설치 • 나당 동맹 체결(648)

***신라의 왕호 변천**

신라의 왕으로 거서간(居西干)이라고 칭한 사람이 1명, 차차웅(次次雄)이 1명, 이사금(尼師今)이 16명, 마립간(麻立干)이 4명이었다.　　　　　　　　　　　-삼국사기-

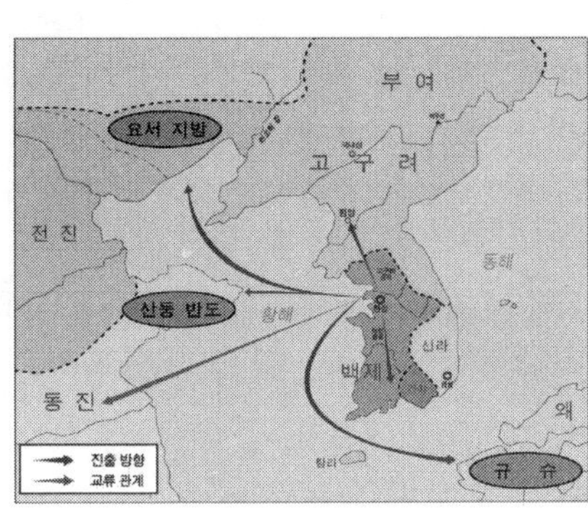

▲ 4세기 백제의 전성기(근초고왕)

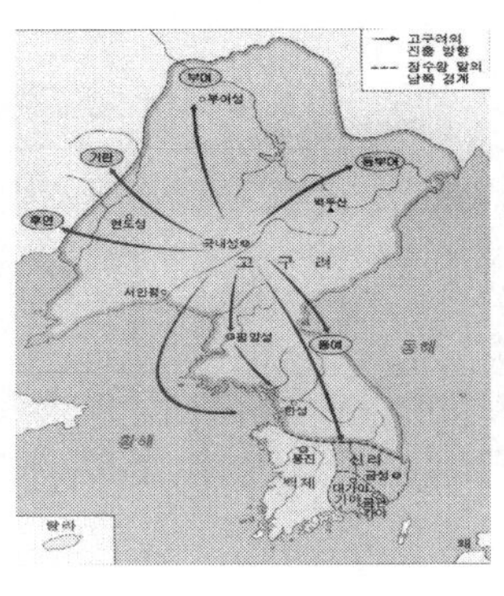

▲ 5세기 고구려의 전성기(장수왕)

▲ 6세기 신라의 전성기(진흥왕)

3. 가야 연맹

(1) 가야연맹의 성립

1) 변한 지역에서 형성

2) 6개국의 연맹왕국으로 형성(6가야 연맹)

(2) 가야 연맹의 발전

전기 가야연맹	• 3세기~5세기 **금관가야(김해)**를 중심으로 발전, 대성동 고분 • 중계무역 발달(낙랑과 규슈 연결, 철) • 낙랑의 멸망으로 중계무역 쇠퇴 · 고구려 광개토대왕의 공격 → 세력 약화, 중심지 대가야로 이동 • 6세기 법흥왕에 의해 정복
후기 가야연맹	• 5세기 경 **대가야(고령)**를 중심으로 한 연맹체, 지산동 고분 • 신라와 결혼동맹(522), • 진흥왕 때 신라에 병합

(3) 가야의 문화

1) 가야 고분 : 김해 대성동 고분, 고령 지산동 고분, 돌덧널 무덤

2) 가야 토기 : 일본의 스에키 토기에 영향

3) 가야 음악 : 우륵의 가야금

▲ 가야 토기

▲ 덩이쇠

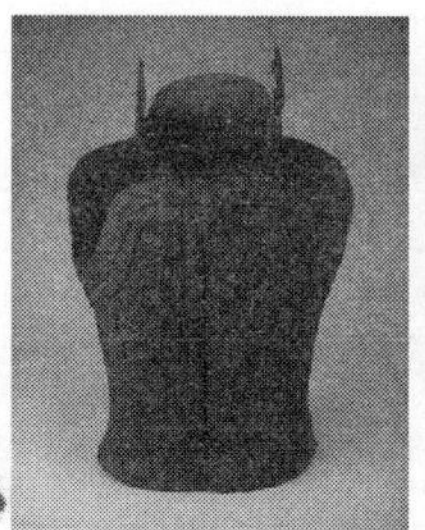

▲ 가야 판갑옷

▲ 가야 금관

4. 고구려의 대외항쟁과 신라의 삼국 통일

(1) 고구려와 수·당의 전쟁

1) 수와의 전쟁

① 고구려의 요서지방 선제공격
② 수 문제의 침입
③ 고구려 승리
④ 수 양제가 113만 대군으로 고구려 침입
⑤ 우중문의 30만 별동대 평양성 공격
⑥ 을지문덕이 살수대첩(612)에서 대승

> *** 을지문덕이 우중문에게 보낸 시**
>
> 신묘한 계책은 천문을 꿰뚫어 볼 만하고
> 오묘한 전술은 땅의 이치를 모조리 알도다.
> 전쟁에 이겨서 공이 이미 높아졌으니
> 만족을 알거든 그만 돌아가시구려.

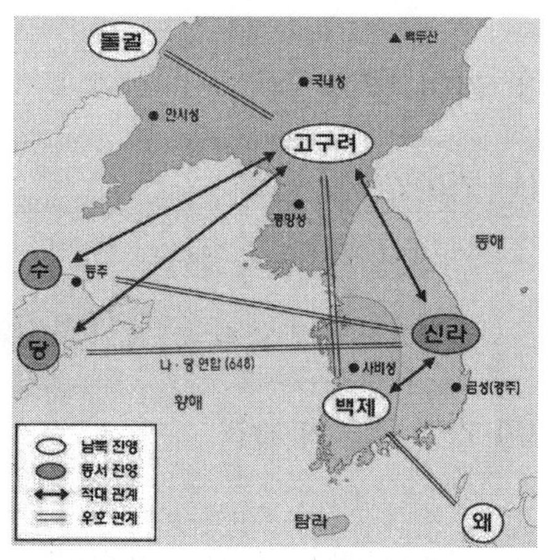

▲ 7세기 동북아시아의 정세

2) 당과의 전쟁

① 당 태종 즉위 후 관계 악화
② 고구려 천리장성 축조
③ 쿠데타로 **연개소문** 집권, **대당 강경 외교**
④ 당 태종의 침입
⑤ 안시성싸움 승리(645)

5. 신라의 삼국통일

(1) 삼국의 통일 과정

<table>
<tr><td>

• 신라의 위기 : 백제 의자왕의 신라 공격 → 대야성 함락
• 나당동맹 : 김춘추의 외교를 통해 나당동맹 결성(648)

</td></tr>
</table>

⇩

<table>
<tr><td>

• 백제의 멸망 : 나당 연합군의 백제 공격 → 황산벌 전투 → 사비성 함락(660)
• 백제 부흥운동
  – 복신 · 도침(주류성), 흑치상지(임존성),
  – 왜의 지원(백강전투, 663)

</td></tr>
</table>

⇩

<table>
<tr><td>

• 고구려의 멸망 : 연개소문 사후 내분 → 나당 연합군 공격 → 평양성 함락(668)
• 고구려 부흥운동
  – 검모잠, 안승 : 검모잠이 한성에서 안승 왕으로 추대, 안승이 신라의 지원으로 금마저에
    보덕국 건국
  – 고연무(오골성), 보장왕(요동)

</td></tr>
</table>

⇩

<table>
<tr><td>

• 나당 전쟁
  – 원인 : 당의 한반도 지배 야욕(안동도호부, 웅진도독부, 계림도독부)
  – 전개 : 나당전쟁 발발, 신라가 고구려 부흥운동 지원 → 매소성(675)과 기벌포(676)에서
    승리 → 삼국 통일 완성

</td></tr>
</table>

(2) 삼국 통일의 의의와 한계

1) 삼국 통일의 한계 : 외세의 협조, 대동강–원산만 이남에만 해당하는 불완전한 통일

2) 삼국 통일의 의의 : 우리 민족 최초의 통일, 고구려 백제 유민과 함께 당 세력을 물리친 자주적 통일, 새로운 민족 문화 발전의 토대 마련

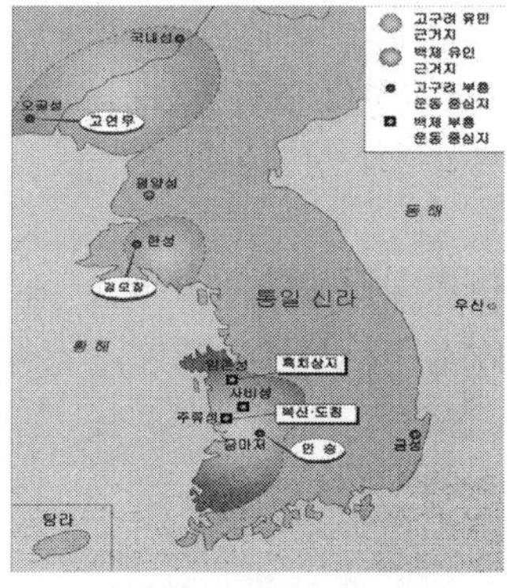

▲ 백제·고구려 부흥운동

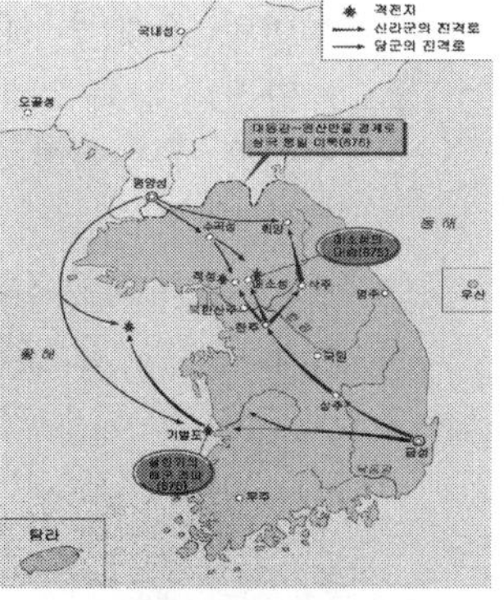

▲ 나당전쟁과 삼국통일

6. 삼국 정치제도

(1) 귀족 회의와 관등제

1) 삼국의 통치체제

구분	고구려	백제	신라
관등, 관제	10여 관등	16관등(고이왕), 6좌평제 22부(성왕)	17관등(법흥왕)
최고관직	대대로 (전쟁시 : 막리지)	상좌평	상대등
귀족회의	제가회의	정사암회의	화백회의
수도	5부	5부	6부주
지방	5부(욕살)	5방(방령)	5주(군주)
특수지역	3경 (평양성, 국내성, 한성)	22담로(무령왕)	2소경 (국원소경, 북소경)

제2절 **남북국 시대 정치**

1. 신라 중대

(1) 신라의 시대구분

상대 (BC 57~AD 654)	중대 (654년~780년)		하대 (780년~935년)
혁거세(시조) ~ 진덕여왕(28대)	무열왕(29대) ~ 혜공왕(36대) • 왕권의 강화 : 집사부와 시중의 권한 강화 • 진골 세력 약화 : 화백회의와 상대등의 권한 약화 • 6두품의 역할 강화, 중앙 집권체제 강화		선덕왕(37대) ~ 경순왕(56)

(2) 통일신라의 발전(중대)

왕호	활동
무열왕	• 최초 진골출신 왕, 중국식 시호 사용 • 집사부 시중 세력 강화, 상대등 세력 약화
문무왕	• 삼국통일 완성 • 문무대왕릉(대왕암)
신문왕	• 귀족세력숙청(김흠돌의 난 진압) • 관료전 지급 · 녹읍 폐지 • 통치체제 정비(9서당 10정, 9주5소경) • 유교통치이념 강조 : 국학 설립 • 만파식적 고사 – 왕권 강화를 상징
성덕왕	• 정전 지급, 당의 요청으로 발해 공격
경덕왕	• 녹읍 부활 • 불국사 · 석굴암 조성
혜공왕	• 왕권약화 • 김지정의 난으로 피살

***성골의 소멸과 진골출신 왕위 계승**

진덕왕이 죽자 여러 신하들이 이찬 알천에게 섭정을 요청하였으나 알천이 굳이 사양하며 말하기를 "저는 늙고 이렇다 할 덕행이 없습니다. 지금 덕망이 높기는 춘추공 만한 이가 없는데, 실로 세상을 다스릴 뛰어난 인물이라고 할 만합니다."라고 하였다. 마침내 그를 받들어 왕으로 삼으려고 하였는데, 춘추는 세 번을 사양하다가 마지못하여 왕위에 올랐다.

「삼국사기」

***김흠돌의 난**

16일에 왕이 교서를 내리어 가로되,"과인이 위로 천자의 도움을 입고 아래로는 종묘의 도움을 얻어 저 사악한 흠돌 등의 꾀를 밝혀내었는데, 그 죄는 천지가 용납하지 못할 정도이다.……따라서 이런 나쁜 놈들을 없애려 하였는데, 산속으로 도망가거나 궁궐에 와서 투항하였다."

「삼국사기」

***만파식적**

왕이 행차에서 돌아와 대나무로 피리를 만들어 월성의 천존고(天尊庫)에 간직하였다. 이 피리를 불면 적병이 물러가고 병이 나으며, 가뭄에는 비가 오고 장마는 개며, 바람이 잦아들고 물결이 평온해졌으므로 이를 만파식적(萬波息笛)이라 부르고 국보로 삼았다.　「삼국유사」

(3) 통치체제의 정비

1) **중앙정치 기구** : 집사부 이하 13부(시중의 지위강화), 화백회의 기능 축소

2) **지방행정조직(9주 5소경)**

① 9주(총관→도독) : 행정적 기능 강화, 군현까지 지방관 파견

② 5소경 : 행정·군사 요지에 설치(경주의 위치적 약점 보완, 지방 견제)

③ 외사정 파견(지방관 감찰), **상수리제도 실시**, 향·부곡(천민 집단부락)설치

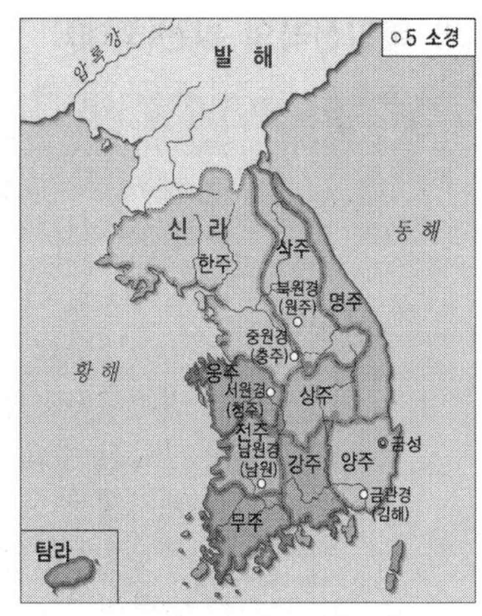

통일신라의 행정구역

> ***상수리제도**
> 나라의 제도에 해마다 외주의 향리 한 사람을 도성에 있는 여러 관청에 올려 보내 지키게 하였다. 지금의 기인이다. 안길이 올라가 지킬 차례가 되어 도성으로 왔다. 「삼국사기」

3) **군사조직(9서당 10정)**

① 9서당(중앙군) : 직업군인, 고구려·백제·말갈인 포함, 민족융합정책

② 10정 (지방군) : 각 주에 1정씩 배치, 한주(한산주)에 2정 배치

4) **토지제도**

① 신문왕 : 관료전 지급, 녹읍 폐지

② 성덕왕 : 정진 지급

③ 경덕왕 : 녹읍 부활

2. 신라 하대

(1) 신라 하대의 사회 특징

상대 (BC 57~AD 654)	중대 (654년~780년)	하대(780년~935년)
혁거세(시조) ~ 진덕여왕(28대)	무열왕(29대) ~ 혜공왕(36대)	선덕왕(37대) ~ 경순왕(56) - 왕권의 약화 : 집사부와 시중의 권한 약화 - 진골 세력 강화 : 화백회의와 상대등의 권한 강화 - 왕위 쟁탈전, 농민봉기 등 사회혼란 - 6두품이 골품제에 대한 불만 표출, 지방 호족 등장

(2) 신라 말의 사회 동요

왕위 쟁탈전과 지방 반란	• 중앙의 왕위쟁탈전 : 96각간의 난으로 혜공왕 피살 → 이 후 150여 년간 20여명의 왕 교체 • 김헌창의 난, 장보고의 난
농민 봉기	• 진성 여왕 대의 세금독촉 문제 → 원종과 애노의 난(889), 적고적의 난 등 농민 봉기 발발
새로운 사회 세력의 등장	① 지방 호족 　- 촌주 출신, 낙향 귀족, 해상 세력, 군진 세력 등 　- 많은 토지와 노비 및 사병 소유, 스스로 성주나 장군이라 칭함, 지방을 실질적으로 지배 ② 6두품 세력 　- 골품제의 모순 비판, 새로운 사회 개혁안 제시(최치원'시무10조') 　- 정계를 떠나 은둔하거나 호족과 연합(최승우, 최언위) ③ 선종 승려 　- 교종 중심의 불교계 비판 　- 9산 선문 설립
새로운 사상의 등장	• **선종** : 교리나 경전의 공부보다는 **개인의 수양과 참선 강조** • **풍수지리설** : 경주 중심의 세계관 탈피, 지방의 중요성 인식 • 유교 : 6두품의 정치 이념

> ***신라 하대 농민봉기**
>
> 진성여왕 3년, 나라 안의 여러 주군이 공물을 바치지 않으니, 창고가 비고 국가 재정이 궁핍해졌다. 왕이 사신을 보내 독촉하니 사방에서 도적이 벌 떼같이 일어났다. **원종, 애노 등이** 사벌주에서 반란을 일으키니, 왕이 나마벼슬의 영기에게 명하여 잡게 하였다. 영기가 적진을 보고는 두려워하여 나아가지 못하였다. 「삼국사기」

(3) 후삼국의 성립

후백제	• 견훤이 완산주(전주)에 건국(900), • 충청도와 전라도 지역 지배 • 중국과 외교관계 수립, 신라에 적대적인 입장
후고구려	• 양길의 부하였던 궁예가 왕건의 도움을 받아 송악에 건국(901) • **국호** : 후고구려 → 마진 → 태봉 • **수도** : 송악→ 철원 • 광평성 설치, 9관등제 실시 • 지나친 조세부과와 폭정으로 왕건에 의해 축출

3. 발해

(1) 발해의 건국

1) 고구려 멸망 이후 고구려 유민들은 여전히 당에 지속적 저항(요동 중심)

2) 대조영을 중심으로 고구려 유민이 길림성 동모산에서 발해 건국(698)

3) 발해의 고구려 계승 의식

   ① 소수의 고구려인이 다수의 말갈인을 지배하는 구조
   ② **일본에 보낸 외교문서** : 발해를 고려로, 발해 국왕을 고려 국왕으로 칭함
   ③ **고구려 문화 계승** : 온돌구조, 축성술, 무덤양식(굴식돌방무덤), 불상 등

(2) 발해의 발전과 멸망

무왕	• 영토 확장(북만주 일대 장악), • 장문휴를 보내 당의 산둥지방 공격(732) • '인안'연호 사용
문왕	• 당과 친선 관계, 신라와 상설 교통로 개설(신라도), • 상경 천도(755), • 주자감 설치 • '대흥'연호 사용

선왕	• 영토 확대(요동지방 진출), • 지방제도 완비, • 해동성국 칭호 • '건흥'연호 사용
멸망	9세기 후반 지배층 내분으로 국력 약화 → 926년 **거란의 침입으로 멸망** → 유이민들 고려로 이주

(3) 발해의 통치제도

중앙 정치 기구	• 3성 6부제 • 당의 제도를 수용 하면서도 독자성 유지(이원적 운영, 유교적 6부 명칭, 정당성 중심) • 정당성(최고관서)의 대내상이 국정총괄
지방 행정조직	• 5경 15부 62주 • 촌락은 토착 세력가가 지배
군사제도	• 중앙군 10위(대장군, 장군), 지방군(지방관 지휘)
기타 기구	• 중정대(감찰), 주자감(교육기관), 문적원(서적관리)

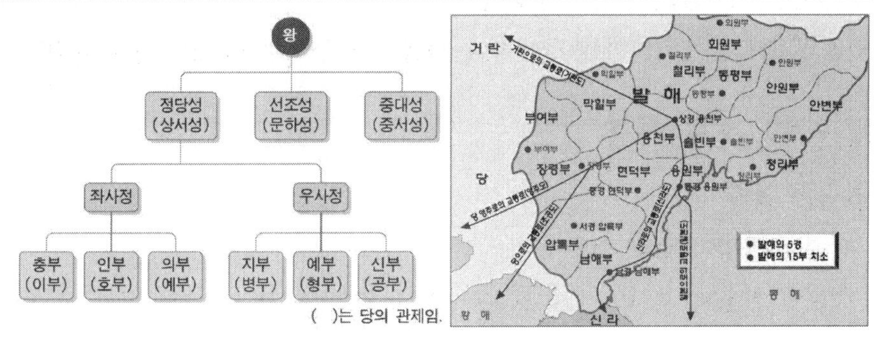

▲ 당의 3성 6부 제도   ▲ 발해의 지방행정조직

* 통일신라와 발해의 통치체제 비교

국가	통일 신라(중대)	발해
중앙 행정조직	집사부 등 14부	3성 6부
수상	집사부 시중	정당성 대내상
지방 행정조직	9주 5소경	5경 15부 62주
군사조직	9서당(중앙군), 10정(지방군)	10위(중앙군)
국립대학	국학	주자감
감찰기구	사정부(중앙), 외사정(지방)	중정대

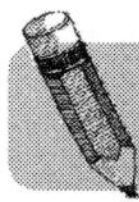

2장 고대의 경제

제1절 삼국 시대의 경제

1. 삼국의 경제 정책

(1) 삼국의 수취 제도

1) 조세 : 토지 소유에 따라 곡물·포·특산물 징수

2) 역 : 15세 이상 남자를 대상으로 노동력 징수

(2) 삼국의 토지 제도와 사회시책

1) 귀족들에게 관직, 공로의 대가로 수조권(收租權)을 지급했을 것으로 추측

2) 녹읍(祿邑), 식읍(食邑) 등이 대표적

3) 농민들의 몰락을 막기 위한 구휼정책 시행 : 고구려의 '진대법'이 대표적

(3) 삼국의 수공업, 상업, 무역

1) 수공업과 상업

① 관청 수공업이 주로 이루어짐
② 수도에 시장을 설치하여 운영 ex〉 신라 동시(東市), 동시전

2) 무역

① 주로 중국과의 무역이 활발하게 이루어짐
② 신라의 경우 한강유력 확보 이후 '당항성'을 통해 중국과 직접 교류

2. 삼국의 경제 생활

(1) 귀족의 경제생활

1) 다양한 방법으로 부를 축적 ex〉 녹읍, 식읍

2) 농민의 토지를 빼앗거나 농민을 노비로 만들기도 함

(2) 농민의 경제생활

1) 농업기술의 발전

① 철제농기구의 보급으로 농업 생산력 증가
② 우경의 확대로 농업 생산력 증대에 기여

2) 농민 생활

① 농업기술의 발전에도 불구하고 생활이 크게 개선되지는 않음
② 자연 재해나 고리대로 인해 노비, 유랑민, 도적이 됨.

 남북국 시대의 경제

1. 통일 신라의 경제 정책

(1) 통일신라의 수취 제도

1) 조세 : 생산량의 1/10

2) 역 : 16~60세 남자 대상, 요역과 군역 징수

3) 공물 : 촌락 단위 특산물 징수

(2) 통일신라의 토지 제도

1) 신문왕

① 관료전 지급 : 관리에게, 수조권만 지급
② 녹읍 폐지 : 귀족 경제기반 약화

2) 성덕왕 때 토지 제도의 변화 : 백성들에게 '정전' 지급

3) 경덕왕 : 녹읍 부활

(3) 민정문서

통일신라의 세무 자료

발견		일본 도다이사 정창원에서 발견
작성목적		조세의 원활한 징수
작성		촌주가 매년 조사하여 3년마다 작성
위치		서원경 주변의 4개 촌락
내용	인구	성별, 연령별로 6등급. 호는 9등급으로 나눔
	토지	논, 밭, 촌주위답, 내시령답. 관모답, 연수유답 등
	기타	소, 말, 뽕나무, 잣나무, 호두나무 등 기재

(4) 통일신라의 상공업, 무역

1) 서시, 남시 추가 설치(효소왕)

2) 관청 수공업 발달

3) 대외교류

① 당과의 교류 : 선진 문물 수용을 위해 교류, 사신과 유학생(빈공과 응시) 파견, 신라소 · 신라방 · 신라원 · 신라관 등 설치

② 서역과의 교류 : 울산항을 통해 교류, 아라비아 상인 왕래, 유리그릇 등 수입

③ 장보고 : 남해 해적 소탕, 청해진 설치, 신라 · 당 · 왜를 잇는 중계무역 장악, 산둥반도에 법화원 설치, 일본 승려 엔닌의 기록에 등장(입당구법순례기)

4) 신분별 경제 생활

귀족	녹읍과 식읍 등을 받아 경제적으로 풍요로움, 비단, 유리그릇, 귀금속 등 사치품 소비
농민	조세, 소작료 부담
향 · 부곡민	일반 농민들보다 더 많은 세금(공물) 부담

2. 통일 신라의 경제 생활

(1) 귀족의 경제 생활

사치품, 금입택과 사절유택

(2) 농민의 경제생활

1) 궁핍한 생활 : 전세, 공물, 부역

2) 향, 부곡 주민 : 더 많은 공물 부담

3) 노비 : 잡무, 경작

3. 발해의 경제

조세제도	• 전세, 공물, 부역
경제활동	• 밭농사 중심, 목축업 발달 • 수도나 교통의 요지에서 상업 발달
대외교류	• 발해 5도를 통해 당(영주도, 조공도), 신라(신라도), 일본(일본도), 거란(거란도) 등과 교류 • 당 : 사신과 유학생 파견, 책이나 사치품 수입 • 일본 : 초기부터 친선관계, 활발한 무역 활동 • 신라 : 신라도 설치 후 교류

3장 고대의 사회

제1절 삼국 시대의 사회생활

1. 고구려의 사회 모습

(1) 사회 기풍과 형벌

1) 상무적 기풍 : 정복활동 중시, 약탈경제

2) 엄격한 법률 : 반역 · 항복 · 패한 자는 사형, 도둑질한 자는 12배 배상

(2) 지배층 : 왕족(고씨), 귀족(5부출신)

(3) 생활상

1) 진대법 : 고국천왕 때 을파소의 건의로 시행, 농민 몰락 방지

2) 노비 : 부채노비, 전쟁노비, 죄를 지어 노비가 된 사람 등

3) 혼인 풍속 : 서옥제, 형사취수제(유목민의 풍습, 부여)

2. 백제의 사회 모습

(1) 사회 기풍과 형벌

1) 언어, 풍속, 의복이 고구려와 비슷

2) 중국과 적극적 교류(선진문화 수용, 양직공도)

3) 엄격한 형법

① 반역자, 전쟁에서 도망한 자, 살인자 − 사형

② 도둑질 − 2배 배상, 귀양

③ 횡령, 뇌물을 받은 관리 − 3배 배상, 종신 금고형

(2) 지배층 : 왕족(부여씨), 귀족(8성)

3. 신라의 사회 모습

(1) 화백회의

1) 초기 전통 계승, 상대등 중심, 진골 귀족인 대등들로 구성

2) 권력 조절 : 만장일치제, 집단의 부정을 막고 단결을 강화

(2) 화랑도와 골품제

골품 제도	• 부족장들을 중앙 귀족으로 편입시키는 과정에서 성립 • 성골, 진골, 6두품 이하 귀족으로 구성 → 이후 성골 소멸, 진골출신 왕 선출(무열왕~) • 3두품 이하는 평민화 • 신분에 따라 관등 뿐 아니라 일상생활까지 제한(집 크기, 수레의 크기 등)
화랑도	• 원시사회의 청소년 집단에 기원 • 1명의 화랑(진골)과 여러 명의 낭도로 구성 • 계급간의 갈등을 완화하고 조절하는 기능 수행 • 진흥왕 때 국가 차원의 군사조직으로 개편 • 원광의 세속 5계 연마

▲ 신라의 골품제도

제2절 남북국 시대의 사회 생활

1. 통일 후 신라 사회의 변화

(1) 통일신라 사회의 모습

1) 새로운 민족 문화의 기틀 마련

① 백제와 고구려 귀족의 포용

② 백제와 고구려 유민을 9서당에 편성

2) 6두품 세력의 변화

① 중대 : 왕의 조언자 역할을 하며 성장

② 하대 : 골품제의 한계를 극복하지 못하자 반신라화, 호족과 결탁

2. 발해의 사회 구조

(1) 발해의 지배층과 피지배층

1) 지배층 : 대부분 고구려 출신 귀족과 왕족(대씨, 고씨)

2) 피지배층 : 대부분 말갈족으로 구성

4장 고대의 문화

1. 불교의 수용

(1) 삼국의 불교 전래 : 4세기 이후

1) 불교의 역할

① 국가 정신 확립
② 왕과 왕실의 권위 강화(왕즉불사상)
③ 선진문화 수용

2) 불교의 특징

① 왕실과 귀족 중심 수용
② **왕권 강화에 활용**(왕즉불사상)
③ 호국불교적 성격

3) 불교의 수용

국가		수용시기	전래자
고구려		소수림왕, 372	전진의 순도
백제		침류왕 , 384	동진의 마라난타
신라	전래	눌지왕 , 457	고구려의 묵호자
	공인	법흥왕 , 527	이차돈의 순교

(2) 삼국 시대 주요 고승들의 활동

고구려	혜량	신라로 가서 최초의 국통에 임명(교단의 정비)
	혜자	일본 쇼토쿠 태자의 스승
	보덕	백제에서 열반종 개창(연개소문의 도교장려에 반발)
백제	겸익	인도의 불경을 번역, 백제 율종을 확립
	노리사치계	일본에 최초로 불교 전파
	혜총	일본에 계율종 전래
신라	원광	세속오계의 정립, 수나라에 걸사표를 바침.
	자장	계율종의 창시, 황룡사 9층목탑 건립을 건의(대국통)

(3) 삼국 시대의 불교 예술

	불상	탑
고구려	• 연가7년명금동여래입상	• 대체로 목탑 건축 • 현재 남아있지 않음
백제	• 서산마애여래삼존불	• 미륵사지 석탑 : 목탑 양식의 석탑 • 정림사지 5층 석탑 : 평제탑으로 불린 적이 있음
신라	• 경주배동석조여래삼존입상	• 분황사 모전석탑 • 황룡사 9층 목탑 : 선덕여왕 건립

연가7년명 금동여래입상

서산마애삼존불

미륵사지 석탑

정림사지 5층석탑

2. 삼국시대의 도교와 예술

(1) 삼국의 도교

1) 산천숭배나 신선 사상과 결합하여 귀족사회를 중심으로 성행

2) **고구려** : 사신도, 을지문덕의 오언시, 연개소문의 후원

3) **백제** : 산수무늬 벽돌, 무령왕릉 지석, 사택지적비, 금동대향로

4) **신라** : 화랑의 명칭(국선·풍류도)

(2) 도교 문화재

강서대묘 현무

산수무늬벽돌

백제 금동 대향로

(3) 글씨, 그림, 음악, 문학

1) 글씨

① **광개토대왕릉 비문** : 예서체
② 김생의 독자적인 서체

2) 그림

① 천마총의 천마도
② 솔거의 벽화

3) 음악

① **왕산악** : 거문고
② **우륵** : 가야금
③ **백결** : 방아타령

4) 문학

① **가야** : 구지가(금관가야의 건국이야기)
② **고구려** : 황조가, 여수장우중문시
③ **백제** : 정읍사
④ **신라** : 향가
⑤ **통일신라** : 삼대목, 전해지지 않음.

3. 유학의 보급과 역사서 편찬

(1) 유학의 보급

1) 고구려 : 태학(유교경전과 역사서 교육), 경당(한학, 무술교육, 평양 천도 이후)

2) 백제 : 5경 박사, 의박사, 역박사(유교 경전과 기술학 교육)

3) 신라 : 임신서기석(청소년들의 유교 경전 학습)

(2) 역사서 편찬

나라	내용
고구려	유기, 신집 5권(이문진, 영양왕)
백제	서기(고흥, 근초고왕)
신라	국사(거칠부, 진흥왕)

4. 고분과 과학기술

(1) 고분양식

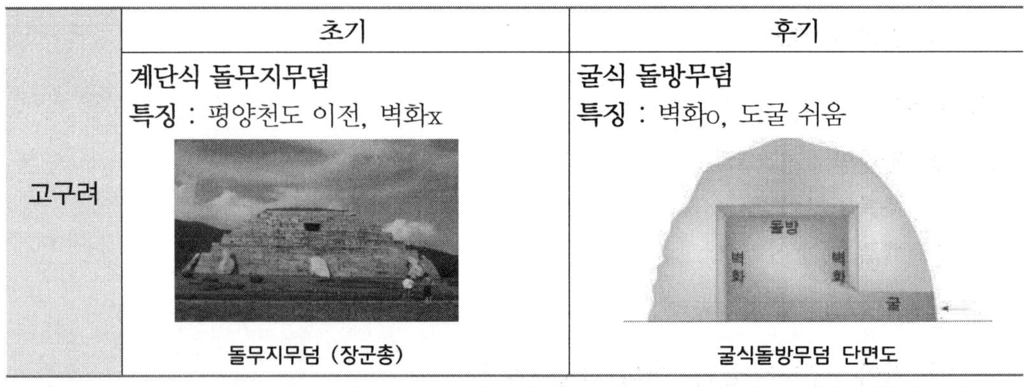

	초기	후기
고구려	계단식 돌무지무덤 특징 : 평양천도 이전, 벽화x 돌무지무덤 (장군총)	굴식 돌방무덤 특징 : 벽화o, 도굴 쉬움 굴식돌방무덤 단면도

	한성 (서울 석촌동 고분군)	웅진 (공주 송산리 고분군)	사비 (부여 능산리 고분군)
백제	양식 : 계단식 돌무지무덤 특징 • 고구려 양식과 유사 • 고구여와 백제 건국 세력의 유사성	양식 • 굴식 돌방무덤 • 벽돌무덤 : 중국 남조의 영향 ex〉 무령왕릉	양식 : 굴식 돌방무덤

신라	초기	후기
	양식 : 돌무지 덧널무덤	양식 : 굴식 돌방무덤
	특징 : 도굴 어려움, 벽화x	특징 : 백제와 고구려의 영향

석촌동 고분군   무령왕릉

(2) 과학기술

1) 천문학과 수학

① **고구려** : 천문도

② **신라** : 첨성대, 7세기 선덕여왕 때

③ **천문 관측 중시** : 농경, 왕의 권위

④ 국학에서 산학을 가르침.

2) 금속기술

① **고구려** : 고분 벽화, 철을 단련하고 수레바퀴를 제작하는 기술자의 모습

② **백제** : 칠지도, 금동대향로

③ **신라** : 금 세공술, 금관

5. 삼국의 대외 교류

(1) 삼국 문화의 일본 전파 : 일본 아스카 문화 성립에 영향

고구려	• 담징 : 종이와 먹의 제조방법, 호류사의 금당벽화 • 다카마쓰 고분벽화 : 수산리 벽화 영향을 받음 • 혜자 : 쇼토구 태자의 스승
백제	• 아직기(4세기, 일본 태자에게 한자교육)와 왕인(천자문과 논어 보급) • 노리사치계 : 불경과 불상 전래
신라	• 배 만드는 기술, 제방 쌓는 기술 전수 : 한인의 연못 축조
가야	• 철기문화 전파 • 토기제작기술 : 스에키 토기에 영향

일본에 전파된 삼국의 문화

| 수산리 고분벽화 | 다카마쓰 고분벽화 | 금동 미륵보살
반가 사유상 | 목조 미륵보살
반가 사유상 |

(2) 서역과의 교류

고구려	각저총 씨름도에서 서역 계통의 인물이 보임
신라	유리병, 금제 장식 보검 발견

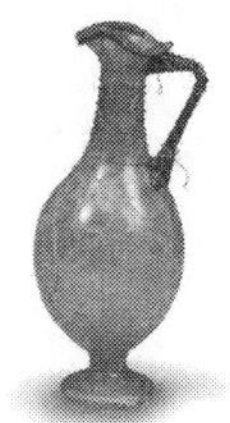

▲ 각저총 씨름도 　　　▲ 봉수형 유리병 　　　▲ 계림로 보검

1. 통일 신라의 문화

(1) 불교 사상의 발달

특징		초기 교종(교리, 경전강조) 발달 → 후기 선종(수양, 참선강조) 발달
대표 승려	원효	• 불교의 대중화 (아미타 신앙, 무애가) • 화쟁 사상을 통해 종파간의 사상적 대립극복 (십문화쟁론–일심사상) • 불교의 사상적 이해 기준 확립 (금강삼매경론, 대승기신론소)
	의상	• 화엄사상(모든 존재는 상호 의존적인 관계에 있어 서로조화를 이룸) • 관음신앙(현세에서의 고난구제) • 부석사 등 사원 건립
	혜초	• 왕오천축국전 저술(인도와 동남아시아 순례기)

(2) 유학과 학문의 발달

유학의 보급 노력	• 신문왕 : 국학 설립 • 원성왕 : 독서삼품과 실시(시험을 통해 관리 선발)
대표 학자	• 주로 6두품 출신 • 강수 : 외교 문서 작성 • 설총 : 이두 정리 • 최치원 : 빈공과 급제, 시무 10조 건의, 토황소격문, 계원필경, 제왕연대력, 법장화상전 저술 • 김대문(진골출신) : 화랑세기, 고승전, 한산기 저술

(3) 신라하대 선종과 풍수지리

1) 선종의 특징

① 참선, 실천, 수행 등 강조 → 교종 비판

② 신라 하대 지방 호족의 사상적 기반

2) 교종과 선종의 비교

구분	교종	선종
종파	5교	9산
지지세력	진골귀족	지방 호족
융성기	신라 중대	신라 하대

성격	불교 교리와 해석에 치중	개인의 깨달음과 실천을 강조
정치성	귀족적 성격	지방분권적, 서민적, 호족의 지지를 받음
예술	석탑 유행(3층 석탑)	승탑 유행(팔각원당형 승탑)

3) 풍수지리설

① 도선이 전래 : 9세기

② 도참사상과 결부 : 도읍 선정

③ 신라 정부 권위 약화 : 지방의 중요성 강조

④ 신라 하대 호족들에게 환영을 받음

(4) 통일신라의 문화와 예술

1) 불교예술

건축	• 불국사(경덕왕, 김대성, 청운교와 백운교, 불국사3층 석탑, 다보탑) • 석굴암(경덕왕, 김대성, 인공석굴)
탑	• 주로 3층 석탑 유행 ex〉감은사지 3층 석탑, 불국사 3층 석탑(석가탑), 다보탑
승탑	• 선종의 영향으로 건립 ex〉쌍봉사 철감선사 승탑

2) 기타

무덤양식	• 화장 유행 • 굴식 돌방무덤 : 규모가 작고 둘레돌에 12지 신상 조각
범종	• 상원사 동종 : 우리나라 최고(最古)의 종 • 성덕대왕 신종 : 우리나라 최대의 종
인쇄술	• 무구정광대다라니경 : 현존하는 가장 오래된 목판 인쇄물, 불국사 3층 석탑에서 발견)

▲ 불국사 3층석탑   ▲ 다보탑   ▲ 쌍봉사철감선사승탑   ▲ 성덕대왕 신종

(5) 통일신라 문화의 일본 전파

1) 하쿠호 문화에 영향

2) 불교와 유교 문화, 특히 원효, 강수, 설총이 발전시킨 불교 문화가 일본 문화에 큰 영향을 줌

2. 발해의 문화

(1) 발해 문화의 특징 : 고구려 문화를 바탕으로 당과 말갈의 문화 수용

고구려의 영향	굴식돌방무덤, 모줄임천장 구조, 불상(이불병좌상), 온돌장치, 연꽃무늬 와당(수막새)
당의 영향	벽돌무덤, 발해 상경성 구조(주작대로), 영광탑, 통치제도(3성 6부)
말갈의 영향	움무덤, 토기

▲ 이불병좌상

▲ 연꽃무늬 와당

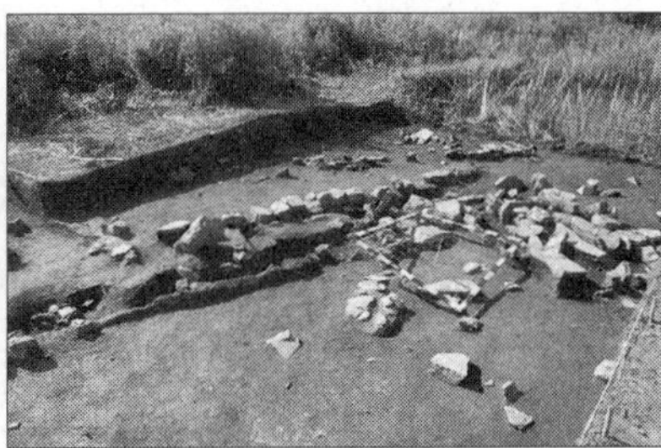

▲ 발해 온돌

(2) 발해의 문화와 예술

학문	• 주자감 설치, 문적원 • 한문학 발달 – 정혜공주, 정효공주 묘비문
불교	• 왕실에서 불교 장려, 절터나 불상 등 불교문화 발견 • 불상 : 이불병좌상 • 탑 : 영광탑, 석등
무덤	• 정혜공주묘 : 굴식 돌방무덤, 모줄임 천장 구조 → 고구려 양식 • 정효공주묘 : 벽돌무덤, 벽화에 그려진 인물 복장 → 당의 문화 수용
건축	• 상경성 : 당의 장안성 모방, 외성 · 내성 · 주작대로 존재

01. 백제 성왕의 재위기간에 일어난 사실로 옳은 것은? (2024년 기출)

① 국호를 남부여로 바꾸었다.
② 익산에 미륵사를 창건하였다.
③ 수도를 한성에서 웅진으로 옮겼다.
④ 대야성을 비롯한 40여 성을 되찾았다.

해설 각각 백제의 ② 무왕, ③ 문주왕, ④ 의자왕에 대한 설명이다.
정답 ①

02. 신라 왕호의 변천을 순서대로 옳게 나열한 것은? (2023년 기출)

① 거서간 – 차차웅 – 이사금 – 마립간
② 거서간 – 마립간 – 차차웅 – 이사금
③ 이사금 – 거서간 – 차차웅 – 마립간
④ 마립간 – 거서간 – 이사금 – 차차웅

해설 신라의 왕호는 거서간, 차차웅, 이사금, 마립간, 왕의 순서로 변하였다.
정답 ①

03. 삼국시대에 있었던 사건을 앞선 시기순으로 옳게 나열한 것은? (2023년 기출)

ㄱ. 신라의 율령 반포	ㄴ. 대가야의 멸망
ㄷ. 백제의 서기 편찬	ㄹ. 고구려의 평양 천도

① ㄱ - ㄴ - ㄷ - ㄹ
② ㄴ - ㄱ - ㄷ - ㄹ
③ ㄷ - ㄹ - ㄱ - ㄴ
④ ㄹ - ㄷ - ㄴ - ㄱ

해설 ㄷ근초고왕(4C), ㄹ장수왕(5C), ㄱ법흥왕(6C), ㄴ진흥왕(6C)
정답 ③

04. 백제의 관직을 모두 고른 것은? (2023년 기출)

ㄱ. 방령　　　　　ㄴ. 상대등　　　　ㄷ. 대대로　　　　ㄹ. 상좌평

① ㄱ, ㄴ　　　　　　　　　　　② ㄱ, ㄹ
③ ㄴ, ㄷ　　　　　　　　　　　④ ㄷ, ㄹ

정답 ②

05. 고구려 소수림왕의 업적으로 옳지 않은 것은? (2022년 기출)

① 불교 수용　　　　　　　　　② 태학 설립
③ 녹읍 지급　　　　　　　　　④ 율령 반포

해설 녹읍은 신라에서 관리들에게 지급한 토지제도로 신문왕 때 폐지되었으나 경덕왕 때 다시 부활하였다.

정답 ③

06. 다음 연표에서 (가), (나)에 들어갈 역사적 사건으로 옳지 않은 것은? (2021년 기출)

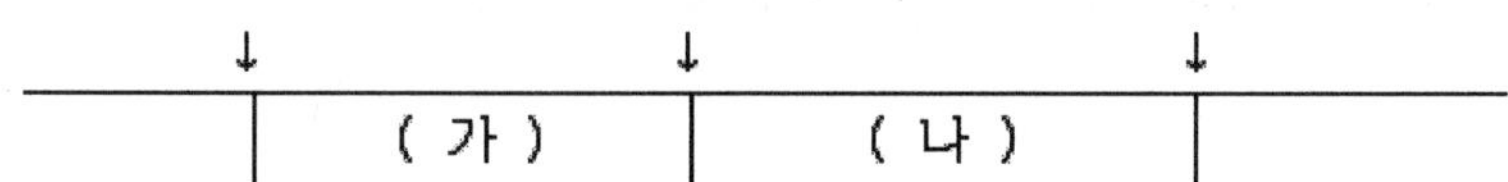

① (가) - 고구려가 신라를 침략한 왜를 격퇴하였다.
② (가) - 백제가 신라와 동맹을 맺었다.
③ (나) - 신라가 불교를 공인하였다.
④ (나) - 대가야가 신라에 병합되었다.

해설 백제가 국호를 남부여로 변경한 것은 성왕 16년인 538년이고, 대가야가 신라에 병합 된 것은 진흥왕 23년인 562년이다.

정답 ④

07. 밑줄 친 '이 왕'에 관한 설명으로 옳지 않은 것은? (2023년 기출)

> <u>이 왕</u>은 문무왕의 뒤를 이어 왕위에 올라 귀족 세력을 억누르고 강력한 왕권을 확립하여 태종 무열 왕계가 한동안 왕위를 안정적으로 계승하는 기틀을 닦았다.

① 녹읍을 혁파하였다.
② 독서삼품과를 시행하였다.
③ 달구벌(대구)로 천도하려 하였다.
④ 9주 5소경 체제의 지방 행정 조직을 갖추었다.

해설 ② 독서삼품과는 신라 하대 원성왕 때 시행한 정책이다.

정답 ②

08. 신라 성덕왕의 재위기간에 있었던 사실로 옳은 것은? (2024년 기출)

① 촌민에게 정전을 지급하였다.
② 관료전을 지급하고 녹읍을 폐지하였다.
③ 관료전을 폐지하고 녹읍을 부활하였다.
④ 관료를 18과로 나누어 전지와 시지를 지급하였다.

해설 ② 신문왕, ③ 경덕왕(ps. 녹읍의 부활 기록은 경덕왕 때 있으나 관료전의 폐지와 관련한 기록은 명확하게 남아있지 않다) 때 있었던 일이다. ④ 고려의 전시과 제도에 대한 설명이다

정답 ①

09. 발해의 통치 제도에 관한 설명으로 옳지 않은 것은? (2024년 기출)

① 정당성의 대내상이 국정을 총괄하였다.
② 관리 인사를 담당하는 위화부를 두었다.
③ 전국을 5경 15부 62주로 나누어 다스렸다.
④ 당의 3성 6부제를 수용하여 중앙 관제를 마련하였다.

해설 위화부는 진평왕 때 설치된 신라의 관리 인사 기구이다.

정답 ②

10. 신라 골품제에 관한 설명으로 옳지 않은 것은? (2022년 기출)

① 혈연에 따른 폐쇄적인 신분제도였다.

② 관등의 상한선이 골품에 따라 정해져 있었다.

③ 골품은 가옥 규모나 수레 종류 등을 규제하였다.

④ 왕은 진골에서 나왔고, 중앙 관서의 장관은 6두품이 맡았다.

해설 ④ 초기에 왕은 성골에서 나왔고 성골이 소멸하자 진골에서 왕이 배출되었다. 중앙관서의 장관은 진골이 맡았다.

정답 ④

11. 신라촌락문서(민정문서)에 관한 설명으로 옳지 않은 것은? (2021년 기출)

① 3년마다 다시 작성하였다.

② 일본의 정창원에서 발견되었다.

③ 가호를 9등급으로 구분한 것을 알 수 있다.

④ 인구를 연령에 따라 3등급으로 구분한 내용이 기재되어 있다.

해설 신라촌락문서는 인구를 연령에 따라 6등급으로 구분하였다.

정답 ④

12. 승려 원효에 관한 설명으로 옳지 않은 것은?

① 화쟁사상을 주창하였다.

② 불교 대중화에 앞장섰다.

③ 대승기신론소를 저술하였다.

④ 중국에 유학하여 화엄학을 수학하였다.

해설 중국에 유학하여 화엄학을 수학 한 승려는 '의상'이다.

정답 ④

3편 중세 사회의 발전

1장 중세의 정치

제1절 고려의 건국과 통치체제의 정비

시기	체제정비	문벌귀족 사회	무신 집권기	원간섭기	여말선초
집권 세력	호족, 6두품	문벌귀족	무신	권문세족	신진사대부, 신흥무인세력

1. 고려의 건국과 체제 정비

(1) 고려의 건국

1) 고려의 건국과 후삼국 통일

① 왕건이 궁예를 몰아내고 송악에서 고려 건국(918)

② 발해 멸망(926)

③ 공산전투 패배(927. 신숭겸)

④ 고창전투 승리(930)

⑤ 후백제 내분, 견훤 금산사 유폐

⑥ 견훤 고려에 귀순(935.4)

⑦ 신라 항복(935.10)

⑧ 일리천 전투, 후삼국 통일(936)

2) 통일의 의의

① 민족의 재통일 : 발해 유민까지 흡수한 진정한 의미의 통일

② 지배층의 확대 : 호족이 새로운 지배층으로 참여

③ 새로운 민족 문화 발달의 토대 마련

(2) 통치체제의 정비

태조	• 민생안정 : 취민유도, **흑창**설치, 조세감면 1/10 • 호족통합 : 결혼정책, 역분전 지급, 사성정책('王'씨 수여) • 호족통제 : **사심관제도, 기인제도** ***사심관 제도** 태조 18년(935년) 신라 왕 김부(경순왕)가 항복해 오니, 신라국을 없애고 경주라 하였다. 부로 하여금 **경주의 사심이 되어 부호장 이하의 임명을 맡게 하였다.** 이에 여러 공신이 이를 본받아 각기 자기 출신 지역의 사심이 되었다.　　　　「고려사」 ***기인 제도** **국초에 향리 자제를 인질로 삼고, 그 고향의 일에 고문으로 삼으니 이를 기인이라 하였다.** 문종 31년에 명을 내려 모든 기인은 …… 나이 40세 이하 30세 이상의 사람을 뽑아 올리는 것을 허락하고　　　　「고려사 선거지」 • 북진정책 : **서경(평양)중시**, 영토회복(청천강~영흥만), **거란에 대한 강경책** • **훈요 10조**, 정계, 계백료서 반포 : 후대 왕들이 지켜야 할 정책 제시 ***훈요 10조** • 우리나라의 대업은 불교의 힘을 입지 않으면 안 되므로 사원을 보호·감독할 것 • 사원의 창설은 도선의 설에 따라 함부로 짓지 말 것 • 당풍의 일방적 모방을 경계하고, **거란과** 같은 **야만국의** 풍속은 본받지 말 것 • **서경은** 길지이니 순유하여 안녕을 이루게 할 것 • **연등과 팔관은** 주신을 함부로 가감하지 말 것
광종	• **노비안검법** 실시 : 호족세력 약화, 국가재정 확대 • **과거제 도입** : 쌍기의 건의로 시행, 새로운 인재 등용 • 칭제건원 : 스스로를 황제로 칭하고 독자적인 **연호(광덕·준풍)** 사용 • 공복제정 : 지배층의 위계질서 확립 • 공신숙청 • 승과, 국사 제도 실시 • 제위보 설치
경종	• 전시과 설치(시정 전시과)
성종	• **최승로의 시무28조** 수용 : 유교 통치 체제 정비, 불교 행사 축소, 12목에 지방관 파견 • 향리제도 마련 : 지방 중소 호족을 향리로 편입, 지방세력견제 • 유학교육 진흥 : 국자감 설치, 향교설치, 경학박사 의학박사 파견, 과거제 정비) • 중앙정치기구개편 : 2성6부제, 중추원, 삼사, 도병마사, 식목도감 • 민생안정 : 의창, 상평창 설치

	• 건원중보 발행 • 거란의 1차 침입 : 강동6주 획득 ***최승로의 시무28조** • 7조 국왕이 백성을 다스림은 집마다 가서 돌보고 날마다 이를 보는 것은 아닙니다. 그런 까닭으로 수령을 보내어 …… 청컨대 외관을 두소서. 먼저 10여 곳의 주현에 한 관청을 두고, 관청마다 두서너 관원을 두어서 백성을 다스리는 일을 맡기소서._ • 13조 연등회와 팔관회를 열어서 사람들에게 힘든 일을 많이 시키니, 이를 줄여서 백성들의 힘을 펴게 하십시오._ • 15조 불교를 받들어 행하는 것은 수신의 근본이요, 유교를 받들어 행하는 것은 치국의 근원입니다. 수신은 곧 내생에 복을 구하는 일이며, 나라를 다스리는 것은 오늘 바로 힘쓸 바입니다. 오늘은 지극히 가깝고 내생은 지극히 먼 것인데, 가까움을 버리고 지극히 먼 것을 구함은 또한 잘못이 아니겠습니까.　　　　　　　「고려사절요」
목종	• 개정전시과 시행 • 강조의 정변으로 피살
현종	• 5도 양계 설치 • 거란의 2, 3차 침입 • 초조대장경 편찬

2. 고려의 통치제도

(1) 중앙정치기구

2성6부	**중서문하성**	• 고려 최고 관부 • 국가의 주요 정책을 의논하고 결정 • 재신과 낭사로 구성, 문하시중이 국정총괄 • 재신 : 국가 정책 심의, 2품 이상 • 낭사 : 정책 비판, 3품 이하로 구성
	상서성	• 6부관할 • 정책집행
	6부	• 행정 실무 담당 • 이부 · 병부 · 호부 · 형부 · 예부 · 공부
중추원	**추밀**	• 군사기밀 담당, 2품 이상 고위관료
	승선	• 왕명출납 담당
삼사	• 회계업무	

도병마사, 식목도감	• 도병마사 : 국방과 관련한 회의 • 식목도감 : 법제나 격식과 관련한 회의 • 고려의 독자적 기구, 귀족정치의 특징 반영 • 중서문하성의 재신 + 중추원의 추밀 → 재추합좌기구
대간	• 중서문하성의 낭사, 어사대의 관원으로 구성 • 간쟁 · 봉박 · 서경권 행사

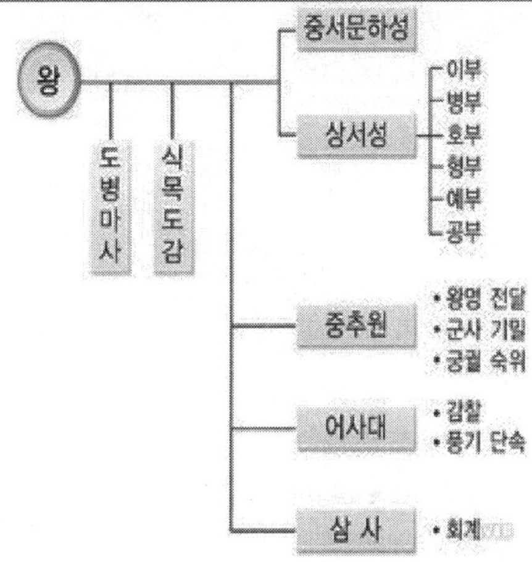

(2) 지방행정제도 : 현종 때 5도 양계 경기로 확정

5도	• 일반행정 단위 • **안찰사** 파견 • 주와 군 · 현 설치, 일부 지역에 지방관 파견
양계	• 북방 국경 지대에 설치, • **병마사** 파견
경기	• 수도 주변
3경	• 개경, 서경, 동경→남경 • 풍수지리설과 연관
향 · 부곡 · 소	• 상민이지만 천민 대우 • 일반 군현보다 많은 세금 부담
주현과 속현	• 주현 · 주군(지방관 파견) 〈 속현 · 속군(지방관 파견 x)
향리	• 조세나 공물 징수 등 실질적인 행정 담당, • 직역세습

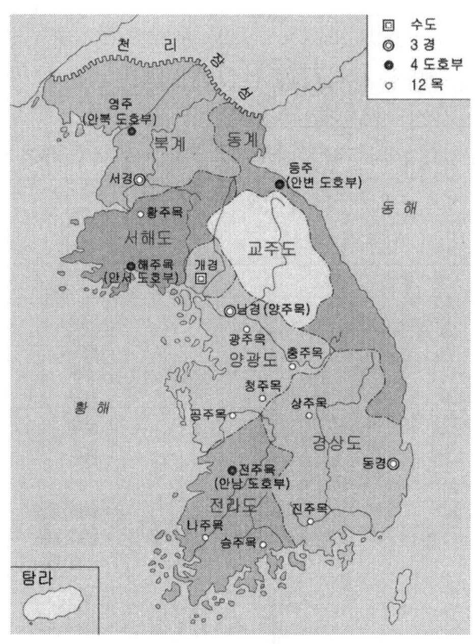

▲ 고려의 지방 행정

(3) 군사조직

중앙군	• 2군(국왕 친위부대), 6위(수도경비, 국경방어) • 직업군인 : 군인전 지급, 군역 세습
지방군	• 주현군(5도) : 지방 방위와 노역에 동원, 농민으로 구성 • 주진군(양계) : 좌군, 우군, 초군으로 구성, 상비군

(4) 관리등용제도

	실시	• 광종 때 쌍기의 건의로 시행
과거제도	자격	• 양인이상 • 향 · 부곡 · 소에 사는 백성 및 노비, 응시 x
	과목	• 문과 : 제술과(한문학) + 명경과(경서) • 잡과 : 기술직 시험 • 승과 : 승려 선발 시험 • 무과 시행x
음서제도		• 5품 이상의 관리 친족(아들, 손자, 사위, 조카) 1인에게 과거를 거치지 않고 관리 가 될 수 있도록 한 제도 • 문벌 귀족의 정치적 기반

(5) 교육기관

국립	국자감	• 성종 때 개경에 설치 • 유학부와 기술학부 설치
	향교	• 지방에 설치 • 중앙에서 교수, 훈도 파견
사립		• 사학 12도(개경)

제2절 고려 전기의 대외관계

1. 거란의 침입과 격퇴

(1) 거란과의 관계

1) 고려 초기부터 거란에 적대적 : 만부교 사건(태조), 광군 조직(정종)

2) 거란은 송을 공격하기 위해 고려와 관계 개선 노력 → 고려의 거절

(2) 거란의 침입

1차 침입 (성종.993)	• 고려의 친송 정책으로 인해 거란 침입(소손녕) • 서희의 담판 : **강동6주** 확보, 거란과의 교류 약속
2차 침입 (현종.1010)	• 강조의 정변을 구실로 침입 → 개경 함락 • 양규의 활약, 초조대장경 제작(현종 시작, 선종 완성)
3차 침입 (현종,1018)	• 강동 6주 반환 거부 → 소배압이 10만 대군을 이끌고 침입 • 강감찬이 귀주대첩에서 승리

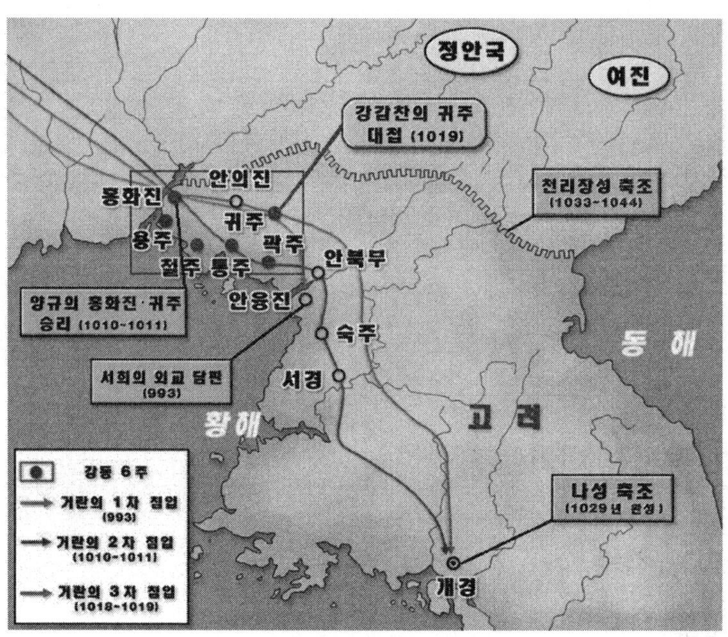

▲ 거란의 침입과 격퇴

2. 여진과의 관계

초기 : 여진이 고려를 부모의 나라로 섬기며 친선 관계 유지
⇩
12세기 이후 완옌부가 여진족을 통합하면서 고려와 충돌(정주성 전투 패배)
⇩
윤관이 별무반(기병대)을 조직(1104)하여 여진 토벌, 동북9성 축조 → 여진의 요구와 관리의 어려움으로 1년 후 반환
⇩
1115년 금 건국, 고려에 사대 요구
⇩
이자겸이 정권 유지를 위해 금의 요구 수용

시기	체제정비	문벌귀족 사회	무신 집권기	원간섭기	여말선초
집권 세력	호족, 6두품	문벌귀족	무신	권문세족	신진사대부, 신흥무인세력

1. 문벌 귀족 사회의 성립과 동요

(1) 문벌귀족 사회의 성립

1) 형성

① 건국 초기 호족이나 6두품 출신 유학자들이 관료로 진출

② 특정 가문을 중심으로 형성

2) 특징

① 음서과 과거를 통해 주요 관직 독점

② 전시과와 공음전을 통해 경제적 특권 확보

③ 문벌 귀족 간 혼인을 통해 권력 강화

3) 주요 가문 : 경원 이씨, 경주 김씨, 해주 최씨 등

(2) 문벌 귀족 사회의 동요

1) 원인

① 문벌귀족의 권력 독점과 보수화(이자겸이 금의 사대 요구 수용)

② 왕권의 약화로 인한 왕실 권위 하락

③ 신진관료와 문벌귀족 간의 대립 심화

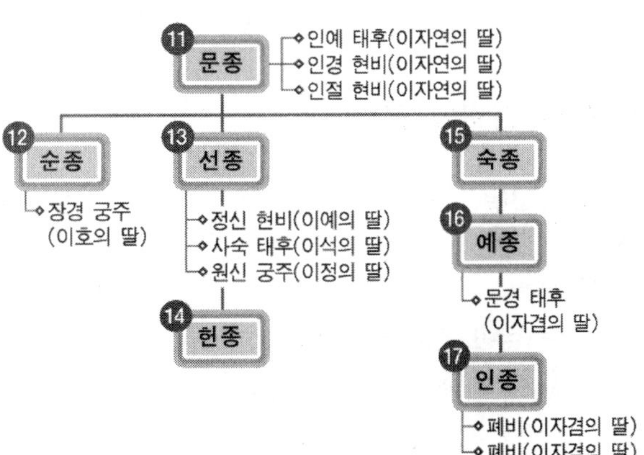

▲ 왕실과 경원이씨의 혼인 관계

2) 이자겸의 난과 묘청의 난

① 이자겸의 난

이자겸의 난	원인	• 왕실과의 혼인을 통한 경원이씨의 권력 독점 → 왕권 위협
	전개	• 인종 이자겸 제거 시도 → 이자겸 · 척준경의 반란, 권력 장악 → 인종이 척준경 회유 → 척준경이 이자겸 제거 → 척준경 축출 → 실패
	의의	• 왕실 권위 하락, 중앙 지배층의 분열 계기 • 문벌귀족 사회의 붕괴 촉진

② 묘청의 난

묘청의 난	주도세력	• 묘청+정지상 등 서경파		
	배경	• 자주적 전통사상(서경파)과 사대적 유교정치 사상(개경파)의 충돌		

서 경 파	구 분	개 경 파
묘청, 정지상 지방출신 신진관료	중심인물	김부식(중앙 문벌귀족)
불교, 풍수지리설 자주적, 진취적	사상	유교사상 보수적
금 정벌	대외정책	금의 사대 수용
고구려 계승	역사의식	신라 계승

묘청의 난	주장	• 서경천도 • 금국정벌 • 칭제건원
	전개	• 서경 천도 추진 → 개경세력의 반대로 실패 → 국호'대위', 연호'천개'로 정하고 서경에서 반란 → 개경파 김부식에 의해 진압
	의의	• 문벌귀족 사회 내부의 분열과 지역 세력 간의 대립 • 자주적 전통사상과 사대적 유교정치 사상의 충돌

2. 무신 정권의 성립

(1) 무신정변

1) 원인

① 문벌귀족 지배체제의 모순

② 무신에 대한 차별 대우

③ 하층 군인의 불만

2) 전개

① 정중부, 이의방 등 무신들이 보현원에서 정변
② 문신 제거, 의종 폐위, 명종 옹립
③ 김보당의 난 진압
④ 의종 및 문신들 피살

(2) 무신정권의 전개

초기(혼란기)				최씨 무신 집권기(안정기)				쇠퇴기		
이의방	정중부	경대승	이의민	최충헌	최우	최항	최의	김준	임연	임유무
중방				교정 도감	교정도감, 정방					

1) 초기(혼란기)

집권자	통치기구	특징
이의방	중방	• 조위총의 난, 김보당의 난 등 발발 • 무신들의 권력쟁탈전 → 잦은 최고 권력자 교체, • 지방 통제 약화, 대토지소유 확대 • 천민 출신 집권자의 등장(이의민)으로 신분 질서 동요
정중부		
경대승		
이의민		

2) 최씨 무신 집권기(안정기)

① 특징 : 최충헌~최우 까지 4대 60여 년 간 정권 지속, 무신 정권의 안정기
② 최충헌과 최우

최충헌	• 교정도감 설치 • 봉사 10조 제시(사회 개혁안) • 농민 봉기 진압
최우	• 정방과 서방 설치 • 삼별초 설치, • 몽골 침입, 강화도 천도, 대장도감 설치

③ 최씨 무신 정권의 권력 기반

정치 기구	• 교정도감 : 최충헌 설치, 국정 총괄 • 정방 : 최우 설치, 인사 행정 담당 • 서방 : 최우 설치, 문신을 등용하여 정치 자문을 구함
군사 기구	• 도방 : 경대승 설치, 신변 보호를 위한 사병 기관 • 삼별초 : 최우가 설치, 치안과 전투 담당
선종 불교	• 왕실과 연결되어 있던 교종을 견제하기 위해 선종 지원

(3) 무신집권기의 농민 봉기

1) 배경

① 신분 질서의 동요 : 천민 출신의 최고 권력자 등장(이의민)

② 지나친 세금 수탈

③ 권력 쟁탈전, 무신 정권에 대한 반발로 정부의 통제력 약화

2) 전개

농민 봉기	• 김사미 · 효심의 난 : 각각 운문과 초전에서 발발, 서로 연합하여 세력 확대 • **망이 · 망소이의 난 : 향 · 부곡 · 소(공주 명학소)의 봉기** • 김보당의 난, 조위총의 난, 교종승려의 난 : 반 무신의 난 • 최광수의 난(고구려), 이연년의 난(백제) : 고구려 · 백제 부흥운동
천민 봉기	• **만적의 난 : 최충헌의 사노비였던 만적이 주도하여 일으킨 난** • 전주 관노의 난 : 지방관의 가혹한 노역 동원에 반발

제4절　몽골의 침입과 원간섭기

시기	체제정비	문벌귀족 사회	무신 집권기	원간섭기	여말선초
집권 세력	호족, 6두품	문벌귀족	무신	권문세족	신진사대부, 신흥무인세력

1. 몽골의 침입과 대몽항쟁

(1) 배경

1) **몽골의 성장** : 칭기즈 칸의 부족 통일 이후 대제국 건설

2) 강동성 싸움에서 고려와 함께 거란 격퇴, 몽골과 고려의 외교 관계 수립

3) 몽골의 지나친 공물 요구로 갈등

(2) 전개

1차 침입	• 몽골 사신 저고여 피살 사건으로 침입 • 귀주성 박서의 항전, 서북지역 관군과 백성의 항전, 초적과 관노비의 항전 • 몽골군 개경 포위 후 강화 체결, 다루가치 설치 후 몽골군 철수
2차 침입	• 최씨 정권(최우) 강화도 천도 후 몽골 재침입 • 처인성에서 김윤후가 처인 부곡민과 함께 항전, 몽골 사령관 살리타 사살 • 팔만대장경 간행(1236~1251)
몽골과 강화	• 최씨 정권 붕괴 후 몽골과 강화 체결(1259) • 무신들 개경 환도 거부 → 임유무 피살로 무신정권 붕괴 → 개경 환도(1270)
삼별초 항쟁	• 개경 환도 거부 • 강화도(배중손), 진도, 제주도(김통정)로 이동하며 항전 → 여 · 몽 연합군에 진압

(3) 결과

1) 국토 황폐화, 문화재 소실(대구 부인사 대장경 판목, 황룡사 9층 목탑)

2) 원의 내정 간섭 심화

3) 대장도감에서 재조대장경(팔만대장경) 조판

2. 원의 내정 간섭과 공민왕의 개혁

(1) 원의 내정 간섭

1) **영토상실** : 쌍성총관부(공민왕 때 수복), 동녕부(서경), 탐라총관부(제주)

2) **원 황실의 부마국** : 고려 왕 원의 공주와 결혼, 왕자는 원에서 교육받고 성장

3) **관제 및 호칭 격하**

　① 2성 6부(중서문하성, 상서성) → 1부 4사(첨의부)
　② 폐하 → 전하, 태자 → 세자
　③ 왕의 시호 앞에'충(忠)'이 붙음 (충렬왕, 충선왕, 충혜왕 등)

4) **내정간섭** : 정동행성 설치, 만호부(군사) 설치, 다루가치(감찰관) 설치

5) **수탈** : 공녀, 매(응방), 특산물(금, 은, 베, 인삼, 약재) 요구, 환관 차출

6) **몽고풍**(몽고어, 의복, 변발, 몽고식 이름 등) 유행, 몽골에는 고려양 유행

7) **권문세족 등장** : 친원 세력, 불법적 토지 소유, 대농장 경영

(2) 공민왕의 개혁 정책(반원 자주화 정책)

1) 배경 : 14세기 중반 원·명 교체기

2) 개혁 내용

반원 자주화 정책	• 친원파 숙청(기철) • 정동행성 이문소 폐지, • 관제복구 • 몽골풍 폐지 • 쌍성총관부 탈환
내정개혁	• 정방 폐지 • 성균관 정비 → 신진사대부 성장 • 과거 제도 정비 • 신진사대부 등용 • 신돈 등용, 전민변정도감 설치

3) 결과

① 권문세족의 반발, 홍건적과 왜구의 침입, 공민왕 피살 → 실패
② 개혁 과정에서 신진사대부 성장

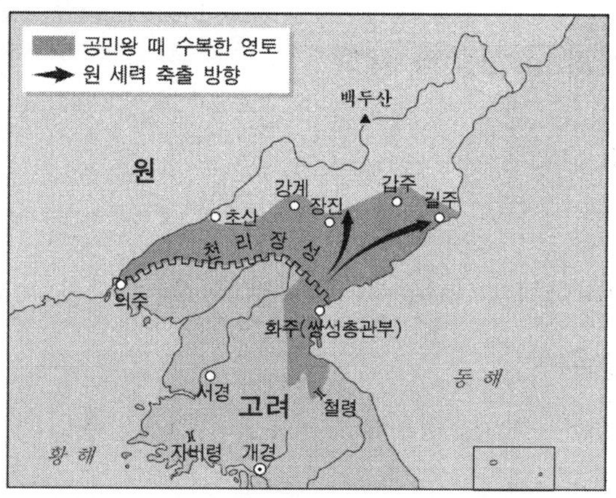

▲ 공민왕의 영토 수복

3. 새로운 정치 세력의 등장과 고려의 멸망

(1) 신진 사대부와 신흥 무인세력

1) 신진사대부의 성장

① 형성 : 무신집권기 등장(향리 출신), 공민왕의 개혁정치로 성장

② 성향 : 과거를 통해 관직 진출, 성리학 수용, 불교비판, 권문세족과 대립

③ 분화

온건파	고려 왕실 유지 주장 ex〉이색, 정몽주
급진파	토지개혁 주도, 고려왕조 비판, 역성혁명 주장 ex〉정도전, 조준

2) 신흥 무인 세력의 성장

① 홍건적(한족)과 왜구의 격퇴 과정에서 성장

② 이성계(황산전투), 최영(홍산전투), 최무선(진포해전, 화통도감)

(2) 고려의 멸망

사회 모순의 심화 : 권문세족의 정치 권력 독점과 대토지 소유 확대

⇩

명의 철령위 요구

⇩

요동 정벌 단행

⇩

위화도 회군(1388, 군사 · 정치권 장악)

⇩

과전법 시행(전제 개혁) 신진 사대부의 경제적 기반 마련

⇩

온건파 사대부 제거

⇩

이성계 즉위

⇩

조선건국(1392)

2장 중세의 경제와 사회

제1절 고려의 경제

1. 경제활동

(1) 농업 기술의 발달

1) 소를 이용한 깊이갈이

2) 시비법 발달, 2년 3작 윤작법

3) 일부 남부 지방에 이앙법 등장

4) 〈농상집요〉 소개(충렬왕)

(2) 수공업

전기	후기
• 관청 수공업 : 공장안에 기술자들 등록, 관리 • 소 수공업 : 금, 은, 철 등 공물 납부	• 사원수공업 : 승려와 노비가 품질 좋은 물품 생산 • 민간 수공업 : 가내 수공업 중심

(3) 상업

1) 상업의 발달

전기	후기
• 도시를 중심으로 발달 • 왕실관청의 수요품 조달 • 개경에 시전 설치, 비정기 시장 개설 • 사원의 상행위 참여 • 경시서 설치(상행위 감독)	• 시전의 규모 확대, 업종별 전문화 • 소금의 전매제 실시로 국가 재정 확보(충선왕, 각염법)

2) 화폐 발행

① 성종 : 건원중보

② 숙종 : 삼한통보 · 해동통보 · 해동중보 · 활구

③ 특징 : 실생활에서 유통은 저조함

3) 대외무역

① 특징 : 개방적인 대외정책, 벽란도(국제무역항)번성

② 고려의 무역

▲ 활구(은병)

송	• 수입 : 비단, 약재, 책, 악기 등 • 수출 : 금 · 은 세공품, 인삼, 종이, 화문석 등
여진, 거란	• 공무역 중심 • 수입 : 은 · 모피 · 말 • 수출 : 농기구와 곡식, 포목
일본	• 11세기 후반부터 민간 교류를 중심으로 발달 • 수입 : 수은, 황 • 수출 : 식량, 인삼, 서적
아라비아	• 수입 : 수은, 향료, 산호 , • 고려의 이름이 코리아로 알려짐
원간섭기	• 공 · 사무역 활발, 상인들 독자적으로 원과 교류

2. 수취제도와 토지제도(수조권 분급)

(1) 수취 제도

	수취제도와 재정
조세	• 부과기준 : 논과 밭의 비옥한 정도에 따라 3등급(상, 중, 하) • 과세 : 생산량의 1/10 • 운반 : 군현 → 조창 → 개경 (좌 · 우창)
공물	• 호 단위로 토산물 징수, 필요한 공물을 종류와 액수를 나누어 주현에 부과 • 주현 → 속현, 향,소,부곡에 할당 → 향리가 집집마다 수취
역	• 정남(16-59세 남자)의 노동력 동원 • 군역과 요역

(2) 전시과제도

1) 특징

① 문무 관리로부터 군인, 한인에 이르기까지 18관등으로 구분

② 직역의 대가로 전지와 시지의 수조권 지급,

③ 원칙적으로 세습불가(죽거나 퇴직하면 반납) but 예외 존재

2) 정비과정

	역분전 (태조)	시정전시과 (경종)	개정전시과 (목종)	경정전시과 (문종)	녹과전	과전법
대상	개국 공신	전.현직 관리	전.현직 관리	현직 관리	현직 관료	위화도 회군이후 신진사대부의 경제 기반 마련
기준	논공행상	관품 + 인품	관품 (18관등)	공음전 신설 무관대우		
지역	전국 x	전국	전국	전국	경기 8현	
기타			군인전, 문관우대	공음전, 별사전	농장 소유	

3) 토지 종류와 대상

과전	직역(관직)의 대가로 지급, 반납 원칙
공음전	5품 이상의 고위 관리에게 지급, 세습 가능, 문벌 귀족의 경제적 기반
한인전	6품 이하 하급 관리 자제 중 관직에 오르지 못한 사람에게 지급
군인전	중앙군(2군 6위)의 군 복무 대가로 지급
구분전	하급 관료와 군인의 유가족에게 지급
민전	사유지, 매매 · 상속 · 임대 가능

1. 신분제도

귀족	• 왕족, 5품 이상의 관료(**음서, 공음전** 혜택)
중류층	• 구성 : 남반(궁중실무), 군반, 잡류(중앙관청말단서리), 향리(호장 · 부호장), 역리(지방 역 관리) 등 • 역할 : 통치 체제의 하부구조 담당, 직역을 세습, 그 대가로 토지 수급(군인전,외역전)
양민	• 구성 : 대다수가 농민(백정), 상공업자, 향 · 소 · 부곡민, 역 · 진의 거주민 • 의무 : 조세 · 공납 · 역 등 세금 부담
천민	• 지위와 역할 : 노비가 대다수, 재산적 성격(매매, 상속), 일천즉천 • 노비의 유형 : 공노비(입역노비, 외거노비) , 사노비(솔거노비, 외거노비)

*** 지배층의 변화**

	초 · 중기	무신 집권기	원 간섭기	여말선초	
지배층	문벌귀족	무신	권문세족	신진사대부	신흥무인세력
출신	호족 · 공신 · 6두품	무인	친원파	향리, 하급관리	무인 세력
경제 기반	과전, 공음전	혼란의 시기	대농장	중소지주	
특징	관직 독점 보수적		토지겸병 세금회피	성리학 공부 불교배척 친명정책	홍건적과 왜구 격퇴

2. 가족 제도와 여성의 지위

가족 제도	• 일부일처제 • 여자는 18세 전후, 남자는 20세 전후 혼인
여성의 지위	• 대체로 가정에서 여성과 남성의 지위 동등 • 남녀 균분 상속 • 아들 · 딸 구분 없이 출생 순으로 호적 기재 • 딸의 제사 봉양(양자 필요x), • 처가살이 • 사위 · 외손자에게도 음서 혜택 • 여성의 자유로운 재가 가능

3. 향도

1) 기원 : 불교의 신앙조직, '매향'활동

2) 기능

전기	• 불교 신앙 조직 – 매향활동 외에도 대규모의 인력 동원이 필요한 불상, 석탑건립 등 활동
후기	• 농민 공동체 조직 – 노역, 혼례, 상장례, 마을의 제사 등 공동체 생활을 주도

4. 법률과 사회시책

(1) 법률

1) 대부분 관습법 : 당률을 참고한 법률

2) 중죄 : 반역죄, 불효죄

3) 형벌(5형) : 태, 장, 도, 유, 사

(2) 사회 시책

구휼	• 흑창(태조), 의창(성종) : 평상시 곡식을 비축해 두었다가 흉년에 빈민 구제 • 제위보(광종) : 일정 기금을 마련한 뒤 빈민 구제 및 의료 활동
물가 조절	• 상평창 설치, 풍년에 곡식을 사들이고 흉년에 팔아서 물가 조절
의료	• 동서대비원, 혜민국, 구제도감, 구급도감 등 설치

3장 중세의 문화

1. 유학의 발달

구분	내용	
초기		• 태조 : 신라 6두품 계열의 유학자들의 활약 • 광종 : 과거제 실시→ 유학에 능숙한 관료 등용 • 성종 : 최승로의 시무28조 → 유교정치 사상 정립, 　　　　유학 교육기관 정비(국자감, 향교)
중기		• 보수적, 현실적, 귀족적 성격의 유학 발달(최충, 김부식) • 최충 : 9재 학당(사학)설립
무신 집권기		• 문벌귀족 세력 몰락으로 유학 위축
후기	성리학의 전래	• 특징 : 인간의 심성과 우주의 원리 연구 → 철학적 성격 • 전래 : 충렬왕 때 안향이 소개, 이제현이 만권당에서 원의 학자와 교류하며 수용 • 영향 : 신진사대부의 사회 개혁사상, 실천적 기능 강조(소학과 주자가례 중시), 권문세족과 불교비판(정도전「불씨잡변」)

2. 역사서의 편찬

구분	역사서	내용	특징
초기	고려실록	• 거란 침입으로 소실	
	7대 실록	• 태조~목종 • 현재 존재하지 않음 • 고구려 계승의식	
중기	삼국사기	• 김부식 편찬 • 기전체 • 현존하는 최고(最古)의 역사서	• 유교적 합리주의 사관 • 신라계승의식
후기	동명왕편	• 이규보 편찬 • 동명왕의 업적을 칭송한 영웅 서사시 • 고구려 계승의식	• 자주적 역사관 • 전통문화 중시 • 고조선 인식 강화

삼국유사	• 일연 편찬 • 불교적 신이사관 • 단군신화, 각종 설화와 전래 기록 수록	
제왕운기	• 이승휴 편찬 • 단군조선을 우리 역사의 기원으로 인식 • 우리역사를 중국사와 대등하게 파악	
사략	• 이제현 • 정통의식과 대의명분 중시	• 성리학적 사관

> ***제왕운기의 단군 언급**
> 요동에 따로 한 천지가 있으니 뚜렷이 중국과 구분되어 나누어져 있도다 …… 처음 누가 나라를 열고 풍운을 일으켰던가. 하느님의 손자 그 이름하여 단군이라.

3. 교육기관

구분		내용
초기	중앙 (국자감)	• 유학부 : 국자학, 태학, 사문학 (문 · 무관 7품 이상 관리의 자제 입학) • 기술학부 : 율 · 서 · 산학 (8품 이하 관리나 서민자제 입학)
초기	지방	• 향교 : 지방 관리와 서민 자제 교육
중기	관학	• 숙종 : 국자감 강화, 서적포 설치(도서출판) • 예종 – 국자감 재정비하여 7재개설(전문강좌) 　　　 – 양현고(장학재단), 청연각(도서관 겸 학문연구소) 설치 • 인종 : 경사6학 정비하고 유학교육 강화
중기	사학	• 최충의 9재 학당(문헌공도) 등 사학12도 등장 • 국자감의 관학교육 위축
후기		• 충렬왕 : 섬학전설치(교육재단), 국자감을 성균관으로 개칭, 공자의 사당인 문묘건립 • 공민왕 : 성균관을 순수 유교교육 기관으로 개편

1. 불교정책

(1) 태조

1) 훈요 10조에서 불교 강조

2) 연등회 · 팔관회 장려

(2) 광종

1) 승과제도 시행

2) 국사 · 왕사제도 시행

3) 사원에 노비와 토지 지급

(3) 현종 : 초조대장경 조판(거란 2차 침입)

2. 불교 사상의 발전

의천 (천태종)	• 고려 중기(문벌귀족 사회) • 문종의 넷째 아들, 왕실과 귀족의 지원 • 교종을 중심으로 선종통합, 천태종 창시, 국청사 창건 • 교관겸수 : 이론의 연마와 실천 강조) • 흥왕사에 교장도감 설치, 속장경 간행
지눌 (조계종)	• 수선사 결사 : 불교의 세속화 비판, 참선 · 수행 · 노동 강조 • 순천 송광사 중신 • 선종을 중심으로 교종 포용, 선교일치 사상 완성 • 정혜쌍수(선교일치), 돈오점수(깨달음과 실천 강조)
요세 (천태종)	• 백련사 결사 • 법화신앙 강조 • 원효의 정토사상 적극 수용
혜심	• 유불일치설 주장 • 성리학을 수용할 수 있는 사상적 토대 마련

3. 대장경 조판(호국불교적 성격)

(1) 초조대장경

1) 현종때 거란의 침입 때 조판
2) 몽골 침입 때 소실

(2) 속장경(교장)

1) 의천이 주도하여 제작
2) 교장도감(흥왕사)설치 후 편찬

(3) 팔만대장경(재조대장경)

1) 최우 집권 시기(고종) 때 몽골의 침입을 격퇴하고자 조판
2) 대장도감 설치
3) 현재 합천 해인사에 보존

4. 불교예술

(1) 불상과 불화

1) 불상

① 거대 석불이나 철불 유행
② 지역 특색과 개성이 강한 불상 제작
③ 대표적인 작품

하남 하사창동 철조석가여래좌상	논산 관촉사 석조미륵보살입상	영주 부석사 소조 아미타여래좌상
호족 후원 지역적 특색	신라시대보다 거대화 인체구성 불균형	신라시대 양식 계승

2) 불화 : 혜허의 〈양류관음도(물방울 관음)〉가 대표적

(2) 석탑

1) 특징

① 다각다층탑 유행, 선종의 영향으로 승탑 제작
② 고려말 원나라의 영향으로 원나라 양식의 석탑 제작
③ 주요 작품

평창 월정사 8각9층석탑	개성 경천사지 10층석탑	여주 고달사지 승탑
다각 다층탑 안정감 부족 자연스러움	원나라 석탑 양식 → 조선 원각사지10층 석탑에 영향	신라 후기 전형적인 팔각 원당형 모습 계승

제3절 도교, 풍수지리, 건축, 과학기술

1. 도교와 풍수지리설

(1) 도교

1) 불로장생, 현세구복 추구

2) 도관 건립, 소격전 설치, 초제 거행

3) 한계 : 일관성 결여되어 교단 성립되지 못함 → 민간신앙으로 전래

(2) 풍수지리설

1) 북진정책 및 서경천도 운동에 영향

2) 한양 명당설 대두 → 남경설치, 남경천도론 등장

3) 조선 건국 초 한양 천도의 근거

2. 과학기술의 발달

(1) 과학기술 발전을 위한 노력

1) 고대사회의 전통적 과학기술 계승, 중국과 이슬람의 과학기술 수용

2) 국자감에서 잡학(기술학)교육, 과거에서 잡과 실시

3) 천문학, 의학, 인쇄술 등 발전

(2) 고려 시대의 기술 발전

천문학과 역법	• 천문 관측과 역법 계산을 중심으로 발달, • 사천대(서운관)설치 • 초기 : 당의 선명력 • 원간섭기 : 원의 수시력 • 공민왕 이후 : 명의 대통력
의학	• 태의감에서 의학 교육, 의과 시행, • 자주적 의서 편찬(**향약구급방** : 현존하는 우리나라 최고의 의학서)
인쇄술과 제지술	• 목판인쇄술 : 초조대장경, 팔만대장경 등 대장경 간행 • 활판인쇄술 　– 상정고금예문(1234) : 최초의 금속 활자본, 현존하지 않음 　– 직지심체요절(1377) : 청주 흥덕사 간행, 현존하는 세계 최고의 금속 활자본 • 제지술 : 종이 제조의 전담관서 설치 우수한 종이 제조 → 중국 수출
화약 무기	• 최무선, 중국으로부터 화약 제조법 수용 • 화통도감설치, 진포 해전에서 왜구 격퇴
목화 재배	• 공민왕 때 목화씨 유입(문익점) • 목화 재배 시작

3. 건축

(1) 건축양식

   1) 주심포 : 지붕의 무게를 견뎌내기 위해 만든 공포가 기둥 위에만 짜여 있는 건축 양식

   2) 다포 : 공포가 기둥 사이에도 짜여있어 웅장하고 화려한 모습을 보여주는 건축 양식

(2) 주요 건축

주심포 양식			다포 양식
봉정사 극락전 – 배흘림기둥 – 맞배지붕	부석사 무량수전 – 배흘림기둥 – 팔작지붕	수덕사 대웅전 –배흘림기둥 –맞배지붕	성불사 응진전

 고려시대 귀족 문화

1. 청자와 공예

(1) 자기 공예

   1) 11세기 순수 비색청자(신라, 발해 전통기술 + 송의 기술)

   2) 12세기 이후 : 상감청자

   3) 원간섭기 신진사대부의 영향으로 청자 쇠퇴, 분청사기 등장

(2) 금속공예

   1) 은입사 기술 발달

   2) **대표 작품** : 청동 은입사 표류 수금무늬 정병

(3) 나전칠기

1) 옻칠한 바탕에 자개를 붙여 무늬를 나타냄

2) 경함, 화장품갑, 문방구 등

상감운학무늬매병

청자진사연화무늬
표주박

청동은입사포류
수금무늬정병

나전칠기

2. 문학

1) **전기** : 한문학의 발전, 과거에서 문장을 짓는 제술업이 중시

2) **후기(무신집권기 이후)**

① **현실 도피적** : 이규보, 이인로, 최자 등에 의해 새로운 문학 경향
② **한시** : 〈동명왕편〉, 〈도토리 노래〉
③ **경기체가** : 신진사대부, 한림별곡, 죽계별곡, 관동별곡 등
④ **고려 속요(장가)** : 서민들은, 청산별곡, 쌍화점, 가시리 등
⑤ **패관문학** : 민간에 구전되는 이야기를 기록. 『백운소설』, 『역옹패설』
⑥ **가전체 문학** : 의인화, 『국순전』, 『국선생전』, 『죽부인전』

3. 음악, 그림, 글씨

(1) 음악

1) **아악** : 송에서 수입한 대성악이 궁중음악으로 발전 → 전통음악으로 발전

2) **향악** : 고유 음악이 당악의 영향을 받아 발달, 한림별곡 등

(2) 그림

1) 불화나 문인화 유행

2) **대표 작품** : 부석사 조사당 벽화, 혜허 〈양류관음도〉, 공민왕 〈천산대렵도〉

(3) 글씨

1) 고려 전기 : 구양순체, 탄연체

2) 고려 후기 : 송설체

01. 고려의 국왕에 관한 설명으로 옳지 않은 것은? (2023년 기출)

① 광종은 노비안검법을 시행하였다.
② 성종은 연등회와 팔관회를 중단시켰다.
③ 문종은 여진 정벌을 위해 별무반을 편성하였다.
④ 인종은 김부식 등에게 삼국사기를 편찬하게 하였다.

해설 여진 정벌을 위해 별무반을 편성한 것은 숙종 때 이다.
정답 ③

02. 고려와 거란의 전쟁에 관한 설명으로 옳지 않은 것은? (2024년 기출)

① 강감찬이 귀주 전투에서 승리하였다.
② 개경이 함락되어 현종이 나주로 피난하였다.
③ 윤관이 동북 9성을 쌓아 적의 공격에 대비하였다,
④ 서희가 외교 담판을 통해 강동 6주를 확보하였다.

해설 윤관은 별무반을 조직하여 여진정벌을 추진하였고 동북9성을 축조하였다.
정답 ③

03. 고려시대 성종의 업적으로 옳은 것은? (2022년 기출)

① 정계와 계백료서를 남겼다.
② 독자적인 연호를 사용하였다.
③ 쌍기의 건의로 과거제를 시행하였다.
④ 지방에 12목을 설치하고 지방관을 파견하였다.

해설 ① 태조의 업적 ②, ③ 광종의 업적이다.
정답 ④

04. ( )에 들어갈 내용이 올바르게 짝지어진 것은? (2020년 기출)

> 고려의 독자성을 보여주는 중앙 정치기구로 (㉠)는(은) 대외적으로 국방과 군사 문제를 담당했으며, (㉡)는(은) 대내적으로 법률과 격식 제정을 담당하였다.

① ㄱ: 비변사, ㄴ: 도병마사　　② ㄱ: 도병마사, ㄴ: 식목도감
③ ㄱ: 상서도성, ㄴ: 교정도감　　④ ㄱ: 식목도감, ㄴ: 상서도성

해설 도병마사는 국방과 군사 문제에 대한 회의를 담당했고, 식목도감은 법률과 격식 제정과 관련한 회의를 하였다. 비변사는 조선 후기 최고 정치 기구, 상서도성은 6부를 관할하는 관청, 교정도감은 최씨 무신집권기 정치 기구이다.

정답 ①

05. 밑줄 친 '그'에 해당하는 인물은? (2024년 기출)

> 그는 오랫동안 거란, 송, 일본 등에 불교 경전과 논서들의 주석서를 널리 수집하여 교장을 편찬하였다. 교장은 당시 동아시아 불교의 발전에 크게 기여했고, 그 목록이 남아 있다.

① 원효　　　　　　　　② 의상
③ 균여　　　　　　　　④ 의천

해설 의천은 교장도감을 설치하여 교장(속장경)을 편찬하였다.
정답 ④

06. 다음에서 설명하는 정치기구는? (2021년 기출)

> 최고위 무신들로 구성된 회의기구로서 무신정변 직후부터 최충헌이 권력을 잡을 때 까지 최고 권력 기구였다.

① 도당　　　　　　　　② 도방
③ 중방　　　　　　　　④ 교정도감

해설 최씨 집권 이전 무신정권의 최고 권력 기구는 중방이다. 도당은 도병마사의 다른 이름이다. 도방은 최씨 무신의 군사기구이다. 교정도감은 최씨 무신정권의 최고 권력 기구이다.
정답 ③

07. 공민왕에 관한 설명으로 옳은 것은? (2023년 기출)

① 연경(베이징)에 만권당을 설치하였다.
② 중서문하성의 명칭을 첨의부로 변경하였다.
③ 전제 개혁을 단행하고 과전법을 제정하였다.
④ 내정을 간섭하던 정동행성 이문소를 폐지하였다.

해설 ① 충선왕, ② 충렬왕, ③ 공양왕(이성계)에 대한 설명이다.
정답 ④

08. 고려시대 사회상에 관한 설명으로 옳은 것을 모두 고른 것은? (2020년 기출)

> ㄱ. 태어난 차례대로 호적에 기재하여 남녀차별을 하지 않았다.
> ㄴ. 사위와 외손자까지 음서의 혜택이 있었다.
> ㄷ. 혼인 후에 곧바로 남자 집에서 생활하는 경우가 많았다.
> ㄹ. 동족마을이 만들어지고 문중을 중심으로 서원과 사우가 세워졌다.

① ㄱ, ㄴ ② ㄱ, ㄹ
③ ㄴ, ㄷ ④ ㄷ, ㄹ

해설 ㄷ. 고려시대에는 남자가 여지 집으로 가서 생활하는 경우가 많았다. ㄹ. 동족마을과 문중 중심 서원과 사우가 세워진 것은 조선후기이다.
정답 ①

09. 고려시대에 조성된 탑으로 옳은 것을 모두 고른 것은? (2021년 기출)

> ㄱ. 경천사지 10층 석탑 ㄴ. 원각사지 10층 석탑
> ㄷ. 화엄사 4사자 3층 석탑 ㄹ. 월정사 8각 9층 석탑

① ㄱ, ㄴ ② ㄱ, ㄹ
③ ㄴ, ㄷ ④ ㄷ, ㄹ

해설 ㄴ 조선시대, ㄷ 통일신라시대 석탑이다.
정답 ②

10. 밑줄 친 이 책의 제목은? (2024년 기출)

> 이 책은 중국 약재 대신에 향약을 쓸 수 있는 단서를 열었으며, 우리나라에서 현존하는 가장 오래된 의학서이다.

① 동의보감   ② 향약집성방
③ 향악구급방   ④ 향약채취월령

해설 향약구급방은 고려시대 편찬 된 의학서적으로 현존하는 가장 오래된 의학서이다. ① 조선후기, ②, ④ 조선전기에 편찬 된 의학서적이다.

정답 ④

11. 무신정권기 설치한 정방에 관한 설명으로 옳은 것은? (2023년 기출)

① 국정을 총괄하는 최고 기구이다.
② 최고위 무신들로 구성된 회의 기구이다.
③ 관리의 인사 행정을 담당하는 기구이다.
④ 무신 집권자의 신변을 보호하는 군사 기구이다.

해설 정방은 최씨 무신집권기 최우가 설치한 인사행정기구로 공민왕 때 폐지되었다. ①, ② 중방 또는 교정도감, ④ 도방 또는 삼별초에 대한 설명이다.

정답 ③

12. 고려 광종이 추진한 정책으로 옳지 않은 것은?

① 과거제도시행   ② 노비안검법 실시
③ 지방에 경학박사 파견   ④ 백관의 공복 제정

해설 지방에 경학박사를 파견한 것은 성종때의 일이다.

정답 ③

4편 조선의 성립과 발전

1장 조선의 건국과 통치체제

제1절 조선의 건국과 통치체제의 확립

태종	세종	세조	성종
6조 직계제 사병혁파 호포제	의정부 서사제 집현전 설치 문물, 제도 정비	6조 직계제 직전법 실시 훈구파 등장	경국대전 완성 홍문관 설치 사림 등용

1. 조선의 건국과 통치체제 정비 과정

(1) 조선의 건국

위화도 회군	신진사대부 분화	급진 개혁파 + 이성계
• 우왕과 최영 제거 • 창왕 즉위 • 정치적 실권 장악	• 온건파 : 고려왕조 유지, 점진적 개혁 주장(정몽주, 이색) • 급진파 : 고려왕조 부정, 역성혁명 주장(정도전)	• 공양왕 옹립 • 급진 개혁파 실권 장악

과전법 실시	조선 건국(1392)	한양 천도(1394)
• 권문세족 토지 몰수 • 경기도 토지를 대상으로 관리들에게 수조권 지급 • 신진사대부의 경제적 기반 마련	• 온건파 사대부 제거 • 이성계 왕으로 추대 • 조선건국	• 나라의 중앙에 위치 • 교통 편리, 외적 방어에 유리

(2) 통치 체제의 정비

태조	• 국호 '조선'(고조선 계통), 한양천도(경복궁 건설, 종묘사직 건설, 교통과 국방의 중심지) • 정도전 :「불씨잡변」을 편찬하여 불교 비판, 「고려국사」·「조선경국전」·「경제문감」 편찬, 재상(총재)중심의 정치 주장, 성리학적 통치규범 마련, 요동정벌 추진, 1차 왕자의 난 때 피살
정종	• 1차 왕자의 난으로 즉위 • 개경 천도, 도평의사사 폐지 • 2차 왕자의 난으로 방원에게 왕위를 물려주고 퇴위
태종	• 왕권강화 : 6조직계제 실시, 사병혁파(군사력 강화), 사간원 독립, 공신 및 외척 숙청, 신문고 설치 • 재정확보 : 양전사업 및 호구조사, 호패법 실시, 불교사원 토지 몰수, 억울하게 노비가 된 자 해방 • 기타 : 주자소 설치(계미자 주조), 한양 재천도
세종	• 유교정치(왕도정치) : 의정부 서사제(왕권·신권의 조화, 인사·군사 분야는 왕이 장악), 집현전 설치, 훌륭한 재상 등용, 조세제도 개혁(연분9등법, 전분6등법) • 대외정책 : 4군(최윤덕) 6진(김종서) 개척, 쓰시마섬 정벌(이종무) • 의례·제도정비 :「주자가례」,「삼강행실도」등 보급 • 문화, 과학기술 발달 :「농사직설」,「향약집성방」,「의방유취」,「칠정산」 등 편찬, 측우기, 자격루, 앙부일구 등 과학기술 개발
문·단종	• 계유정난 : 김종서, 황보인 등을 제거하고 수양대군 즉위 → 세조
세조	• 계유정난 때 공을 세운 사람들을 대상으로 공신 책봉(정난공신) → 훈구파 형성 • 사육신의 난, 이시애의 난 진압 • 왕권강화 : 6조직계제 부활, 집현전 폐지, 경연 폐지, 유향소 폐지, 경국대전 편찬 시작 • 직전법 실시 : 현직 관료에게만 수조권 지급 • 군사제도 정비 : 진관체제 실시, 5위 체제 완비, 보법 시행
성종	• 유교 통치 체제의 완성 : 홍문관 설치, 경연의 활성화, 도첩제 폐지(억불정책), 경국대전 완성,「국조오례의」완성 • 관수관급제 실시 : 국가가 세금을 걷어 관리에게 나누어 주는 제도 → 이후 수조권 분급제도(토지제도) 소멸 • **편찬사업** :『경국대전』,『동문선』,『국조오례의』,『동국여지승람』,『악학궤범』,『삼국사절요』,『금양잡록』 등

> **＊정도전의 재상정치론**
>
> 임금의 직책은 재상 하나를 잘 뽑는 데 있다. 재상은 위로는 임금을 받들고 아래로는 백관을 통솔하며 만민을 다스리는 것이니 그 직책이 매우 크다. 또한 임금의 자질은 어리석기도 하고 현명하기도 하여 한결같지 않으니 …… 임금으로 하여금 대중의 경지에 이르도록 하는 것이 재상의 역할이다.　　　　　　　　　　　　　　　　　　　　　　　　　　　「조선경국전」

6조 직계제	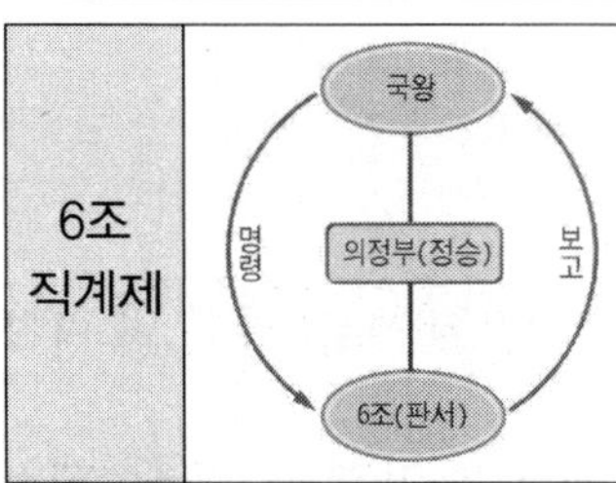	지금 내(세조)가 명을 받아 왕봉을 계승하여 군국 서무를 아울러 모두 처리하며, 조종의 옛 제도를 모두 복구한다. 지금부터 형조의 사형수를 제외한 모든 서무는 6조가 각각 그 직무를 담당하여 직계한다. 「세조실록」
의정부 서사제	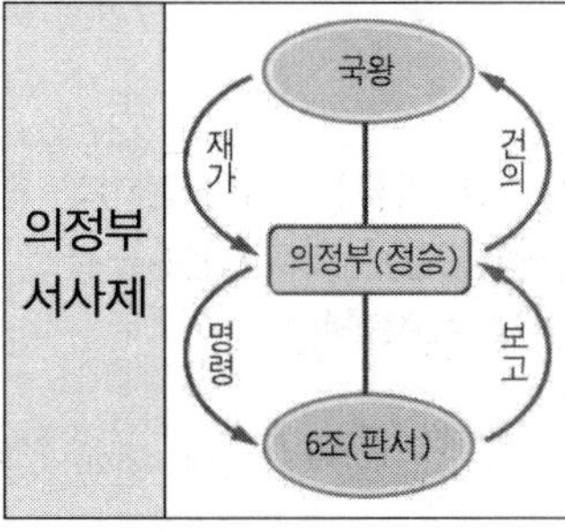	6조는 각기 모든 직무를 먼저 의정부에 품의하고, 의정부는 가부를 헤아린 뒤에 왕에게 아뢰어 (왕의) 전지를 받아 6조에 내려 보내어 시행한다. 다만 이조병조의 제수, 병조의 군사업무, 형조의 사형수를 제외한 판결 등은 종래와 같이 각 조에서 직접 아뢰어 시행하고 곧바로 의정부에 보고한다. 「세종실록」

2. 조선 전기의 통치체제

(1) 중앙 통치기구

중심 기구	의정부	• 영의정, 좌의정, 우의정으로 구성, 국정 총괄
	6조	• 행정 담당, 여러 관청들이 업무 분담 → 행정의 전문성과 효율성 제고
왕권 견제	삼사	• **사헌부** : 관리의 비리 감찰 기구, 서경권 • **사간원** : 왕에 대한 간언, 간쟁 • **홍문관** : 왕의 학문적 자문기관
	설치 목적	• 권력의 독점과 부정 방지 • 관리와 양반사대부의 여론을 이끄는 언론 기관
왕권 강화		• **의금부** : 국가의 큰 죄인을 처벌하는 국왕 직속 기관 • **승정원** : 왕명 출납
기타		• **한성부** : 서울 행정과 치안 담당 • **춘추관** : 역사서 편찬과 보관 • **성균관** : 최고의 교육기관

(2) 지방 행정 조직, 군사제도

특징	8도	• 관찰사 파견 : 수령감찰, 행정, 사법, 군사권 • 도 아래 부(부윤), 목(목사), 군(군수), 현(현령)
	군·현	• 면(면임), 리(이정), 통(통수) • 수령의 명령을 받아 인구 파악, 부역 징발 담당
	향,부곡,소	• 일반 군현으로 승격
수령		• 모든 군현에 파견→지방 행정·사법·군사권 장악 • 향리 → 수령의 행정 실무를 보좌하는 세습적인 아전으로 격하 • 암행어사 : 수령의 비행 감찰
유향소		• 수령 보좌, 향리 감찰, 풍속 교정 → 향촌 자치 허용 • 중앙에서는 경재소를 통해 유향소 통제
경재소		• 유향소(留鄕所)를 통제하기 위하여 설치한 중앙 기구.
군사	특징	• 양인개병재 : 16~60세 양인 남자 군역 부담 • 정군과 보인(보인이 정군의 비용 부담)
	중앙군	• 궁궐과 수도를 수비하는 5위 • 문반 관료가 지휘
	지방군	• 육군과 수군(수군이 힘들고 위험해서 사람들이 기피함) • 건국 초기 → 영이나 진을 설치 • 세조 이후 진관체제 　– 각 도에 한 두 개의 병영과 수영 설치 　– 주요 요충지에 거진을 설치 　– 병영 → 병마절도사 / 수영 → 수군절도사
	잡색군	• 서리, 잡학인, 신량역천인, 노비 등이 소속한 예비군
교통· 통신		• 봉수제, 역참제 → 국방과 중앙집권 강화

(3) 교육제도와 과거제도

유학 교육	서당	• 초보적인 유학지식과 한문을 교육
	중등	• 서울 : 4부 학당, • 지방 향교(모든 군현)
	성균관	• 문과 소과에 합격해야 입학 • 성균관 교육 후 대과 응시 가능
기술학		• 외국어, 법률, 의술, 천문학 등 • 해당 관청에서 교육 • 주로 중인이 대를 이어서 공부

과거	문과 (대과)	• 종류 – 식년시 : 3년마다 실시하는 정기 시험 　　　　– 별시 : 부정기 시험, 증광시 · 알성시 등 • 초시 : 각 도의 인구 비례 • 복시 : 2차 시험, 33명 선발 • 전시 : 왕 앞에서 실시, 순위 결정 • 응시 자격 : 소과 합격자(생원, 진사)
	무과와 잡과	• 무과 : 초시 · 복시 · 전시를 통해 28명 선발, 양반부터 상민까지 주로 응시 • 잡과 : 기술관 선발, 3년마다 시행, 분야별로 정원 있음, 중인이 주로 응시
	응시 자격	• 양인 이상 응시 • 문과의 경우 탐관오리의 아들, 재가한 여자의 아들과 손자, 서얼에게는 응시를 제한함
음서		• 고려 시대에 비하여 대상이 크게 줄어들었고, 고관으로 승진이 어려움
천거		• 고관의 추천을 받아 간단한 시험을 치른 후 관직에 등용 • 대개 기존 관리 대상이나 많지 않음

(4) 조세제도

조세	과전법	• 토지 수확량의 1/10 (최대 30두)
	공법	• 세종대 실시 → 농경지를 비옥도와 풍흉에 따라 나눔 • 토지 비옥도에 따라서 전분 6등법 • 풍흉의 정도에 따라서 연분 9등법
역	대상	• 16세−60세 양인 남자(정남)
	종류	• 군역 : 일정기간 군 복무 • 요역 : 성, 왕릉, 저수지 공사 등의 토목 사업에 동원
	변화	• 16세기 이후 군역 기피현상으로 인해서 군 복무 대신 군포 징수
공납		• 각 지방 특산물 • 특산물 생산이 일정치 않고, 운반 과정에서의 어려움 → 폐단
조세운송 (조운)		• 군현 → 지방 조창 → 서울 경창 • 잉류지역(평안도, 함경도)은 현지에서 군사비와 사신 접대비로 사용

성종	연산군	중종	인종	명종
사림 등용(김종직)	무오사화(김종직 – 조의제문) 갑자사화(폐비윤씨)	기묘사화 (조광조의 개혁)	을사사화 (외척 간 대립)	

1. 사림의 대두와 붕당의 형성

(1) 사림의 성장과 대립

1) 훈구와 사림

구분	훈구파	사림파
출신	• 급진파 사대부 출신(정도전, 조준) • 중앙의 고위 관리로 대지주층	• 온건파 사대부 출신(정몽주, 길재) • 향촌의 중소 지주 출신 학자
이념	• 중앙 집권 체제 • 부국강병 추구	• 향촌자치제 옹호 • 왕도정치 추구
학풍	• 집현전을 통해 양성 • 성리학 이외의 사상도 포용(불교,도교)	• 사학(서원)을 통해 양성 • 성리학 이외 사상 배척
활동	• 15~16세기 전반 정치 주도	• 16세기 후반 이후 정치 주도

2) 사림의 정치적 성장

① 사림의 정계진출 : 성종의 사림 등용(훈구견제목적), 이조전랑과 3사 진출

② 훈구파에 대한 적극적인 비판 → 사화 발생

(2) 사화의 발생

원인		• 성종 때부터 사림세력이 언관직(삼사)에 진출(김종직)→ 훈구 세력 비판
전개	연산군	• 무오사화 : 훈구세력이 김종직의 조의제문(사초)을 구실로 사림 세력 제거
		• 갑자사화 : 연산군의 생모인 폐비윤씨 사건을 계기로 훈구와 사림 세력 제거
	중종	• 기묘사화 원인 : 중종의 사림 등용과 조광조의 개혁정치 결과 : 훈구가 조광조를 역모로 몰아 제거(주초위왕) ★ 조광조의 개혁정책 • 왕도정치의 이상추구 • 정치 : 현량과실시(사림 무시험 등용), 위훈삭제(훈구세력 약화), 경연 강화 주장 • 경제 : 공납의 폐단 시정 노력

		• 사회 : 소격서(도교행사)폐지, 소학교육 강화, 향약의 보급 • 결과 : 급진적 개혁추진에 훈구세력 반발, 조광조 등 사림세력 제거
	명종	• 을사사화 : 왕실(인종, 명종)외척끼리의 권력다툼(대윤 vs 소윤)
성격		• 훈구파의 사림 탄압 → 사림의 피해
결과		• 서원과 향약을 기반으로 한 사림이 16세기 이후 정국 주도

> ***조의제문**
>
> 정축년 10월 어느 날 밀성에서 정산으로 가다가 답계역에서 자는데, 꿈에 신인이 나타나 말하길 "나는 초나라 회왕의 손자 심(의제)인데, 서초 패왕(항우)에게 살해되어 침강에 던져졌다."하고는 갑자기 사라졌다. …… 마침내 글을 지어 (의제를) 조문하였다.

(3) 붕당의 형성

1) 배경

① 선조 즉위 후 사림의 중앙 정계 진출

② 이조전랑과 삼사 관직을 통해 공론 주도

③ 이조 전랑 임명문제를 두고 각 세력 간 대립

2) 붕당의 출현

① 분열 과정

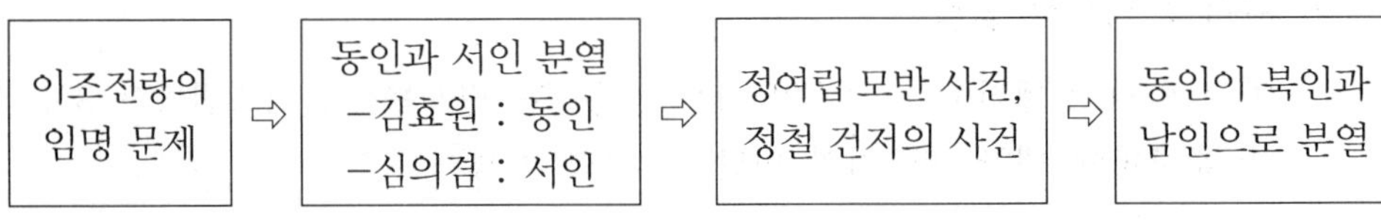

② 동인과 서인

동인	• 이황, 조식, 서경덕 계열의 학파 • 신진 사림 중심, 척신 정치의 청산 강조 • 자기 수양 강조, 원칙주의 • 이 후 북인(강경파, 조식, 서경덕)과 남인(온건파, 이황)으로 분열

서인	• 이이, 성혼 계열의 학파 • 기성 사림 중심, 척신 정치 청산에 소극적 • 현실주의 • 이 후 노론(강경파, 이이, 송시열)과 소론(온건파, 성혼, 윤증)으로 분열

2. 성리학적 질서의 확산

(1) 성리학의 발달

1) 특징

① 사회적 인간 관계와 개인의 수양을 강조
② 사회 윤리인 예(禮)를 강조, 도덕적 실천 중시(도학적 성격)
③ 대의명분론과 화이관 강조

2) 이황(주리론)과 이이(주기론)

구분	이황의 주리론	이이의 주기론
계보	이언적 → 이황(동인)	서경덕 → 이이(서인)
특징	• 이상, 근본, 도덕, 본질, 원리	• 경험, 현실, 개혁, 실천
저서	• 주자서절요 • 성학십도	• 동호문답 • 성학집요
학파	• 영남학파	• 기호학파
기능	• 신분질서 유지	• 부국강병 • 개혁정책 : 십만양병설, 수미법
영향	• 일본 성리학 • 위정척사 사상 → 의병항쟁	• 실학사상 → 개화사상 → 애국계몽운동

3) 성리학 보급 노력

① 개인적 보급 노력 :「소학」,「주자가례」보급, 가묘•사당 건립, 족보 편찬
② 국가적 보급 노력 :「국조오례의」,「삼강행실도」편찬

(2) 서원과 향약 : 사림 세력의 정치적 기반

1) 서원

기능	• 선현에 대한 제사와 교육 • 사림의 정치적 기반 • 붕당의 근거지로 활용
기원	• 중종 때 주세붕이 영주에 세운 백운동 서원
사액서원	• 이황의 건의로 백운동 서원이 '소수 서원'으로 사액됨 • 국가에서 토지 · 노비 · 서적 등을 지급, 면세의 특권 부여
확산	• 영남지방을 중심으로 전국적 확산
영향	• 장점 : 학문과 교육발전에 기여 • 단점 : 자기 당파의 결속 강화 → 붕당의 토대

2) 향약

조직	• 지방사족 중심의 향촌 사회 운영을 위해 조직 • 전통적 공동 조직과 미풍양속을 계승하여 유교 윤리 가미 • 풍속교화 및 질서유지
기능	• 향촌 사회의 자치 규약 • 풍속교화, 향촌사회의 질서 유지, 치안 담당
확산	• 조광조(여씨향약)가 처음 시행 • 이황(예안향약)과 이이(해주향약) 등에 의해 전국적으로 보급
영향	• 지방사림의 지위 강화, • 지방 유력자가 주민을 위협·수탈하는 문제 발생

제3절 왜란과 호란의 극복

선조	광해군	인조	효종
임진왜란 발발 동서 분당 남북 분당	전란 수습 중립 외교 북인정권	친명배금 정책 정묘호란, 병자호란 서인 주도, 남인 참여	북벌 추진, 나선정벌 서인 주도, 남인 참여

1. 조선 전기의 대외 관계

명	사대 정책	• 초기 : 적대(요동 수복 운동), 태종이후 사대 • 조공외교를 통한 문화적, 경제적 실리정책, 사신들이 왕래할 때 공무역과 사무역 활동 • 명 멸망 이후 : 소(小)중화사상
여진	교린 정책	• 강경책 : 4군6진 개척(세종, 최윤덕, 김종서), 토관제도, 사민이주 정책 → 오늘날 국경선 확정 • 회유책 : 귀순 장려, 무역소를 통해 무역(경원, 경흥)
일본		• 강경책 : 쓰시마 섬 토벌(세종, 이종무) • 회유책 : 동래 왜관 설치, 3포 개항을 통한 무역(부산포, 염포, 제포), 계해약조 체결(1443)
동남아시아		• 유구, 시암, 자와 등과 조공과 진상을 통해 교류

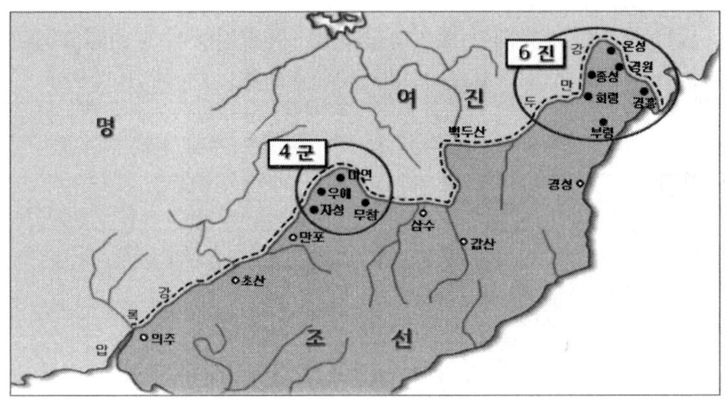

▲ 4군(최윤덕) 6진(김종서)의 개척

2. 임진왜란의 발발과 극복

(1) 배경

일본	• 전국시대의 혼란 수습(도요토미 히데요시) • 대륙 진출 야욕, 국내 불만을 무마하기 위해 침략 계획 → 정명가도 요구
조선	• 붕당정치로 국론 분열 • 군역 제도의 문란 → 국방력 약화(진관체제 → 제승방략), • 3포 왜란(중종), 을묘왜변(명종) 등 발생 → 비변사 설치로 대응 노력

(2) 전개

왜란의 발발	• 일본의 정명가도 요구 → 조선 거절 → 임진왜란 발발(1592.4.13) → 부산진(정발), 동래성(송상현) 함락→ 충주 탄금대 전투 패배(1592.4) → 선조 의주 피난 → 한양 함락 → 왜군 북상(평양, 함경도) → 명에 구원 요청
조선의 반격	• 수군의 활약 : 이순신이 옥포(최초 승리), 사천, 당포, 부산, 한산도 대첩(1592.7)에서 승리 *이순신 승리의 의의* • 남해 해상권 장악 • 전라와 충청 곡창지대 수호 • 왜군의 보급로 차단 • 의병의 활약 : 익숙한 향토 지리에 맞는 전술 활용, 남명 조식의 제자들(정인홍, 곽재우)과 승려(사명대사)의 활약 • 조명 연합군의 활약 : 김시민 진주대첩(1차-1592.10, 2차-1593.6), 평양성 탈환(1593.1), 권율 행주대첩(1593.2) 승리 → 명과 일본의 휴전 협상 시작, 조선군 정비(훈련도감 설치)

정유 재란	• 휴전협상 결렬, 정유재란 발발(1597.3) → 칠천량해전 패배(1597.7) → 명량해전 승리 → 도요토미 히데요시 사망 → 왜군철수, 노량해전(1598)

(3) 임진왜란의 영향

국내		• 인구 격감, 토지대장과 호적 소실 → 국가 재정 궁핍 • 불국사, 실록 등 문화재 소실 • 비변사의 기능강화, 군영정비(훈련도감, 속오군) • 국가 재정 확보를 위한 공명첩의 대량 발급 → 신분제 동요
국외	명	• 국력 약화 • 만주에서 여진족 급속히 성장 → 명과 여진족 간 긴장감 고조
	일본	• 도쿠가와 이에야스 정권 장악 → 에도 막부 설립 • 에도 막부 수립 후 조선에 통신사 파견 요청 • 조선인 포로들을 이용하여 도자기 등 문화 발전 성장 기반 마련(이삼평-아 리타 도자기)

3. 호란의 발발과 극복

(1) 광해군의 중립 외교

1) 광해군과 북인정권의 중립외교

전란의 수습	• 북인, 광해군: 민생안정책 – 대동법 실시, 동의보감 편찬 · 보급 • 토지대장, 호적부 개편, 농토복구, 무너진 성곽 · 시설 수리
중립외교 정책	• 후금이 성장하면서 명 압박 • 명의 파병요구 : 강홍립으로 하여금 후금에 항복하도록 명령

2) 인조반정

① 폐모살제(인목 대비 유폐, 영창 대군 살해), 중립외교 정책 등 비판

② 서인이 주도하여 인조반정 발발

③ 북인정권 붕괴, 서인 집권 → 서인 주도 남인이 참여하는 붕당정치 형성

(2) 호란의 발발과 조선의 대응

1) 호란의 발발

원인		• 인조반정 이후 서인의 친명배금 정책 추진(후금 자극), • 이괄의 난으로 사회 혼란
호란의 전개	정묘호란 (1627)	• 광해군을 위하여 보복한다는 명분으로 후금 침입 → 정봉수(용골산성)·이립 등 의병의 승리 → 보급로가 끊어진 후금의 강화 제의 → 화의(형제관계)
	병자호란 (1636)	• 후금의 청 건국, 조선에 군신 관계 요구 → 척화론과 주화론 대립 → 척화론 채택 → 병자호란 발발 → 인조 남한산성에서 저항, 임경업의 활약(백마산성) → 삼전도에서 항복함으로 청에 굴복(군신관계)

2) 북벌 운동의 추진

북벌론	• 친명배금의 명분에서 출발 → 서인의 정권유지에 이용 • 효종, 송시열, 이완을 중심으로 전개 → 청의 강성으로 현실적인 어려움 → 나선정벌에 동원 *나선정벌 : 청과 러시아 국경 분쟁 → 청의 군사 지원 요청 → 두 차례 전투에서 승리
북학론	• 소현세자, 북학파(박지원, 홍대용, 박제가 등)를 중심 전재 • 청의 앞선 문물의 적극적 수용 주장 → 실학으로 발전

2장 조선 전기의 경제

제1절 농업 정책과 농업기술의 발전

1. 농업정책

(1) 권농정책

1) 개간사업 장려, 수리시설 확충

2) 『농사직설』(세종), 『금양잡록』(성종) 등 농서 편찬 및 보급

3) 농사에 도움 주는 과학 기구 제작

(2) 농민통제

1) 호패법, 오가작통법 시행

2) 향약 등을 통해 사회적 안정 도모

(3) 농업 기술의 발전

1) 고려 후기 농업 발전의 연속 : 윤작법, 남부 지방 이앙법

2) 휴경지 소멸 : 밑거름과 덧거름

3) 목화 재배 확산 : 면포 사용, 화폐 대용

2. 조세제도

(1) 전세

1) 초기 : 수확량의 1/10 수취

2) 세종 : 공법 시행

    ① 전분 6등법(토지등급) + 연분 9등법(풍흉)

    ② 풍흉에 따라 1결 당 4~20두 징수

3) 조세운반(조운) : 군현 → 조창(강가, 바닷가) → 경창

(2) 공납

1) 가호 기준 특산물 징수, 재산 반영이 되지 않음

2) 지역에서 구하기 어려운 특산물(불산공물)이 부과

3) 16세기 방납의 폐단이 발생

(3) 역

1) 양인개병제 : 16세 이상 성인 남자 대상

2) 군역과 요역

① 군역 : 직접 군대에 가거나(정군), 군복무 비용 부담(보인), 관리 · 서리 · 향리 · 학생 등 제외

② 요역 : 성종, 토지 8결 기준 1인, 1년에 최대 6일 동원

3) 군역의 변화

① 15세기 말 군역이 요역화 되면서 군역 기피

② 15세기 말 방군수포제, 군적수포제 확산

③ 16세기 국가에서 대립제 인정, 국방력 약화

* 16세기 수취제도 문란으로 농민생활 악화 → 임꺽정 등 도적 발생(명종)

3. 토지제도

(1) 과전법의 시행

1) 과전법의 공포(1391) : 신진 사대부의 경제적 기반 보장, 자작농 육성

2) 과전법의 지급 토지

과전	• 관리에게 직역의 대가로 수조권 지급, 경기도 토지 대상
수신전	• 관리가 죽은 뒤에 재혼하지 않은 부인에게 지급, 세습 가능
휼양전	• 관리들 중 부모가 모두 죽고 자녀가 어린 경우 아버지가 받았던 과전 지급, 세습 가능
공신전	• 공신에게 지급, 세습 가능

3) 과전법의 시행과 변화

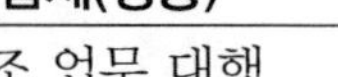

과전법(1391)
• 전·현직 관리
• 수신전, 휼양전 세습
• 경기지방

⇒

직전법(세조)
• **현직 관리**
• 수신전, 휼양전폐지
• 토지의 사적 소유 확대

⇒

관수관급제(성종)
• 국가가 수조 업무 대행
• 조와 세의 구별 없어짐
• 국가의 토지 지배력 강화

⇒

직전법 폐지(명종)
• 수조권폐지
• 전주 전객제 소멸
• 지주전호제의 발달

제2절 수공업과 상업

1. 수공업

	수공업 활동
관영수공업	• 관청에 장인을 등록시켜 관청 수요품 제작, 공급(근무기간만 식비 지급, 초과생산량 판매 기능) • 16세기 이후 부역제 해이, 상업 발달 → 관영 수공업 쇠퇴
민영수공업	• 농기구, 양반의 사치품 생산
가내수공업	• 농가의 생필품을 자급자족하는 형태 (무명, 삼베 등)

2. 상업

(1) 상업 활동

		상업 활동
상업 통제		• 한성 시전 설치 → 허가 받은 상인에게만 세금 받고 상업허가 • 경시서를 설치해 불법적 상행위 통제
상업 활동	한성	• **시전상인** → 관청에 물품 납입, 상품 독점 판매권 • 명주, 종이, 어물, 모시, 삼베, 무명 → 육의전 발전
	지방	• 15세기 후반 장시 등장 → 16세기 전국 확대, **행상(보부상)** 활발하게 활동 • 거주지 중심으로 농촌사회에 물품 판매 → **전국의 유통망 형성**
	화폐	• 쌀과 면포를 화폐 대신 주로 사용, • 저화(태종), 조선통보(세종), 팔방통보(세조) 등 발행 • 화폐 유통 저조

3장 조선 전기의 사회

1. 양천 제도

(1) 법제적인 신분 제도 : 사회 신분을 양인과 천민으로 구분

(2) 양인

    1) 과거 응시가능, 관직 진출이 가능한 자유민

    2) 조세, 국역 등의 의무 부과

(3) 천민

    1) 비자유민으로 국가나 개인에게 소속되어 천역 담당

    2) 노비 · 백정 · 무당 · 광대 등

    3) 특징

        ① 매매, 상속, 증여, 양도의 대상

        ② 일천즉천법 적용

    4) 공노비와 사노비

        ① 공노비(16~60세까지)

입역 노비	궁중과 관청에서 잡역에 종사하면서 국가에서 급료를 받음
납공 노비	국가나 관청의 농지를 경작하면서 신공 납부

        ② 사노비

솔거 노비	주인의 집에 살면서 집안일이나 잡일을 담당
외거 노비	주인과 따로 살며 농지 경작, 신공 납부.

2. 반상 제도

(1) 사회적 · 실질적 신분제도

(2) 양인을 양반, 중인, 상민으로 구분

1) 양반

의미	• 문반과 무반을 아울러 부르는 명칭 → 점차 그 가족이나 가문을 호칭
특권 유지	• 자신들의 기득권 유지 위해 지배층 증가 제한 → 문무 양반의 관직자만 사족으로 인정
생활	• 고위 관직 독점, 많은 토지와 노비 소유 → 경제적 지주층, 정치적 관료층 • 생산에 종사하지 않음, 현직 또는 예비 관료로 활동, 유학자로서의 소양과 자질 함양에 힘씀 • 법률과 제도로 양반의 신분적 특권 제도화 → 각종 국역 면제

2) 중인

① 좁은 의미 : 기술관(역관, 의관, 율관, 산관, 화원)

② 넓은 의미 : 서얼, 서리, 향리 등 양반과 상민 사이의 중간 신분층을 총칭

③ 직역 세습, 하급 관리, 문과 응시에 제한을 받음

3) 상민

① 농민, 상인, 수공업자 : 조세, 공납, 부역 등의 의무

② 신량역천 : 7반 천역, 양인 중 천역을 담당, 조례 · 일수(잡역), 나장(형사), 역졸, 조졸(조운), 수군, 봉군(봉수) 등

제2절 사회 정책과 법률 제도

1. 사회 정책과 사회 제도

(1) 사회 정책

1) 성리학적 명분론에 입각한 사회신분 질서 유지

2) 농민생활 안정을 통해 체제 유지

(2) 사회 제도와 사회 시설

1) 사회제도

① 의창, 상평창, 환곡제 실시
② 사창 : 향촌 농민의 생활안정 목적, 향촌 사회 자체적 운영, 양반 중심 향촌 질서
유지에 기여

2) 의료 시설

① 혜민국과 동서 대비원 : 수도권 안에 치료와 약재 판매
② 제생원 : 지방민의 구호 및 진료

2. 법률 제도

(1) 법률제도

1) 형법

① 〈경국대전〉과 대명률에 의거
② 반역죄와 강상죄를 가장 무겁게 처벌, 연좌제 적용
③ 태(매질), 장(곤장형), 도(징역), 유(귀양), 사(사형)

2) 민법

① 주자가례와 경국대전을 적용
② 관찰사, 수령 등 지방관이 관습법에 따라 처리
③ 노비 소송, 산송 : 초기에는 노비와 관련된 소송, 나중에는 남의 묘지에다 자기 조상
의 묘를 쓰는 데에서 발생하는 산송이 주류

(2) 사법 기관

1) 중앙 사법기관

의금부	국왕 직속 사법기관, 반역죄와 강상죄 등 중죄 재판
포도청	평민들의 범죄 담당, 병조 소속
한성부	수도 내의 토지·가옥 등의 소송 처리
장례원	노비와 관련된 문제를 처리
사헌부	관리의 비위 적발과 탄핵
형 조	사법행정의 집행 및 감독

2) 지방의 사법기관 : 관찰사(감사)와 수령이 관할 구역 내의 사법권

3) 재심 청구

① 불만시 다른 관청이나 상부 관청에 소송제기
② 신문고, 징으로 직접 호소

제3절 향촌 사회의 조직과 운영

1. 향촌 사회의 모습

(1) 향촌의 조직과 운영

1) 향촌 : 군현(향), 면리(촌)

2) 유향소

① 수령보좌, 향리 감찰, 풍속교정기구
② 향안(사족 명단), 향회(총회), 향규(운영규약
③ 세조 때 폐지, 성종 때 부활
④ 수령 하의 기구로 전락, 조광조의 향약실시 주장의 계기

3) 경재소

① 중앙정부에 설치된 관청
② 각 지방 출신 관리가 자기 지방의 유향소를 통제
③ 중앙과 지방의 연락업무

(2) 촌락의 구성과 운영

1) 촌락에 대한 지배 강화 : 면리제와 오가작통제

2) 양반이 거주하는 반촌, 평민이 거주하는 민촌이 존재, 섞여 사는 경우 많음

3) 촌락의 농민조직

① 두레 : 농민들의 공동노동 조직
② 향도 : 고려시대 불교 신앙조직에서 시작, 어려운 일을 서로 돕는 역할, 상두꾼의 기원

2. 사족의 활동

(1) 향촌에서의 역할

1) 농민을 지배하는 계층으로 향안을 작성 → 명단에 있는 사족은 향회를 염

2) 향규를 만들고, 향청의 임원인 향임을 추천

3) 소학 보급, 가묘와 사당 건립, 족보 편찬을 통해 성리학적 질서 유지

(2) 성리학적 유교 윤리의 보급

1) 소학 보급, 가묘와 사당 건립, 족보 편찬을 통해 성리학적 질서 유지

2) 예학과 보학 발달

4장 조선전기의 문화

 민족 문화의 융성

1. 훈민정음의 창제

(1) 창제 배경

① 소수의 지배층만이 즐기는 문자 생활
② 백성들을 유교적 윤리로 교화하여 통치의 안정성 고취

(2) 훈민정음의 창제와 반포

① 세종이 집현전 학자들과 함께 연구하여 창제 및 반포
② 창제(1443), 반포(1446)

(3) 보급 노력

① 삼강행실도 : 유교 윤리를 한글로 쉽게 풀어쓴 글
② 용비어천가 : 왕조의 정통성을 널리 알리기 위함
③ 관리들에게 한글 장려, 하급 관리에게 한글 시험 실시

(4) 의의 : 국문학 발전의 토대 마련, 민족의식 고취

2. 교육 제도와 교육 기관

(1) 유학 교육기관

1) 성균관

① 국립 대학
② 입학자격 : 소과 합격자인 생원, 진사에게 우선적인 입학자격을 주었다.
③ 문묘(공자와 그 제자 및 한국과 중국의 명망높은 유학자를 봉향하는 사당), 명륜당(강의실), 동재와 서재(유생의 기숙사), 비천당(알성시의 시험 장소) 등 설치

2) 4부 학당

① 한양의 4개 구역에 설치된 중등 교육 기관

② 양인 신분이면 누구나 입학 가능

③ 문묘가 없음

3) 향교

① 지방에 설치된 중등 교육 기관

② 지방민의 교화를 위해 부·목·군·현마다 하나씩 설립

③ 양인 이상이면 입학 가능.

④ 성균관과 구조 유사 - 문묘와 명륜당

⑤ 중앙에서 교수, 훈도 파견

4) 서원

① 사림들이 지방에 설치한 사설 교육기관으로

② 선현에 대한 제사와 학문의 연구

5) 서당 : 초등 교육을 담당하는 사립 교육 기관

(2) 기술 교육 기관

1) 해당 관청에서 교육

2) 의학(전의감), 역학(사역원), 천문학(관상감), 회화(도화서) 등

3) 주로 중인들이 입학

3. 역사서와 지리서의 편찬

(1) 시기별 역사서의 특징

1) 초기 : 조선 왕조 건국의 정당성 강조

2) 15세기 : 자주적인 역사서 편찬

3) 16세기 : 성리학적 역사관 강조, 고조선 역사에서 '기자'조선 강조

(2) 조선 전기의 역사서와 지리서

1) 종류

역사서	고려사	• 기전체 사서	
	고려사절요	• 조선 왕국 건국의 정통성 성립	
	동국통감	• 서거정 • 고조선 시기부터 고려말까지 • 자주적 사관	
	조선왕조실록	• 태조대부터 철종대까지 왕의 기록 역사물 • 왕의 사후 승정원일기, 6전조례 등 자료를 모아 춘추관에서 작성 • 유네스코 기록문화유산 등재	
지리서	지리지	팔도지리지	• 전국의 지리정보 정리
		동국여지승람	• 중앙집권 강화 목적
	지도	전국 지도	• 팔도도
		세계 지도	• 혼일강리역대국도지도 • 현존하는 동양 최고의 세계지도

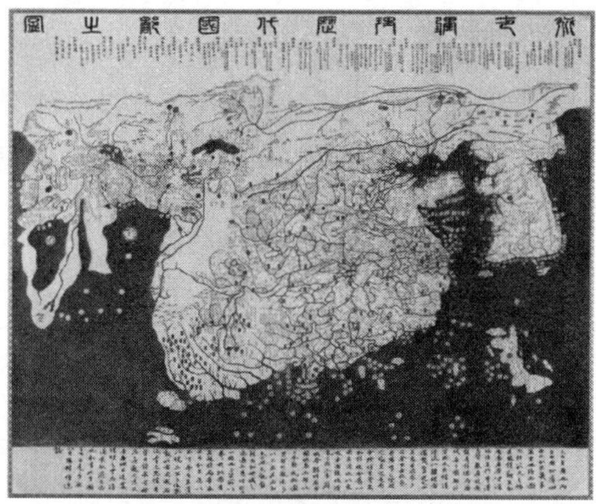

▲혼일강리역대국도지도

2) 보관

① 세종 : 춘추관, 충주, 성주, 전주의 4대 사고에 보관
② 광해군 : 임진왜란 이후 전주 사고본을 토대로 증편하여, 춘추관, 오대산, 태백산,
　 마니산(후에 정족산), 묘향산(후에 적상산)의 5대 사고에 보관

4. 각종 서적의 편찬

15 세기	윤리 · 의례서	• **「삼강행실도」** : 세종, 충신, 효자, 열녀의 행적을 그림으로 그리고 설명 • **「국조오례의」** : 성종, 국가의 여러 행사에 필요한 의례를 정비한 의례서
	법전	• 「조선경국전」, 「경제문감」 : 정도전, 「경제육전」 : 조준 • **「경국대전」** : 세조~성종, 6전체계, 유교적 통치질서와 문물제도 완성
	지도	• **혼일강리역대국도지도**(태종) : 진취적 세계관, 동양에서 가장 오래됨 • 팔도도(세종) : 전국지도 • 동국지도(세조) : 최초의 실측지도
	지리서	• 신찬팔도지리지(세종) • **동국여지승람**(성종) : 훈신들이 편찬하여 부국강병 추구, 군현의 연혁 · 지세 · 인물 · 풍속 · 교통 등 수록
16 세기	윤리 · 의례서	• 주자가례, 소학보급 • 「이륜행실도」: 중종, 연장자와 연소자, 친구사이의 행실 • 「동몽수지」: 어린이가 지켜야 할 예절
	지도	• 조선방역지도(현존)
	지리서	• 신증동국여지승람(중종) : 현존, 동국여지승람 보충

제2절 불교와 민간 신앙

1. 불교의 정비

(1) 불교 억압

1) 억불 정책의 시행

① 태조 : 도첩제 실시

② 태종 : 도첩제 강화, 전국 7개의 종파에 242개의 사원만을 인정, 사찰의 토지와
노비를 몰수

③ 세종 : 교단 정비(선교양종), 교종과 선종에 각각 18개 사찰만 남기고 정리

④ 성종 : 도첩제 폐지, 승려 출가 금지, 산간불교로 변화.

(2) 불교의 명맥 유지

1) 민간과 왕실의 지원 : 왕실의 안녕을 기원하고 왕족의 명복을 비는 행사를 통해 불교
명맥 유지.

2) 왕실의 불교 보호

① 세종 : 궁궐 안에 내불당 건립, 〈월인천강지곡〉, 〈석보상절〉 등 불교서적을 간행.
② 세조 : 간경도감을 설치, 불경을 한글로 간행, 원각사지 10층 석탑 건립.
③ 명종 : 문정왕후의 지원 아래 일시적인 불교 회복 정책 시행, 보우(普愚)와 같은 명승이 중용, 승과 부활.

2. 도교와 민간 신앙

(1) 도교의 정비

1) 소격서 설치와 초제 거행

2) 국가의 도교 규제

① 도교 사원과 도교 행사의 감소
② 소격서 폐지 : 16세기 이후 사림 진출, 조광조에 의해 소격서가 폐지되기도 함

(2) 풍수지리설

1) 한양 천도에 영향

2) 양반 사대부의 묘지 선정에도 작용하여 16세기 이후 산송 발생

제3절 과학 기술의 발달

1. 천문, 역법과 의학

과학기술의 발전	
천문·역법	• 천체 관측 기구 : 혼천의, 간의 • 시간 측정 기구 : 자격루(물시계), 앙부일구(해시계) • 강우량 측정기구 : 측우기(세계최초) • 천문도 : 천상열차분야지도(태조, 고구려 천문도 바탕) • 측량기구 : 인지의, 규형 • 역법서 : 칠정산(세종, 수시력 · 회회력 등 원나라와 아라비아 역법 참조, 한양을 기준으로 계산)
활판인쇄술	• 계미자(태종) • 갑인자와 경자자(세종)

	• 식자판 조립(세종)
무기제조	• 화포 · 신기전 제작 • 거북선(태종)제작 • 비거도선 제작 • 병서 : 총통등록, 동국병감, 병장도설
의학	• 향약집성방(세종) • 의방유취(세종)
농서	• 농사직설(세종) • 금양잡록(성종)

제4절 **건축과 예술**

1. 자기와 건축

	자기와 건축		
자기	분청사기(15세기) → 백자(16세기) ▲ 분청사기 철화어문 병　　▲ 백자 달항아리		
건축	**궁궐**	경복궁	• 조선의 법궁, 태조4년 창건, 왜란 때 소실, 고종 때 재건 • 명성황후 시해(건청궁)
		창덕궁	• 태종 5년에 지어진 이궁, 왜란 후 경복궁 복원 전까지 법궁 역할 • 규장각 설치, 가장 오랜 기간 왕들이 거처
		창경궁	• 태종의 거처(수강궁)를 성종이 수리, • 창경원으로 격하 되었다 1983년 창덕궁으로 이름 복원
		덕수궁	• 왜란 이후 선조가 만든 이궁, 경운궁(광해군)→덕수궁(순종) • 아관파천 이후 고종 환궁, 석조전(최초의 서양식 건물)
		경희궁	• 광해군 때 건립(서궐) • 흥선대원군 집권기와 일제강점기를 거치며 훼손

	운현궁	• 흥선대원군 사저
성문		• 창경궁 '명정전', 창덕궁 '돈화문', 평양 '보통문', 개성 '남대문' 등
종묘		• 조선시대 역대의 왕과 왕비의 신주를 모신 왕가의 사당.
불교		• 무위사 극락전, 해인사장경판전, 원각사지 10층 석탑 등
서원		• 자연과 조화를 추구한 사대부의 기품과 검소함 표현 • 경주 '옥산서원'　　　• 안동 '도산서원'

2. 문학과 예술

	그림과 글씨	
회화	도화서	• 안견 '몽유도원도' : 현실 세계와 이상 세계를 신비감 있게 표현 • 강희안 '고사관수도' : 무념무상 선비의 모습을 표현 • 이상좌 '송하보월도' : 강인한 정신과 굳센 기개
	양반	• 선비의 정신세계를 표현한 사군자화(16세기) • 신사임당 '초충도'
음악		• 정간보 창안(세종) • 〈악학궤범〉 편찬(성종)
무용		• 궁중 무용 – 처용무 • 민간 무용 – 농악무
문학		• 「동문선」(서거정) : 삼국~조선 초까지의 시와 산문 중 우수한 것 수록 • 「금오신화」(김시습) : 우리나라 최초의 한문 소설 • 「관동별곡」(정철) : 가사문학
서예		• 안평대군 : 송설체로 유명 • 한 호 : 천자문과 석봉체를 널리 보급

5편 조선 후기의 사회 변화

1장 조선 후기의 정치

현종	숙종	경종	영조	정조	순조	헌종	철종
예송논쟁 (상복문제)	환국 (붕당의 변질)		탕평책(완론)	탕평책(준론)	세도정치(외척), 삼정의 문란		

제1절 통치체제의 변화

1. 정치구조의 변화

<table>
<tr><th colspan="3">정치 구조의 변화</th></tr>
<tr>
<td rowspan="3">비변사</td>
<td rowspan="2">기능
변화</td>
<td>
• 16세기 중종 초 여진족과 왜구의 침입에 대비하기 위한 임시 회의기구로 설치
• 을묘왜변 이후 상설기구화
• 임진왜란을 거치면서 구성원 확대, 기능 확대(군사 문제뿐만 아니라 거의 모든 정무 총괄)
<hr>
*비변사
요즘 큰일이건 작은 일이건 모두 이곳에서 처리합니다. 의정부는 이름만 남았고, 6조는 할 일을 모두 빼앗기고 말았습니다. 이름은 '변방 방비를 담당하는 것'이라고 하면서 과거에 대한 판정이나 왕비나 세자빈 간택까지도 모두 여기에서 합니다.   「효종실록」
</td>
</tr>
<tr>
<td>결과</td>
<td>
• 의정부 · 6조 중심 행정 체계의 유명무실화
• 왕권 약화
</td>
</tr>
<tr>
<td>3사</td>
<td>
• 각 붕당의 이해관계 대변
• 공론을 반영하기 보다는 상대 세력에 대한 비판을 통해 자기 세력 유지와 상대 세력 견제에 앞장
</td>
</tr>
<tr>
<td>전랑</td>
<td>
• 중하급 관원 인사권, 후임자 추천권 행사
• 자기 세력 확대와 상대 세력 축출에 앞장
</td>
</tr>
</table>

2. 군사제도의 변화

	군사 제도의 변화(척계광의 「기효신서」의 영향)
중앙군	• **5군영** 설치 : 임란초기의 패전(5위) → 효과적인 편제, 군사훈련방식 모색 – **훈련도감** : 임진왜란 때 설치삼수병(포수, 사수, 살수)으로 편성, 급료 받는 직업군 – **어영청, 총융청, 수어청** 설치 : 후금과의 항쟁과정에서 설치 – **금위영** : 숙종 때 궁궐수비담당 → 붕당 정권유지 군사적 기반 ***훈련도감** 나는 청하기를 '곡식 1천 석을 군량으로 하되 한 사람 당 하루에 2승(升)씩 준다하여 군인을 모집하면 응하는 자가 사방에서 모여들 것입니다'라고 하였다. … 얼마 안 되어 수천 명을 얻어 조총(鳥銃) 쏘는 법과 창·칼 쓰는 기술을 가르치고 초관(哨官)과 파총(把摠)을 세워 그들을 거느리게 하였다. ─ 유성룡, 「서애집」
지방군	• 진관체제 → 제승방략 체제 → 임진왜란 대처 못함 → 진관 복구 • 속오군 설치(조선 초기 영진군) : 양반~노비까지 편제, 평시에 생업종사, 유사시에 전투 동원, 후에 양인이 점차 빠져나가면서 천예군화

제2절 붕당 정치의 전개와 탕평 정치

1. 붕당 정치의 전개

	붕당 정치의 전개
선조	• 이조전랑 임명권 문제로 동인과 서인 분당 • 정여립 모반사건, 정철의 건저의 문제(세자책봉) → 동인이 남인(이황)과 북인(조식, 서경덕)으로 분당
광해군	• 북인 정국 주도, 전후복구사업, 서인과 남인 배제 • 인조반정으로 몰락
인조	• 서인 집권, 남인 참여 • 상호 비판적인 공존체제 형성 • 친명배금정책 → 정묘호란, 병자호란 발생 • 영정법 실시
효종	• 서인 집권, 남인 참여 • 북벌 추진 • 나선 정벌

현종	• 두 차례에 걸친 **예송논쟁** 발생 : 효종과 효종비의 장례에 효종의 새어머니 자의대비가 상복을 입는 기간을 두고 둘러싼 논쟁, 효종의 정통성 문제와 연결되어 대립 • 1차 서인(1차 1년, 2차 9개월 주장), 2차 남인(1차 3년, 2차 1년 주장)

구분	기해예송(1659, 현종 1년)	갑인예송(1674, 현종 15년)
배경	효종의 승하에 따른 자의대비 상복 문제	효종 비의 죽음에 따른 자의대비 상복 문제
주장	서인은 1년설, 남인은 3년설 주장	서인은 9개월설, 남인은 1년설 주장
채택	서인의 1년설이 채택	남인의 1년설이 채택
결과	서인이 집권	남인이 집권(붕당간 연합정치는 지속)
의미	효종의 정통 불인정(신권 강화 목적)	효종의 정통 인정(왕권 강화 목적)

2. 붕당 정치의 변질

(1) 숙종 – '환국'

1) 환국의 등장

① **탕평론 처음 제시** : 붕당 간 세력 균형 추구

② 편당적 운영으로 집권 붕당 잦은 교체 → 환국 발생

2) 환국의 전개 과정

전개	경신환국 (남인→서인)	• 왕실 장막 대여 문제로 허목, 윤휴 등을 축출 • **서인집권, 노론 · 소론으로 분화**
	기사환국 (서인→남인)	• 세자 책봉 문제로 숙종이 서인 숙청(송시열) • 장희빈 왕후책봉 → 남인집권
	갑술환국 (남인→서인)	• 인현왕후 재간택, 장희빈 사사 • 서인재집권, 남인 몰락

3) 결과

① 서인 일당 전제화 : 남인 몰락, 붕당의 균형 붕괴,

② 서인 노론과 소론으로 분화

③ 집권 세력들이 국가 이익보다는 당의 이익 우선 → 왕권 약화

4) 숙종의 업적

① 대동법 전국 시행

② 상평통보 발행

③ 금위영 설치

④ 백두산 정계비의 건립

⑤ 안용복의 활약

(3) 경종(1720~1724)

1) 소론 집권 : 노론의 세제(영조) 대리청정 주장

2) 신임사화(1721~1722) : 노론 제거, 신축년(1721)/임인년(1722)

3. 탕평책의 시행

(1) 탕평론의 등장과 특징

1) 탕평론의 등장 : 숙종 때 처음으로 제시 → 환국으로 붕당 변질

2) 탕평책의 의미

① 붕당간의 대립을 막고 공평한 인사 추구

② 왕권의 강화 : 강력한 왕권을 통한 붕당 단 세력 균형 유지

③ 상언, 격쟁 활성화

(2) 영조(1724~1776 : 18세기)의 업적

영조	탕평책	• 노론 강경파 제거, 소론 · 남인 온건파 등용, 탕평파 육성(완론탕평) • 탕평교서 발표 • 탕평비 건립(성균관) • 이조 전랑 후임자 추천권 폐지(정조때 완전 폐지) • 산림 존재 부정, 서원 정리
	개혁 정책	• 균역법 실시 : 농민 부담 완화(군포 2필→1필) • 가혹한 형벌 금지, 사형수에 대해 3심제 시행 • 청계천 준천공사 • 신문고 부활 : 백성들의 여론을 정치에 반영 • 「속대전」, 「동국문헌비고」, 「속오례의」 등 편찬
	정쟁 격화	• **이인좌의 난(1728)** : 소론 강경파와 남인 일부 주도(청주) • **나주 괘서 사건(1755)** : 소론 거의 몰락 • **임오화변(1762)** : 사도세자를 뒤주에 가두어 죽임

(3) 정조(1776~1800 : 18세기)의 업적

정조	탕평책	• 시시비비를 명확히 가리는 탕평책(준론탕평) • '시파' 중용
	개혁 정책	• 규장각설치(창덕궁 주합루) : 이덕무, 박제가 등 서얼 검서관 등용 • 장용영설치 : 궁궐 수비 및 왕의 경호를 맡은 친위대 • 수원화성 축조 : 정약용, 배다리, 거중기, 화성의궤 • 초계문신제 실시 : 관리를 선발하여 정조가 직접 교육 • 수령의 권한을 강화, 지방 사림의 향촌 지배력 억제 • 신해통공 : 육의전을 제외한 시전 상인의 금난전권 폐지 • 서얼과 노비에 대한 차별 완화 : 서얼 출신 중용, 노비추쇄법 폐지 • 「대전통편」, 「동문휘고」, 「무예도보통지」 등 편찬 • 공장안 제도 폐지 : 장인들의 자유로운 활동을 보장

제3절 정치 질서의 변화

1. 세도 정치

(1) 등장 배경

1) 정조 사후 탕평 정치로 왕에게 집중되었던 권력에 공백이 생김

2) 정치 권력이 외척 세력에게 넘어가면서 정치 문란

(2) 세도 정치의 특징

1) 정치 기반 축소

① 붕당, 탕평파 · 반탕평파 등 정치 집단 사이의 대립적 구도 소멸
② 소수의 외척가문 출신이 중앙 정치 권력 독점(안동김씨, 풍양조씨)

2) 권력 구조의 변화

① 비변사가 정치 기구의 핵심으로 자리 잡음
② 왕권 약화

3) 세도 정치의 폐단

① 매관매직, 탐관오리들의 부당한 조세 수탈 → 삼정의 문란
② 재야 세력(남인, 소론, 지방 선비)을 권력에서 배제

(3) 세도 정치의 전개

	순조	헌종	철종
시기	1800~1834	1834~1849	1849~1863
집권세력	안동 김씨	풍양 조씨	안동김씨
주요사건	• 신유박해(1801) • 공노비의 해방(1801) • 홍경래의 난(1811)	• 기해박해(1839)	• 동학의 창립(1860) • 임술 농민 봉기(1862) • 삼정이정청 설치(1862)

2. 삼정 문란과 농민봉기

(1) 삼정

삼정의 문란	전정	• 여러 가지 명목의 세금을 덧붙여 징수
	군정	• 황구첨정(어린아이) • 백골징포(죽은사람) • 인징(이웃), 족징(친척)
	환곡	• 고리대금으로 변질, • 삼정 중 가장 극심한 폐단 발생 ***환곡의 폐단** 오랫동안 체납된 환곡을 탕감하는 것, 대동미의 징수를 정지 하거나 연기하는 것, 재해 입은 농지의 조세 징수를 면제하는 것, 이 세 가지는 나라에서는 손실이 있으나 백성에게는 이득이 되지 않는다. …… 오랫동안 체납 된 환곡을 징수하는 것을 정지 또는 연기하라는 윤음이 내려지는 것을 여러 번 보았으나 조금의 혜택도 촌민에게는 미치지 않았다. 「경세유표」

(2) 세도정치기 농민봉기

농민봉기	원인	• 자연 재해, 농민의 조세 부담 증가 • 새로운 사상의 유행 : 예언사상(정감록, 미륵신앙), 천주교, 동학 등
	홍경래의 난 (숙종)	• 평안도 지역(서북지방)에 대한 차별대우에 불만 • 몰락양반 홍경래가 주도 → 농민, 상인, 광산노동자 등 참여 → 관군에 진압
	임술농민봉기 (철종)	• 경상우병사 백낙신의 수탈에 대한 저항 • 단성 농민 봉기 → 진주 농민 봉기 → 전국적 확산 • 삼정의 문란을 해결하기 위한 노력 : 안핵사와 암행어사 파견, 삼정이정청 설치

제4절 대외 관계의 변화

1. 청과의 관계

(1) 북벌 정책의 추진

1) 호란 이후 대청 관계

① 표면상 사대 관계
② 내심으로는 청에 대한 적개심
③ 문화적 우월감을 바탕으로 '소중화'론 등장

2) 북벌론의 전개

① 효종 : 서인 중심, 송시열, 이완(어영대장) 등용, 어영청 · 수어청 정비
② 숙종 : 일부 남인, 실천에 옮기지 못함.

(2) 북학론의 대두

1) 북벌론에 대한 비판적 의식 등장

2) 18세기 홍대용, 박지원, 박제가 등 북학파 등장

(3) 백두산 정계비의 건립

1) 정계비의 설치(1712)

① 숙종 때 청의 요청으로 목극등이 답사 후 세움
② 서쪽은 압록강, 동쪽은 토문강을 경계로 할 것을 기록

2) 간도 문제

① 19세기 말 토문강(土門江)의 해석 문제로 청과 대립
② 조선의 입장 : 토문강을 두만강이 아닌 송화강의 지류로 주장
③ 대한제국 때 고종이 이범윤을 북변 간도 관리사로 파견하여 **간도(間島) 영토화 시도**
④ 간도협약(1909, 일본과 청 사이 체결)으로 청에게 간도지역 영유권이 넘어감

2. 일본과의 관계

(1) 국교 재개

1) 일본 에도 막부 수립 후 국교 재개 요청

2) **국교 재개(1607)** : 선조 때, 일본에 회답사 파견

3) **기유약조 체결(1609)** : 광해군 때, 부산포에 다시 왜관 설치, 무역 허용

(2) 통신사

1) 통신사의 파견

① 막부 쇼군 교체 시 일본의 요청으로 파견
② 1607년(선조)부터 1811년(순조)까지 총 12회 파견

2) 통신사의 역할 및 교류 단절

① 외교 사절 및 조선의 선진문화를 일본에 전파
② 19세기 이후 일본의 반한적인 국학운동으로 통신사 파견 중단

(3) 울릉도와 독도

1) **지증왕의 우산국 정벌(삼국사기)** : 울릉도·독도의 영토화

2) **세종실록지리지에 기록** : 울릉도·독도를 강원도 울진현 소속으로 기록

3) 안용복의 활약

① 1693년, 1696년 : 일본에 건너가 울릉도·독도가 우리 영토임을 확인 받음.

② **울릉도 경영** : 정부는 일본 막부와 울릉도 귀속 문제 확정, 울릉도 지도 제작

4) 19세기 말 주민 이주를 장려하면서 적극적인 울릉도 경영

5) 대한제국 칙령 41호(1900) : 독도를 울릉도에 편입시켜 관할하게 함

# 2장 조선 후기의 경제

제1절 수취체제의 개편

1. 전세의 정액화 : 영정법의 시행(인조, 1635)

(1) 배경

1) 양난 이후 토지황폐화 · 토지제도 문란

2) 농경지감소, 과중한 조세부담

(2) 내용

1) 풍흉에 관계없이 1결당 미곡 4두로 전세 고정(전세의 정액화)

2) 공법(전분6등, 연분9등) 폐지

(3) 한계

1) 여러 명목의 수수료 · 운송비 등에 대한 보충비용 부과

2) 농민 부담 다시 증가

2. 공납의 변화 : 대동법의 시행

(1) 배경

1) 방납의 폐단으로 농민부담 증가

2) 16세기 조광조, 이이, 유성룡 등이 수미법 주장

(2) 대동법의 실시

1) 광해군 때 처음 실시, 전국 확대까지 약 100년 소요

2) 대동법의 확산

시기	주장 인물	내용
광해군(1608년)	이원익과 한백겸	경기도에 처음으로 대동법 실시
인조(1624년)	조익	강원도로 확대 실시
효종(1651년)	김육	충청, 전라도로 확대 실시
숙종(1708년)	허적	전국적으로 실시 (경상, 황해도에 확대 실시) (* 함경도, 평안도, 제주도는 제외)

(3) 내용

1) **공납의 전세화** : 과세 대상이 가호에서 토지로 바뀜.

2) 1결당 12두 납부 또는 삼베와 무명, 동전 등으로 납부

3) **잉류 지역 제외** : 평안도, 함경도, 제주도

4) 선혜청이 주도

5) 필요한 물자는 공인(어용상인)을 통해 구입 → 상품화폐 경제 발달

(3) 결과

1) 농민 부담 감소, 지주의 부담 증가

2) 국가 재정 증대, 조세의 금납화 확대

3) 공인의 등장 → 상품 수요 증가 → 상품화폐경제 발달

4) 진상(왕실 상납)·별공(필요에 따라 거두는 공물) 존속

3. 군역의 변화 : 균역법의 시행(영조, 1750)

(1) 배경

1) 각 군영의 독자적 군포 징수

2) 양반 수(면역계층)의 증가로 농민 부담 가중

(2) 균역법의 시행

1) 1년에 군포 2필에서 1필로 축소

2) 양반에게는 징수하지 않음

(3) 재정 보충 방안

1) 결작 : 1결당 2두 부과

2) 선무군관포 징수

3) 어장세, 선박세, 염세 징수

(4) 결과

1) 농민들의 군포 부담 감소

2) 결작이 소작농에게 전가 → 농민 부담 다시 증가

제2절 서민 경제의 발전

1. 지주의 경영 변화와 정부의 노력

(1) 지주 전호제의 변화

1) 지주와 전호가 신분적 관계보다 경제적 관계로 바뀜.

2) 경제적 변동 과정에서 양반 층 분화 – 권반, 향반, 잔반

3) 농업 발전으로 인한 농민층의 분화 – 부농, 빈농

(2) 정부의 노력

1) 수리 시설의 관리 : 제언사(현종), 제언절목(정조)

2) 수리시설의 확충으로 이앙법 확산.

2. 농민 경제의 변화

(1) 농업 기술의 발전

모내기법 확대 : 벼와 보리의 이모작 가능
견종법 확대 : 밭농사, 고랑에 씨를 뿌림
수리시설 확충, 시비법 개량, 황무지 개간

⇨ 농업 생산량 증가
필요 노동력 감소

⇨ 광작 유행 ⇨ 농민층 분화(부농, 빈농)
상품 화폐 경제 발달

(2) 농업 경영의 변화

1) 상품작물의 재배 : 쌀, 목화, 채소, 담배, 약초 등

2) 쌀의 상품화 : 쌀이 장시에서 가장 많이 거래, 밭을 논으로 바꾸는 번답 유행

3) 지대의 변화 : 타조법(정률지대, 병작반수) → 도조법(정액지대)

4) 농업경영의 변화 : 광작 유행, 농민층의 분화(경영형 부농, 임노동자)

5) 농서의 보급 : 「농가집성」, 「산림경제」 등

6) 구황 작물 재배 : 일본에서 영조 때에 고구마, 19세기 청에서 감자 수입

3. 수공업과 광업의 발전

(1) 민영 수공업의 발달

1) 발달 배경 – 상품화폐 경제 발달

① 도시의 제품 수요 증가
② 대동법 실시로 관수품 수요 증가
③ 양난 이후 관영 수공업 쇠퇴

2) 결과

① 관영 수공업의 쇠퇴 : 공장안 폐지(정조)
② 민간 수공업자가 장인세 납부 후 자유로운 생산 활동(납포장)
③ 선대제 수공업 성행
④ 18세기 후반 독립 수공업자로 발전

(2) 민영 광산의 증가

1) 배경

① 부역제의 해이로 농민 동원 어려움

② 수공업 발달로 광물 수요 증가

③ 청과의 무역 → 은 수요 증가

2) 결과

① 설점수세제 : 정부 감독 아래 민간인 채굴 허용, 세금징수

② 전문 경영인 덕대 등장(자본=물주, 경영=덕대)

③ 잠채 성행

제3절 상품 화폐 경제의 발달

1. 사상의 대두

(1) 배경

1) 농업 생산력 증대,

2) 민영 수공업 발달,

3) 대동법 실시와 공인의 등장

4) 조세와 소작료 금납화,

5) 통공 정책(금난전권 폐지) 등

(2) 공인과 사상의 활동

시전	• 허락을 받고 점포를 대여 받아 물품을 파는 사람들 • 관에서 필요한 물품을 조달하거나 벌어들인 수익 일부를 납부하는 대신 특권을 받음 • 육의전(입전, 면주전, 백목전, 지전, 저포전, 내·외어물전)이 대표적	⇨
공인	• 대동법 실시 이후 등장, 정부에 필요한 물품을 사서 납부 • 시전, 장인, 경주인(경저리) 출신 다수	
사상	• **종루(종로), 이현(동대문), 칠패(남대문) 상인 등** 시전상인에 대항 • 금난정권 폐지 이후 활성화 • 대표적 상인 : 송상, 경강상인, 만상, 내상	18세기 이후 도고로 성장

> ***대표적인 사상**
> • 송상 : 개성상인, 인삼 재배 판매, 송방(지점), 대외무역 주도(만상과 내상 연결)
> • 경강상인 : 한강과 서남해안 일대에서 미곡, 소금 어물 등의 운송업으로 부 축적
> • 만상 : 의주, 대청무역
> • 내상 : 동래(부산), 대일무역

(3) 장시와 포구상업

1) 장시

장시 확대	• 15세기 말 남부지방 등장 • 18세기 중엽 1천여 개소 개설, 5일장이 일반적, 일부 상설 시장화
보부상의 활동	• 여러 장시를 무대로 활동, • 장시와 장시를 연결하여 하나의 유통망으로 연계 • 보부상단 조직

2) 포구상업

포구 상업	• 세곡과 소작료의 운송기지(15C) → 상업의 중심지(18C)
주 포구장	• 송파장(광주), 강경장(은진), 원산장(덕원), 마산포장(창원) 등
주요 상인	• 선상 : 선박을 이용해 각 지방의 물품을 구입한 뒤 포구에서 거래, 포구를 하나의 유통망으로 연결 • 객주와 여각 : 포구에서 상품매매, 중개, 운송, 숙박, 보관, 금융업 등에 종사 → 18세기 이후 도고로 성장

(4) 화폐의 유통

배경	• 상공업 발달, 조세의 금납화 • 18세기 후반 전국적 유통(상평통보)
신용 화폐	• 상품 화폐 경제 발달 → 대규모 거래시 동전 사용 불편 • 환, 어음 등 신용화폐 등장
전황	• 지주와 대상인이 동전을 고리대나 재산 축적에 이용하면서 시중에 제대로 유통되지 않아 동전 부족현상 발생 → 폐전론 주장(이익)

> ***화폐의 유통**
> 허적과 권대운 등이 (화폐의 유통을) 청하였다. 왕이 신하들에게 물으니, 신하들이 모두 그 편리함을 말하였다. 왕이 그대로 따르고, 호조·상평청·진휼청 등에 명하여 상평통보를 주조하되 돈 400문을 은 1냥의 값으로 정하여 시중에 유통하게 하였다.　　　　　「숙종실록」

2. 대외 무역

청	• 형태 : 공무역으로 개시, 사무역으로 후시 성행, • 상인 : 의주 만상의 활약 • 교역품 : 수출(은, 종이, 무명, 인삼), 수입(비단, 약재, 문방구)
일	• 형태 : 왜관을 통해 개시와 후시 성행, • 상인 : 동래 내상의 활약 • 교역품 : 수출(인삼, 쌀, 무명), 수입(은, 구리, 황, 후추)

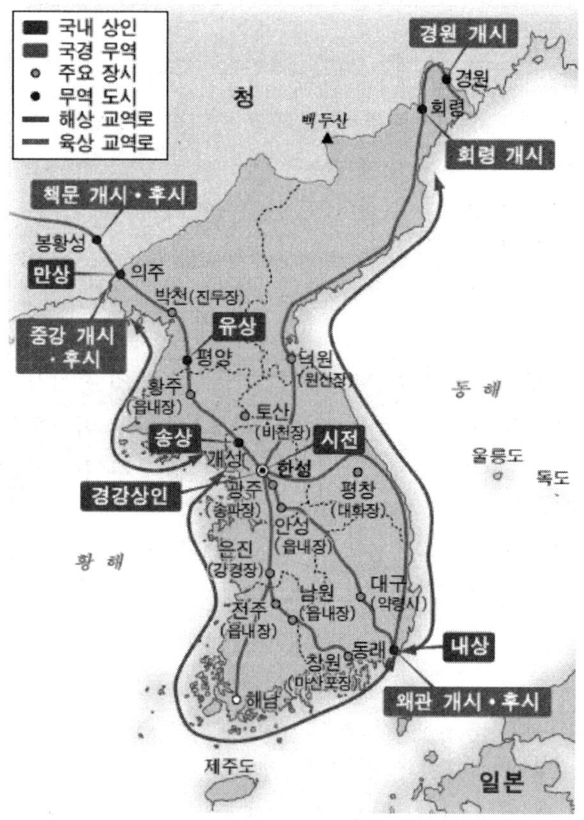

▲ 조선후기 상업과 무역

3장 조선 후기의 사회

1. 신분제의 동요

(1) 신분 변동

	신분제의 동요
특징	• 양반 수 증가 • 상민과 노비 수 감소
양반층	• 권력을 잡은 양반을 제외한 다수 양반의 몰락 → 향반, 잔반 • 양반층 분화 : 권반(관직 진출), 향반(향촌사회 세력 유지), 잔반(경제적 몰락)
농민층	• 부농층이 공명첩 구입, 납속책, 족보 매매 및 위조 등을 통해 신분 상승

(2) 중간 계층의 신분 상승 운동

	중간 계층의 신분 상승 운동
서얼	• 관직 진출의 제한 폐지를 요구하는 집단 상소 • 정조 때 서얼 출신의 규장각 검서관 등용(유득공, 이덕무, 박제가 등) • 철종 때 서얼 차별 철폐(1851. 신해허통)
기술직	서얼의 신분 상승 운동에 자극받음 → 기술직에 종사하며 축적한 재산과 탄탄한 실무 경력을 바탕으로 신분 상승 추구(소청운동) → 실패
역관	청과의 외교 업무에 종사, 서학 및 외래문화 수용의 선구적 역할 수행 → 성리학적 가치 세계에 도전하는 새로운 사회 수립 추구

> ***서얼의 신분 상승**
>
> 우리나라에서 서얼을 현직에 서용하지 말자는 의논은 처음 서선에게서 나왔는데, 그 뒤로 가면 갈수록 한마디 한 마디가 더욱 심각하져 마침내 자손까지 영원히 금고하기에 이르렀습니다. …… 따라서 부자의 은혜도 군신의 의리도 없으니, 윤리를 해치고 어기는 것으로 이보다 심한 것이 없습니다.　　　　　　　　「영조실록」

(3) 노비의 신분 상승

	노비의 신분 상승
시대상황	• 군공과 납속을 통해 부단히 신분을 상승시킴 • 공노비 유지의 비효율성, 노비의 도망 증가 • **노비종모법**(1731, 영조) 실시
공노비	• 공노비 유지비 증가 • 중앙 관서의 **공노비 6만 6천여 명 해방**(1801, 순조)
사노비	• 갑오개혁(1894) 때 **신분제 폐지** • 법제상으로 노비제 종말

2. 가족 제도의 변화

조선 전기		조선후기
• 부계와 모계가 함께 영향 • 남자 → 여자집	가족제도	• 부계 중심 가족 제도 확립 • 여자 → 남자집, 과부의 재가 금지 • 동성촌락 형성
• 자녀 균분상속	상속	• 장자 우대
• 모든 자녀가 돌아가면서 모심 • 일반적으로 양자 입양X	제사	• 큰아들이 제사 담당 • 없을 경우 양자 입양

 향촌 질서의 변화와 사회 변혁 움직임

1. 양반의 향촌 지배 약화

관권	• 향임직 매매 : 정부의 재정문제 해결을 위해 부농층에게 판매, 부농층 성장 계기 • 수령 중심의 관권 강화, 향리의 역할 증대 • 향회가 세금 부과 시 의견을 묻는 자문기구화
사족 (구향)	• 양반층의 사회적 지위 약화 • 관권과 결탁한 부농층(신향)의 도전으로 향촌 지배력 약화 • 문중을 중심으로 서원, 사우(祠宇)를 세우거나 촌락 단위의 동약(洞約)을 실시하여 양반의 지위 유지를 위해 노력
부농층 (신향)	• 공명첩 매입, 족보 위조 등으로 신분상승, 관권과 결탁 • 사족에 대항, 향안에 이름 등재, 향회 장악 도모
향전	• 18세기 중엽 향회를 둘러싼 구향과 신향의 대립 • 수령이 신향을 지원하며 사족(구향) 견제 → 수령 권한 강화

2. 사회 변혁의 움직임

(1) 예언사상의 대두

배경		• 지배층의 수탈, 재난과 질병의 빈번한 발생, 도적 발생 • 농민들이 새로운 세상을 염원
종류	비기, 도참	• 미래의 길흉화복을 예언하는 내용을 적은 글
	정감록	• 도참서의 일종 • 조선 왕조가 망하고 장차 정씨가 계룡산을 도읍으로 삼아 새 왕조를 세울 것이라는 내용
	미륵 신앙	• 불교 신앙의 형태, 세상의 종말이 오면 미륵불이 나타나 중생을 구제해 준다는 신앙
영향		• 민중의 변혁 의지 반영 • 19세기 사회 변혁 운동의 이념적 기반 제공

(2) 천주교의 전래

1) 전래와 확산

전래	• 17세기에 청에 다녀온 사신을 통해 서학으로 소개됨 • 18세기 후반 남인 계열 일부에 의해 신앙화
확산	• 평등사상과 내세 신앙을 바탕으로 중인·상민·부녀자에게 확산 • 19세기 이후 조선교구 설치, 서양 선교사의 포교 활동으로 교세 확장

2) 탄압

시기		박해	내용
정조		신해박해 (진산사건, 1791)	• 윤지충의 신주 소각 사건(천주교식으로 장례) • 윤지충(최초의 순교자)이 처형
세도정치기	순조	신유박해(1801)	• 노론 벽파가 남인 시파를 제거할 목적 • 이승훈, 이가환, 주문모, 정약종 등이 처형 • 정약전과 정약용은 유배 • 황사영 백서 사건으로 박해 가중
	헌종	기해박해(1839)	• 풍양 조씨가 노론 벽파와 연계하여 탄압 • 프랑스 신부인 모방, 샤스탕, 앙베르와 정하상 등이 처형 • 오가작통법이 활용되고 척사윤음이 반포
		병오박해(1846)	• 김대건 신부(솔뫼마을)의 처형
고종		병인박해(1866)	•9명의 프랑스 신부와 남종삼 등 8000여 명의 신도가 처형 • 최대 규모의 천주교 박해 • 병인박해를 이유로 병인양요(1866)가 발생

(3) 동학의 창시와 확산

창시	• 경주 출신의 몰락 양반인 최제우가 창시(1860)
사상	• 인내천 사상 : 인간의 존엄성과 평등성 강조 • 보국안민 : 서양과 일본의 침략 배척 • 후천 개벽 사상 : 사회 변혁 운동의 혁명적 기운 고취 • 시천주 : 한울님이 마음 안에 모셔져 있다 → 농민 사이에 급속히 확산
확산	• 사교로 규정하여 포교 금지, 최제우 처형(1864) • 2대 최시형 → 교리의 체계화(동경대전·용담유사 편찬) • 교단 조직 정비(포접제) → 동학 확장

1) 농민 봉기의 발생

① 홍경래의 난

원인	• 세도 정치의 폐단, 삼정의 문란 • 서북 지역(평안도)에 대한 차별
봉기	• 몰락 양반인 홍경래 주도, • 영세농민 · 중소 · 상공업자 · 광산 노동자 등이 참여 • 정감록, 예언 사상 바탕, 세도정치 타도 목표
전개	• 평안도 가산에서 봉기 → 청천강 이북 지역 장악 → 정주성에서 5개월 항전 끝에 패배

② 임술농민봉기

원인	• 삼정의 문란 등 지배층의 탐학
전개	• 경상 우병사 백낙신의 탐학(진주) • 몰락 양반인 유계춘을 중심으로 농민들이 봉기 → 자진 해산 • 다른 지방의 농민 봉기 자극 • 삼남 지방의 70여 곳에서 농민 봉기가 일어남 → 전국으로 확대
정부의 대응	• 안핵사 · 암행어사 파견 · 삼정이정청 설치 → 성과 미흡

4장 조선 후기의 문화

제1절 성리학의 절대화와 양명학의 수용

1. 성리학의 절대화와 탈 성리학의 움직임

(1) 성리학의 절대화

1) 서인 세력의 주도

① 의리와 명분론 강조
② 주자 성리학 절대화

2) 사상적 경직성

① 현실 문제 해결 능력 상실
② 성리학에 비판적 학자들을 배척

(2) 성리학에 대한 비판

1) 17세기 후반 윤휴와 박세당이 성리학 비판

① 윤휴(남인) : 대학, 중용 등 유교 경전에 대해 독자적인 주해
② 박세당(소론) : 『사변록』, 주자의 주석과 다른 견해를 취하다가 학계에서 배척

2) 서인 세력의 공격으로 사문난적으로 몰려 배척

2. 호락 논쟁

(1) 인물성 논쟁

1) 인성(중화)과 물성(오랑캐)이 같은가 다른가를 놓고 논쟁
2) 노론 내부 논쟁 : 18세기 초반, 충청도(호서) '노론'↔ 서울(낙산) '노론'

(2) 호론과 낙론의 비교

호론	낙론
• 한원진·윤봉구 등	• 이간·김창협·김원행 등
• 충청도 노론	• 서울, 경기 노론
• 인간과 사물의 본성이 다르다(인물성이론)	• 인간과 사물의 본성이 같다(인물성동론)
• 주자의 절대주의를 추구	• 다른 종교와 사상에도 유연
• 북벌운동 추진	• 북학론 주장
• 위정척사운동, 의병활동으로 연결	• 애국 계몽 운동

3. 양명학의 수용

(1) 양명학의 특징

1) 명나라 학자 왕수인(왕양명)이 세운 신유학

2) 특징 : 지행합일(知行合一), 심즉리(心卽理), 치양지(致良知) 주장

(2) 양명학의 수용과 발전

1) 수용

① 중종 때에 처음 전래

② 이황이 『전습록변』을 통해 비판, 이단으로 간주

2) 17c 후반 소론에 의해 본격적 수용

3) 강화 학파의 형성

① 18세기 정제두 중심

② 양반신분제 폐지 주장, 실학의 발전에 영향을 줌

③ 박은식(유교구신론), 정인보(양명학연론)에 의해 계승

제2절 **실학의 발달**

1. 실학의 등장

(1) 등장 배경

1) 사회 모순의 해결 필요

2) 성리학의 한계 인식

3) 서양 과학, 양명학과 고증학의 영향

(2) 특징

1) 비판적 · 실증적 논리, 사회 개혁론

2) 민생 안정과 부국강병 목표

3) 농업, 상공업, 국학 중심

(3) 실학의 선구자

1) 이수광 : 『지봉유설』에 마테오 리치의 『천주실의』, 〈곤여만국전도〉를수록

2) 한백겸 : 『동국지리지』에서 삼한의 위치를 실증적으로 고증

(4) 실학의 분화

1) 농업중심 개혁론(경세치용학파)

2) 상공업중심 개혁론(이용후생학파)

2. 중농학파(경세치용 학파)

(1) 특징

1) 경기 남인 출신

2) 농민의 입장에서 토지 제도의 개혁 추진

(2) 주요 학자

유형원 17c 후반	• 균전론 : 관리, 선비, 농민 등에게 차등적 토지 재분배 • 「반계수록」저술 • 과거제 폐지, 노비 세습제 혁파 주장
이익 18c 초반	• 한전론 : 최소한의 생계를 유지하기 위한 영업전 매매 금지 • 「성호사설」, 「곽우록」저술 • 육좀 : 노비제(노비), 과거제도(과업), 양반문벌제도(벌열), 사치와 미신(기교), 승려(승니), 게으름 • **폐전론 주장**
정약용 19c 초반	• **실학의 집대성** • 여전론 : 공동 경작/분배, 공동 농장제도 • 정전론 : 중국의 정전제를 수정, 우리 현실에 맞게 시행할 것을 주장 • 「목민심서」, 「경세유표」, 「흠흠신서」, 「기예론」저술 • 과학기술과 상공업 : 배다리, 거중기 이용, 종두법 소개(마과회통) • 신유박해(1801년)에 연루되어 전라도 강진에 유배

> ***육좀**
>
> 재물이 모자라는 것은 농사를 힘쓰지 않는 데에서 생긴다. 농사에 힘쓰지 않는 것은 여섯 사지 좀 때문이다. …… 첫째가 노비요, 둘째가 과업이요, 셋째가 벌열,이요, 넷째가 기교요, 다섯째가 승니요, 여섯째가 게으름뱅이이다.

> 하늘이 금수에게는 발톱을 주시고 뿔과 단단한 발굽을 주고, 날카로운 이를 주고 …… 그런데 사람에게는 벌거숭이로 태어나서 연약하여 살아갈 수 없을 것처럼 만들었다. …… 사람에게는 그들로 하여금 기예를 습득하여 스스로 자기의 생활을 영위하도록 한 것이다.   「기예론」

3. 중상학파(이용후생 학파)

(1) 특징

1) 18세기 후반 북학파 출신

2) 서울 노론 출신 다수

3) 상공업 진흥과 기술혁신 및 청 문물의 적극적 수용 주장

(2) 주요 학자

유수원	• 「우서」 저술 • 사농공상의 직업적 평등화와 전문화 주장
홍대용	• 「담헌서」, 「임하경륜」, 「의산문답」 저술 • 문벌제도 철폐, 지전설, 무한우주론 주장, • 전통적 화이사상 비판, 문벌제도 폐지 주장
박지원	• 「열하일기」 저술 • 「호질」, 「양반전」을 저술 양반 제도의 비생산성 비판 • 「과농소초」 : 영농 방법 혁신, 상업적 농업 장려, 수리 시설 확충 관심 • 수레와 선박의 이용, 화폐 유통 강조 • 농업 생산력 증대 중시
박제가	• 「북학의」저술, 청나라 문물의 적극적 수용 주장 • 수레와 선박의 이용, 화폐 유통 주장 • 절약보다 소비 권장

> 비유하던데, 재물은 대체로 우물과 같다. 퍼내면 차고, 버려두면 말라 버린다. 그러므로 비단 옷을 입지 않아서 나라에 비단 짜는 사람이 없게 되면 여공이 쇠퇴하고, 쭈그러진 그릇을 싫어하지 않고 기교를 숭상하지 않아서 공장이 도야하는 일이 없게 되면 기예가 망하게 된다.
>
> 「북학의」

> 대저 땅덩이는 하루 동안 한 바퀴를 도는데, 땅 물레는 9만 리이고 하루는 12시이다. 9만 리 넓은 둘레를 12시간에 도니 천둥, 번개나 포탄보다 더 빠른 셈이다. …… 지구가 둥글다는 설은 다시 의심할 여지도 없다.
>
> 「의산문답」

5) 중농학파와 중상학파의 비교

구분	중농학파	중상학파
학파	• 경세치용 학파, 성호학파	• 이용후생 학파, 북학파
출신	• 서울과 경기 지역의 남인 주도	• 서울 중심의 노론 주도
인물	• 유형원, 이익, 정약용	• 유수원, 박제가, 박지원, 홍대용
주장	• 농민의 입장에서 토지제도 개혁을 추구	• 농업뿐만 아니라 상공업의 진흥과 기술의 혁신을 주장
농업	• 자영농 육성을 주장	• 영농기술 향상에 관심
영향	• 한말의 애국 계몽사상에 영향	• 박규수 등 개화사상가에게 영향
화폐	• 폐전론(이익)	• 용전론(박지원)
공통점	• 양반 중심의 신분제도와 문벌제도에 비판적

4. 19세기의 개혁론

김정희	• 추사학파(초기 개화 운동의 중추) 형성 • 금석과안록에서 진흥왕 순수비 해석, 세한도 제작, 추사체
이규경	• 백과사전『오주연문장전산고』 • 사물을 고증적 방법으로 소개
최한기	•『명남루총서』 • 주기적 경험철학(서양 과학기술 바탕), 지동설

제3절 국학 연구의 확대

1. 국학 연구의 배경

(1) 실학의 발달

   1) 우리의 역사, 지리, 언어 학문 연구 고취

   2) 지전설 등의 연구로 중국 중심의 세계관 탈피

(2) 국제 정세의 변화 소중화주의

   1) 소중화주의 등장

   2) 우리의 역사와 국토에 대한 관심 자극

2. 지리 연구

(1) 지리서

한백겸	•「동국지리지」, • 우리나라 역사 지리 고증
이중환	•「택리지」, • 인문 지리서(각 지역의 물산, 풍속, 인심 등)
정약용	•「아방강역고」, • 우리나라 강역 고증, • 백제 수도 – 서울, 발해 중심지 – 동쪽

(2) 지도

정상기	• 「동국지도」 • 정밀하고 실용적, 축척 사용(100리척)
김정호	• 「대동여지도」 • 지도를 목판에 판각 → 대중 이용 편리성(절첩식) • 10리마다 눈금 표시, 하천/포구/도로망 표시 정밀

3. 역사학

(1) 특징

1) 민족적 역사서 등장

2) 한반도 중심 사관 극복, 고대사 연구 시야를 만주로 확대

(2) 주요 저서

홍여하	「동국통감제강」
유계	「여사제강」, 북벌론 고취
허목	「동사」, 북벌론 비판
안정복	「동사강목」, 중국 중심 역사관 탈피 단군 조선 ~ 고려까지 역사 체계화
이종휘	「동사」, 고구려와 발해 연구
유득공	「발해고」, 발해를 본격적인 우리 역사, 남북국 용어 사용 한반도 중심의 협소한 역사관 극복에 기여
이긍익	「연려실기술」, 실증적 역사 연구, 400여종 책 참조
한치윤	「해동역사」, 실증적 역사 연구, 중국과 일본의 사서 참조
김정희	「금석과안록」, 북한산비가 신라 진흥왕 순수비임을 고증

4. 국어학, 금석학, 백과사전

(1) 국어학

1) 『훈민정음운해』(신경준), 『언문지』(유희)

2) 『고금석림』(이의봉), 『아언각비』(정약용)

(2) 금석학

1) 고증적 연구

2) 『금석과안록』 : 김정희, 북한산비가 진흥왕 순수비임을 고증

(3) 백과사전

1) 『지봉유설』 : 이수광

2) 『성호사설』 : 이익

3) 『동국문헌비고』 : 홍봉한, 역대 문물을 정리한 한국학 백과사전

4) 『청장관전서』 : 이덕무

5) 『오주연문장전산고』 : 이규경(이덕무 손자)

6) 『임원경제지』 : 서유구, 농촌 생활 백과사전

제4절 과학 기술의 발달

1. 서양 문물의 수용

(1) 서양 과학 기술 수용

1) 17세기 연행사(청) 등 사신을 통해 수용

2) 세계 지도, 화포, 천리경, 자명종 등 전래

3) 서양인의 표류로 무기 기술 발달(벨테브레이)

(2) 실학자들의 관심으로 점차 적극적으로 수용

2. 천문학, 지도, 역법의 발달

(1) 천문학의 발전

1) 김석문 : 지전설, 숙종 때 『역학도해』에서 처음으로 지전설을 주장

2) 홍대용, 최한기 등 지전설 주장, 중국 중심의 세계관 극복

(2) 역법, 수학과 지도

1) 역법 : 김육, 시헌력 도입

2) 수학 : 중국의 『기하원본』 도입, 홍대용의 『주해수용』

3) 지도 : 곤여만국전도(마테오리치) 전래, 중국 중심의 세계관 탈피

3. 의학, 농학의 발달과 기술 개발

(1) 의학

1) 『동의보감』 : 허준, 우리나라뿐만 아니라 중국과 일본에서도 간행

2) 『침구경험방』 : 허임

3) 『마과회통』 : 정약용, 종두법

4) 『동의수세보원』 : 이제마, 사상의학(체질 의학 이론, 태양인 등)

(2) 농서

1) 『농가집성』 : 신속

2) 『색경』 : 박세당

3) 『산림경제』 : 홍만선

4) 『해동농서』 : 서호수,

5) 『임원경제지』 : 서유구, 농촌 생활 백과사전

(3) 기술

1) 정약용의 기예론

① 거중기의 제작

② 한강 배다리의 제작

2) 정약전의 자산어보 : 흑산도 어류 채집·조사, 어류학의 신기원

1. 서민 문화의 발달

(1) 서민 문화의 등장

1) 배경 : 농업생산력의 증대, 상공업 발달, 서당 교육의 보급

2) 특징

① 감정을 솔직하게 표현
② 양반들의 위선적인 모습 비판
③ 사회의 부정과 비리 폭로

2. 문학의 발달

(1) 한글 소설과 사설 시조

1) 한글 소설

① 『홍길동전』, 『춘향전』, 『토끼전』, 『심청전』, 『장화홍련전』
② 신분제 등 현실 비판, 이상사회 실현, 권선징악, 서민들의 솔직한 감정 표현

2) 사설시조 : 격식에 구애됨이 없는 형식, 서민의 감정을 솔직히 표현

(2) 한문학, 중인의 문학

1) 한문학

① 박지원 : 『양반전』, 『허생전』, 『호질』, 『민옹전』, 양반 사회의 허구성을 지적
② 정약용 : 〈애절양〉, 삼정의 문란을 폭로

2) 중인의 문학(위항 문학) : 시사 조직

3. 판소리, 탈춤과 그림

(1) 판소리, 탈춤

1) 조선 후기 서민 문화의 중심

2) 판소리

① 창(노래), 아니리(사설), 발림(너름새)으로 연출
② 양반과 서민 모두에 환영, 장시에서 주로 공연
③ 신재효가 정리한 5마당만 전래 '춘향가', '심청가', '흥보가', '적벽가', '수궁가'

3) 탈놀이

① 사회적 모순 풍자, 양반과 승려 풍자
② 도시 상인이나 중인층의 지원으로 성행

(2) 회화

진경산수화	• 18세기 우리나라 산천을 소재로 한 산수화 • 정선 : '금강전도', '인왕제색도'
풍속화	• 일상의 생활 모습을 그린 그림 • 김홍도 : 평민들의 일상생활을 익살스럽고 사실적으로 표현 – 수원능행도, 서당, 씨름, 무동, 밭갈이 등 • 신윤복 : 양반의 풍류, 남녀 간의 애정을 세심히 표현 – 단오풍정, 월하정인, 미인도 등
민화	• 민중의 기복적 염원과 미의식 (해, 달, 나무, 동물, 물고기 등)
문인화	• 김정희 : 세한도
기타	• **궁궐도** : 〈동궐도〉, 〈서궐도〉 • **장승업** : 〈군마도〉

▲ 인왕제색도

▲ 무동

▲ 단오풍정

▲ 세한도

(3) 서예

  1) 18c 동국진체 : 이광사

  2) 19c 추사체 : 김정희

4. 건축과 공예, 음악

(1) 건축

17c	• 불교의 사회적 지위향상, 지주층의 경제적 성장 반영 • 법주사 팔상전(현존 최고의 목탑), 금산사 미륵전, 화엄사 각황전
18c	• 부농과 상인의 지원 • 수원화성(방어와 공격 기능), 논산 쌍계사, 부안 개암사
19c	• 경복궁 근정전, 경회루(흥선대원군)

▲ 법주사 팔상전

▲ 수원화성 팔달문

▲ 청화백자

(2) 공예

  1) 도자기

    ① 백자가 민간에 사용

    ② 청화백자 : 철화백자, 진사백자도 유행

    ③ 옹기 : 서민, 백자와 함께 많이 사용

  2) 조선 시대 도자기의 발전 과정

고려말 조선초(15c)		조선 전기(16c~17c)		조선후기(17c~)
분청사기	⇨	백자	⇨	청화백자

3) **생활공예** : 목공예(장롱, 책상), 화각 공예(쇠뿔에 그림 그려 장식)

(3) 음악

1) **가곡(유네스코 무형유산)** : 관현악 반주, 전통 성악곡, 시조 사용

2) **산조** : 느린 장단으로부터 빠른 장단으로 연주하는 기악 독주의 민속음악

3) **잡가** : 평민이 지어 부르던 노래로 해학과 풍자의 성격을 가졌으며 대표적으로 새타령, 사랑가, 수심가 등

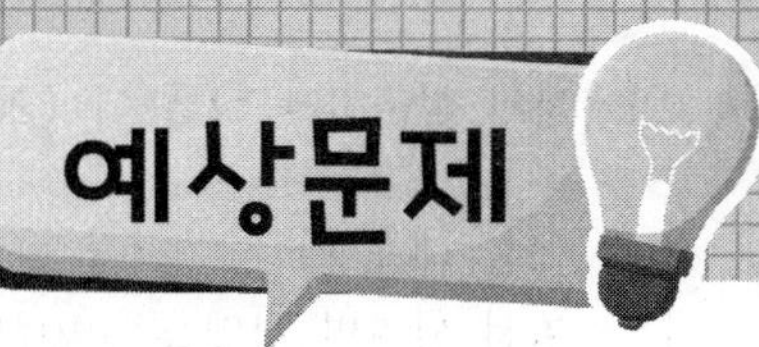

01. 조선시대 정치기구에 관한 설명으로 옳지 않은 것은? (2022년 기출)

① 사헌부는 관리의 비리를 감찰하였다.

② 삼사는 회계와 출납의 업무를 맡았다.

③ 한성부는 수도의 치안과 행정을 관장하였다.

④ 춘추관은 역사서의 편찬과 보관을 담당하였다.

해설 조선시대의 삼사는 관리의 비리를 감찰하거나 왕의 정책을 비판하는 언론의 기능을 담당하였다. 회계와 출납의 업무는 고려시대의 삼사에서 맡았던 업무이다.

정답 ②

02. 조선시대 과거 제도에 대한 설명으로 옳지 않은 것은? (2024년 기출)

① 잡과는 분야별로 정원이 있었다.

② 무과는 대과와 소과의 구별이 있었다.

③ 문과 식년시 초시는 각 도의 인구 비례로 선발하였다.

④ 3년마다 정기적으로 실시하는 시험과 부정기 시험이 있었다.

해설 대과와 소과의 구별이 있었던 것은 문과이다.

정답 ②

03. 김종직의 조의제문이 주요 원인이 되어 발생한 사화는? (2023년 기출)

① 갑자사화   ② 무오사화

③ 기묘사화   ④ 을사사화

해설 ① 연산군의 생모 폐비윤씨와 관련있는 사화, ③ 조광조의 개혁정치에 대한 반발로 일어난 사화, ④ 외척 간의 대립 과정에서 발생한 사회에 해당한다.

정답 ②

04. 다음에서 설명하는 작품은? (2022년 기출)

> – 세종 대에 한글로 지어 간행하였다.
> – 조선 왕조의 창업을 송영한 노래로 125장에 이르는 서사시이다.

① 동문선

② 용비어천가

③ 동명왕편

④ 월인천강지곡

해설 ① 성종 때 편찬된 서적으로 우리나라의 역대 시문을 모은 작품이다. ③ 고려후기 이규보가 고구려의 시조 동명왕(주몽)의 설화를 기록한 역사서이다. ④ 세종 때 석가의 공덕을 훈민정음으로 기록한 작춤이다.

정답 ②

05. 세종의 업적에 관한 설명으로 옳지 않은 것은? (2021년 기출)

① 갑인자를 주조하였다.

② 북방에 4순 6진을 개척하였다.

③ 전분 6등법과 연분 9등법을 시행하였다.

④ 6조 직계제를 시행하여 의정부의 힘을 약화시켰다.

해설 세종은 의정부서사제를 시행하고 경연을 활성화하여 왕권과 신권의 조화를 이루었다. 6조 직계제를 시행한 것은 태종과 세조이다.

정답 ④

06. 조선 전기 대외 관계에 관한 설명으로 옳지 않은 것은? (2023년 기출)

① 세종은 4군과 6진을 설치해 영토를 확장하였다.

② 조선 국왕은 명 황제의 책봉을 받고 조공을 바쳤다.

③ 시암, 자와 등 동남아시아의 여러 나라와 교류하였다.

④ 이자겸은 금나라의 군신관계 요구를 수용하였다.

해설 이자겸이 금나라의 군신관계 요구를 수용 한 것은 고려 문벌귀족 사회 때 이다.

정답 ④

07. 밑줄 친 '이 기구'에 관한 설명으로 옳은 것은? (2020년 기출)

> 선조 26년(1593) 국왕의 행차가 서울로 돌아왔으나 성 안은 타다 남은 건물 잔해와 시체로 가득했다. 선조는 이 기구를 설치하여 군사를 훈련시키라고 명하였다. 이에 유성룡이 주도하여 명나라의 기효신서를 참고하여 훈련법을 습득하고 조직을 갖추었다.

① 군병은 스스로 비용을 부담하였다.
② 정토군이 편성되어 여진의 침입에 대비하였다.
③ 부대 편성은 삼수군인 포수, 사수, 살수로 하였다.
④ 서울에 내영, 수원에 외영을 두어 국왕의 친위를 담당하였다.

해설 자료는 왜란 도중에 설치 된 훈련도감에 대한 설명이다. 훈련도감음 포수, 사수, 살수 삼수병으로 구성된 직업군인이었다. ① 훈련도감은 직업군인으로 비용을 국가에서 부담하였다. ② 훈련도감은 일본을 침입을 막기 위해 구성된 군대이다. ④ 장용영에 대한 설명이다.

정답 ③

08. 다음 (   )에 들어갈 국왕은? (2024년 기출)

> (   )는(은) 신진 인물이나 중·하급 관리 중에서 유능한 인사를 재교육하는 초계문신제도를 실시하였다.

① 세종   ② 세조
③ 숙종   ④ 정조

해설 정조는 규장각을 설치하고 초계문신제를 시행하여 유능한 인재를 재교육하였다.
정답 ④

09. 조선시대 서원에 관한 설명으로 옳지 않은 것은? (2022년 기출)

① 향음주례를 행하였다.
② 주세붕이 세운 백운동 서원이 시초이다.
③ 입학 자격은 생원시와 진사시 합격자를 대상으로 하였다.
④ 사액서원은 국가로부터 서적, 노비, 토지 등을 지급받았다.

해설 ③ 생원시와 진사시 합격자를 대상으로 한 것은 성균관이다.
정답 ③

10. 광해군 때의 역사적 사실에 관한 설명으로 옳지 않은 것은? (2021년 기출)

① 대동법이 시행되었다.
② 북벌운동이 전개되었다.
③ 북인 세력이 왕을 지지하였다.
④ 동의보감의 편찬이 완성되었다.

해설 광해군은 후금과 명 사이에서 중립외교를 하였다. ② 북벌운동이 전개 된 것은 효종 때 이다.
정답 ②

11. 다음에서 설명하는 인물은? (2021년 기출)

> • 성호사설을 저술하였다.
> • 6가지 폐단으로 노비제도, 과거제, 양반문벌제도, 사치와 미신, 승려, 게으름을 지적하였다.

① 이익
② 유수원
③ 박지원
④ 홍대용

해설 이익은 성호사설을 저술하고 한전론을 주장하여 영업전의 매매 금지를 통한 토지 개혁을 주장하였다. 또한 나라를 좀먹는 폐단 6가지를 제시하기도 하였다.
정답 ①

12. 조선후기 상공업 활동에 관한 설명으로 옳은 것은? (2023년 기출)

① 객주와 여각이 포구와 큰 장시에서 활동하였다.
② 시장인 동시를 열고 동시전을 설치해 감독하였다.
③ 건원중보와 삼한통보 등의 화폐가 널리 유통되었다.
④ 수공업은 주로 관청 수공업과 소 수공업을 중심으로 발전하였다.

해설 ② 신라 지증왕 때의 일이다. ③ 건원중보(성종)와 삼한통보(숙종)는 고려시대 발행 된 화폐이다. ④ 소 수공업은 고려시대에 발달한 수공업 형태이다.
정답 ①

13. 조선 후기 경제상에 관한 설명으로 옳은 것을 모두 고른 것은? (2022년 기출)

> ㄱ. 광산 전문 경영인 덕대가 등장하였다.
> ㄴ. 담배, 인삼 등 상품 작물을 재배하여 높은 수익을 올렸다.
> ㄷ. 해동통보와 활구를 주조하여 화폐로 유통하였다.
> ㄹ. 농사직설과 금양잡록 간행을 통해 농업 기술을 정리하였다.

① ㄱ, ㄴ   ② ㄱ, ㄹ

③ ㄴ, ㄷ   ④ ㄷ, ㄹ

해설 ㄷ. 해동통보와 활구는 고려시대에 발행 한 화폐이다. ㄹ. 농사직설과 금양잡록은 조선 전기의 농업 서적이다.

정답 ①

14. 조선 후기 사회상에 관한 설명으로 옳은 것은?

① 태어난 차례대로 족보와 호적에 기재 하였다.
② 제사를 형제가 돌아가면서 지내거나 책임을 분담하였다.
③ 여성의 재가가 자유롭게 이루어지고 그 자손의 사회적 진출에 차별을 두지 않았다.
④ 전국에 많은 동족 마을이 만들어지고 문중을 중심으로 서원, 사우가 많이 세워졌다.

해설 ①,②,③은 모두 고려시대의 사회상에 대한 설명이다.

정답 ④

15. 조선후기 문화에 관한 설명으로 옳은 것은?

① 이승휴는 제왕운기에서 단군을 우리 민족의 시조로 서술하였다.
② 지눌은 불교 개혁운동인 수선사 결사를 제창하였다.
③ 유교 윤리를 보급하기 위한 삼강행실도가 처음 간행되었다.
④ 정선은 우리나라 산천을 소재로 한 인왕재색도 등을 그렸다.

해설 ①, ② 고려시대의 문화에 대한 설명 ③ 조선전기의 문화에 대한 설명이다.

정답 ④

1장 흥선대원군의 개혁정치

제1절 흥선대원군의 개혁정치와 통상수교거부 정책

1. 흥선대원군의 개혁정치(1863~1873)

(1) 시대적 상황

1) 대내적 : 세도 정치, 왕권 약화, 삼정의 문란, 농민 봉기

2) 대외적 상황 : 이양선 출몰, 중국과 일본의 개항

(2) 개혁 정책

1) 왕권 강화

① 안동 김씨 축출 → 세도정치 타파

② 비변사의 혁파(1865) → 의정부와 삼군부 기능 복구

③ 대전회통 편찬

④ 경복궁의 중건 → 원납전 징수, 당백전 발행으로 부작용 발생 → 백성 불만

2) 민생 안정정책 및 재정 확보(삼정의 문란 해결)

① 호포제 : 양반도 군포 납부

② 사창제 : 환곡 폐지

③ 서원 정리 → 양반들의 불만

2. 통상 수교 거부 정책(대외적)

(1) 배경

1) 중국과 일본의 강제적 개항

2) 이양선의 출몰과 서양 열강의 개항 압박

(2) 서양 세력과의 충돌

1) 병인박해(1866.1) : 천주교 탄압(프랑스 신부 처형)

2) 제너럴셔먼호 사건(1866.7) : 미국 상선 침몰(평양)

3) 병인양요(1866.9)

   ① 병인박해를 구실로 프랑스군이 강화도 침입
   ② 한성근(문수산성), 양헌수(정족산성)의 승리 : 프랑스군 철수
   ③ 외규장각 의궤 약탈과 반환(2011)

4) 오페르트 도굴 사건(1868.4) : 대원군의 아버지 남연군 묘 도굴 시도

5) 신미양요(1871.4)

   ① 미국의 강화도 침입 : 제너럴셔먼호 사건이 원인
   ② 어재연(광성진)의 분전 : 미군 철수

6) 척화비 건립(1971.4)

제2절 **강화도 조약과 개항**

1. 강화도 조약

(1) 배경

1) 운요호 사건(1875) : 일본 군함이 강화도에 침입, 조선 수비대와 전투

2) 일본의 개항 요구

(2) 강화도 조약(1876)

1) 조일 수호 조규(병자 수호 조약) 체결

2) 조약의 주요 내용

① 자주국 명시 : 청의 종주권 부인
② 3개 항구 개항 : 부산, 원산, 인천
③ 해안 측량권 허용
④ 영사 재판권(치외법권) 허용

3) 조약의 특징

① 최초의 근대적 조약
② 불평등 조약 : 해안측량권, 영사재판권

(3) 강화도 조약 이후 부속조약

1) 조일수호조규 부록(1876.7), 조일무역규칙 등 체결(1876.7)

2) 특징

① 거류지 설정(10리)
② 일본 상품 무관세
③ 양곡의 무제한 유출 허용
④ 일본 화폐 사용 허용

2. 다른 국가들과의 근대적 조약 체결

(1) 조미 수호 통상조약(1882.4)

1) 배경 : 2차 수신사(1880) 김홍집이 조선책략 유포

2) 내용

    ① 거중조정

    ② 최혜국 대우

    ③ 관세 관련 규정(협정관세)

3) 의의 : 서양과 맺은 최초의 조약

(2) 조청 상민수륙무역장정(1882.8)

1) 임오군란 이후 청의 강요로 체결

2) 내용

    ① 조선을 청의 속방 규정

    ② 내지 통상권 허용 : 외국 상인의 경제 침탈 심화

(3) 영국(1883), 러시아(1884), 프랑스(1886) 등과의 수교

2장 개화정책의 추진과 저항

제1절　1880년대 개화 정책의 추진

1. 개화사상의 발전

(1) 통상 개화론의 등장

　　1) 조선후기 북학론에 영향

　　2) 박규수, 오경석, 유홍기 등

(2) 개화파의 형성

　　1) 개항 이후 통상개화론자들이 개화파 형성

　　2) 김윤식, 김홍집, 김옥균 등

2. 개화정책의 추진

(1) 해외 사절단 파견

　　1) 수신사(일본, 1876) : 2차(1880, 김홍집), 3차(1882. 박영효)

　　2) 조사시찰단(일본, 1881) : 박정양 등, 근대 시설 시찰

　　3) 영선사(청, 1881) : 김윤식 등, 기기창(무기 제조) 설치

　　4) 보빙사(미국, 1883) : 민영익, 홍영식, 유길준 등

(2) 개화를 위한 제도 개편

　　1) 통리기무아문의 설치(1880) : 개화정책 전담 기구

　　2) 군사제도의 개편

　　　　① 신식군대 별기군 설치(1881), 일본인 교관 초빙

　　　　② 구식군인 2영으로 축소

1. 위정척사운동의 전개

(1) 특징

① 서양과의 수교를 거부하고 성리학적 질서를 지키려는 운동

② 이항로, 최익현, 이만손, 유인석 등 유생층이 주도

(2) 위정척사운동의 전개

1860년대	통상반대운동	• 이항로, 기정진 • 병인양요(1866) → '척화주전론' 전개 → 대원군의 통상수교거부 정책 지지
1870년대	개항반대운동	• 최익현, 유인석 • 강화도조약(1876) → '왜양일체론', 개항불가론 → 최익현의 5불가소
1880년대	개화반대운동	• 이만손, 홍재학 • 「조선책략」유포 → '영남만인소', 서양과 수교 반대 → 위정척사운동의 전국적 확산
1890년대	을미의병	• 이소응, 유인석 • 명성황후 시해와 단발령에 대한 반발

2. 임오군란(1882.6)

(1) 임오군란의 발발과 전개

1) 배경 : 구식 군대에 대한 차별 대우, 급료 미지급

2) 전개

① 구식 군인의 반란

② 민씨 고관, 별기군 교관(일본인) 피살

③ 대원군의 일시 재집권

④ 청군의 개입 : 대원군 압송

⑤ 민씨 일파의 재집권

(2) 임오군란의 결과

1) 청의 내정 간섭 심화 : 청군 주둔

2) 조청 상민 수륙무역장정 체결

2) 제물포 조약(일본) 체결 : 공사관에 일본군 주둔, 배상금 지불

3) 개화파 분열 : 온건 개화파 vs 급진 개화파

제3절 갑신정변

1. 개화파의 분화

온건 개화파	급진 개화파
• 김홍집, 어윤중, 김윤식 등, 민씨 세력과 결탁 • 동도서기론 : 청의 양무 운동 모델, 점진적 개혁 주장 • 서양 과학기술만 수용	• 김옥균, 박영효, 홍영식 등 청년 관료 • 문명 개화론 : 일본 메이지 유신 모델, 급진적 개혁 주장 • 서양 과학기술 뿐 아니라 정치 체제 등 정신문화 수용

2. 갑신정변(1884.10)

배경	• 청의 내정간섭 심화 : 청군 주둔, 마젠창 묄렌도르프 등 내정간섭 • 민씨 정권의 소극적 개화정책(친청 보수화)에 대한 반발 : 급진 개화파 불만 • 일본으로부터 차관도입 실패 이후 급진 개화파의 입지 약화 • 청프전쟁으로 청군 일부 철수, 일본의 군사 · 재정 지원약속
전개	• 우정국 개국 축하연을 기회로 정변 → 개화당 정부 수립, 14개조 정강 발표 → 청의 개입으로 3일 만에 실패 → 김옥균 등 급진개화파 해외 망명
개혁 내용	• 정치 : 청에 대한 조공 폐지, 흥선 대원군 송환, 입헌군주제 지향(내각 정치) • 경제 : 지조법 개혁, 재정 일원화(호조), 혜상공국 폐지 • 사회 : 인민 평등(문벌 폐지), 능력에 따른 인재 등용(과거제 개혁)
결과	• 청의 내정간섭 강화, 민씨 세력 재집권, 개화파 세력 약화 • 한성조약(조선-일본) : 일본에 배상금 지불, 공사관 신축 비용 부담 • 톈진조약(청-일) : 청일 양군 동시 철수, 향후 군대 파병 시 상호통보 → 청일 전쟁의 배경
의의와 한계	• 의의 : 입헌군주제 추구(최초의 정치개혁 운동), 봉건적 신분제 타파 추구 • 한계 : 위로부터의 개혁(민중지지 결여), 외세의존적(일본), 토지 제도 개혁 요구 없음

3. 갑신정변 이후 1880년대 후반의 정세

(1) 청의 내정간섭 심화, 일본의 경제침략

(2) 조선 정부 러시아와 비밀 교섭시도

   1) 청의 간섭 견제 목적

   2) 영흥만 조차, 군사교관 파견

(3) 거문도사건(1885)

   1) 러시아 남하를 저지하기 위해 영국이 거문도 점령

   2) 한반도 중립화론 대두 : 유길준, 독일 부영사 부들러

3장 근대적 개혁 추진

제1절 동학 농민 운동

1. 동학 농민운동의 배경

(1) 농민층의 동요

1) 지배층의 수탈 심화 : 지방관의 부패(탐관오리)

2) 농민층의 경제 파탄 : 일본의 경제적 침투(미면 교환 무역)

(2) 동학의 교세 확장

1) 최제우 창시(1860) → 최시형(동경대전, 용담유사, 포접제)

2) 교조신원운동 : 삼례 집회(1892), 서울 복합상소(1893), 보은집회(1893)

2. 동학 농민 운동의 전개와 결과

고부 민란 (1894.01)	배경	• 전라도 고부 군수 조병갑의 횡포와 착취(만석보 징세 문제)
	경과	• 전봉준이 1,000여 명을 이끌고 고부 관아 점령 • 사발통문으로 농민 규합, 만석보 파괴
	결과	• 신임 군수(박원명)로부터 폐정 시정 약속을 받고 해산 • 안핵사 이용태가 봉기 관련자를 역적으로 몰아 탄압
1차 봉기 (1894.03)	배경	• 안핵사 횡포 → 전봉준, 손화중, 김개남의 지도로 봉기
	과정	• 농민군 백산에 집결, 4대 강령 및 격문 발표 • 황토현, 황룡촌 전투 승리 → 전주성을 점령하여 전라도 일대 장악
	결과	• 정부의 청에 지원 요청 → 청군의 아산만 상륙(1894.5.5) • 일본군도 텐진 조약을 구실로 인천에 상륙(1894.5.6)
전주 화약		• 외국군 철수와 폐정 개혁을 조건으로 정부와 전주 화약 체결하고 해산 • 폐정 개혁 12개조 (탐관오리의 숙청, 노비문서소각, 잡세폐지, 토지개혁 등) 제시 • 집강소 설치(농민 자치 기구), 정부 교정청 설치 • 정부가 청·일 군대의 철수를 요구하였으나 일본이 거부
2차 봉기 (1894.09)	배경	• 일본은 철수를 거부하고, 경복궁 점거 → 청일전쟁 발발, 1차 갑오개혁 실시 • 조선 정부와 함께 농민군 토벌 시작

	과정	• 삼례에서 농민군 2차 봉기 • 남접(전봉준) + 북접(손병희) 연합 부대 형성 • 동학농민군 vs 관군, 일본군, 민보군(양반)
	결과	• 우금치 전투(1894.11) 이후 농민군의 잔여 세력은 각지에서 패배 • 전봉준, 손화중, 김개남 등 농민군의 지도자 체포, 처형
의의 한계	의의	• 반봉건(1차봉기), 반침략적(2차봉기) 성격을 띤 사회 변혁 운동 • 개혁운동 → 갑오개혁에서 일부 실현 • 민족운동 → 항일 의병 투쟁으로 계승
	한계	• 근대 국가 건설을 위한 구체적 방안을 제시하지 못함 • 각 지역의 농민군이 긴밀한 연대를 형성하지 못함 • 농민층 이외의 보다 넓은 지지 기반을 확보하지 못함

제2절 갑오개혁

1. 갑오개혁의 실시

(1) 제1차 갑오개혁(1894.6.25.~11월) : 일본에 의한 타율적 개혁

1) 1차 김홍집 내각 주도

2) 주요 내용 : 군국기무처(초정부적) 설치, 개혁 내용 8아문 개편, 과거제 폐지, 재정 일원화(탁지아문), 공사노비 제도 폐지(신분제 폐지), 과부의 재가 허용, 조혼 금지

(2) 제2차 갑오개혁

1) 제2차 김홍집, 박영효 연립 내각 주도

2) 주요 내용 : 홍범 14조 발표, 7부 개편, 23부 개편, 사법권 독립(재판소 설치), 교육입국조서 발표, 훈련대 · 시위대 설치

2. 청일전쟁과 삼국간섭

(1) 청일전쟁(1894.6~1895.3)

1) 일본군의 승리,

2) 시모노세키 조약 체결 : 요동 반도 할양

(2) 삼국간섭(1895.3)

1) 러시아·프랑스·독일이 간섭 → 일본 요동반도 반환

2) 국내 친러파 형성(3차 김홍집 내각)

3) 을미사변 : 친러 성향의 명성황후 시해

3. 을미개혁의 시행(1895.8~1896.2)

(1) 주도세력 : 제4차 김홍집 내각(친일 내각)

(2) 주요 내용과 반발

1) 을미개혁의 내용 : 태양력 사용, 건양 연호, 친위대·진위대 설치, 단발령, 종두법, 우편사무 재개

2) 을미의병 : 을미개혁과 을미사변에 대한 반발로 발생(유생층 주도)

3) 아관파천(고종의 러시아공사관 피신)으로 개혁 중단

제3절 독립 협회와 대한제국

1. 아관파천과 이권 침탈

(1) 아관파천(1896)

1) 고종이 러시아 공사관으로 피신

2) 친러 내각 성립

(2) 열강의 이권 침탈

1) 삼림 채벌권 : 러시아, 압록강/두만강/울릉도

2) 철도 부설권 : 일본, 경부선 철도 부설권

3) 금광 채굴권 : 미국, 운산 광산 개발권

2. 독립협회

(1) 독립협회 창립(1896)

1) 서재필 주도

2) 진보적 지식인, 관료층, 도시 시민, 학생, 노동자 등 다양한 계층 참여

(2) 독립협회의 활동

1) **목표** : 자주 국권, 자유 민권, 자강 개혁

2) 전국에 지회 조직, 독립문/독립관 건립

3) 독립신문(최초 민간 신문) 발행

4) 러시아/프랑스 이권 침탈에 반대

5) 만민공동회의 개최(1898.3) : 최초의 민중 집회, 러시아 이권침탈 반대

6) 관민공동회의 개최(1898.10) : 헌의 6조 결의, 입헌군주제 주장

> * 헌의 6조
> 1. 외국인에게 의지하지 말고 관민이 동심협력하여 전제황권을 견고하게 할 것
> 2. 외국과의 이권에 관한 계약과 조약은 각 대신과 중추원 의장이 합동 날인하여 시행할 것
> 3. 국가 재정은 탁지부에서 전관하고, 예산과 결산을 국민에게 공포할 것
> 4. 중대 범죄를 공판하되, 피고의 인권을 존중할 것
> 5. 칙임관을 임명할 때에는 정부에 그 뜻을 물어서 중의에 따를 것
> 6. 정해진 규정을 실천할 것

(3) 독립협회의 해산

1) 보수세력의 반발, 고종의 해산 명령

2) 고종이 황국협회(보부상 단체)를 동원해 강제 해산

3. 대한제국과 광무개혁

(1) 대한제국의 성립

1) 배경 : 독립 협회 등 국민적인 열망, 러일 간의 세력 균형

2) 대한제국 선포

    ① 경운궁으로 환궁

    ② 황제 즉위식 거행(1897.10, 환구단) : 연호 광무

(2) 광무개혁

1) 개혁이념 : 구본신참

2) 개혁 방향

    ① 전제 황권 강화

    ② 식산흥업 : 상공업 진흥 정책

(3) 광무개혁의 주요 내용

1) **정치** : 13도 체제, 친위대/시위대/진위대 정비, 원수부 설치

2) **경제** : 양전 사업, 지계(근대적 토지 소유권 증서) 발급, 회사/학교 설립

3) **외교** : 간도 관리사 이범윤 파견, 울릉도/독도 관할(1900, 칙령 41호)

4장 일제의 국권 침탈과 대응

 일제의 국권 침탈

1. 러일전쟁의 발발

제1차 영일동맹 (1902)	⇨	용암포사건 (1903)	⇨	대한제국 국외중립 선언 (1904.1)	⇨	러·일전쟁 발발 (1904.2)

2. 일제의 국권 강탈 과정(1904~1910)

한일의정서	1904년 2월	군사시설의 사용권 확보
제1차 한일 협약	1904년 8월	고문정치 실시 외교고문 = 스티븐스, 재정고문 = 메가타)
을사늑약	1905년 11월	외교권 박탈 통감부 설치(이토 히로부미)
한일 신협약 (정미 7조약)	1907년 7월	차관정치 실시 통감 권한 강화 군대 해산
기유각서	1909년	사법권 박탈 감옥사무 이관
한일 병합 조약	1910년 8월	식민 통치의 시작, 총독부 설치

제2절 ## 국권 수호 운동

1. 항일 의병 운동의 전개

의병	특징
을미의병 (1895)	•원인 : 을미사변, 을미개혁(단발령) •주도 : 보수적 유생층(유인석, 이소응 등), 농민과 동학 잔여 세력 가담 •활동 : 일본군과 지방관청 공격, 단발강요하는 친일관리·개화관리 처단 •해산 : 아관파천 이후 단발령 철회, 국왕의 해산권고 조칙에 따라 해산(존왕사상) → 해산이후 일부 농민들은 활빈당 조직
을사의병 (1905)	•원인 : 을사늑약 강제 체결 •구성 : 양반유생(최익현), 전직관료, 평민출신의병장(신돌석) •활동 : 을사조약 폐기 및 국권회복을 주장하며 무장항전 전개
정미의병 (1907)	•원인 : 고종의 강제 퇴위, 군대 해산 •구성 : 해산군인 + 유생(이인영), 평민(신돌석, 홍범도) 등 •특징 : 해산군인의 참여 → 의병전쟁화, 국제법상 정식 교전단체 승인 요구, 서울 근교 진출 •활동 : 13도 창의군(이인영) 결성 → 서울 진공 작전 전개(1908)

남한대토벌 작전(1909) : 호남 의병의 진압 목적으로 촌락과 가옥 방화, 살상 → 대다수 의병부대 간도, 연해주로 이동

2. 의열 투쟁

국내	•전명운·장인환 : 일본의 한국 지배를 옹호한 미국인 외교 고문 스티븐스 사살 •안중근 : 만주 하얼빈에서 이토히로부미 사살(1909), '동양 평화론' 집필
국외	•나철·오기호 : 5적 암살단(자신회) 조직, 을사5적 습격 •이재명 : 안중근 의거 후 매국노 이완용을 칼로 찌름

3. 애국 계몽 운동의 전개

보안회(1904)	•일본의 황무지 개간권 반대 운동전개 → 일본의 요구 저지
헌정연구회 (1905)	•독립협회출신들 주도 •입헌군주제 수립 요구, 일진회의 친일행위 규탄
대한자강회 (1906)	•전국에 25개 지회 설치, 「대한자강회 월보」간행 •고종 퇴위 반대운동 → 보안법에 의해 강제 해산(1907) → 대한협회로 계승
대한 협회 (1907)	•대한 자강회 계승, 대한 협회 회보 · 대한민보 간행 → 이후 친일적 성격으로 변화)
신민회(1907)	•안창호, 양기탁 등이 조직한 비밀결사 •실력양성을 통한 국권회복, 공화정의 근대국가 수립 목표 •독립전쟁론과 해외독립군 기지건설 → 1920년대 만주 독립군 활동 •105인 사건으로 조직 와해(1911) 국내 활동 •민족교육 추진 : 대성학교(평양), 오산학교(정주) •민족산업 육성 : 자기회사 설립(평양), 태극서관 운영(대구) •민족문화 양성 : 대한매일신보 발간, 조선광문회 조직(고전 간행) 국외 활동 •독립기지 건설 : 남만주 삼원보, 밀산부 한흥동, 신흥무관학교 설립

5장 근대의 경제

 열강의 경제적 침탈

1. 각국의 이권 침탈

(1) 개항 이후 경제 침탈

1) 일본과의 개항 이후 쌀·콩 등 곡물 유출, 방곡령으로 방어 시도 → 실패

2) 조청상민수륙무역장정 체결 이후 상권 침탈

3) 최혜국대우 등 불평등 조항으로 경제 침탈 심화

(2) 아관파천 이후 이권 침탈

국가	연도	침탈 이권
러시아	1896	울릉도·압록강·두만강 산림 채벌권
미국	1896	경인선 부설권 운산 금광 채굴권
	1897	서울 전기·수도 시설권
	1898	서울 전차 부설권
일본	1898	경인선 부설권 인수(미국이 처음 획득) 경부선 부설권
	1904	경의선 부설권 인수(프랑스가 처음 획득) 경원선 부설권
프랑스	1896	경의선 부설권

2. 일제의 경제 침탈

(1) 화폐 정리 사업(1905~1909)

1) 재정고문 메가다 주도

2) 조선상인 파산 속출

(2) 일본의 토지 약탈

1) 황무지 개간권 요구, 철도 부지 · 군용지 강탈

2) 동양척식 주식회사 설치(1908)

 경제적 구국 운동

1. 열강의 침략과 경제적 구국운동

열강의 침략	경제적 구국운동
양곡의 국외유출	방곡령 시행
일본의 상권 침탈	상권 수호운동
열강의 이권 침탈	독립협회의 이권 수호운동(만민공동회)
금융의 침투	조선은행, 한성은행 등 민족은행 설립
황무지 개간권 요구	보안회, 농광회사의 활동
일제 자본의 침투	국채 보상운동

2. 국채 보상 운동(1907)

(1) 배경 : 일본으로부터 거액의 차관 도입(1300만 원)

(2) 전개

1) 대구에서 김광제 · 서상돈 등이 시작 ,

2) 대한매일신보 등 언론의 지원 → 국민들의 호응, 금연 · 금주운동

3) 통감부의 탄압으로 실패

 6장 근대의 사회와 문화

제1절 개항 이후 사회 변화

1. 사회제도와 의식의 변화

(1) 평등 사회로의 이행

  1) 동학 사상, 천주교·기독교 사상의 영향 : 평등 강조

  2) 갑오개혁 때 공식적으로 신분제 폐지

(2) 평등 사회를 위한 노력

  1) 독립협회의 활동 : 자유 민권 운동, 관민공동회 활동

  2) 여성 인권 운동 : 〈여권 통문〉 발표

2. 동포들의 국외 이주

(1) 만주 : 간도 지역 중심, 독립 운동의 기반

(2) 연해주 : 블라디보스토크 등, 신한촌 형성

(3) 미주 : 하와이 공식 이민으로 시작, 미국 본토, 멕시코, 쿠바로 이주

제2절 개항 이후 근대 문명의 수용

1. 의식주의 변화

의생활	•신분에 따른 옷 구별 폐지, •일부 상류층에서 서양식 의복(양장, 양복) 등장
식생활	•궁중과 일부 상류층에서 커피, 홍차, 설탕 •임오군란 이후 중국요리와 일본음식 등장
주생활	•주거 크기 제한 철폐, 일본식 건물, 서양식 건물 등장

2. 근대 시설의 도입

통신	전신	경인전신(1885), 경의전신(1885)
	우편	우정총국 설치 만국 우편 연합 가입(1900)
	전화	최초(1896, 서울~인천), 경운궁에 부설(1898)
의료 기관	광혜원	최초의 근대식병원(1895, 알렌), 제중원으로 명칭 변경
	광제원	1900년 설립, 종두법(지석영)
	세브란스	1904년 미국인 에비슨이 설립
교통 기관	철도	경인선(1899) – 최초 부설, 노량진 ~ 제물포) 경부선(1905), 경의선(1906)
	전차	한성전기회사, 서대문 ~ 청량리
전기	전기	한성전기회사(1898, 콜브란과 황실의 합작)
	전등	경복궁 향원정에 최초로 가설(1897)
건축	독립문	1897. 영은문을 헐고 건립, 프랑스 개선문 모델
	명동성당	1898, 고딕 양식 건물
	손탁호텔	1902. 우리나라 최초의 서양식 호텔
	덕수궁 석조전	1910. 르네상스 양식 건물, 독립 후 미소공동위원회가 열림

제3절 **근대 교육, 국학 연구, 문예, 종교**

1. 근대 교육의 발전

(1) 근대 교육의 시작

구분	시기	내용
원산학사	1883년	최초의 근대적 사립학교,
동문학	1883년	통역관 양성 기관
육영공원	1886년	최초의 근대적 관립학교, 상류층 자제 대상 헐버트 등 외국인 교사의 초빙,

(2) 각종 사립학교의 설립

기독교 계통	배재학당(1886), 이화학당(1886)
민족주의 계열	오산학교(1907), 대성학교(1908)

2. 문학과 예술의 새 경향

문학	•신소설 : 혈의 누(이인직), 금수회의록(안국선) •신체시 : 해에게서 소년에게(최남선)
예술	•음악 : 창가유행(권학가, 독립가 등) •연극 : 신극 운동 전개, 원각사(1908)에서 은세계, 치악산 공연 •미술 : 서양의 화풍 소개

3. 국학 연구의 진전

(1) 역사 연구

성격	• 계몽적 성격에 더불어 국권 수호적인 성격
신채호	• "을지문덕전", "이순신전" → 영웅 전기를 통한 애국심 고취 • **"독사신론"** → 민족주의 사학의 기틀을 마련
박은식	• 조선 광문회 조직 : 고전의 정리 및 간행 • "동명성왕 실기", "천개소문전" → 고구려 기개 평가
외국사 번역	• 주시경 : "월남망국사" • 장지연 : "미국독립사" • 신채호 : "이태리 건국 삼걸전" → 외국 사례를 통해서 민족의식 고취에 기여

(2) 국어 연구

정부의 노력	• 갑오개혁 → 한글, 정부 문서 기본으로 국한문 혼용 공인 • 공문서, 교과서, 신문 → 국한문혼용 확대
한글사용 확대	• 독립신문, 제국신문 등 순한글 사용 신문 등장 • 유길준의 「서유견문」: 국한문 혼용체 보급 기여
국문연구소	• 정부 건립 (1907) • 주시경, 지석영 → 한글 문법 연구 및 정리
국어학 연구소	• 주시경 (1908), 국어의 발금과 맞춤법 등 국어 이해체계 확립
한글 문법책	• 유길준 「대한문전」(1909) • 주시경 「국어문법」(1909)

4. 언론 활동

(1) 국내 신문

한성순보 (1883~1884)	• 박문국에서 관보의 형태로 발간 → 갑신정변 때 폐간 • 한성주보 복간(1886), 최초 상업 광고 게재
독립신문 (1896~1899)	• 발행인 : 서재필 → 정부 지원금으로 창간 (1896) • 최초 순한글판 제작 및 영문판 제작
제국신문 (1898~1910)	• 발행인 : 이종일 (1898)　　　　　• 순한글 간행 • 서민층과 부녀자층에 인기
황성신문 (1898~1910)	• 발행인 : 남궁억 (1898)　　　　　• 국한문혼용 • 양반 지식인 대상 • 장지연'시일야방성대곡' → 을사늑약비판, 민족의식 고취
대한매일신보 (1904~1910)	• 발행인 : 영국인 베델 (1904) • 국채보상운동 주도, 민족의식 고취 및 항일 기사 게재 • 국권 피탈 후 총독부 기관지로 전락
만세보 (1906~1907)	• 발행인 : 오세창　　　　　• 국한문혼용 • 천도교 기관지, 국권회복운동, 민족의심 함양

(2) 일제의 탄압

1) 신문지법(1907), 출판법(1909) : 통감부의 언론 통제

2) 보안법(1907) : 집회, 결사의 자유 박탈

5. 종교의 새 경향

천주교	• 1886년 프랑스와 수교 → 선교의 자유 • 고아원, 양로원 운영 등 사회사업에 관심 → 일제 시대 무장 투쟁(의민단)
개신교	• 서양 의술과 근대 교육·한글의 보급, 평등사상 전파 기여 → 일제 시대 신사 참배 거부 투쟁 전개
천도교	• 손병희가 천도교로 개칭 '만세보'를 발행하여 민중의 민족의식 고취 → 일제 시대 여성·소년 운동 주도, 잡지(개벽, 신여성)
불교	• 조선의 억불 정책에서 벗어났으나 을사조약 이후 일본 불교에 예속 • 한용운 불교 자주성 회복 노력(불교유신론)
유교	• 박은식의 유교 구신론 → 민중 중심 유교 주장
대종교	• 나철(5적 암살단 조직), 오기호 등이 단군신앙을 발전시켜 창시 → 일제 시대 무장 투쟁 주도(중광단, 북로군정서군)

7편 일제의 강점과 민족 운동의 전개

1장 일제의 식민지 지배정책

1. 1910년대 무단통치(헌병경찰통치)의 특징

1) 조선총독부 설치 : 초대 총독 데라우치, 무관총독 임명

2) 중추원 : 형식적으로 존재, 조선인 회유 목적

3) 교사가 제복을 입고 칼 착용

4) 즉결처분권(1910), 경찰범 처벌 규칙(1912), 조선태형령(1912)

5) 언론, 출판, 집회, 결사의 자유X(신문지법, 출판법, 보안법)

2. 1910년대 경제침탈

토지조사사업 (1912~1918)	목적	• 근대적 토지 소유권 확립, 지세확보, 토지 약탈
	방법	• 기한부 신고제, 토지 등급 · 지적 · 결수 · 지목 등 신고 • 관습적 경작권 부정, 입회권 · 도지권 부정
	결과	• 지주 – 대부분 신고, 소유권 인정 • 농민 – 토지상실, 소작농 전락, 해외 이주↑ • 동양척식주식회사 보유 토지 증가, 일본인 지주 증가
산업침탈		• 화사령(1910~1920) : 회사 설립 허가제, 민족 기업 설립 및 자본성장 억제 • 소금 · 인삼 · 담배 전매제, 도로규칙(1911) • 어업령(1911), 삼림령(1911), 광업령(1915), 임야조사령(1918), 조선식산은행(1918)

1. 1920년대 문화통치의 특징

시행 배경	• 3.1운동, 제1차 세계대전 일본 승전 • 민주주의 · 자본주의 발전, 사회주의 확산
특징	• 보통경찰제 → 경찰 수 4배 증가, 고등경찰제 시행 • 문관총독 임명 가능 → 실제 임명x • 지방 자치 허용(도평의회, 부면협의회) → 친일파로 구성 • 교육기회 확대(보통학교 4년→6년) → 초등교육, 실업교육에 치중, 대학설립x(대학설립 규정o) • 언론 · 출판 · 결사의 자유 인정(조선 · 동아일보 간행) → 검열 · 삭제↑

2. 1920년대 경제침탈

산미증식계획 (1920~1934)	목적	• 일본 공업화로 인한 식량 문제 해결
	방법	• 밭 → 논, 간척 사업 • 비료증식, 품종개량, 토지개량 • 수리조합(수리조합령.1917)
	결과	• 증식량 〈 수탈량, • 수리 조합비 과다 징수, • 1인당 쌀 소비량 감소, • 해외 잡곡 수입 증가 • 고율 소작료 징수 → 소작쟁의↑, 해외 이주↑
산업 침탈		• 회사령 철폐(1920) : 일본 자본가의 조선 진출 유도 • 관세 철폐(1923) • 신은행령(1928) : 조선 민족 은행 탄압

제3절 **1930년대 이후 민족 말살 정책**

1. 1930년대 민족 말살 정책의 특징

원인	• 대공황(1929) → 대륙 침략 본격화 • 만주사변(1931.9), 만주국(1932.2), 중일 전쟁(1937.7), 태평양 전쟁(1941)
특징	• 내선일체, 일선동조론, 신사 참배, 궁성요배 • 농촌 진흥 운동(1932~1940) : 조선 농민 회유, 조선 농민의 소작쟁의 무마 + 소작조정령(1932), 조선농지령(1934), 조선소작령(1934) • 조선사상범 보호관찰령(1936), 황국신민서사(1937) • 국가총동원령(1938), • 우리말 · 우리역사 교육x(1938), • 창씨개명(1939), • 국민 총력 조선 연맹(1940), • 조선 · 동아일보 폐간(1940)

2. 1930년대 경제침탈

병참 기지화 정책 (1931~)	• 중일전쟁 이후 본격화, • 국가총동원법 제정(1938), • 인적 · 물적 수탈(공출제, 배급제) • 지원병제(1938), 징용제(1939), 학도병제(1943), 징병제(1944)
남면북양 정책, 산미증식계획 재개(1940)	

3. 시대별 통치 방식의 변화

	1910년대	1920년대	1930년대
통치 정책	• 무관총독 • 헌병경찰제 • 태형, 즉결처분 • 교사 칼과 제복 • 언론, 집회, 결사 제한	• 문관총독(실제임명x) • 보통경찰제(인원증가) • 언론 인정(사전검열) • 교육기회확대	• 내선일체 • 일선동조론 • 신사참배 • 황국신민서사 • 창씨개명 • 국가총동원령
경제 수탈	• 토지조사사업 • 회사령 (허가제)	• 산미증식계획 • 회사령 폐지	• 병참기지화정책 • 남면북양정책

2장 국내 항일 민족 운동

제1절 1910년대 국내 민족 운동과 3·1 운동

1. 3·1 운동 이전의 국내 민족 운동

	중심인물	활동내용
의병활동	채응언	•1915년 체포
독립의군부	임병찬(의병장)	•조선왕조 회복, 고종복위(복벽주의)
대한광복회	박상진, 김좌진	•무관학교 설립을 위한 군자금 모금, 공화정 지향

2. 3·1 운동의 발생

(1) 배경

1) 민족 자결주의

2) 2·8 독립선언(1919.2)

(2) 3·1 운동의 전개와 탄압

1) 3·1 운동의 전개

① 민족 대표 33인의 독립선언문 발표

② 탑골공원에서 시작, 도시로 확산, 평화적 시위

③ 농촌으로 확산, 무력 충돌 발생

④ 해외 확산

2) 일제의 탄압 : 제암리교회 학살 사건, 유관순 순국

(3) 3·1 운동의 영향

1) 일제의 통치 방식 변화 : 문화통치

2) 대한민국 임시정부 수립(1919.4)

3) 해외 민족 운동에 영향

제2절 **1920년대 국내 민족 운동과 신간회 결성**

1. 3·1 운동 이후 민족 운동 노선의 분화

민족주의	타협적	이광수, 〈민족적 경륜〉, 자치론, 개량주의, 민족성개조
	비타협적	이상재, 안재홍 등, 일제와 타협x
사회주의		노동·농민운동 주도, 치안유지법으로 탄압

2. 6·10 만세 운동(1926)

(1) 순종 장례식 때 만세 운동 전개

(2) 사회주의 계열과 민족주의 계열의 연대 : 민족유일당 운동의 계기

3. 민족 유일당 운동과 신간회

(1) 배경

　1) 민족주의 계열의 분화

　2) 사회주의 계열의 활동 위축

　3) 정우회 선언 : 사회주의 계열에서 민족주의와 연대 필요성 제기

(2) 신간회의 창립과 활동

　1) 1927년 신간회 창립(합법단체)

　2) 강령 : 정치적·경제적 각성, 단결, 기회주의 배격

　3) 중심인물 : 이상재(회장), 홍명희(부회장)

　4) 활동 : 광주학생항일운동 지원, 근우회와 연대 활동

　5) 신간회의 해소 : 일제의 탄압, 코민테른의 지시 등에 의해 해소

4. 광주 학생 운동(1929)

(1) 배경

　1) 일제의 민족 차별과 식민지 교육

2) 일본 학생의 한국인 여학생 희롱사건으로 한일 학생 간 충돌

(2) 전개

1) 일본경찰의 편파적 대처로 광주에서 학생시위 발발

2) 신간회의 지원으로 전국 확산

3) 3.1운동 이후 최대 규모의 민족 운동

 경제적 · 사회적 민족 운동의 전개

1. 실력양성운동

(1) 물산 장려 운동

1) 배경 : 일제의 회사령 철폐, 한 · 일 무역 관세 철폐

2) 구호 : '내 살림 내 것으로', '조선 사람 조선 것으로'

3) 전개

    ① 조만식 주도, 조선 물산 장려회 설립(1922. 평양)
    ② 금주 · 단연 운동, 근검저축, 국산품 애용 주장
    ③ 물가 상승, 사회주의 계열의 비판, 일제의 탄압 등으로 실패

(2) 민립대학설립운동

배경	• 제2차 조선교육령(1922) → 민족주의자의 교육 확대 및 대학 설립 추구
경과	• 민립대학 기성회 조직(1922) : 조선교육회 중심(이상재, 이승훈 등이 주도) • '한민족 1천만에 한사람이 1원씩' 구호로 모금운동 전개
결과	• 가뭄과 수해로 모금 부진, 일제의 탄압 • 경성제국대학 설립(1924) : 한국인의 고등교육 열기 무마

(3) 문맹퇴치운동

문자 보급 운동 (1929~1934)	• 조선일보 주도, 전국 • 순회 강연 개최, • 한글교재 배부, 조선어학회 참여
브나로드 운동 (1931~1934)	• 동아일보 주도, • 농촌계몽운동(미신타파, 구습제거, 근검 · 절약) • 심훈의 「상록수」

2. 사회적 민족 운동

(1) 농민 운동(소작쟁의)

농민운동	• 암태도 소작쟁의
노동운동	• 원산 노동자 총파업
청년운동	• 민중계몽(강연회, 토론회, 야학 개최) • 조선청년 총동맹(1924)
소년운동	• 천도교 계열 방정환 중심, • '어린이날'제정(천도교 소년회), 잡지「어린이」발간
여성운동	• 여성 계몽 운동, 문맹 퇴치, 구습 타파에 주력 • 근우회(1927) : 여성계 민족 협동 전선 조직, 신간회 자매 단체
형평운동	• 백정에 대한 사회적 철폐 주장, • 조선형평사 조직(1923, 진주)

3장 국외 항일 민족 운동

1. 1910년대 국외 민족 운동

서간도	경학사, 신흥무관학교
북간도	중광단, 북로군정서
연해주	권업회, 대한광복군정부, 대한국민의회
중국관내	상하이 신한청년당(김규식 파리강화회의에 파견)
미주	대한인 국민회

2. 대한민국 임시정부의 수립

(1) 임시정부의 수립 과정

1) 각지 임시정부 통합 : 연해주 대한국민의회 + 상하이 임시정부 + 한성정부

2) 한성정부의 법통을 계승하여 상하이에 대한민국 임시정부 수립

(2) 임시정부의 체제

1) 위치 : 상하이

2) 정치체제 : 민주공화제(우리나라 최초의 민주공화제 정부), 3권 분립

3) 3권의 분립 : 임시의정원(입법기관), 법원(사법기관), 국무원(행정기관)

4) 대통령 '이승만', 국무총리'이동휘'

(3) 임시정부의 활동

1) 행정

① 연통제(국내 비밀 행정 조직)와 교통국(통신기관) 설치
② 독립공채 발행

2) 외교 : 구미 위원부(미국), 파리 위원부(프랑스)

3) 문화 : 독립신문, 사료편찬소, 한일 관계 사료집 간행

(4) 임시정부 활동의 위축

1) 배경 : 외교성과 미흡, 독립운동 방향을 둘러싼 갈등, 연통제·교통국 붕괴

2) 국민대표회의 개최(1927) → 개조파와 창조파 대립 → 회의 결렬 → 임시정부 약화

제2절 1920년대 국외 민족 운동

1. 1920년대 의열 투쟁

(1) 의열단(1919, 만주)

1) 결성 : 김원봉이 주도하여 1919년 결성

2) 활동지침 : 조선 혁명 선언(신채호)

3) 주요 활동

① 김상옥 : 1923년 종로 경찰서에 폭탄을 투척
② 나석주 : 1926년 통양 척식 주식회사/식산 은행에 폭탄을 투척

2. 1920년대 국외 무장 독립 전쟁

봉오동 전투	• 홍범도의 대한독립군 : 백두산 부근 봉오동에서 일본 정규군 격파
청산리 전투	• 일본군의 훈춘사건 조작 → 일본군 토벌대가 만주 관내 진입 • 김좌진의 북로군정서군, 홍범도의 대한독립군 등의 연합부대 → 청산리에서 일본군 1,000여명 사살
간도 참변	• 봉오동·청산리 전투에 대한 일제의 보복 • 한인촌에 대한 대량 학살, 방화
독립군 이동	• 독립군 부대가 북상해서 '밀산'에 집결 • 대한 독립군단(서일)결성
자유시 참변	• 대한 독립군단의 소련령 자유시로 이동 • 독립군 통합 과정에서 부대편성과 지휘권을 둘러싸고 분쟁 발생 • 소련 적군이 무력으로 무장 해제 단행, 수백 명의 독립군 희생
3부 성립	• 참의부, 정의부, 신민부의 성립 • 군사조직과 민정조직
3부 통합운동	• 혁신의회(북만주)와 국민부(남만주)로 양립

1. 1930년대의 의열 투쟁

(1) 한인 애국단의 조직(1931)

배경	•국민대표회의 이후 임정 침체, 만보산 사건으로 중국인의 반한 감정	
조직	•임시정부의 국무령 김구가 상해에서 항일무력단체로 조직	
활동	이봉창 (1932)	•도쿄서 행렬중인 일본 국왕의 차에 폭탄 투척 •일본이 상하이 사변을 일으키는 계기
	윤봉길 (1932)	•상하이 홍커우 공원에서 열린 상하이 사변 전승 축하 기념식장에 폭탄 투척 •중국 국민당 정부의 임정 지원 계기

2. 1930년대 전반 국외 무장 독립 전쟁 : 한중연합작전

한국독립군	•북만주 한국 독립당의 군사조직 → 지청천이 지휘, 북만주 일대에서 중국 호로군과 연합전선 •쌍성보, 대전자령, 사도하자, 동경성 전투에서 승리
조선혁명군	•남만주 조선 혁명당의 군사 조직 → 양세봉의 지휘, 5개 중대로 정비, 중국 의용군과 연합전선 •영릉가, 홍경성 전투에서 일·만 연합군에 승리

3. 1930년대 후반 이후 국외 무장 독립 전쟁

(1) 김원봉 중심의 중국 관내 통합 운동

1) 민족혁명당(1935.7) 창당

2) 조선의용대(1938) 결성 : 중국 관내에서 결성된 최초의 한국인 군사 조직

(2) 김구 중심의 중국 관내 통합 운동

1) 한국광복군의 조직(1940)

① 1941년 대일 선전포고

② 연합군과 함께 항일 투쟁(영국군과 연합 작전)

③ 국내 진공 작전 계획

2) 한국독립당 재결성, 건국강령 공표

4장 사회의 변화와 민족문화의 수호

제1절 일제 강점기의 사회 변화

1. 국외 이주 동포의 시련

(1) **만주 이주 동포** : 간도 참변 등으로 희생

(2) **연해주 이주 동포** : 자유시참변, 중앙아시아 강제 이주

(3) **일본 이주 동포** : 관동 대학살 발생

2. 사회의 변화 모습

(1) **도시의 변화**

    1) 일본인과 한국인 거주지 분화 : 일본인 거리(남촌), 한국인 거리(북촌)

    2) 도시적 생활양식 확산

(2) **의식주 생활의 변화**

    1) 1920년대 : 단발 유행

    2) 1930년대 : 토막집 등장

    3) 1940년대 : 몸뻬 강제

1. 국어 연구와 한글의 보급

국문연구소(1907)	• 지석영, 주시경, 국문정리와 국어연구
조선어연구회(1921)	• 잡지「한글」간행, '가갸날'제정(1926) • 강습회 강연회 개최
조선어학회(1931~1942)	• 조선어연구회 확대 개편, 한글맞춤법통일안 · 표준어 제정 • 우리말 큰사전 편찬 시도
일제의 탄압	• 조선어학회 사건(1942) → 조선어학회 해체

2. 한국사 연구의 발전

(1) 민족주의 사학

1) 박은식

① 『한국통사』, 『한국독립 운동지혈사』

② 근대사 연구, 국혼의 강조, '나라는 형태(形), 역사는 정신(神)'

2) 신채호

① 『조선사연구초』, 『조선상고사』

② 고대사 연구, 낭가사상, '역사란 아(我)와 비아(非我)의 투쟁'

③ 아와 비아의 투쟁

3) 정인보 : 신채호 계승, '얼' 강조

4) 문일평 : 민족 문화의 자주성과 독창성 강조, '심' 강조

5) 1930년대 조선학운동으로 계승(정약용의 실학 연구)

(2) 사회 경제사학과 실증사학

1) 사회경제사학 : 백남운, 세계사의 보편적 발전 법칙, 정체성론 반박, 『조선사회경제사』

2) 실증사학 : 이병도, 손진태, 진단학회, 『진단학보』

8편 대한민국의 발전과 현대 세계의 변화

1장 광복과 정부수립 노력

제1절 우리나라의 현대 사회

1. 광복 직전의 정세

(1) 국내외 건국 준비 활동

1) 대한민국 임시 정부의 활동 : 건국강령의 발표(1941)

2) 조선 건국 동맹(1944.8) : 여운형 중심, 민주주의 국가 건설

(2) 한국 독립의 국제적 합의

1) 카이로 회담(1943.11, 이집트) : 최초로 한국의 독립 약속

2) 포츠담 선언(1945.7, 독일) : 한국의 독립 재확인

2. 광복 직후의 국내 정세

(1) 미국과 소련의 군정 실시 : 국토 분할

1) 남한

① 미군정(1945.9~1948.8)의 성립
② 맥아더포고령의 선포

2) 북한

① 공산주의 정권 수립에 착수
② 소련의 군정

(2) 광복 직후 정부수립을 위한 노력

1) 조선 건국 준비 위원회

① 여운형 주도, 좌익과 우익 모두 참여
② 강령 : '자주 독립 국가의 건설, 민주주의 정권의 수립, 대중 생활의 확보'
③ 미군정의 수립과 우익의 탈퇴로 약화

2) 주요 인물들의 귀국으로 다양한 정당 수립

노선	인물	조직
우익	이승만	독립촉성중앙회 → 자유당
	김성수	한국민주당(한민당)
	김 구	한국독립당(한독당)
중도 우파	김규식	한국독립당 탈퇴 → 좌우합작위원회 참여 → 민족자주연맹
	안재홍	조선국민당(국민당)
중도 좌파	여운형	건국준비위원회 → 조선인민당 → 좌우합작위원회 참여
좌익	박헌영	조선공산당 → 남조선노동당(남로당)

3. 신탁 통치 문제와 좌·우익의 갈등 격화

(1) 신탁 통치 문제

1) 모스크바 3상 회의(1945.12)

'임시정부 수립', '미소 공동 위원회 개최', '신탁 통치' 결정

2) 신탁통치 문제를 두고 좌익과 우익의 대립

① 우익 : 반탁운동 전개
② 좌익 : 반탁 → 찬탁, 찬탁운동 전개

(2) 미소 공동 위원회의 결렬과 좌우합작 운동

1) 제1차 미소 공동 위원회(1946.3.~5.) 결렬

2) 정읍 발언(1946.6) : 이승만, 단독정부 수립 주장

3) 좌우 합작운동(1946.7)

① 여운형, 김규식, 안재홍 등 주도
② 좌우합작7원칙 발표

4) 제2차 미소 공동 위원회(1947.5.~10) 결렬

2장 대한민국의 발전

제1절 대한민국 정부의 수립

1. 유엔(UN)을 통한 한국 문제 해결 노력

1) 유엔 총회(1947.11) : 인구비례에 따른 남북한 총선거 결정, 소련 반대

2) 유엔 소총회(1948.2) : 선거 가능 지역에서 총선거 결정

2. 단독 정부 수립 반대 운동

1) 남북 협상의 추진 : 김구 · 김규식 추진, '삼천만동포에게 읍고함' 발표, 남북연석회의 참여

2) 제주 4 · 3 사건(1948)

3) 여수 · 순천 10 · 19 사건(1948)

3. 대한민국 정부의 수립

1) 5 · 10 총선거(1948)

2) 제헌 국회 구성

3) 헌법 제정(1948.7.17.) : 민주공화제 헌법, 대통령 중심제

4) 정부수립(1948.8.15.) : 대통령 이승만, 부통령 이시영 선출

1. 제헌국회의 활동

(1) 반민족행위 처벌(친일청산)

1) 반민족행위처벌법 제정

2) 반민특위 구성

3) 친일경찰의 반발, 정부의 소극적 태도 등으로 인해 친일 청산 실패

(2) 농지 개혁

1) 농지개혁법 제정

2) 3정보 기준, 유상매수, 유상분배

3) 자영농 증가(경자유전), 소작제도 폐지, 전통적 지주제 소멸

2. 6·25전쟁

1) 배경

① 분단 정부의 수립 → 내전 발발의 위기감 고조
② 남한의 미군 철수
③ 중국의 공산화, 북한의 전쟁 준비, 소련·중국과 군사 비밀 협정 체결
④ 에치슨 선언(1950.1) : 미국의 태평양 지역 방위선에서 한국 제외

2) 전개

발발과 위기	• 북한의 남침(1950.6.25) → 서울함락 → 낙동강 전선의 교착, UN군 참전
국군의 반격	• 인천상륙작전(19509.15) → 서울수복 → 국군 38선 돌파 → 압록강변까지 진출(1950.10.26)
중국군 개입	• 중국군의 참전 → 흥남 철수 → 서울 재 함락, 1.4후퇴(1951) → 서울 재수복 → 38도선 부근 진격 → 38도선 일대에서 전선 교착
휴전 협정	• 소련의 휴전 제의 → 휴전 협정 시작 → 포로 송환 문제로 장기화 → 휴전협정 체결(1953.7.27) → 한·미 상호 방위조약(1953.10)

3) 결과 : 분단 고착화, 김일성 독재 체제 강화

4) 전후 복구 : 미국의 원조, 삼백산업(밀·설탕·면화)

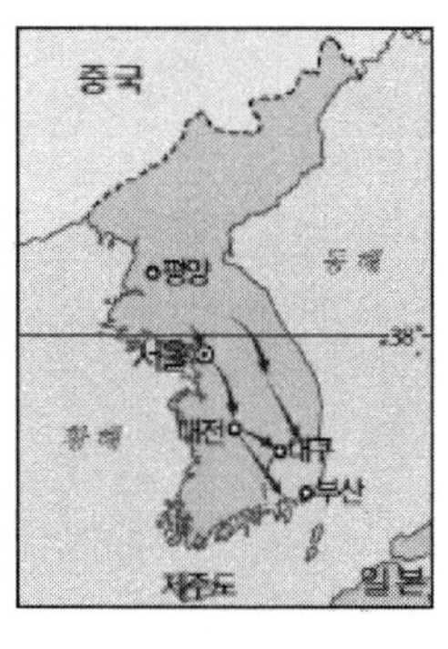
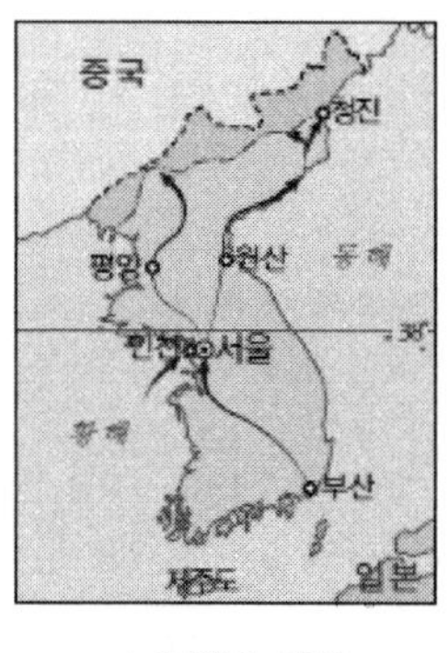
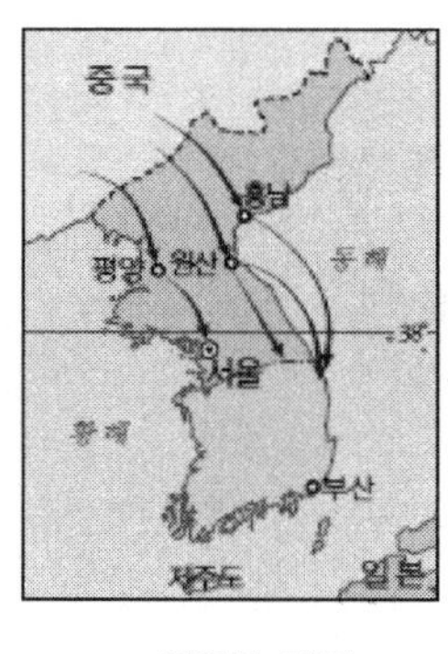
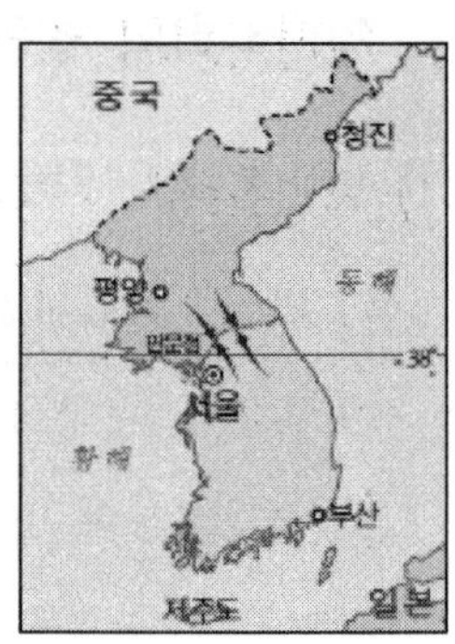

▲ 낙동강 전선　　　▲ 압록강 전선　　　▲ 중국군 개입　　　▲ 휴전선 대치

3. 4·19 혁명

1) 이승만 독재 체제의 형성(1~3대 대통령)

① 자유당 창당
② 발췌 개헌(1952, 1차 개헌) : 대통령 직선제
③ 사사오입 개헌(1954, 2차 개헌) : 초대 대통령의 중임 제한 철폐
④ 진보당 사건(1958) : 조봉암 사형

2) 3·15 부정선거(1960)와 4.19 혁명

① 3.15 부정선거
② 마산 시위 도중 김주열 사망
③ 전국적 시위 발생, 경찰 발포로 사상자 속출
④ 대학 교수단 시국 선언(4.25)
⑤ 이승만 하야(4.26), 자유당 정권 붕괴
⑥ 허정 과도 정부 수립 후 내각제 개헌(3차 개헌)
⑦ 장면내각 수립

4. 장면 내각(제2공화국, 1960~1961)

① 내각제 정부 수립
② 대통령'윤보선', 총리'장면
③ 경제개발 5개년 계획 수립
④ 평화통일론 대두, '가자 북으로, 오라 남으로'

1. 5·16 군사 정변(1961)과 군정

(1) 배경 : 장면 정부의 무능과 사회혼란을 구실로 군사정변

(2) 군정의 실시

　1) 비상계엄 선포, 헌정 중단

　2) 국가 재건 최고 회의 설치, 혁명공약 발표

(3) 군사정부의 활동

　1) 경제개발 5개년계획 시작(1962)

　2) 제5차 개헌 : 대통령 중심제와 단원제 국회(1962.12)

2. 제3공화국 : 유신 체제 이전 박정희 정부

(1) 박정희 정부 정책

　1) 한일 협정

　　① 일본과 국교 정상화 추진
　　② 6·3 시위(1964) 발생 : 대일 굴욕 외교 반대
　　③ 한일 협정 체결 : 일본 자본 8억 달러 유입

　2) 베트남 파병

　　① 미국의 파병요청으로 파병(1964~1973)
　　② 브라운 각서 : 미국 자본 유입

　3) 2차 경제 개발 계획 추진

(2) 3선 개헌 강행(1969, 6차 개헌)

3. 제4공화국(1972~1979, 유신 체제)

(1) 배경 : 냉전체제 완화(7.4남북공동선언), 세계 경제 불황, 국내 경기 침체

(2) 유신 체제의 수립

1) 비상계엄 선포, 국회 해산, 헌정 중단 → 유신헌법 제정(1972.10, 7차개헌)

2) 유신 헌법

　① 대통령 간선제 : 통일 주체 국민회의에서 선출, 임기 6년
　② 중임 제한 폐지(영구 집권 가능)
　③ 대통령의 국회 장악(국회 해산권, 의원 수 1/3 추천권)
　④ 긴급조치권(1~9호) : 국민의 기본권 탄압

(3) 유신체제에 대한 저항과 탄압

1) 저항 : 개헌 청원 100만 인 서명운동(1973, 장준하), 3·1민주 구국선언(1976)

2) 탄압 : 김대중 납치(1973), 민청학련 사건(1974), 2차 인혁당 사건(1974)

(4) 유신 체제 붕괴

　① 2차 석유 파동(1978~1979) : 경기 침체
　② YH 무역 사건 : 여성 근로자 사망
　③ 김영삼 국회 제명과 부마항쟁(1979.10)
　④ 10·26 사태(1979.10) : 박정희 대통령 피살

제4절　신군부 독재와 민주화 운동

1. 신군부의 등장과 5·18 민주화 운동(1980)

(1) 신군부의 등장

1) 12·12 사태(1979.12.12.)로 전두환, 노태우 등 신군부가 권력 장악

2) 서울의 봄 : 유신헌법 폐지, 전두환 축출, 비상계엄 해제 등을 요구하며 대규모 시위
발생

(2) 5·18 광주 민주화 운동(1980.5·18 ~ 5·27)

1) 배경 : 신군부의 비상계엄 확대, 폭력적 시위 진압, 김대중 구속

2) 전개 : 광주에서 민주화 요구 시위 → 계엄군 발포 → 시민군 조직 → 계엄군 광주 봉쇄

→ 무력진압

3) 의의 : 1980년대 민주화 운동의 토대

2. 전두환 정부의 수립과 민주주의 탄압

(1) 신군부의 권력 장악

1) 국가보위 비상대책 위원회(국보위) 설치

2) 8차 개헌 : 대통령 선거인단에 의한 간선제, 7년 단임

(2) 전두환 정부의 정책(1981~1987)

1) 민주화 운동 탄압, 언론 통폐합 · 보도지침으로 언론 탄압, 삼청교육대 운영

2) 유화정책 : 과외금지, 중고교 교복 자율화, 야간통행 금지 해제

3) 경제 : 3저 호황(저금리, 저유가, 저달러)

4) 이산가족 최초 상봉(1985)

3. 6월 민주 항쟁

배경	• 민주화 투쟁의 활성화, 5 · 18민주화 운동에 대한 진상 규명, 직선제 개헌 운동
전개	• 박종철 고문치사 사건(1987.1) → 전두환 정부의 4.13 호헌조치 발표 → 6 · 10대회 (박종철 사건 조작 규탄 및 민주 헌법 쟁취를 위한 범국민대회)개최 → 이한열 사망 → 범국민적 민주화 운동으로 발전
결과	• 6 · 29선언(대통령 직선제 약속) → 9차 개헌(5년 단임, 대통령 직선제)

제5절 **민주주의의 발전**

노태우 정부 (1988~1992)	• 야당의 후보 단일화 실패로 민주 정의당 노태우 당선 • 1988년 총선에서 여소야대 정국(5공 청문회), 5 · 18 민주화 운동 진상 규명 노력 → 3당 합당으로 민주 자유당 결성 • 서울올림픽 개최, 북방외교 추진, 남북한 UN동시가입(1991.9)
김영삼 정부 (1993~1997)	• 민주 자유당의 김영삼 당선 → 문민정부 수립 • 공직자 윤리법 제정, 공직자 재산 등록 실시 • 역사 바로 세우기 운동 : 전두환 · 노태우를 반란 및 내란죄 혐의로 구속 • 금융실명제(1993) 실시, 부동산실명제 실시, 지방자치 단체장 선거 부활 (1995) • IMF, 금융 위기 초래
김대중 정부 (1998~2002)	• 최초의 평화적 여야정권 교체 • 햇볕정책 추진 → 남북정상회담(6.15공동선언) • 금융위기 해결, 국민 기초 생활 보장 제도 시행
노무현 정부 (2003~2007)	• 한미FTA체결 • 2차 남북 정상 회담(2007)
이명박 정부 (2008~2012)	• 실용주의, 화합적 자유주의 강조 • G20 정상 회담 개최

제6절 **남북대화와 교류(통일정책)**

(1) 이승만 정부 : 반공, 북진 통일론

(2) 장면 정부 : 평화통일론 제시, 유엔 감시 하 남북한 총선거 주장

(3) 박정희 정부

　1) **7 · 4 남북 공동 성명(1972)** : 자주, 평화, 민족 대단결의 원칙

　2) 남북조절위원회 설치

　3) **6 · 23 평화 통일 선언(1973)** : 유엔 동시 가입 제안

(4) 전두환 정부 : 이산가족 최초 상봉(相逢, 1985)

(5) 노태우 정부 : 회담의 성과

　1) 남북한 유엔 동시 가입(1991.9)

　2) 남북 기본 합의서(1991.12.13.) : 체제인정, 상호불가침, 교류 · 협력 확대

　3) 비핵화 공동선언(1991.12.31)

(6) 김영삼 정부 : 민족 공동체 3단계 통일 방안 제시

(7) 김대중 정부

　1) 햇볕정책, 1차 남북정상회담, 6 · 15 남북 공동 선언

　2) 개성공단 설치, 경의선 복구

(8) 노무현 정부 : 2차 남북정상회담, 10 · 4 남북 공동 선언

제7절　현대 경제

1. 현대 경제

(1) 이승만 정부

　1) 농지 개혁

　2) 원조 경제 : 삼백 산업

(2) 박정희 정부

　1) 1960년대 : 1차 경제 개발 계획

　　① 외국 자본 도입
　　② 경공업 육성

　2) 1970년대 : 3차 경제 개발 계획

　　① **중화학 공업 육성** : 포항 제철(1973)
　　② 수출 100억 달러 돌파

(3) 1980년대

① 구조 조정 : 중화학 공업 과잉 투자 조정
② 3저 호황 : 저금리·저유가·저달러, 흑자 달성

01. 흥선 대원군이 시행한 정책으로 옳지 않은 것은? (2022년 기출)

① 환곡의 폐단을 막기 위해 사창제를 실시하였다.
② 혜상공국을 혁파하고 지조법을 개혁하였다.
③ 대전회통을 편찬하여 통치 규범을 정비하였다.
④ 양반에게도 군포를 징수하는 호포제를 실시하였다.

해설 혜상공국을 혁파하고 지조법을 시도 한 것은 갑신정변 때의 일이다.
정답 ②

02. 다음 사건을 발생시기가 앞선 순으로 바르게 나열한 것은? (2021년 기출)

> ㄱ. 한성근 부대가 문수산성에서 프랑스군을 격퇴하였다.
> ㄴ. 거중조정 조항이 포함된 조·미 수호통상조약이 체결되었다.
> ㄷ. 운요호 사건을 계기로 일본과 조선 사이에 강화도 조약이 체결되었다.
> ㄹ. 영국은 러시아의 남하정책을 저지하기 위해 거문도를 점령하였다.

① ㄱ → ㄷ → ㄴ → ㄹ　　　　② ㄱ → ㄹ → ㄷ → ㄴ
③ ㄹ → ㄱ → ㄴ → ㄷ　　　　④ ㄹ → ㄱ → ㄷ → ㄴ

해설 ㄱ 병인양요(1866) ㄷ 운요호 사건(1875) ㄴ 조미수호통상조약(1882) ㄹ 거문도사건(1885)
정답 ①

03. 다음에서 설명하는 사건은? (2024년 기출)

> • 우정국 축하연을 기회로 정변을 일으켰다.
> • 인민 평등권과 능력에 따른 인재 등용을 주장하였다.
> • 혜상공국을 폐지하여 자유로운 상업의 발전을 꾀하였다.

① 105인 사건　　　　② 갑신정변
③ 갑오개혁　　　　　④ 을미개혁

해설 ① 신민회의 해산과 관련 있는 사건이다. ③ 1894년 신분제와 과거제를 폐지하는 계기가 된 사건이다. ④ 1895년 단발령, 태양력 등을 내용으로 한 개혁이다.

정답 ②

04. 다음 내용과 관련된 개혁은? (2020년 기출)

- '구본신참'을 개혁의 기본 방향으로 설정하였다.
- 대한국 국제를 반포하여 자주 독립국가임을 선포하였다.
- 강력한 황제권을 기반으로 근대 국가 수립을 지향하였다.

① 갑신개혁　　　　　　　　　② 갑오개혁
③ 을미개혁　　　　　　　　　④ 광무개혁

해설 고종은 구본신참을 개혁의 기본 방향으로 광무개혁을 추진하였고 강력한 황제권을 기반으로 한 근대 국가를 수립하고 근대화를 이루기 위해 노력하였다.

정답 ④

05. 다음에서 설명하는 단체는? (2022년 기출)

- 비밀 결사 단체이다.
- 태극서관을 설립하여 출판 활동을 하였다.
- 평양에 대성학교, 정주에 오산학교를 세워 인재를 양성하였다.

① 신간회　　　　　　　　　　② 신민회
③ 대한자강회　　　　　　　　④ 헌정연구회

해설 신민회는 안창호, 양기탁 등이 주도하여 만든 애국계몽운동 단체로 공화정체 정부 수립과 독립을 목표로 학교설립, 산업육성 등의 노력을 하였고, 만주 삼원보 지역에 독립운동기지를 건설하고 신흥무관학교를 설립 하였다. 1911년 105인 사건으로 해산하였다.

정답 ②

06. 독립협회의 활동에 관한 설명으로 옳은 것은? (2023년 기출)

① 의병 연합부대인 13도 창의군을 결성하였다.
② 인재 양성을 위해 대성학교, 오산학교 등을 세웠다.
③ 만민공동회를 개최해 러시아의 이권 침탈을 비판하였다.
④ 광주 학생 항일 운동 조사단을 파견하고 진상 보고 대회를 개최하였다.

해설 ① 정미의병, ② 신민회, ④ 신간회에 대한 설명이다.
정답 ③

07. (가)와 (나) 사이에 일어난 역사적 사실로 옳은 것을 모두 고른 것은? (2021년 기출)

> (가) 국군과 유엔군은 압록강과 두만강 일대까지 진격하였다.
> (나) 휴전협정이 체결되었다.

> ㄱ. 인천상륙작전이 성공하였다.
> ㄴ. 애치슨 선언이 발표되었다.
> ㄷ. 흥남 철수 작전이 전개되었다.
> ㄹ. 서울을 다시 내어주는 1.4 후퇴가 일어났다.

① ㄱ, ㄴ   ② ㄱ, ㄹ
③ ㄴ, ㄷ   ④ ㄷ, ㄹ

해설 ㄱ, ㄴ은 모두 (가) 이전에 일어난 사건이다.
정답 ⑤

08. 노태우 대통령 집권 시기에 관한 설명으로 옳은 것을 모두 고른 것은? (2023년 기출)

> ㄱ. 서울 올림픽 대회를 성공적으로 개최하였다.
> ㄴ. 소련, 중국과 국교를 맺는 북방 외교를 추진하였다.
> ㄷ. 평화 통일 원칙에 합의한 7.4 남북 공동 선언을 발표하였다.
> ㄹ. 외환 위기를 맞아 국제 통화 기금(IMF)의 지원을 받게 되었다.

① ㄱ, ㄴ   ② ㄱ, ㄹ
③ ㄴ, ㄷ   ④ ㄷ, ㄹ

> **해설** ㄷ 박정희 대통령, ㄹ 김영삼 대통령 집권 시기에 있었던 사실이다.
> **정답** ①

09. 다음 사건을 발생시기가 앞선 순으로 옳게 나열한 것은? (2022년 기출)

ㄱ. 5.18 민주화 운동	ㄴ. 남북한 유엔 동시 가입
ㄷ. 6월 민주 항쟁	ㄹ. 6.15 남북 공동 선언

① ㄱ → ㄴ → ㄹ → ㄷ 　　　② ㄱ → ㄷ → ㄴ → ㄹ
③ ㄴ → ㄱ → ㄷ → ㄹ 　　　④ ㄴ → ㄱ → ㄹ → ㄷ

> **해설** ㄱ 1980년 ㄷ 1987년 ㄴ 1991년 ㄹ 2000년에 일어난 사건이다.
> **정답** ②

10. 김영삼 대통령 집권 시기에 관한 설명으로 옳은 것은? (2024년 기출)

① 서울 올림픽 대회를 성공적으로 개최하였다.
② 소련, 중국과 국교를 맺는 북방 정책을 추진하였다.
③ 평화 통일 원칙에 합의한 7.4 남북 공동 선언을 발표하였다.
④ 공직자의 재산 등록과 금융실명제를 법제화하려 부정부패 척결에 노력하였다.

> **해설** ① ② 노태우 대통령 ③ 박정희 대통령 집권 시기에 있었던 사건이다.
> **정답** ④

11. 1920년대의 역사적 사실로 옳지 않은 것은? (2021년 기출)

① 민립대학설립 운동이 일어났다.
② 민족협동전선인 신간회가 창립되었다.
③ 상하이에서 국민대표회의가 개최되었다.
④ 의열투쟁을 위해 한인 애국단이 조직되었다.

> **해설** ④ 한인 애국단은 임시정부 활동의 활성화를 위해 1931년에 창설되었다.
> **정답** ④

2과목

관광자원해설

1장 관광자원의 개념

1) 관광자원의 의미

① 관광객에게 관광동기 · 관광의욕을 주는 유 · 무형의 목적물이며 관광행동의 대상.

② 관광 자원은 관광 의욕의 '대상'(객체)이자 관광 행동의 '목표'이다.

③ 관광의 어원은 중국 〈역경(易經)〉의 '관국지광(觀國之光)'이다.

2) 관광자원의 정의

① 광의의 관광자원 : 인간의 관광욕구의 대상이 되고 관광행동을 충족하는 유 · 무형의 모든 자원

② 협의의 관광자원 : 보존 · 보호하지 않으면 그 가치를 상실하거나 하락할 성질이 있는 자원

3) 관광자원의 일반적 특성

① 비소모성

② 경제성

③ 비이동성

④ 희소성

⑤ 유인성

⑥ 다양성

⑦ 가변성

⑧ 보존성

4) 관광자원의 개념적 특성

① 범위의다양성 : 자연 및 인문자원 등 넓은 범위의 유 · 무형 자원 포함

② 유인성 : 관광행동을 끌어들이는 유인성

③ 매력성 : 관광동기와 의욕을 일으키는 매력성(자연미, 신기함, 특이성, 보양성 등)

④ 상대성, 변화성 : 관광객의 유형, 시대나 사회구조에 따라 그 가치가 변화.

⑤ 개발 요구성 : 관광자원은 개발로서 관광대상이 됨, 관광 자원으로서 가치 발현을 위해서는 일정수준의 개발 필요

⑥ 보존과 보호의 필요성 : 보존·보호하지 않은 경우 관광자원으로서 가치 저하 및 상실 위험성 존재

⑦ 자연과 인간의 상호작용 : 관광자원은 자연과 인간의 상호작용의 결과

5) 관광자원의 가치결정 요인

① 접근성 : 물리적인 거리보다는 심리적인 거리에 따른 접근성 중요.

② 매력성 : 관광객을 유인할 수 있는 흡인력, 다양한 자원들이 집중되어 있을수록 유리

③ 이미지(image) : 개인 또는 집단이 대상에 대해 갖고 있는 신념, 관광객에게 여행의 참여를 유도하는 커다란 동인으로 작용

④ 관광시설 : 숙박, 유원, 휴게시설 등, 관광자원의 가치를 향상하는 역할

⑤ 하부구조(infra) : 교통수단, 전기, 통신, 상하수도 등

6) 관광자원의 분류

(1) 관광행동 특성에 의한 분류(Gunn의 분류)

① 주유형 관광자원 : 축제나 쇼핑 등 이동하면서 즐길 수 있는 자원

② 체재형 관광자원 : 숙박을 전제로 하는 자원

(2) 자원 특성에 따른 분류

① 문화적 관광자원,

② 사회적 관광자원,

③ 산업적 관광자원 등

(3) 존재 형태에 따른 분류

유형		내용
유형 관광 자원	자연 관광자원	산지, 하천, 해안, 동물, 식생 등
	인문 관광자원	문화관광자원, 산업관광자원
무형 관광 자원	인적 관광자원	국민성, 풍속, 습관, 언어. 예절 등
	비인적 관광자원	종교, 철학, 역사, 제도 등

7) 관광자원의 유형별 개념과 특징

(1) 자연적 관광자원

① 산지, 하천, 해안, 온천 등과 동식물, 기후, 기타 지형

② 비이동성, 비저장성, 가변성, 계절성을 가짐

③ 절대적 가치가 아닌 상대적 가치를 가짐, 그 지역만의 특수성을 가져야 함

(2) 문화적 관광자원

① 우리나라의 역사적 · 예술적 · 학술적 가치가 있는 유 · 무형의 문화관광자원

② 문화유산법, 무형유산법, 자연유산법에 따라 문화적 관광자원의 범위 규정

구분	분류 내용
문화유산	• 유형문화유산 : 건조물, 서적, 회화, 조각 등 • 기념물 : 절터, 무덤, 성터, 궁터 등 사적지나 시설물 • 민속문화유산 : 의식주, 생업, 신앙 등에 관한 풍속이나 관습에 사용되는 의복이나 기구 및 가옥 등
무형유산	• 전통적 공연 · 예술, 공예 · 미술 등 전통기술, 한의학 · 농경 · 어로 등에 관한 전통지식 등
자연유산	• 동물(서식지, 번식지, 도래지 포함), 식물(군락지 포함), 지질, 생물학적 생성물 및 자연현상, 천연보호구역, 자연경관, 역사문화경관, 복합경관 등

(3) 사회적 관광자원

① 역사와 전통, 현재와 과거를 이해하는데 도움을 주는 자원

② 환대, 생활양식, 풍속, 민족성, 국민성 ex〉 결혼식, 장례식 등

③ 민간신앙, 종교, 전통 예술, 신화, 전설

④ 향토축제, 연중 행사

⑤ 문화, 교육, 사회 시설

(4) 산업적 관광자원 : 산업시설과 견학, 시찰

① 농업 관광자원 : 교육적 측면에서 최근 도시민들에게 매우 각광받는 자원
   ex〉 농장, 목장, 어장, 입업, 관광농원(경작지 임대, 농산물 채취, 농산물 판매), 주말농원 등

② 공업 관광자원 : 관광자원 판매 주체의 부가가치를 높이는 자원
   ex〉 공장시설, 산업시설, 기술, 생산 공정, 생산품, 후생시설 등, 공업

③ 상업 관광자원 : 시장 쇼핑, 박람회 견학, 전시회 관람, 백화점 쇼핑 등 관광자원화
   ex〉 박람회, 백화점, 쇼핑센터, 전통시장, 특산물

(5) 관광 / 레크리에이션(위락) 자원

① 경제발전으로 인한 오락 및 오락시설에 대한 수요 증대로 관광자원 자체의 분류를 새롭게 정립하게 하는 하나의 요인으로 등장

② 관광 · 레크리에이션자원의 분류

주제공원 (테마파크)	• 독특한 주제를 가지고 방문객에게 특별한 경험 제공(탈일상성) • 놀이테마파크, 민속테마파크, 예술테마파크, 생물테마파크, 과학테마파크, 창조테마파크
리조트	• 산악형, 해변형, 내륙형, 수변형
카지노	• 외국인 출입 전용 카지노, 내국인 출입 가능 카지노
스포츠	• 낚시, 스키, 트레킹, 골프, 카레이싱, 설상스포츠, 항공스포츠 등

(6) 한국관광공사의 관광자원 분류

① 유형 관광자원 : 자연적, 문화적, 사회적, 산업적, 관광/레크리에이션 자원

② 무형 관광자원 : 인적, 비인적 관광자원

7) 관광 개발 정책

(1) 10대 관광권(1972), 8대 흡인권/24개발소권(1979)

(2) 5대 관광권/24개발 소권(1992)

(3) 7대 문화관광권(1998)

(4) 관광개발 기본계획

① 1차(1992~2001) : 5대 관광권

② 2차(2002~2011) : 시도 관광권

③ 3차(2012~2021) : 광역관광권

④ 4차(2022~2031) : 광역연합관광권

제4차 관광개발기본계획의 광역연합관광권	
1권역	수도(서울, 인천, 경기) · 강원 · 제주권
2권역	충청권(대전, 세종, 충북, 충남)
3권역	전라권(광주, 전북, 전남)
4권역	대경권(대구, 경북)
5권역	부울경권(부산, 울산, 경남)

2장 관광자원의 해설

1) 관광자원해설의 정의

① 자원이 지니고 있는 다양한 가치를 관광객에게 알려주는 교육적 활동

② 새로운 이해, 통찰력, 열광, 흥미를 불러일으키는 활동

③ 자원보전에 기여할 수 있는 설명기술 필요

2) 관광자원해설의 목적

① 방문자의 만족 : 관광지에 대한 인식능력, 감상능력, 이해능력을 갖게 도와줌

② 관광객의 호기심 충족

③ 자원 관리(자원 훼손 방지) : 관광객이 관광지에서 적절한 행동을 하게끔 교육과 안내, 관광 자원에 대한 인간의 영향 최소화

④ 이미지 개선 : 관광자원 당국자와 그들이 진행하는 프로그램에 대한 이해 촉진

⑤ 관광객 유치 : 보다 많은 관광객 유치 촉진함으로써 경제발전에 기여

⑥ 지역민들의 관심 증대 : 지역민들의 관심을 가지게 해 자원의 보존에 도움

3) 해설의 성공 요소

① 여행목적·관심사 파악, 그룹의 일체감 형성, 짜임새 있는 이야기 구성

② 구성과 스토리텔링(관심 유도, 명료한 표현)

③ 열정, 유머, 자신감, 인간미, 침착성, 신뢰감, 편안함

④ 질문에 대한 피드백

4) 해설시 고려 사항

① 관광객의 수준, 연령, 관심사항 고려

② 관광 지역의 특징 고려 : 위락지역 vs 역사, 문화지역

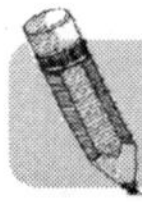

3장 관광자원의 해설 기법(인적 해설 기법 vs 비인적 해설 기법)

1) 인적 해설의 기법

(1) 인적 해설의 종류

① 이동식 해설 : 넓은 지역을 이동하면서 해설하거나 박물관 같은 시설을 이동하면서 전시물을 해설하는 방식
② 정지식 해설 : 관광객이 많은 곳에 자원 해설가를 고정 배치하여 해설 서비스를 제공하는 방식

(2) 관광 자원 해설의 핵심요소

① 관여 : 대면, 방문자들의 지식과 관심 이용, 질문, 다양한 감각기관 활용
② 짜임새 : 이야깃거리 선택, 테마 선택, 서두 시작, 호의적 분위기 형성
③ 생명 불어넣기 : 실제이야기와 테마 연관시키기, 예시·증언 이용, 시각매체 활용
④ 전달 : 열정적, 다양한 방식 활용, 눈 마주치기, 자연스럽고 친절하게 하기

(3) 해설가의 자질

① 열정
② 따뜻함
③ 자신감
④ 즐거운 표정과 태도
⑤ 명료성
⑥ 침착성
⑦ 신뢰감
⑧ 유머감각과 균형감각

(4) 인적해설시 고려사항

① 대상활동 : 어떤 활동을 할지에 따라 관광객의 내재된 욕구가 다름
② 대상지역 : 어느 지역을 관광하는지에 따라 그곳을 방문하는 사람들의 방문 목적이 달라짐
③ 대상집단 : 해설을 받게 될 집단에 따라 프로그램의 성격과 내용을 다르게 해야 함

(5) 인적 해설 기법의 유형

① 담화해설기법 : 말과 몸짓을 통해 관광객을 이해시키고 반응을 유도

② 재현해설기법 : 단순 담화보다 효과적일 수 있지만 잘못 이루어진 재현은 관광객들에게 자원을 곡해하게 만들 수 있기 때문에 주의가 필요함

③ 동행해설기법 : 관광객들과 함께 움직이며 관광자원에 대한 해설, 관광객들과 신뢰 형성에 도움이 되지만 잘못 될 경우 분위기기 산만해지고 외면 받을 수 있음

3) 비인적 해설

(1) 길잡이식 해설(자기안내 해설, Self-guiding)

① 의미 : 관광객이 해설자의 도움 없이 독자적으로 관람 대상을 추적하면서 제시된 안내문에 따라 내용을 이해하고 인식하는 방법

② 특징

장점	•저렴한 비용 •운영 및 유지비용 절감 •이용자의 독해 속도 조절 가능 •독해 내용의 선택 가능 •이정표 기능 수행 •기념물로서 사진촬영의 대상으로 선택 가능
단점	•관광객의 인식 수준과 정신적 노력이 필요함 •일방적 의사전달로 질의응답 불가, 의문 해소 불가능 •풍화, 부식, 관광객에 의해 훼손 가능성 존재

(2) 매체이용해설(Gadgetry)

① 의미 : 여러 가지 장치들을 이용한 해설, 재현에 특히 효과적인 해설 유형

② 종류

모형 기법	•형태를 모방한 기법, 축소, 실물, 확대 모형
실물(재현) 기법	•사실(事實)재현, 유적재현, 인물재현, 기술재현
시청각기법	•비디오시설, 터치스크린, 영화
키오스크	•터치스크린 방식의 정보전달을 위한 무인단말기
멀티미디어 재현시설기법	•디오라마 : 주위 배경은 그림 + 축소 모형 + 재현(3차원적) •에니메이션 : 만화로 재현
시뮬레이션 기법	•가상체험이 가능
인쇄물	•팸플릿, 리플릿, 안내해설서

③ 특징

장점	•관람객의 시선 집중, 장시간의 관심 유도 가능 •상황별 대처 가능, 반복 용이
단점	•정기적 보수 및 예비품 준비 •재방문자에게 지루함을 줄 수 있다 •설치상의 제약이 따른다(전기 사용, 벽면 사용)

* 해설기법의 분류

인적 해설기법	담화해설기법	말이나 몸짓으로 관광객들을 이해기키는 방식
	재현해설기법	상황을 재현하는 방법 단순 담화보다 효과적
	동행해설기법	관광객들과 함께 움직이며 관광자원 해설
비인적 해설기법	길잡이식 해설	안내표지판과 같은 것을 관광객이 직접 보고 이해
	매체이용해설	여러 가지 장치들을 이용한 해설

01. 다음 설명에 해당하는 관광자원 해설 기법은? (2024년 기출)

> 해설자의 도움이 없는 상태에서 독자적으로 관광대상을 찾아가면서 제시된 안내문에 따라 직접 그 내용을 이해하는 비인적 기법

① 이동식 해설 기법

② 정지식 해설 기법

③ 길잡이식 해설 기법

④ 매체이용 해설 기법

해설 길잡이식 해설 기법은 대표적인 비인적 기법으로 해설자의 도움 없이 제시된 안내물을 따라 내용을 이해하는 방법으로 자기안내 해설 이라고도 한다.

정답 ③

02. 관광자원의 개념적 특성으로 옳지 않은 것은? (2022년 기출)

① 매력성과 유인성

② 유한성과 보존성

③ 이동성과 소모성

④ 다양성과 복합성

해설 관광자원은 비이동성과 비소모성을 가진다.

정답 ③

03. 관광자원의 가치결정요인으로 옳지 않은 것은? (2023년 기출)

① 접근성

② 관광객

③ 매력성

④ 관광시설

해설 관광자원의 가치가 높아지고 매력있는 관광지가 되면 더 많은 관광객을 이끌어올 수 있지만 관광객이 관광자원의 가치를 결정한다고 보기는 어렵다.

정답 ②

04. 관광자원의 일반적 특성으로 옳은 것은? (2023년 기출)

① 다양성 : 관광자원은 다양하게 개발되어야 한다.

② 불변화성 : 관광욕구의 패턴에 따라 관광대상은 변하지 않는다.

③ 절대성 : 관광자의 관심사가 주관적이기 때문에 모두를 충족시켜야 한다.

④ 비조화성 : 자연적 자원과 문화적 자원, 산업적 자원, 사회적 자원이 조화를 이룰 때 가치와 매력이 감소한다.

해설 ② 관광자원은 관광욕구의 패턴에 따라 변하는 변화성을 가진다. ③ 관광자원은 관광객의 유형과 시대 등에 따른 상대성을 가지기 때문에 모두를 충족시키기 어렵다 ④ 자연적 자원과 문화적 자원, 산업적 자원, 사회적 자원이 조화를 이룰 때 가치와 매력이 증가한다.

정답 ①

05. 관광자원해설 기법 중 매체이용해설에 관한 설명으로 옳지 않은 것은? (2021년 기출)

① 모형기법, 시청각기법을 활용한다.

② 최신장비 도입을 통해 관람객 관심 유도가 가능하다.

③ 매체 관리유지를 위한 정기적 보수가 필요하다.

④ 역사적 사실 재현에는 효과성이 낮은 방법이다.

해설 ④ 매체이용해성은 여러 장치들을 이용해 재현에 특히 효과적인 해설 유형이다.

정답 ④

06. 관광권역 설정 기준으로 옳지 않은 것은? (2023년 기출)

① 관광자원의 가치와 대표성

② 산업시설 및 이용의 편리성

③ 거주자 수

④ 고층건물의 유무

해설 ④ 고층건물의 유무는 관광권역의 설정과 관련이 없다.

정답 ④

07. 관광자원의 특성으로 옳지 않은 것은? (2024년 기출)

① 매력성 ② 유인성
③ 다양성 ④ 불변성

해설 ④ 관광자원은 관광욕구의 패턴에 따라 변하는 변화성을 가진다.
정답 ④

08. 관광자원의 특성으로 옳지 않은 것은? (2021년 기출)

① 보존과 보호를 필요로 한다.
② 관광동기를 유발하는 매력성을 지닌다.
③ 관광자원의 가치는 변하지 않는 속성을 갖는다.
④ 관광자원의 범위는 다양하다.

해설 ③ 관광자원의 가치는 시대나 사회구조에 따라 그 가치를 달리 한다.
정답 ③

1장 관광자원으로서 자연환경

1) 자연관광자원의 구성 요소

(1) 자연환경

기후	열대기후, 건조기후, 온대기후, 냉대기후, 한대기후, 고산기후 등
지형	산지, 화산, 고원, 호수, 하천, 해안, 섬, 온천, 사막 등

(2) 자연관광자원 요소

지형	호수, 빙하, 하천, 해안, 암석, 온천 등
천문	별, 눈, 빙하, 오로라 등
동식물	삼림, 화초(홍도 풍란, 제주도 한란), 물고기, 새, 곤충, 야생동물 등

(3) 명승지

관동팔경	통천의 총석정, 고성의 삼일포, 고성의 청간정, 양양의 낙산사, 강릉의 경포대, 삼척의 죽서루, 울진의 망양정, 평해의 월송정
단양팔경	도담삼봉, 석문, 구담봉, 옥순봉, 상선암, 중선암, 하선암, 사인암
송계팔경	월악영봉, 팔랑소, 와룡대, 망폭대, 수경대, 학소대, 자연대, 월광폭포

2장 자연공원

1) 자연공원과 도시공원

(1) 자연공원

① 지정근거 : 자연공원법

② 지정 유형 : 국립공원, 도립공원, 군립공원, 지질공원 등

③ 지정 및 관리의 목적 : 자연생태계와 자연 및 문화경관 등을 보전하고 지속 가능한 이용을 도모)

(2) 도시공원

① 하나의 중요한 공공시설로 도시계획에 의해 형성된 공원

② 도시주민의 여자 및 레크레이션 공간으로 이용

2) 국립공원

(1) 국립공원(전 국토의 3.89%, 해면 포함 6.64%)

① 지정권자 : 환경부 장관

② 현재 23곳 지정(산악형 18곳, 해안 / 해상형 4곳, 사적형 1곳)

③ 1호 : 지리산국립공원(1967년), 23호 : 팔공산(2023.5.23)

(2) 우리나라의 국립공원

공원명	위치	지정연월일
지 리 산	전남·북, 경남	1967.12.29
경 주	경북	1968.12.31
계 룡 산	충남, 대전	1968.12.31
한려해상	전남, 경남	1968.12.31
설 악 산	강원	1970. 3.24
속 리 산	충북, 경북	1970. 3.24
한 라 산	제주	1970. 3.24
내 장 산	전남·북	1971.11.17
가 야 산	경남·북	1972.10.13
덕 유 산	전북, 경남	1975. 2. 1

오 대 산	강원	1975. 2. 1
주 왕 산	경북	1976. 3.30
태안해안	충남	1978.10.20
다도해상	전남	1981.12.23
북 한 산	서울, 경기	1983. 4. 2
치 악 산	강원	1984.12.31
월 악 산	충북, 경북	1984.12.31
소 백 산	충북, 경북	1987.12.14
변산반도	전북	1988. 6.11
월 출 산	전남	1988. 6.11
무 등 산	광주, 전남	2013 .3. 4
태 백 산	강원, 경북	2016. 8.22
팔 공 산	경북, 대구	2023. 2.23

① 지리산
- 최초 지정(1967), 산악형 국립공원 중 최대 면적(약 483㎢)
- 금강산, 한라산과 함께 삼신산 중 하나로로 방장산으로 불림
- 전북, 전남, 경남 3도에 걸쳐서 위치
- 최고봉 천왕봉(1915m), 반야봉(1732m), 토끼봉(1534m), 노고단(1507m) 등
- 유명 사찰 : 화엄사, 쌍계사, 천은사
- 문화재 : 화엄사 각황전 , 화엄사 4사자 삼층석탑 , 사향노루(천), 올벚나무(천)
- 지리산 10경 : 노고운해, 피아골 단풍, 반야낙조, 섬진청류, 벽소명월, 불일폭
  포, 세석 철쭉, 연하선경, 천왕일출, 칠선계곡

② 경주 국립공원
- 1968년 12월 지정(136㎢), 우리나라에서 유일한 사적(도시)형 국립공원
- 1979년 유네스코 세계 10대 문화유적지 중 하나로 선정
- 2000년 '경주역사유적지구' 유네스코 세계문화유산으로 지정
- 토함산(국보 7점, 보물 13점), 구미산, 소금강산(이차돈 순교), 선도산, 옥녀봉 등
- 사적 : 불국사, 천마총, 안압지 등
- 국보 : 석굴암, 태종무열왕릉비, 고선사지 삼층석탑, 감은사지 삼층석탑, 다보
  탑, 석가탑, 연화교·칠보교, 청운교·백운교, 비로자나불상, 아미타여래좌상

③ 계룡산 국립공원
- 1968년 12월 지정
- 충남 공주, 논산, 대전광역시에 걸쳐서 위치, 면적 약 64㎢

- 동학사계곡, 갑사계곡, 신원사계곡 등
- 천왕봉, 연천봉, 삼불봉, 관음봉 등 위치

④ 한려해상 국립공원
- 1968년 12월 지정
- 경남 한산도(통영)에서 전남 여수까지 해상경관, 면적 약 535㎢
- 우리나라 최초의 해상 국립공원
- 거제, 통영, 사천, 하동, 남해, 여수오동도 6개 지구로 구성

⑤ 설악산 국립공원
- 1970년 3월 지정
- 산악자원 중 최고의 절경, 비경을 보유하고 있는 곳(천연보호구역)
- 1982년 유네스코 '생물권보전지역'으로 설정
- 최고봉 대청봉(1708m), 미시령(북쪽)과 한계령(남쪽)이 동서 구분
- 천불동 계곡, 가야동 계곡, 구곡담 계곡, 백담사 계곡, 비룡폭포, 토왕성 폭포 등 위치
- 울산암, 비선대, 금강굴, 망경대, 오색온천, 오색약수 등 위치
- 사찰 : 백담사, 신흥사, 계조암, 봉정암(적멸보궁)

⑥ 속리산 국립공원
- 1970년 3월 지정
- 충북 보은군, 경북 상주시에 걸쳐서 위치, 면적 약 278㎢
- 천왕봉(1057m), 비로봉, 문장대, 구봉산, 광명산, 미지산, 입석대, 묘봉 등
- 사찰 : 법주사
- 국보 : 법주사 쌍사자 석등, 법주사 팔상전, 법주사 석련지
- 천연기념불 : 정이품송, 까막딱따구리
- 명승 : 화양구곡(송시열, 화양서원)

⑦ 한라산 국립공원
- 1970년 3월 지정
- 제주도 한라산 중심, 면적 약 153㎢, 천연보호구역, 생물권보전지역
- 2007년 유네스코 '세계자연유산' 지정, 2010년 유네스코 '세계지질공원' 지정
- 화산지형 : 한라산, 백록담, 성산일출봉, 오름(약360개), 용암동굴 등
- 사찰 : 관음사, 천왕사, 석굴암
- 계곡 : 탐라계곡, 어리목계곡, 수악계곡, 도순천계곡 등
- 천연기념물 : 제주 한란, 왕벚나무

⑧ 내장산 국립공원
- 1971년 11월 지정

- 전북과 전남의 경계에 위치, 면적 약 80㎢
- 내장산(가을), 백암산(봄) 포함
- 내장사, 백양사, 입암산성(전봉준)

⑨ 가야산 국립공원
- 1972년 10월 지정
- 경북 성주군, 경남 합천군, 거창군 일부에 걸쳐서 위치, 면적 약 76㎢
- 사찰 : 해인사
- 국보 : 해인사 대장경판(팔만대장경), 해인사 장경판전

⑩ 덕유산 국립공원
- 1975년 2월 지정
- 전북 무주군, 장수군과 경남 함양군, 거창군에 걸쳐서 위치, 면적 약 228㎢
- 사찰 : 백련사, 안국사 등
- 무주구천동 계곡 33경, 나제통문, 적상산성, 향적봉 등

⑪ 오대산 국립공원
- 1975년 2월 지정
- 강원도 강릉시 · 홍천군과 평창군에 걸쳐 위치, 면적 약 304㎢
- 비로봉(1,563m)을 중심으로 호령봉, 상왕봉, 두로봉, 동대산 등
- 청학동 소금강(명승 1호)
- 국보 : 월정사 8각 9층 석탑, 상원사 동종
- 방아다리 약수, 송천 약수

⑫ 주왕산 국립공원
- 1976년 3월 지정
- 경북 청송군과 영덕군 일부 포함, 면적 약 107㎢
- 당나라의 주왕, 신라 마장군의 격전지
- 대전사, 백련암, 기암봉, 촛대봉, 주왕굴, 무장굴, 주산지, 달기약수 등
- 주왕산 4대 명물 : 수달래, 천년이끼, 송이, 회양목

⑬ 태안해안 국립공원
- 1978년 10월 지정
- 충남 태안반도 중심, 가로림만에서 안면도에 이르는 해안국립공원.
  면적 약 377㎢
- 해식에 의해 형성된 경승지와 해수욕장 : 만리포, 몽산포 해수욕장, 신두리 해안
  사구
- 두웅습지 : 람사르 습지로 지정

⑭ 다도해 해상 국립공원

- 1981년 12월 지정
- 전라남도 신안군 홍도에서 여수시에 이르는 서남해상에 위치, 면적 약 2,322㎢ (최대)
- 3대 해안공원 중 하나(한려해상 국립공원, 태안해안 국립공원, 다도해상 국립공원)
- 흑산 · 홍도지구, 비금 · 도초지구, 조도지구, 소안 · 청산지구, 거문 · 백도지구, 나로도지구, 금오도지구, 팔영산지구 8개 지구로 구성

⑮ 북한산 국립공원

- 1983년 4월 지정
- 수도권 소재 유일한 국립공원, 면적 약 79㎢
- 숙종 때에 쌓은 북한산성 및 대남문 · 도선사 등 사찰과 사적 존재
- 우이계곡, 도봉계곡, 송추계곡

⑯ 치악산 국립공원

- 1984년 12월 지정
- 강원도 원주시 · 횡성군 · 영월군에 걸쳐서 위치, 면적 약 182㎢
- 사찰 : 상원사, 석경사, 영원사, 국향사, 보문사, 입석사
- 비로봉(1, 288), 응봉, 매화봉 등
- 구룡사 계곡 : 거북바위, 범바위, 구룡폭포

⑰ 월악산 국립공원

- 1984년 12월 지정
- 충북 제천 · 단양(단양팔경)과 경북 문경에 걸쳐서 위치, 면적 약 287km²
- 송계계곡(송계팔경), 죽계계곡, 덕주계곡, 문경새재 등 위치

⑱ 소백산 국립공원

- 1987년 12월 지정
- 충북과 경북의 접경의 소백산 일대, 면적 약 322.km²
- 국망봉, 비로봉, 연화봉 등
- 사찰 : 부석사
- 국보 : 부석사 무량수전, 부석사 석등, 부석사 조사당, 부석사 소조여래좌상

⑲ 월출산 국립공원

- 1988년 6월 지정
- 전남 영암군과 강진군에 걸쳐서 위치, 면적 약 56.km²(최소)
- 사찰 : 도갑사, 무위사
- 국보 : 무위사 극락전, 도갑사 해탈문, 월출산 마애여래좌상

⑳ 변산 반도 국립공원

- 1988년 6월 지정

- 전북 부안군 변산반도 일대, 면적 약 153㎢

- 채석강, 적벽강(절벽), 격포 해변

- 사찰 : 내소사, 개암사

- 천연기념물 : 호랑가시나무, 후박나무, 꽝꽝나무

㉑ 무등산 국립공원

- 2013년 3월 지정

- 광주광역시 동구와 북구, 전라남도 화순군과 담양군에 걸쳐 위치, 면적 약 $75km^2$

- 2014년 국가 지질공원 지정, 2018년 유네스코 세계지질공원 등재

- 천왕봉, 서석대, 입석대 등

㉒ 태백산 국립공원

- 2016년 8월 지정

- 삼척시, 정선군, 영월군, 태백시, 봉화군에 걸쳐 위치, 면적 약 70㎢

- 천제단, 함백산 정암사(적멸보궁), 석탄박물관 소재지

- 검룡소(한강의 발원지)와 황지(낙동강 발원지)의 소재지

- 천연기념물 : 주목 군락, 산양, 하늘다람쥐, 원앙, 검독수리, 두견이, 소쩍새 등

- 태백 8승 : 문수봉, 천제단, 주목군락, 일출, 황지, 검룡소, 구문소, 용연동굴

㉓ 팔공산

- 2023년 5월 지정

- 대구광역시와 경북 경산시에 걸쳐 위치, 면적 약 126㎢

- 사찰 : 동화사, 파계사, 부인사, 송림사 등

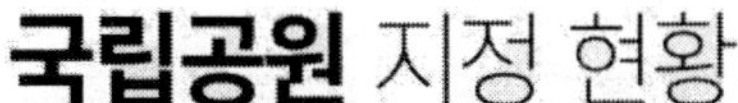

3) 도립공원

(1) 도립공원의 정의와 지정

① 정의 : 도 및 특별자치도의 자연생태계나 경관을 대표할만한 지역

② 지정 : 자연공원법에 따라 시도지사가 지정, 총 30개소 지정

(2) 도립공원 지정 현황

공원명	위치	지정연월일
금 오 산	경북(구미, 칠곡, 김천)	1970.6.1
남한산성	경기(광주, 하남, 성남)	1971.3.17
모 악 산	전북(김제, 완주, 전주)	1971.12.2
덕 산	충남(예산, 서산)	1973.3.6
칠 갑 산	충남(청양)	1973.3.6
대 둔 산	전북(완주), 충남(논산, 금산)	1977.3.23
마 이 산	전북(진안)	1979.10.16
가 지 산	울산(울주, 남구), 경남(밀양, 양산)	1979.11.5
조 계 산	전남(승주, 순천)	1979.12.26
두 륜 산	전남(해남)	1979.12.26
선 운 산	전북(고창)	1979.12.27
문경새재	경북(문경)	1981.6.4
경 포	강원(강릉)	1982.6.26
청 량 산	경북(봉화, 안동)	1982.8.21
연 화 산	경남(고성)	1983.9.29
천 관 산	전남(장흥)	1998.10.13
연 인 산	경기(가평)	2005.9.15
신안갯벌	전남(신안)	2008.6.5
무안갯벌	전남(무안)	2008.6.5
추자해양	제주(추자면)	2008.9.19
서귀포해양	제주(서귀포시)	2008.9.19
마라도해양	제주(서귀포시)	2008.9.19
성산일출해양	제주(서귀포시)	2008.9.19
우도해양	제주(서귀포시)	2008.9.19
수 리 산	경기(안양, 안산, 군포)	2009.7.16
제주곶자왈	제주(서귀포시)	2011.12.30
고복	세종(연서)	2013.1.07
벌교갯벌	전남(보성)	2016.1.28
불갑산	전남(영광)	2019.1.10
철원DMZ성재산	강원(철원)	2023.7.21

4) 군립공원

(1) 군립공원의 정의와 지정

① 정의 : 군의 자연생태계나 경관을 대표할 만한 지역
② 지정 : 자연공원법에 따라 시장·군수가 지정, 총 28개소 지정

(2) 군립공원 지정현황

공원명	위치	지정연월일
강 천 산	전북 순창	1981. 1. 7
천 마 산	경기 남양주	1983. 8. 29
보 경 사	경북 포항	1983. 10. 1
덕구온천	경북 울진	1983. 10. 5
불영계곡	경북 울진	1983. 10. 5
상 족 암	경남 고성	1983. 11. 10
호 구 산	경남 남해	1983. 11. 12
고 소 성	경남 하동	1983. 11. 14
봉 명 산	경남 사천	1983. 11. 14
거열산성	경남 거창	1983. 11. 17
기 백 산	경남 함양	1983. 11. 18
황 매 산	경남 합천	1983. 11. 18
웅 석 봉	경남 산청	1983. 11. 23
신 불 산	울산 울주	1983. 12. 02
운 문 산	경북 청도	1983. 12. 29
화 왕 산	경남 창녕	1984. 01. 11
구천계곡	경남 거제	1984. 2. 04
입 곡	경남 함안	1985. 3. 1
비 슬 산	대구 달성	1986. 2. 22
장 안 산	전북 장수	1986. 8. 18
빙계계곡	경북 의성	1987. 9. 26
아 미 산	강원 인제	1990. 3. 22
명 지 산	경기 가평	1991. 10. 9
방 어 산	경남 진주	1993. 12. 16
대 이 리	강원 삼척	1996. 10. 25
월성계곡	경남 거창	2002. 4. 25
병 방 산	강원 정선	2011. 9. 30
장 산	부산 해운대구	2021. 9. 15

5) 국가지질공원

(1) 국가지질공원의 정의와 관리

① 정의 : 지구과학적으로 중요하고 우수한 지역으로서 이를 보전하고 교육 · 관광사업들에 활용하기 위해 지정 · 인증한 공원

② 지정 : 시 · 도지사의 신청 → 환경부장관이 승인(인증)

③ 환경부 장관은 인증된 지질공원에 대해 4년마다 관리 · 운영 현황을 조사 · 점검해야 할 의무가 있음(인증 후 4년마다 재평가)

(2) 국가지질공원 현황

공원명	위치	지정연월일
제주도	•제주특별자치도(제주시, 서귀포시) •한라산, 성산일출봉, 만장굴, 용머리해안 등 10개소 •세계지질공원(2010, 2014)	2012.12.27
울릉도 · 독도	•경상북도(울릉군) •도동해안산책로, 성인봉 향나무자생지 등 23개소	2012.12.27
부산	•부산시 14개 자치구 •내륙, 해안, 강변 지역 등 3개 범주, 12개 명소	2013.12.6
강원 평화지역	•강원도(화천군, 양구군, 인제군, 고성군) •곡운구곡, 대암산용늪, 해안분지 등 16개 소	2014.4.11
청송	•경상북도(청송군) •기암단애, 달기폭포, 주산지 등 24개소 •세계지질공원(2017)	2014.4.11
무등산권	•광주광역시(동구,북구), 전라남도(화순,담양) •무등산 정상3봉, 서석대, 입석대 등 23개소 •세계지질공원(2018)	2014.12.10
한탄강	•경기도(포천시, 연천군), 강원도(철원군) •대교천현무남협곡, 동막골응회암, 등 24 개소 •세계지질공원(2020)	2015.12.31
강원 고생대	•강원도(영원군, 정선군, 평창군, 태백시) •검룡소, 용연동굴, 어라연, 청령포, 동강 등 21개 소	2017.1.5
전북 서해안권	•전라북도(고창군, 부안군) •적벽강, 채석강, 운곡습지, 고창갯벌 등 12 개소 •세계지질공원(2023)	2017.9.13
경북 동해안	•경상북도(경주시, 포항시, 영덕군, 울진군) •양남주상절리군, 호미곶해안단구 등 19개소 •세계지질공원(2025)	2017.9.13

백령 · 대청	•인천광역시(옹진군) •두무진, 사곶해변, 콩돌해안 등 10개소	2019.7.10
진안 · 무주	•전라북도(진안군, 무주군) •마이산, 구봉산, 운일암반일암 등 10개소	2019.7.10
단양	•충청북도(단양군) •도담삼봉, 고수동굴, 구담봉, 온달동굴 등 12개소	2020.7.27
고군산 군도	•전라북도(군산시) •16개의 유인도와 47개의 무인도로 구성	2023.6.21
의성	•경상북도(의성군) •금성산, 빙계계곡, 안계분지 등 12개 소	2023.6.21
화성	•경기도(화성시) •고정리 공룡알 화석산지, 제부도, 백미리 해안 등 8개소	2024.2.29

6) 유네스코 세계지질공원

제주도 12곳	• 2010년 : 한라산, 성산일출봉, 만장굴, 서위포층, 천지폭포, 대포 해안 주상절리대, 산방산, 용머리, 수월봉 • 2014년 : 우도, 비양도, 선흘 곶자왈
청송군	• 2017년 지정 • 퇴적명소, 화성명소, 수리명소, 고생물명소 등 24개의 지질명소
무등산권	• 2018년 지정 • 지질명소 24곳, 국립아시아문화전당, 역사문화명소 42 곳
한탄강 일대 26곳	• 2020년 지정 • 경기도 포천시 · 연천군 유역, 강원 철원군 유역 등
전북 서해안	• 2023년 지정 • 고창 병바위, 부안 채석강 · 적벽강 등 32곳
단양	• 2025년 지정 • 단양군 전역(약 781.06㎢)
경북동해안	• 2025년 지정 • 포항, 경주, 영주, 울진 등 경북 동해안 일대

7) 코리아둘레길

(1) 코리아 둘레길 의미와 구성

① 동.서.남해안 및 DMZ 접경지역 등 우리나라 외곽을 하나로 연결하는 약 4,500KM의 초장거리 걷기여행길

② 동쪽의 해파랑길, 남쪽의 남파랑길, 서쪽의 서해랑길, 북쪽의 DMZ 평화의 길로 구성, 10개의 광역지자체, 78개의 기초 지자체 참여

(2) 코리아 둘레길 코스

① 동해안(해파랑길) : 강원도 고성~부산 오륙도 해맞이 공원

② 서해안(서해랑길) : 전라남도 해남군 땅끝~인천 강화

③ 남해안(남파랑길) : 부산 오륙도 해맞이 공원~전라남도 해남군 땅끝

④ 비무장지대 접경지역(DMZ 평화의 길) : 철원코스(철원평야, 한탄강), 파주코스(구 장단면사무소, 장단역 죽음의 다리), 고성코스(금강산, 해금강)

3장 하천 및 해안관광자원

1) 5대강 유역 관광자원

(1) 한강

① 길이 : 494km 5대강 중 두번째로 긴 강(한반도 4번째)
② 유역 면적: 26,018㎢, 우리나라에서 유역 면적이 가장 넓은 강(한반도 2번째)
③ 발원지 : 태백 검룡소
④ 합류지: 경기도 양평군 양서면 양수리 부근에서 남한강과 북한강이 합류
⑤ 수도권에 위치하고 있어 정치, 경제, 교육, 문화의 중심지
⑥ 한강에 위치한 댐
   - 북한강 : 화천댐, 소양강댐(우리나라 최대 다목적 댐), 춘천댐, 의암댐 / 청평댐
   - 남한강 : 충주댐
   - 팔당댐(경기도)

(2) 금강

① 길이 : 400km, 낙동강과 한강에 이어 우리나라에서 3번째로 긴 강
② 발원지 : 전라북도 장수군 수분리의 뜬봉샘
③ 충청남도 연기군, 공주시, 부여군을 지나 서천군 일대에서 서해로 흐르는 강
④ 우리나라 하천 중 경사가 가장 완만
⑤ 금강에 위치한 댐 : 대청댐, 용담댐 등

(3) 낙동강

① 길이 : 510km, 우리나라에서 가장 긴 강
② 발원지 : 강원도 태백시 함백산 황지(너덜샘)
③ 김해를 거쳐 남해로 흐르는 강
④ 하구에는 철새 도래지인 을숙도가 있음
⑤ 낙동강에 위치한 댐 : 안동댐, 임하댐, 합천댐

(4) 영산강

① 길이 : 120km
② 발원지 : 전라남도 담양군 용추봉(용소)
③ 광주, 장성, 나주, 목포, 함평, 무안, 영암을 거쳐 서해로 흐르는 강
④ 유역 면적이 전라남도의 약 29% 차지, 범람원과 구릉지 발달

⑤ 영산강에 위치한 댐 : 담양댐, 장성댐, 광주댐(농업용수), 나주댐

(5) 섬진강

① 길이 : 212km
② 발원지 : 전라북도 진안군 팔공산 데미샘
③ 남해의 광양만으로 흐르는 강, 전남과 경남의 경계
④ 섬진강에 위치한 댐 : 섬진강댐(우리나라 최초 다목적 댐), 동복댐, 주암댐(우리나라 최초 유역변경식 댐)

강	댐
한강	화천댐, 춘천댐, 소양강댐, 의암댐, 청평댐, 충주댐, 팔당댐
금강	대청댐, 용담댐
낙동강	안동댐, 임하댐, 합천댐
영산강	담양댐, 장성댐, 광주댐, 나주댐
섬진강	섬진강댐, 동복댐, 주암댐

2) 호수 관광자원

(1) 호수의 종류

① 화구호 : 화산의 분화구에 물이 고여서 생긴 호수 ex〉 한라산 백록담
② 칼데라호 : 화산체가 함몰되어 생긴 칼데라에 물이 고여서 형성된 호수
       ex〉 백두산 천지, 울릉도 나리분지
③ 석호 : 해안지역에 토사의 퇴적작용으로 생긴 호수
       ex〉 청초호, 송지호, 경포호, 영랑호
④ 인공호 : 인공으로 만들어진 댐이나 못
       ex〉 시화호(조력발전), 4대강의 대부분 댐
⑤ 우각호 : 곡류천의 물줄기가 바뀌어 호수의 형태로만 남아있는 지형

(2) 우리나라의 호수

① 자연호

석호	송지호, 청초호, 영랑호, 경포호, 화진포호 등
칼데라호	백두산 천지, 울릉도 나리분지
화구호	한라산 백록담

② 인공호

시화호	•경기도 안산시, 시흥시, 화성시에 걸쳐있는 인공호수 •시화방조제 건설로 만들어진 호수
충주호	•충청북도 충주시와 제천시에 걸쳐 있는 인공호수 •충주댐건설로 인해 생겨난 호수
소양호	•강원도 춘천시, 양구군, 인제군에 걸쳐 있는 인공호수 •소양강 다목적댐 건설로 인해 생겨난 호수

3) 해안관광자원

(1) 해안관광자원의 종류

침수해안		•해안선이 복잡하도 섬이 많음 •리아스식 해안, 피오르식 해안
이수해안	암석해안	•해식애, 해식동굴, 해안단구, 시스택 등 발달 •해식애 : 강원도 통천군 총석정, 변산반도 채석강 등 •해식동굴 : 제주도 산방굴, 남해 음성굴·백명굴 등
	사빈해안	•파도의 작용으로 모래가 쌓여 형성된 해안 지형 •사빈, 석호, 사구 등 발달 •해수욕 등 다양한 관광활동의 대상

(2) 우리나라의 해안관광자원

① 동해안

특징	•단조로운 해안선과 깊고 맑은 물, 풍부한 어족 •질 좋은 해수욕장, 온천, 동굴 등이 있어 다양한 관광활동 가능
해수욕장	•강원 : 화진포(최북단), 경포, 낙산, 망상 •경북 : 망양, 월포, 일광

② 서해안

특징	•해안선이 복잡하고 섬이 많음, 조수간만의 차가 큼 •갯벌과 간척지 발달, 갯벌축제 등 관광산업 발달 •지역에 따라 특색 있는 어패류 서식
해수욕장	•인천 : 을왕리, 왕산, 하나개, 장경리, 콩돌, 사곶 •충남 : 대천, 만리포, 천리포, 무창포, 춘장대, 몽산포, 안면 •전북 : 선유도, 격포, 변산

③ 남해안

특징	•해안선이 복잡하고 섬이 많음, •임해입지형의 중화학공업단지 형성(산업관광자원)
해수욕장	•부산의 해운대, 광안리, 송정, 송도 •완도 명사십리, 여수 만성리 •사천 남일대, 남해 상주

④ 제주도의 해수욕장 : 이호, 중문, 삼양, 우도 검멀레, 함덕, 협재, 하도

(3) 기타 해안자원

① 마리나 : 유람선, 보트, 요트 등 레크레이션 선박들의 정박지나 중계항으로 사용할 수 있는 시설을 갖춘 항만

ex〉 서울마리나, 김포 마리나, 전곡마리나, 격포항 요트 마리나, 목포 마리나 등

> *** 거점형 마리나 항만 조성 사업지**
> 인천 옹진, 군산 고군산, 여수 엑스포, 창원 명동, 울진 후포, 울산 울주

② 해중공원 : 해중자연미가 뛰어나 다양한 해양식물과 어족들이 서식하는 지역으로 바다의 동식물을 보존, 관찰 등을 위해 설정되는 공원

③ 낚시터 : 조업활동을 전개하는 수면지역

4) 온천관광자원

(1) 온천

① 정의 : 지열로 인해 높은 온도로 가열 된 지하수가 분출하는 샘

② 온천 3대 요소 : 수량, 성분, 온도

③ 특징 : 휴양, 요양의 효과가 크고 풍경과 결합되어 관광자원으로서 가치 형성
   수온, 용출형태, 화학성분, 개발상태에 따라 다양한 온천 존재

수온	냉천, 미온천, 온천(34℃~42℃), 고온천
용출형태	용천(계속 온천수 분출), 간헐천(온천수가 주기적으로 용출)
화학성분	유황천, 탄산천, 라듐천, 염류천, 광천(Spa)
개발상태	자연형, 휴양형(숙박시설), 관광지형(레크레이션 목적)

(2) 우리나라의 온천

① 특징 : 비화산성 열원의 온천이 다수, 온천의 대부분 약염기성인 단순천이 많음

② 우리나라의 주요 온천

경기	•이천 온천 : 경기도 이천시, 서울에서 가장 가까운 온천
충남	•온양 온천 : 충남 아산시 온천동, 조선시대 왕들의 휴양지, 가장 오래되고 가장 수량이 풍부한 온천 •**아산온천** : 충남 아산시 음봉면, 삼림욕을 즐길 수 있는 온천 •도고온천 : 충남 아산시 선장면, 유황온천 •덕산온천 : 충남 예산군 덕산면, 게르마늄 성분 함유
대전	•유성온천 : 대전시 유성구, 섭씨 27~56도의 고온 열천
충북	•**수안보** 온천 : 충북 충주시, 우리나라 최초의 자연 용출 온천
강원	•오색 온천 : 설악산 국립공원(강원도 양양군), 탄산과 유황, 철분 등이 풍부 •척산 온천 : 강원도 속초, 불소 함유
경남	•**부곡**온천 : 경남 창녕군, 78℃에 이르는 뜨거운 원천, 유황온천 •마금산온천 : 경남 창원시, 약산성 식염온천수
경북	•**백암**온천 : 경북 울진군, 유황온천 •덕구온천 : 경북 울진군, 자연용출 온천
부산	•동래온천 : 부산시 동래구, 염류천 •해운대 온천 : 부산시 해운대구, 국내 유일 임해 온천
전남	•담양온천 : 전남 담양군 금성면, 천연항균 물질인 피톤치드 함유

③ 관광특구 지정 온천 : 수안보 온천, 아산시 온천, 백암온천, 부곡온천

5) 약수

(1) 정의와 특성

① 정의 : 냉천 중 탄산나트륨 함유량 1%이상 함유되어 있는 것

② 특징 : 대부분 약수는 탄산천, 소화작용을 촉진하는 효능을 가짐

(2) 우리나라의 주요 약수

초청약수	충북 청주시 청원구, 세계 3대 광천, 천연사이다
오색약수	강원 양양군, 탄산수, 철분이 많음
방아다리 약수	강원 평창군, 철분과 탄산
달기약수	경북 청송읍, 빈혈, 신경질환, 위장병 등에 효능
화암약수	강원 정선군, 산화철 탄산수
옻나무 약수	강원 홍천군, 피부병과 옻, 땀띠에 효능

방동약수	강원 인제군, 무색 투명한 광천수, 위장병에 효능
대정약수	충남 천안시 동남구, 저마늄 · 라돈 · 나트륨 함유
오전약수	경북 봉화군, 마그네슘 · 철 · 염소 함유
추곡약수	강원 춘천시 추곡리

4장 산지 및 동굴관광자원, 천연기념물, 기타 자연관광자원

1) 동굴관광자원

(1) 동굴관광자원의 분류

① 특징
- 동굴의 독특한 경관이 지질학적 의미를 가짐
- 자연적으로 형성된 동굴 내부에 역사적·문화예술적 의의를 가짐

② 분류

자연동굴	•석회동굴 : 석회암 지층이 있는 곳에 생성되는 동굴 •용암동굴 : 화산 발생 지역에서 생성되는 동굴 •해식동굴 : 해안절벽에 파도의 침식작용으로 생성되는 동굴 •절리굴 : 지층 암석의 절리면을 따라 생성되는 동굴
인공동굴	•인간의 목적(산업용, 군사용)에 따라 만들어진 동굴

(2) 우리나라의 동굴관광자원

① 특징 : 주로 고도가 낮은 산간이나 하천 주변에 발달, 석회동굴 많음

② 종류

석회동굴	고수굴, 고씨굴, 초당굴, 환선굴, 도담굴, 용담굴, 성류굴, 노동굴, 온달굴, 백룡굴 등
용암동굴	만장굴, 김녕굴, 협재굴, 황금굴, 쌍용굴, 소천굴, 수산굴, 용천굴.빌레못굴, 벵뒤굴 등
해식동굴	산방굴, 용굴, 오동도굴, 정방굴, 가사굴 등
인공동굴	광명굴, 건동광산 지하동굴, 가덕도 대항 인공동굴, 군산대동굴

③ 유네스코 세계자연유산 지정 동굴 : 벵뒤굴, 만장굴, 김녕굴, 용천동굴, 당처물동굴

④ 천연기념물 지정 동굴

지역	동굴	종류
제주도	김녕굴과 만장굴	용암동굴
	한림 용암동굴지대	용암동굴 소천굴, 황금굴, 협재굴
	어음리 빌레못동굴	용암동굴
	당처물동굴	용암동굴
	수산동굴	용암동굴
	용천동굴	용암동굴

	선흘리 벵뒤굴	용암동굴
	거문오름 용암동굴계	용암동굴
	상류동굴군	웃산전굴, 북오름굴, 대림굴
강원도	삼척 대이리 동굴지대	석회동굴
	영월 고씨굴	석회동굴
	삼척 초당굴	석회동굴
	평창 백룡동굴	석회동굴
	정선 산호동굴	석회동굴
	평창 섭동굴	석회동굴
	정선 용소동굴	석회동굴, 수중동굴(가장 큰 길이)
	정선 화암동굴	석회동굴
	영월 분덕재동굴	석회동굴
충청북도	단양 고수동굴	석회동굴
	단양 노동동굴	석회동굴
	단양 온달동굴	석회동굴
경상북도	울진 성류굴	석회동굴
전라북도	익산 천호동굴	석회동굴

2) 천연기념물

(1) 자연 보호를 위한 노력

① 1978년 자연보호헌장 선포, 1980년 자연학습원 조성 기본계획 수립
② 천연기념물 지정 : 문화재보호법에 따라 국가유산 청장이 지정

(2) 천연기념물 : 동물, 식물, 지형, 지질, 생물학적 생성물 또는 자연현상, 천연보호구역, 자연경관, 역사문화경관, 복합경관 중 역사적, 경관적, 학술적 가치가 인정되어 국가유산청장이 지정 · 고시한 것

(3) 천연기념물 동물

① 조류 : 크낙새, 따오기, 두루미, 저어새, 팔색조, 흑비둘기, 느시, 소쩍새, 광릉크낙새 서식지, 울릉도 흑비둘기 서식지, 낙동강 철새 도래지 등
② 포유류 : 진돗개, 사향노루, 산양, 경산의 삽살개, 경주 동경이 등
③ 어류 : 황쏘가리, 제주 무태장어 서식지, 정선 정암사 열목어 서식지 등
④ 곤충 : 장수하늘소, 비단벌레, 무주 일원 반딧불이

(4) 천연기념물 식물

① 식물 : 대구 도동 측백나무, 구례 화엄사 올벚나무, 보은 정이품송 등
② 자생지와 숲 : 제주 토끼섬 문주란 자생지, 괴산 미선나무 자생지, 완도 주도 상록
수림, 남해 방조어부림, 성인봉 원시림

(5) 천연기념물 지형 · 지질 : 무등산 주상절리대, 칠곡 금무동 나무고사리 화석 산지
백령도 남포리 습곡구조, 상주 운평리 구상 화강암, 태안 신두리 해안사구

(6) 천연보호구역 : 다양한 동식물이 분포

홍도	전남 신안군, 풍란, 흑비둘기
설악산	강원 속초시, 유네스코 생물권 보존지역(1982)
한라산	제주도, 해발고도에 따른 다양한 식생, 360여개 오름
대암삼 · 대우산	강원 양구군
향로봉 · 건봉산	강원 인제군
독도	경북 울릉군, 바다제비, 괭이갈매기 등
성산일출봉	제주 서귀포시
문섬 · 밤섬	제주 서귀포시
마라도	제주 서귀포시
차귀도	제주 제주시
창녕 우포늪	경남 창녕군, 국내 최대 자연늪

3) 습지

(1) 람사르 협약

① 물새 서식지로서 국제적으로 중요한 습지를 보호하기 위한 국제 협약
② 1971년 이란의 람사르에서 채택되었고, 1975년 12월에 발효
③ 2025년 기준 우리나라의 26곳을 람사르습지로 등록

(2) 우리나라의 람사르 습지

지역명(등록명)	위 치	등록일자
대암산용늪	강원 인제군 서화면 심적리 대암산 일원	1997.03.28
우포늪	경남 창녕군 대합면 · 이방면 · 유어면 · 대지면 일원	1998.03.02
신안장도 산지습지	전남 신안군 흑산면 비리 장도(섬) 일원	2005.03.30
순천만 · 보성갯벌	전남 순천시 별양면 · 해룡면 · 도사동 일대, 전남 보성군 벌교읍	2006.01.20

물영아리오름 습지	제주 서귀포시 남원읍 수망리 수령산 일대 분화구	2006.10.18
무제치늪	울산 울주군 삼동면 조일리 정족산 일원	2007.12.20
두웅습지	충남 태안군 원동면 신두리	2007.12.20
무안갯벌	전남 무안군 해제면 · 현경면 일대	2008.01.14
물장오리오름 습지	제주 제주시 봉개동	2008.10.13
오대산 국립공원 습지	강원 평창군 대관령면 횡계리(소황병산늪, 질뫼늪), 홍천군 내면 명개리 일대(조개동늪)	2008.10.13
강화 매화마름 군락지	인천 강화군 길상면 초지리	2008.10.13
제주 1100고지 습지	제주 서귀포시 색달동 · 중문동~제주시 광령리	2009.10.12
서천갯벌	충남 서천군 서면, 유부도 일대	2009.12.02
고창 · 부안갯벌	전북 부안군 줄포면보안면, 고창군 부안면 · 심원면 일대	2010.02.01
제주 동백동산 습지	제주 제주시 조천읍 선흘리	2011.03.14
고창 운곡습지	전북 고창군 아산면 운곡리	2011.04.07
신안 증도갯벌	전남 신안군 증도면 증도 및 병풍도 일대	2011.07.29
한강밤섬	서울시 영등포구 여의도동	2012.06.20
송도갯벌	인천 연수구 송도	2014.07.10
한반도 습지	강원도 영월군 한반도면	2015.5.13
제주 숨은물뱅듸	제주 제주시 광령리	2015.5.13
순천 동천하구	전남 순천시	2016.1.20
대부도 갯벌	안산 단원구 대부남동 일원	2018.10.25
고양 장항습지	경기 고양시 신평동, 장항동 일원	2021.5.21
문경 돌리네 습지	경북 문경시 산북면 우곡리 일원	2024.02.02
평두메습지	광주 북구 화암동 530 일원	2024.05.13

* 우리나라의 극동, 극서, 극남, 극북

극동 : 독도

극서 : 마안도

극남 : 마라도

극북 : 유원진

*지역벌 온천, 해수욕장, 동굴

	온천	해수욕장	동굴
강원도	오색온천, 척산온천	화진포, 주문진, 경포 등	고씨굴
충청북도	수안보온천		고수동굴
충청남도	도고온천, 온양온천 아산온천, 덕산온천	무창포, 만리포, 대천 등	
경상북도	백암온천, 덕구온천	감포, 구룡포, 망양 등	성류굴
경상남도	부곡온천, 마금산온천	와현	
전라남도	담양온천	신전	아천동굴
부산광역시	동래온천, 해운대온천	송도, 해운대	좌천동굴
제주도			만장굴

01. 우리나라 관광자원을 자원특성에 따라 분류할 때 자연적 관광자원에 해당하지 않는 항목은? (2020년 기출)

① 온천　　　　　　　　　　② 풍속
③ 동식물　　　　　　　　　④ 산림

해설　② 풍속은 문화적 관광자원에 해당한다.
정답　②

02. 자연공원법으로 지정한 공원과 그 지정권자의 연결이 옳은 것은? (2023년 기출)

① 군립공원 – 도시자
② 도립공원 – 대통령
③ 국립공원 – 환경부 장관
④ 시립공원 – 문화체육관광부 장관

해설　① 군립공원은 시장 또는 군수 ② 도립공원은 시도지사 ④ 시립공원은 시장이 지정권자이다.
정답　③

03. 온천-동굴-해수욕장이 행정구역상 모두 같은 도에 위치하는 것은? (2024년 기출)

① 도고온천-고씨굴-무창포해수욕장　　　② 백암온천-성류굴-구룡포해수욕장
③ 오색온천-고수동굴-주문진해수욕장　　④ 부곡온천-만장굴-함덕해수욕장

해설　② 백암온천, 성류굴, 구룡포해수욕장은 모두 경상북도에 위치해 있다.
정답　②

04. 강원도 지역에 있는 국립공원에 해당하는 것을 모두 고른 것은? (2022년 기출)

| ㄱ. 설악산 | ㄴ. 소백산 | ㄷ. 태백산 |
| ㄹ. 오대산 | ㅁ. 치악산 | ㅂ. 덕유산 |

① ㄱ, ㄴ, ㄷ, ㄹ 　　　　② ㄱ, ㄷ, ㄹ, ㅁ
③ ㄴ, ㄷ, ㅁ, ㅂ 　　　　④ ㄴ, ㄹ, ㅁ, ㅂ

해설 ㄴ 충청북도와 경상북도의 접경 ㅂ 전라북도에 위치해 있는 국립공원이다.
정답 ②

05. 동굴관광자원 중 용암동굴이 아닌 것은? (2022년 기출)
① 고수굴 　　　　② 김녕굴
③ 만장굴 　　　　④ 협재굴

해설 ① 고수굴은 충청북도 단양군에 있는 석회동굴이다.
정답 ①

06. 관동팔경에 속하지 않는 것은? (2024년 기출)
① 양양 낙산사 　　　　② 고성 삼일포
③ 철원 고석정 　　　　④ 평해 월송정

해설 관동팔경은 통천의 총석정, 고성의 삼일포, 간성의 청간정, 양양의 낙산사, 강릉의 경포대, 삼척의 죽서
　　 루, 울진의 망양정, 평해의 월송정을 의미한다.
정답 ③

07. 우리나라 최초로 지정된 도립공원은? (2022년 기출)
① 마이산 도립공원 　　　　② 금오산 도립공원
③ 팔공산 도립공원 　　　　④ 선운산 도립공원

해설 ② 금오산 도립공원은 1970년 우리나라에서 최초로 지정된 도립공원이다.
정답 ②

08. 다음이 설명하는 코리아 둘레길은? (2021년 기출)

> • 부산 오륙도에서 강원 고성 통일전망대까지 이르는 탐방로
> • 동해안의 해변길, 숲길, 마을길을 잇는 탐방로

① 해파랑길
② 남파랑길
③ 서해랑길
④ DMZ 평화의 길

해설 코리아 둘레길 중 해파랑길은 강원도 고성~부산 오륙도 해맞이 공원, 남파랑길은 부산 오륙도 해맞이 공원~전라남도 해남군 땅끝, 서해랑길은 전라남도 해남군 땅끝~인천 강화, DMZ 평화의 길은 철원, 파주, 고성 코스를 의미한다.

정답 ①

09. 호수관광자원에 관한 설명으로 옳은 것은? (2021년 기출)

① 우각호는 해안지역에 토사의 퇴적으로 생긴 호수이다.
② 석호는 하천의 곡류천에 이루어진 호수이다.
③ 충청북도 충주호, 강원도 소양호는 인공호이다.
④ 백두산 천지, 한라산 백록담은 칼데라호이다.

해설 ① 우각호는 곡류천의 물줄기가 바뀌어 호수의 형태로만 남아있는 지형이다. ② 석호는 해안지역에 토사의 퇴적작용으로 생긴 호수이다. ④ 백두산 천지는 칼데라호, 한라산 백록담은 화구호이다.

정답 ③

10. 우리나라 최초로 지정된 국립공원과 도립공원을 바르게 연결한 것은? (2024년 기출)

① 경주 – 남한산성
② 북한산 – 칠갑산
③ 한라산 – 대둔산
④ 지리산 – 금오산

해설 우리나라 최초의 국립공원은 지리산이고 최초의 도립공원은 금오산이다.

정답 ④

3편 문화적 관광 자원

1장 문화적 관광자원과 국가유산

1) 문화적 관광자원

(1) 정의 : 민족문화 유산으로 국민이 보존할 만한 가치가 있고 관광매력을 지닐 수 있는 자원

(2) 문화적 관광 자원의 범위

구분		내용
문화유산	유형문화 유산	건조물, 전적, 서적, 고문서, 회화, 조각 등 유형의 문화적 유산으로 역사적 · 예술적 · 학술적 가치가 큰 것
	민속문화 유산	의식주, 생업, 신앙, 연중행사 등에 관한 풍속(무형)이나 관습에 사용되는 의복, 기구, 가옥 등(유형)으로 국민생활의 변화를 이해하는 데 필요한 것
	기념물	절터, 옛무덤, 조개무덤, 성터, 가마터 등 사적지와 특별히 기념이 될 만한 시설물로 역사적 · 학술적 가치가 큰 것
무형유산		여러 세대에 걸쳐 전승되어 공동체와 역사 · 환경의 상호작용으로 끊임없이 재창조된 무형 문화적 유산 중 다음에 해당하는 것 •전통적 공연 · 예술 •공예 · 미술 등에 관한 전통기술 •한의학, 농경 · 어로 등에 관한 전통지식 •구전 전통 및 표현 •의식주 등 전통적 생활관습 •민간신앙 등 사회적 의식 •전통적 놀이 · 축제 및 기예 · 무예
자연유산		동물 · 식물 · 지형 · 지질 등의 자연물 또는 자연환경과의 상호작용으로 조성된 문화적 유산으로서 다음 중 하나에 해당하는 것 •동물(서식지, 번식지, 도래지 포함), 식물(군락지 포함), 지형, 지질, 생물학적 생성물. 자연현상, 천연보호구역, 자연경관, 역사문화경관, 복합경관 •천연기념물, 명승, 보호물, 보호구역

2) 국가유산

(1) 국가유산의 지정

① 보물

지정근거	문화유산법 제23조 제1항
지정절차	국가유산청장은 문화유산위원회의 심의를 거쳐 유형문화유산 중 중요한 것을 보물로 지정할 수 있다.
지정기준	•역사적 가치 : 시대성, 역사적 인물·사건 관련성, 문화사적 기여도 •예술적 가치 : 보편성, 특수성, 독창성, 우수성 •학술적 가치 : 대표성, 지역성, 특이성, 명확성, 연구기여도
대표유산	흥인지문, 옛 보신각 종, 원각사지 대원각사비

② 국보

지정근거	문화유산법 제23조 제2항
지정절차	국가유산청장은 보물에 해당하는 문화유산 중 인류문화의 관점에서 볼 때 그 가치가 크고 유례가 드문 것을 문화유산위원회의 심의를 거쳐 국보로 지정할 수 있다.
지정기준	•특히 역사적, 학술적, 기술적 가치가 큰 것 •제작 연대가 오래되었으며 그 시대의 대표적인 것으로 보존가치가 큰 것 •조형미나 제작기술이 특히 우수하여 그 유례가 적은 것 •형태, 품질, 용도가 현저히 특이한 것 •저명한 인물과 관련이 깊거나 그가 제작한 것
대표유산	숭례문, 원각사지 10층 석탑, 북한산 진흥왕 순수비, 여주 고달사지 승탑 보은 법주사 쌍사자 석등, 성주사지 낭혜화상탑비, 실상사 백장암 삼층석탑, 탑평리 칠층석탑, 봉선 홍경사 갈기비

③ 사적

지정근거	문화유산법 제25조 제1항
지정절차	국가유산청장은 문화유산위원회의 심의를 거쳐 기념물 중 중요한 것을 사적으로 지정할 수 있다.
지정기준	•역사적 가치 : 정치·경제·사회·문화 등 각 분야에서 그 시대를 대표하거나 희소성과 상징성이 뛰어난 것 •학술적 가치 : 선사시대 또는 역사시대의 정치·경제·사회·문화 등을 이해하는데 중요한 정보를 제공하는 것
대표유산	경주 포석정지, 김해 봉황동 유적, 수원 화성, 부여 가림성, 부여 부소산성 등

④ 국가민속문화유산

지정근거	문화유산법 제26조 제1항
지정절차	국가유산청장은 문화유산위원회의 심의를 거쳐 민속문화유산 중 중요한 것을 국가민속문화유산으로 지정할 수 있다.
지정기준	•한국의 기본적인 생활문화와 특색을 나타내는 전형적인 것 •민속자료를 수집 정리한 것으로 역사적 변천을 보여주는 것 •시대적 지역적 특징 및 생활계층의 특징을 보유한 것 •민속자료가 집단적으로 모여 있는 경우 그 구역 전체를 지정
대표유산	덕온공주 당의, 심동신 금관조복, 광해군 내외 및 상궁 옷, 이단하 내외 옷, 강릉 선교장

⑤ 국가무형문화유산

지정근거	무형유산법 제12조 제1항
지정절차	국가유산청장은 위원회의 심의를 거쳐 무형유산 중 중요한 것을 국가무형유산으로 지정할 수 있다.
지정기준	•역사상, 학술상, 예술상 가치가 크고 향토색이 현저한 것 •전승가치, 전승 능력, 전승환경을 고려 •인간문화재 : 기능·예능 보유자, 전승지원금 받고 전수교육 의무 부담
대표유산	종묘제례악, 양주별산대놀이, 남사당놀이, 갓일, 판소리 등

⑥ 천연기념물

지정근거	자연유산법 제11조 제1항
지정절차	국가유산청장은 문화유산위원회의 심의를 거쳐 역사적·경관적·학술적 가치가 높은 것으로 보존의 필요성이 있는 것을 천연기념물로 지정할 수 있다.
지정기준	•동물, 식물, 지형, 지질, 광물, 동굴, 생물학적 생성물, •특별한 자연현상으로 역사적·경관적 또는 학술적 가치가 큰 것
대표유산	대구 도동 측백나무 숲, 서울 재동 백송, 서울 조계사 백송, 광릉 크낙새 서식지 등

⑦ 명승

지정근거	자연유산법 제12조 제1항
지정절차	국가유산청장은 문화유산위원회의 심의를 거쳐 역사적·경관적·학술적 가치가 높은 것으로 보존의 필요성이 있는 것을 명승으로 지정할 수 있다.
지정기준	•역사적 가치 : 종교, 사상, 전설, 저명한 인물 등과 관련한 것 •학술적 가치 : 고유한 성격을 파악할 수 있는 구성요소가 완전하게 남아 있는 것 •경관적 가치 : 우리나라를 대표하는 자연물로 심미적 가치가 뛰어난 것
대표유산	명주 청학동 소금강, 거제 해금강, 완도 정도리 구계등

(2) 한국의 유네스코 등재 유산

① 유네스코 유산의 종류와 지정근거

종류	문화유산, 자연유산, 기록유산, 무형유산, 복합유산
지정근거	•유네스코(국제연합 교육과학문화기구)에서 지정 •완전성, 진정성, OUV(탁월한 보편적 가치), 보존 관리 등을 종합적으로 판단하여 지정

② 유네스코 세계유산(문화유산 15건, 자연유산 2건)

연도	유산
1995년	석굴암과 불국사
	해인사 장경판전
	종묘
1997년	창덕궁
	수원 화성
2000년	경주 역사유적지구
	고인돌 유적(강화, 화순, 고창)
2007년	제주화산섬과 용암동굴(세계자연유산)
2009년	조선왕릉(40기)
2010년	한국의 역사마을 : 하회와 양동
2014년	남한 산성
2015년	백제 역사유적 지구
2018년	산사, 한국의 산지승원
2019년	한국의 서원
2021년	한국의 갯벌(세계자연유산)
2023년	가야고분군
2025년	반구천의 암각화

> *** 유네스코 세계유산 상세**
> •경주 역사 유적 지구 : 남산지구, 월성지구, 대릉원지구, 황룡사지구, 산성지구
> •백제 역사 유적 지구 : 공주(공산성, 송산리 고분군), 부여(관북리, 부소산성, 능산리 고분군, 정림사지, 나성), 익산(왕궁리 유적, 미륵사지)
> •산사, 한국의 산지 승원 : 통도사, 부석사, 법주사, 대흥사, 마곡사, 봉정사, 선암사
> •한국의 서원 : 소수서원(경북 영주), 도산서원(경북 안동), 병산서원(경북 안동), 옥산서원(경북 경주), 도동서원(대구), 남계서원(경남 함양), 필암서원(전남 장성), 무성서원(전북 정읍), 돈암서원(충남 논산)

> *** 유네스코 자연유산 상세**
> - 제주 화산섬과 용암 동굴 : 한라산, 성산 일출봉, 거문오름 용암동굴계(벵뒤굴, 만장굴, 김녕사굴, 용천동굴, 당처물동굴)
> - 한국의 갯벌 : 서천 갯벌(충남), 고창 갯벌(전북), 신안 다도해 섬 갯벌(전남), 보성 벌교-순천만 갯벌(전남)

③ 세계기록유산(20건)

1997년	훈민정음
	조선왕조실록
2001년	직지심체요절
	승정원일기
2007년	조선왕조의궤
	해인사 대장경판 및 제경판
2009년	동의보감
2011년	5 · 18 민주화운동 기록물
	일성록
2013년	난중일기
	새마을 운동 기록물
2015년	유교책판
	KBS 이산가족 찾기 기록물
2017년	조선 왕조 어보/어책
	국채보상운동 기록물
	통신사 기록물
2023년	4.19혁명기록물
	동학농민혁명기록물
2025	산림녹화기록물
	제주4.3기록물

④ 인류무형문화유산(23건)

2001년	종묘제례와 종묘제례악
2003년	판소리
2005년	강릉 단오제
2009년	남사당 놀이
	강강술래
	영산재
	제주 칠머리당 영등굿
	처용무

2010년	가곡
	대목장
	매사냥
2011년	줄타기
	택견
	한산 모시짜기
2012년	아리랑
2013년	김장문화
2014년	농악
2015년	줄다리기
2016년	제주 해녀 문화
2018년	씨름
2020년	연등회
2022년	한국의 탈춤
2024년	한국의 장 담그기 문화

3) 박물관

① 의의 : 문화재를 체계적으로 정리, 전시해 놓은 '문화재의 보고'
② 기능 : 각종 자료 수집, 수집된 자로의 정리·분류·보관, 각종 연구·전시·교육 등
③ 우리나라의 대표적인 박물관

- 국립박물관 : 용산(중앙박물관), 광주, 청주, 대구, 전주, 부여, 공주, 경주 등
- 경주박물관 : 10만 점의 소장품(국보 13점) 보유 및 전시
- 부여박물관 : 13,000 점의 소장품(국보 3점), 선사실(부여 송국리 유적 청동기 문화재), 역사실(부소산성, 능산리 등 유물), 금동대향로, 금동관세음보살입상 등
- 광주박물관 : 8만 점의 소장품(국보 2점), 고려도자실, 조선도자실, 신안해저유 물실 등
- 대구박물관 : 20만 점의 소장품(국보 3점) 보유 및 전시
- 국립민속박물관 : 한민족 생활사, 생업자료, 한국인의 일생을 체계적으로 전시
- 제주 민속자연사박물관 : 도립박물관. 제주도의 고유 민속유물, 자연사 자료, 초 가지붕을 모방한 건물양식 등 전시
- 기타 박물관 : 철도박물관(안양), 한지박물관(전주), 동강사진박물관(영월), 하회 동 탈박물관(안동), 등대박물관(포항), 화폐박물관(파주), 석탄박물관(정선) 등

2장 유형문화재

1) 궁궐

(1) 삼국시대

① 고구려 : 평양 안학궁터
② 백제 : 서울 풍납토성, 몽촌토성
③ 신라 : 금성 축조

(2) 남북국시대 : 경주 동궁과 월지

(3) 고려시대 : 개경 만월대

(4) 조선시대

① 5대 궁궐

경복궁	•1395년 태조 이성계가 건립한 조선왕조 제1정궁 •임진왜란 때 소실, 고종 때 흥선대원군 주도로 중건 •주요건축 : 근정전(정전), 광화문(정문), 경회루, 자경전, 강녕전, 향원정 등
창덕궁	•1405년(태종5년)에 경복궁의 이궁으로 창건 •왜란 이후 정궁 역할, 조선 왕이 가장 오래 거처, 후원 주합루 규장각 •1997년 유네스코 세계문화유산 등록 •주요건축 : 인정전(정전), 돈화문(정문), 대조전, 선정전, 희정당
창경궁	•1483년(성종14년) 조선의 이궁으로 창건 •창덕국과 함께 동궐이라 불림 •주요건축 : 명정전(정전), 홍화문(정문), 통명전, 관천대, 숭문당 등
덕수궁 (경운궁)	•1897년 고종이 환궁하며 경운궁이라 부르고 정궁으로 사용 •고종의 장수를 기원하는 뜻에서 덕수궁으로 개칭 •주요건축 : 중화전(정전), 대한문(정문), 함녕전, 석조전(서양식건축)
경희궁 (경덕궁)	•1617년(광해군 9년)에 착공하여 1623년(인조원년) 완공 •경덕궁으로 불리다 1760년(영조36년) 경희궁으로 명칭 바뀜 •인조부터 철종까지 이궁으로 사용, 서궐이라 불림 •주요건축 : 숭정전(정전), 홍화문(남문), 회상전 등

② 수원화성

- 축성 : 1794년(정조18년) 2월에 착공하여 2년 반에 걸친 공사 끝에 완공
- 정조의 강력한 권위를 상징하는 건물
- 1997년 유네스코 세계문화유산으로 등재

- 동서양의 군사시설 이론을 잘 배합시킨 독특한 성으로서 방어적 기능이 뛰어남
- 새로운 행정·경제·군사적 거점으로서의 역할
- 행궁 : 전란, 휴양, 능원 참배 등을 위해 지방에 임시로 머무는 궁궐
- 사대문 : 창룡문, 화서문, 팔달문, 장안문
- 시설 : 옹성, 암문, 여장, 적대, 포루, 각루, 해자, 치, 노대 등

*5대 궁궐과 주요 건축물

궁궐	정전	편전	침전	정문
경복궁	근정전	사정전	강녕전 교태전	광화문
창덕궁	인정전	선정전	희정당 대조전	돈화문
창경궁	명정전	문정전	통명전	홍화문(동문)
덕수궁(경운궁)	중화전	준명당(즉조당)	함녕전	대한문(동문)
경희궁(경덕궁)	숭정전		회상전	홍화문

> *** 4대문과 4소문**
> - 서울 4대문 : 흥인지문, 돈의문(소실), 숭례문, 숙정문
> - 서울 4소문 : 혜화문, 소의문(소실), 광희문, 창의문
> - 수원화성 4대문 : 창룡문, 화서문, 팔달문, 장안문

2) 성곽

(1) 지형에 따른 성곽의 분류

① 산성 : 적의 침입을 방어하기 위해 산지의 자연 지형을 이용해 쌓은 성곽
ex〉 북한산성, 남한산성, 동래 금정산성 등
② 평지성 : 평지에 지은 성곽, 평상시에 주민과 지배층 거주, 성 밖에 해자를 파기도 함
ex〉 개성의 성곽, 서울의 성곽 등
③ 평산성 : 산지와 평지를 아울러 쌓은 성곽, 평지성과 산성의 장점 모두 가짐
ex〉 수원화성, 해미읍성

(2) 거주 주체에 따른 분류

① 도성 : 왕궁과 종묘사직, 의정부가 위치한 도읍을 방어하기 위해 축조한 성곽
ex〉 한양도성, 고구려 도성(평양성) 등
② 궁성 : 왕이 거처하는 궁궐과 행정에 필요한 관청건물을 둘러싼 선(내성)

③ 행재성 : 왕이 국방과 행정을 위해 임시로 사용할 수 있는 성곽

　　ex〉 수원화성, 남한산성

④ 읍성 : 지방 행정부가 있는 고을에 축성된 성, 행정·군사적인 기능을 겸비한 성곽

　　ex〉 해미읍성, 동래읍성, 홍주성 등

(3) 기능에 따른 분류

① 행정적 목적의 성 : 도성이나 읍성

② 군사적 목적의 성 : 대피성, 상주성, 창성(창고), 진성(국경과 해안 요충지), 장성 등

(4) 축조 재료에 따른 분류

① 목책성 : 가장 오래 된 형태의 성

　　ex〉 안성 도기동 유적

② 토성 : 석성과 함께 우리나라 성곽의 주류를 이루는 성

　　ex〉 아차산성, 부소산성, 풍납토성, 고려 천리장성

③ 석성 : 우리나라 성곽의 주류, 삼국시대부터 조선시대까지 축성

④ 전축성 : 벽돌로 쌓은 성

(5) 성곽의 주요 부속시설

① 옹성 : 성문을 보호하기 위해 성문 밖에 항아리 같은 모양으로 쌓은 작은 성

② 암문 : 비밀 문(수원화성에 4개 문 복원)

③ 여장 : 성곽의 성벽 위에 낮게 쌓은 담으로, 적으로부터 몸을 보호하고 적을 효과적으로 공격하기 위한 구조물

④ 적대 : 성문 좌우에 성벽을 돌출시켜 쌓은 구조물로 성문을 보호하기 위한 시설

⑤ 포루 : 치성 위에 군사들이 머물 수 있도록 누각을 지은 시설, 포를 쏘기 위한 시설

⑥ 각루 : 성곽의 비교적 높은 위치에 세워져 주변을 감시하고 휴식을 취할 수 있는 시설

⑦ 해자 : 성 주위에 둘러 판 하천, 성곽 주위로 물을 채워서 적의 침입을 막는 시설

⑧ 치 : 성벽의 돌출된 부분, 적의 동태를 살피거나 성벽을 오르는 적을 측면에서 공격하기 위한 방어 시설

⑨ 노대 : 산성과 같은 높은 곳에서 화살을 쏠 수 있는 시설

⑩ 현안 : 성벽에 가까이 다가온 적을 공격하기 위해 성벽 외벽을 수직에 가깝게 뚫은 것

3) 유교 관련 건축물

(1) 종묘(경복궁의 동쪽)

① 조선시대 왕과 왕비 및 추존된 왕과 왕비의 신주를 모신 사당
② 구성 : 정전(단일건물로 국내 최대), 영녕전 그 외 부속건물
③ 건물의 성격상 장엄하고, 단청이 없는 단순한 형태
④ 매년 5월 첫째주 일요일 재현 행사
⑤ 사적 125호, 1995년 유네스코 세계문화유산 등재

(2) 사직단(경복궁의 서쪽)

① 토지의 신(神)인 사(社)와 곡식의 신인 직(稷)에게 제사를 드리는 제단
② 국토와 곡식의 번창을 기원하는 제사를 지내는 장소.

(3) 성균관

① 조선의 최고 학부, 국립교육기관, 문묘와 학교로 구성
② 전묘후학의 배치, 교육(성리학 교육)과 성현에 대한 제사
③ 주요 건축물 : 대성전, 동무, 서무, 명륜당, 동재, 서재, 존경각 등

> *** 문묘 18현**
> •신라 : 설총, 최치원
> •고려 : 안향, 정몽주
> •조선 : 김굉필, 정여창, 조광조, 이언적, 이황, 김인후, 이이, 성혼, 김장생, 조헌, 김집, 송시열, 송준길, 박세채

(4) 향교

① 지방 국립교육기관, 각 지역마다 1곳 이상 설치, 문묘와 학교로 구성
② 경사진 터에서는 전학후묘(강릉향교), 평평한 곳에는 전묘후학으로 배치(나주향교)
③ 인재를 양성하고 지방의 민풍(民風)과 예속(禮俗)을 순화하는 기능 수행

(5) 문묘

① 공자를 모신 사당, 성균관이나 향교에 설치
② 대성전, 동무, 서무로 구성

(6) 서원 : 사립교육기관

① 성리학적 인재 양성을 위한 사립교육기관
② 조선 중기(16C)이후 주로 건축, 교육과 함께 선현에 대한 제사

③ 입지 : 존경하는 선현의 일정 연고지로 한정, 산수가 뛰어나고 읍의 중심에서 떨어진 지역

④ 서원의 배치 : 전학후묘 형식으로 배치

⑤ 주요서원

서원명칭	소재지	모시는 사람
돈암서원(遯巖書院)	충남 논산시 연산면	문원공 김장생
무성서원(武城書院)	전북 정읍시 칠보면	문창후 최치원
필암서원(筆巖書院)	전남 장성군 황룡면 필암리	문정공 김인후
소수서원(紹修書院)	경북 영주군 순흥면	문성공 안 향
도동서원(道東書院)	대구 달성군 구지면	문경공 김굉필
남계서원(藍溪書院)	경남 밀양시	문헌공 정여창
옥산서원(玉山書院)	경북 경주시 안강읍 옥산리	문원공 이언적
도산서원(陶山書院)	경북 안동시 도산면	문순공 이 황
병산서원(屏山書院)	경북 안동시 풍천면	문충공 류성용

(7) 장충단

① 대한제국기 을미사변·임오군란으로 순사한 충신·열사를 제사지내던 제단

② 홍계훈, 이경직 등

(8) 선농단 : 농사짓는 법을 가르쳤다고 일컬어지는 고대 중국의 제왕인 신농씨(神農氏)와 후직씨(后稷氏)를 주신으로 제사지내던 곳

3) 고분

(1) 청동기 시대

① 고인돌

탁자식 (북방식)	넓은 판석으로 무덤방을 만들고, 그 위에 납작한 덮개돌을 올린 형태의 고인돌
바둑판식 (남방식)	작은 굄돌 4~8개를 이용해 큰 덮개돌을 받친 형태의 고인돌
개석식	받침돌이 전혀 없이 시신을 묻은 땅 위에 덮개돌을 직접 올려놓은 고인돌

② 돌널무덤 : 지하에 묘광을 파고 판돌이나 깬돌로 장방형의 돌무덤방을 만들고, 그 위에 뚜껑돌을 덮는 무덤 양식

③ 돌덧널무덤 : 시신을 옮기는 널길 없이 석재로 네 벽을 쌓은 무덤(석곽묘)

(2) 철기 시대

① 널무덤 : 장방형의 무덤구덩이에 나무널을 묻어 시신을 안치한 무덤

② 독무덤 : 시신이나 유골을 큰 항아리나 독에 넣어 땅에 매장한 무덤

(3) 삼국시대 고분

① 고구려

돌무지무덤	•고구려 초기 무덤양식 •대체로 계단식(피라미드형) • 장군총, 태왕릉 등
굴식돌방무덤	•돌로 널방을 짜고 그 위에 흙으로 덮어 봉분을 만든 무덤 •천장은 모서리의 각을 줄이며 좁혀 쌓는 모줄임천장 양식 •널방의 벽과 천장에 벽화를 그림 •덕흥리 고분, 무용총, 강서대묘 등

② 백제

한성시대	•계단식 돌무지무덤(고구려 영향) •석촌동 고분군
웅진시대	•굴식돌방무덤 ex〉 송산리 고분분 1~5호분 •벽돌무덤 : 중국 양식 ex〉 송산리 6호분, 무령왕릉
사비시대	•굴식 돌방무덤 ex〉 능산리 고분군

③ 신라

돌무지덧널무덤	•신라 전기 대표적인 무덤양식 •도굴이 어려워 껴묻거리가 많고 벽화가 없음 •금관총, 금령총, 서봉총, 식리총, 천마총, 황남대총
굴식돌방무덤	•규모가 작고 둘레돌에 십이지신상 조각 •양산 부부총, 경주 쌍상총

④ 가야

돌덧널무덤	•두꺼운 깬돌을 쌓아 만든 널무덤 •가야의 대표적인 무덤 양식 ex〉 고령 지산동 고분
돌방무덤	•백제의 영향을 받아 만들어진 무덤 양식

(4) 고려 고분 : 돌방무덤, 돌덧널무덤, 토광묘 등 제작

(5) 조선 왕릉

① 특징

•왕, 왕비, 추존왕을 모시는 무덤

• 2009년 유네스코 문화유산 등록 : 총 42기 중 40기

> * 자연친화적인 독특한 장묘 전통, 당시의 세계관과 정치사, 예술적 역량을 보여주는 유산으로서 탁월한 보편적 가치를 인정받아 유네스코 등재

• 위치 : 수도에서 10리~100리 이내에 위치, 18개 지역에 흩어져 있음

• 현재 문화재청에서 관리

> * **조선시대의 무덤**
> - 능 : 왕 / 왕비
> - 원 : 세자 / 세자빈 / 왕의 생모인 빈, 왕의 생부
> - 묘 : 기타 왕족 및 일반인

② 유형

단릉	1봉1실로 조성된 능역
쌍릉	2봉 2실로 조성된 능역
합장릉	1개의 봉분 안에 두분을 모신 형태
동봉삼실릉	1개의 봉분안에 세분을 모신 형태
동원이강릉	정자각을 중심으로 좌우로 두 개의 소구릉에 각 1릉씩 두는 형식

③ 대표적인 왕릉

고양 서오릉	경릉(의경세자=덕종), 창릉(예종), 익릉(인경왕후), 명릉(숙종), 홍릉(정성왕후)
구리 동구릉	건원릉(태조), 목릉(선조), 원릉(영조), 현릉(문종), 휘릉(장렬왕후), 숭릉(현종), 혜릉(단의왕후), 수릉(효명세자=익종), 경릉(헌종)
영월 장릉	단종
여주 영녕릉	영릉(英陵, 세종), 영릉(寧陵, 효종)
서울 선정릉	선릉(성종), 정릉(중종)
서울 헌인릉	헌릉(태종), 인릉(순조)
화성 융건릉	융릉(사도세자=장조), 건릉(정조)
남양주 광릉	세조
남양주 홍유릉	홍릉(고종), 유릉(순종)
북한 소재	제릉(태조원비), 후릉(정종)

4) 불교 문화재

(1) 사찰

① 가람의 배치

일탑가람식	•사역 내에 남문, 중문, 탑, 금당, 강당을 일직선상에 차례로 세우고, 주위를 회랑이 감싸고 있는 형태(일탑일금당형) •백제에서 완성 된 가람양식 •백제 미륵사지, 백제 정림사지, 신라 고선사지 등
쌍탑가람식	•금당 앞에 동서 양탑을 세우는 방식(쌍탑 1금당식) •통일신라의 대표적인 사원 건축 배치 방식 •신라 감은사지, 신라 불국사 등
일탑삼금당식	•탑 하나에 금당 셋을 배치하는 양식 •고구려에서 시작한 배치 방식 •고구려 정릉사지, 신라 분황사, 신라 황룡사 등

② 사찰에 배치하는 전각

대웅전	대웅보전, 석가모니를 모시는 건물, 사찰의 중심 건물
관음전	원통전, 관세음보살을 모시는 건물, 현세 기복적 성격
비로전	대적광전, 대광보전, 비로자나불(깨달음의 부처)을 모시는 건물
극락전	무량수전, 미타전, 아미타불을 모시는 건물, 정토신앙
약사전	약사여래를 모시는 건물, 질병이나 재앙을으로부터 보호
팔상전	부처님의 일대기를 그린 그림을 배치한 건물
나한전	응진전, 부처님의 제자인 나한을 모신 건물

③ 주요 사찰

3보사찰	•불보사찰 : 양산 통도사, 부처님의 진신사리를 모신 곳 •법보사찰 : 합천 해인사, 부처님의 말씀(팔만대장경과 장경판전) •승보사찰 : 순천 송광사, 고승의 배출과 수양, 수선사 결사(지눌)
5대 적멸보궁	•부처님의 진신사리를 모신 사찰 •양산 영축산 통도사, 평창 오대산 상원사, 인제 설악산 봉정암, 영월 사자산 법흥사, 정선 태백산(함백산) 정암사
8대 총림	송광사, 해인사, 수덕사, 백양사, 통도사, 동화사, 쌍계사, 범어사

④ 시대별 주요 사찰과 건물

고구려	금강사, 영탑사, 육왕사 등 창건
백제	익산 미륵사지, 부여 정림사지 등 창건
신라	홍륜사, 영흥사, 황룡사, 분황사 등 창건
통일신라	불국사, 부석사 창건, 쌍탑일금당식 배치가 주로 이루어짐
고려	봉정사 극락전, 부석사 무량수전, 수덕사 대웅전, 부석사 조사당
조선	금산사 미륵전, 화엄사 각황전, 해인사 장경판전, 무위사 극락전

(2) 불탑

① 의미 : 석가모니의 사리를 모신 불교식 무덤 건축
② 탑의 종류

목탑	목재로 축조한 탑으로 불교 전래 초기 주로 건축, 대부분 소실 ex〉황룡사 9층 목탑(소실), 법주사 팔상전(조선) 등
석탑	화강암 재질의 탑, 현재 남아있는 대부분의 탑 형태 ex〉불국사 3층 석탑(남북국), 미륵사지 석탑(백제) 등
전탑	벽돌로 축조한 탑 ex〉법흥사지 칠층전탑(남북국), 운흥동 오층전탑(남북국) 등
모전석탑	전탑을 모방하여 벽돌모양의 작은 석재로 축조한 탑 ex〉분황사 모전석탑(신라)

③ 석탑의 구성
  • 기단부, 탑신부, 상륜부 등으로 이루어짐
  • 찰주 : 탑 꼭대기에 세운 장식의 중심을 뚫고 세운 기둥
  • 보륜 : 탑의 상륜부에 있는 금속 장식, 상륜부에서 가장 중요한 부분
  • 복발 : 탑의 노반 위에 밥그릇을 엎어 놓은 것처럼 만든 장식
  • 옥개석 : 석탑 위 지붕처럼 덮은 돌
  • 탱주 : 석탑 기단부 중간에 일정 간격으로 세운 기둥

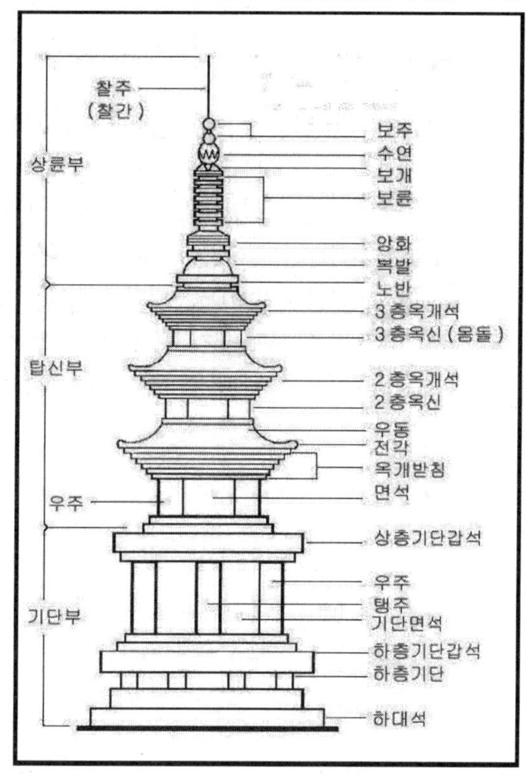

④ 시대별 불탑
  ㉠ 고구려 : 주로 7층이나 9층의 목탑 건축, 현존X
  ㉡ 백제
    • 익산 미륵사지 석탑 : 목탑양식의 석탑, 초기 석탑 양식
    • 부여 정림사지 5층 석탑 : 과거 평제탑이라고 불림
  ㉢ 신라 : 분황사 모전석탑(중국 전탑양식 모방)

ㄹ 통일신라

특징	주로 3층 석탑 제작
주요 불탑	•감은사지 3층 석탑 •불국사 3층 석탑 •불국사 다보탑 •화엄사 4사자 삼층석탑 •경주 안강 정혜사지 13층 석탑 •충주 탑평리 7층 석탑 •진전사지 3층 석탑

ㅁ 고려

특징	다각다층탑 유행
주요 불탑	•월정사 8각 9층 석탑 •경천사지 10층석탑 : 원나라 석탑 양식 영향 •예천 개심사지 5층 석탑 : 신라 양식 계승 •개성 남계원지 7층석탑 : 신라 양식 계승 •익산 왕궁리 5층석탑 : 백제 양식 계승 •부여 무량사 5층 석탑 : 백제 양식 계승

ㅂ 조선

•원각사지 10층 석탑 : 고려 말 경천사지 10층 석탑에 영향을 받은 탑(세조)

•법주사 팔상전 : 조선 후기 제작, 현존하는 우리나라 유일한 목탑

•기타 : 낙산사 7층 석탑, 여주 신륵사 다층 석탑, 수족사 8각 5층 석탑 등

(3) 불상

① 재료에 따른 불상의 종류

금불상	신라 황복사지 순금불상, 나원리 오층석탑 순금불입상, 고려 왕륜사 순금장도상
금동불상	구리 · 주석 등의 합금인 동으로 만든 불상, 불국사 금동비로자나불좌상, 불국사 금동아미타여래좌상, 백률사 금동약사여래입상
철불상	장흥 보림사 철조비로자나불좌상, 남원 실상사 철불, 철원 도피안사 철조비로자나불좌상, 하남 하사창동 철조석가여래좌상
목불상	일본 광륭사 목조미륵반가사유상, 합천 해인사 목조희랑대사상
석불	석굴암 본존불, 서산마애삼존불, 태안 마애삼존불
소조불	점토로 만든 불상, 영주 부석사 소조여래좌상, 부여 무량소조아미타삼존불상
협저상	종이나 천으로 불상을 만든 후 옻칠을 한 불상, 경주 기림사 건칠보살반가상

② 불격에 따른 불상의 종류

부처(여래)	진리를 깨달은 사람 ex〉비로자나불, 아미타불, 약사불, 미륵불 등
보살	부처의 자비행을 실천하여 중생을 교화하고자 노력하는 대승불교의 이상적인 수행자상 ex〉미륵보살, 관음보살, 지장보살 등
천부	불교를 수호하는 신, 토착신들이 불교에 흡수된 것, ex〉범천, 제석천, 사천왕 등
나한	부처님을 따르던 제자와 여러 나라에서 존경받는 고승 ex〉십대제자, 유마거사 등

③ 시대별 대표 불상

삼국	고구려	금동연가7년명여래입상, 금동신묘명삼존불입상, 금동미륵보살반가사유상
	백제	서산 마애삼존불상, 태안 마애삼존불입상, 금동관음보살입상
	신라	경주 배동 석조여래삼존입상
통일신라		석굴암 본존불, 불국사 금동비로자나불좌상, 불국사 금동아미타여래좌상, 백률사 금동약사여래입상, 도피안사 철조비로자나불좌상
고려		논산 관촉사 석조미륵보살입상, 하남 하사창동 철조석가여래좌상

(4) 석등

① 불을 밝히기 위해 돌로 만든 등, 사찰의 법당이나 불탑 앞에 설치
② 시대별 석등
- 통일신라 시대 : 속리산 법주사 쌍사자 석등, 구례 화엄사 각황전 석등, 영주 부석사 무량수전 앞 석등
- 고려 : 논산 관촉사 석등, 여주 신륵사 석등
- 조선 : 양주 회암사지 무학대사탑 앞 쌍사자 석등

(5) 부도(승탑)와 탑비

① 부도 : 승려의 사리탑
② 부도의 형태에 따른 분류
- 팔각원당형 : 염거화상탑, 여주 신륵사 팔각원당형 석조 부도
- 오륜형 : 정토사지 흥법국사탑
③ 탑비 : 고승의 기념비
④ 대표적인 탑비 : 보령 성주사지 낭혜화상탑비, 원주 법천사지 지광국사탑비, 서울 원각사지 대원각사비

(6) 당간과 당간지주

① 당간 : 일종의 깃대로 사찰의 입구에 세워 법회나 기도 등의 행사가 있을 때나 불전을 장엄하게 하기 위해 사용되는 시설, 당(幢)이라는 깃발을 다는 시설 ex〉 칠장사 당간

② 당간지주 : 당간을 지지해 주는 지지대   ex〉 안양 중초사지 당간지주

(7) 사찰문

① 일주문 : 사찰의 입구에 있는 문, 일주문의 기둥이 하나로만 되어 있는 것은 일심(一心)을 의미

② 금강문(인왕문) : 사찰의 진입로에 있는 문, 금강역사(나라연금강, 밀적금강)를 모시는 문, 불법을 수호하고 속세의 더러움을 씻어내는 의미

③ 사천왕문 : 사찰의 중심 전각 앞에 있는 문, 사악한 무리가 불법의 세계로 진입하지 못하게 한다는 상징성을 지님

> *** 사천왕**
>
> 동(지국천왕, 비파), 서(광목천왕, 용·여의주), 남(증장천왕, 칼), 북(다문천왕, 탑)

④ 불이문(해탈문) : 본전에 이르는 마지막 문, 진리는 둘이 아니라는 뜻, 속된 마음을 돌려서 해탈의 세계에 이르게 한다는 의미를 가짐

(8) 괘불(괘불탱)

① 야외에서 개최되는 불교 의식에 사용하는 대형 불화

② 대표적 괘불 : 청양 장곡사 미륵불괘불탱, 안성 칠장사 오불회괘불탱

(9) 법구(法具) : 불교 의식에 사용되는 도구

① 운판 : 구름 모양의 넓은 청동판이나 철판, 식사시간을 알릴 때 사용

② 목어 : 물고기 모양으로 나무를 깎고 속을 비워 만든 악기

③ 법고 : 아침·저녁 예불시간을 알리거나 불교의식을 거행할 때 사용하는 북

④ 범종 : 불교에서 사용하는 종, 불교의식 때나 시간을 알리기 위해 사용

> ***우리나라의 범종**
>
> •통일신라 : 상원사 동종, 성덕대왕신종
>
> •고려 : 용주사 범종, 내소사 범종
>
> •조선 : 홍청사명 동종, 갑사 동종

⑤ 발우 : 승려들이 공양(식사)할 때 사용하는 식기

⑥ 금고 : 금속으로 만든 북, 절에서 대중을 불러 모으거나 급한 일을 알리는데 두드리는 도구

⑦ 요령 : 손으로 흔들어서 소리를 내는 금속의 법구, 방울소리를 내는 종

⑧ 경(磬) : 불경을 읽거나 범패를 할 때 사용하는 법구, 돌이나 옥·구리·철로 제작

⑨ 법라 : 소라의 끝 부분에 금속 피리를 붙여 만든 악기

⑩ 불자 : 수행자의 번뇌를 떨어내는 상징적인 기구

⑪ 석장 : 승려가 휴대하고 다니는 지팡이

⑫ 죽비 : 수행 시 졸음을 쫓을 때 사용하는 대나무로 만든 것

⑬ 윤장대 : 경전을 넣은 책장에 축을 달아 회전하도록 만든 나무 책궤

⑭ 바라(자바라) : 심벌즈처럼 철판을 부딪쳐 소리 내는 타악기

⑮ 염주 : 염불 횟수 세는 구슬

(10) 불교춤

나비춤	해탈의 이념을 담고 있는 춤으로, 불법을 상징하는 의미 불교의식 무용 가운데 가장 중요한 춤
바라춤	불법 수호와 홍포에 대한 기대를 담고 있는 춤
법고춤	중생제도의 사상을 담고 있는 춤

5) 전통 건축

(1) 전통 건축의 구성요소

① 기단 : 건물의 하부구조로, 건물의 하중을 지반에 골고루 전달하고, 빗물과 지하수로부터 건물을 보호

② 초석(주춧돌) : 기둥 밑에 위치하여 상부로부터 전달되는 하중을 지면에 전달하는 기초 석재

③ 처마 : 서까래가 기둥 밖으로 빠져나간 부분, 서까래. 부연, 평고대, 연함, 추녀, 사래 등으로 구성

④ 서까래 : 지붕을 받쳐주는 갈비뼈 모양의 구조물

⑤ 추녀 : 처마와 처마가 만나는 지점에 걸쳐 있는 건축재, 지붕의 하중을 받는 부재

⑥ 공포 : 처마 밑에 설치된 부재로, 지붕의 무게를 기둥이나 벽으로 전달하는 역할

⑦ 보 : 기둥과 벽체 위에 수평으로 걸친 구조부재, 대들보·퇴량·충량·우미량·귓보 등

⑧ 도리 : 기둥과 기둥 위 머리를 잇는 부재, 서까래를 받쳐 지붕 무게를 지탱하는 역할

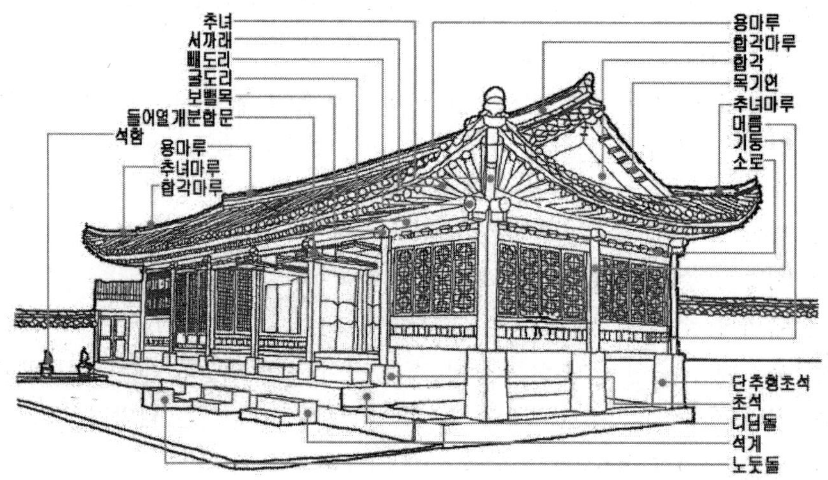

(2) 지붕의 종류

① 맞배 지붕 : 지붕판이 용마루에서 맞닿은 가장 간단한 지붕 형태, 한옥의 전통 가옥에서 많이 사용

ex〉 종묘 정전, 봉정사 극락전, 수덕사 대웅전

② 우진각 지붕 : 네 면으로 지붕면을 형성한 지붕, 성문과 궁궐의 대문, 문루 등에 사용

ex〉 광화문, 숭례문, 창덕궁 돈화문

③ 팔작 지붕 : 맞배지붕과 우진각지붕이 합쳐진 지붕 구조, 궁실의 법전이나 절의 금당 등 중요건물의 지붕으로 대체로 사용

ex〉 경복궁 근정전, 부석사 무량수전

④ 모임 지붕 : 하나의 꼭짓점에 지붕골이 모이는 형태의 지붕, 주로 정자건축에 사용, 사모, 육모, 팔모, 원형지붕 등

ex〉 경복궁 향원정

(3) 기둥 양식

① 민흘림기둥 : 원형 기둥이 위로 올라가면서 가늘어지는 방식

　　ex〉 개심사 대웅전, 서울숭례문, 쌍봉사 대웅전

② 배흘림기둥 : 원형 기둥의 중간이 굵고 위와 밑으로 가면서 가늘어지는 방식

　　ex〉 부석사 무량수전

(4) 공포 양식

① 주심포 양식 : 건물의 기둥에만 공포를 배치하는 양식

　　ex〉 봉정사 극락전, 부석사 무량수전, 수덕사 대웅전, 무위사 극락전, 성불사 극락전

② 다포 양식 : 주심포 양식과 달리 기둥 사이 주간에도 공포를 배치하는 방식,

　　ex〉 경복궁 근정전, 창덕궁 인정전, 덕수궁 중화전, 남대문, 동대문

③ 익공 양식 : 기둥 상부에 새 날개 모양의 익공을 설치하여 공포를 형성하는 양식,
조선 초기 우리나라에서 독자적으로 개발 된 양식으로 향교, 서원 등에 사용

　　ex〉 종묘 정전, 수원화성 서장대, 서울문묘 명륜당 본채, 강릉 칠사당

④ 절충 양식 : 다포를 주로하여 주심포를 혼합·절충 한 방식으로 조선 초기에 주로
사용. 절충식 다포, 주심 다포, 화반 다포라고도 부름

　　ex〉 평양 보통문

⑤ 하앙공포 양식 : 처마를 들어 올리고 깊게 돌출시키기 위해 발달 된 양식

　　ex〉 화암사 극락전(유일)

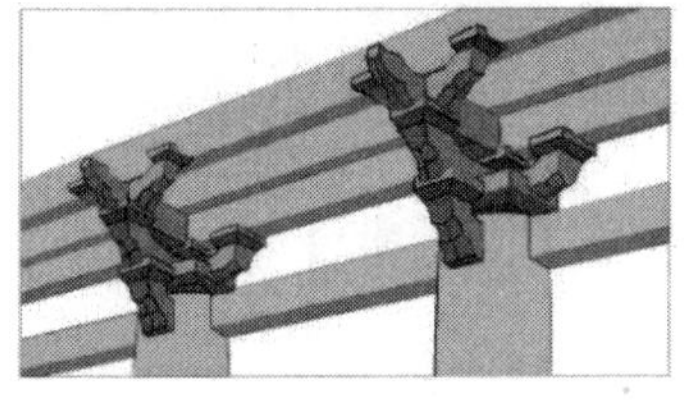

▲ 주심포 양식

▲ 다포 양식

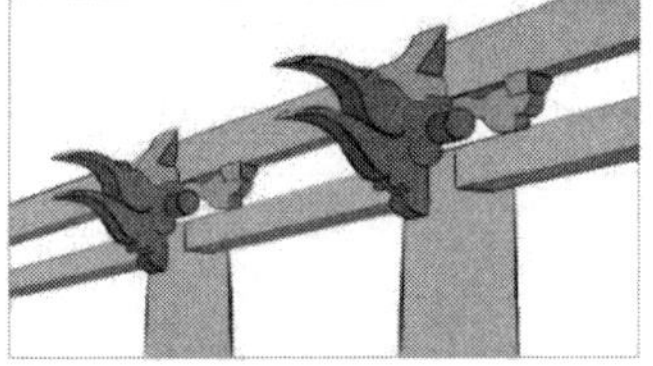

▲ 익공 양식

(5) 기와의 구조

① 막새(와당) : 처마끝에 부착되는 장식 기와, 수막새 / 암막새

② 곱새 기와(망와) : 내림마루, 귀마루(추녀마루) 끝단의 장식기와

③ 잡상 : 추녀마루 위에 올리는 사람과 동물 모양의 장식

④ 치미(취두) : 용마루의 양 끝에 높게 부착하던 대형의 장식기와

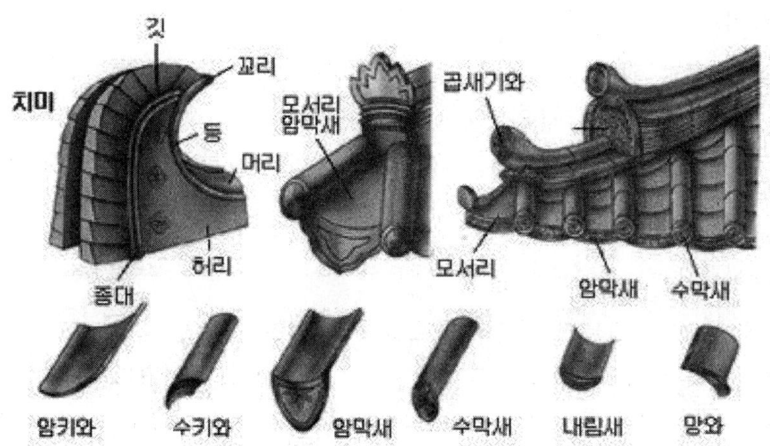

(6) 단청

① 의미 : 절이나 궁의 건물, 또는 누각 등의 벽·기둥·천장 같은 데에 여러 가지 빛깔로 그림과 무늬를 아름답고 장엄하게 그리는 것. 또는, 그 그림이나 무늬

② 오방색 : 청색, 적색, 황색, 백색, 흑색

　　　　　음양오행의 철학과 자연의 아름다움을 담고 있음

③ 목적 : 건물의 권위 부여하고 목재를 비바람이나 병충해로부터 보호

④ 기원 : 삼국시대 고분 등에서 확인할 수 있음, 불교 수용 이후 더욱 발전

⑤ 단청의 종류

가칠단청	문양을 그리지 않고 바탕색으로 마무리하는 단순한 형태
긋기단청	가칠단청 위에 줄을 그어 장식하는 기법
모로단청	기둥, 대들보, 서까래 등의 머리 부분에 칠하는 방법
얼금단청	모로단청과 금단청의 중간 단계
금단청	가장 화려하고 복잡한 단청 방법
머리초	긴 부재의 양단에 장식되는 단청

(7) 구들(온돌)

① 방바닥을 따뜻하게 데워 난방하는 한국의 전통 난방 방식

② 아궁이, 부넘기, 고래, 개자리, 굴뚝 등으로 구성

③ 초가집, 기와집, 궐내 전각 등 모든 건물에서 사용

6) 도자기

(1) 고려 청자

① 순청자 : 문양이나 장식이 없는 청자, 12C 발달
② 상감청자 : 청자의 바탕에 문양을 음각하고 백토나 자토로 메워 넣어 만든 도자기
③ 철화청자 : 산화철 물감을 사용해 표면에 무늬를 그린 청자
④ 동화청자 : 구리 성분의 안료로 무늬를 그린 후 구워내어 만든 청자
⑤ 화금청자 : 청자의 무늬 가장자리에 금으로 장식한 청자
⑥ 퇴화청자 : 점력이 강한 백토나 자토를 이용해 문양을 그린 청자

> *** 청자 제작기법**
> - 음각 기법 : 밑그림을 그리고 그 부분을 조각칼로 파내는 기법
> - 철화 기법 : 산화철을 안료로 사용하는 기법
> - 진사 기법(동화) : 구리를 주성분으로 하는 안료 사용
> - 상감기법 : 표면을 음각한 후 파인 부분에 백토나 자토를 채워 장식
>   12~13C 집중 발달, 강진·부안 등에서 생산

(2) 분청 사기

① 청자를 만들던 흙으로 그릇을 빚고, 그 위에 백자를 만들 때 사용하는 백토를 발라 구운 자기
② 14~15C 초 유행
③ 장식 기법

인화	문양이 새겨진 도장을 찍은 후 그 홈에 백토를 채워 장식
조화	그릇 표면을 귀얄로 백토를 얇게 칠한 후 그 위에 그림을 그리는 것
철화	산화철을 안료로 그림을 그리는 기법
귀얄기법	귀얄(붓)로 백토만을 바르는 기법
덤벙(담금, 분장)	백토를 탄 물에 담그는 기법

(3) 조선 백자

① 16C 이후 유행
② 조선시대 선비들이 추구한 절제와 청결, 담박함, 안분지족의 삶이 담겨 있음

③ 백자의 종류

순백자	순수한 흰색의 자기로, 조선 백자의 기본
상감백자	고려시대 상감청자의 기법을 그대로 계승한 것으로 15세기 제작
청화백자	푸른 코발트 안료로 문양을 낸 백자, 조선시대 새롭게 제작된 독특한 형태의 도자기
철화백자	생활자기로서 생산되어 임진왜란 이후 조선말까지 서민들을 중심으로 활용
진사백자	산화구리로 인해 붉은색으로 발색 된 청자

3장 무형문화재

1) 연극과 민속놀이

(1) 인형극 : 남사당놀이, 꼭두각시놀음, 박첨지놀음, 홍동지놀음 등

(2) 가면극

① 서낭 굿 계통 : 하회별신굿탈놀이, 강릉 관노 탈놀이

> *** 하회별신굿탈놀이(국가무형유산)**
> - 마을의 수호신인 성황님께 마을의 평화와 농사의 풍년 기원
> - 안동 하회마을에서 500년 전부터 설달 보름날 거행, 11개의 탈 사용

② 산대도감 계통(중부지방) : 양주별산대놀이, 송파산대놀이 등

> *** 양주별산대놀이(국가무형유산)**
> - 경기도 양주군에서 전승되는 산대놀이 계통의 탈놀이
> - 춤과 무언극, 덕담과 익살이 어우러진 민중놀이

③ 오광대 계통 : 통영오광대, 고성오광대, 가산오광대 등

④ 야류(들놀음) 계통 : 동래야류, 부산 수영야류

⑤ 해서계통 : 황해도 일대 가면극, 봉산탈춤, 강령탈춤, 북청사자놀음(함경도)

⑥ 사당패 덧보기 : 남사당패의 탈춤놀이, 해학적이고 사회 풍자적인 내용으로 구성

(3) 민속놀이

① 줄다리기 : 2015년 유네스코 인류무형문화유산 등재, 영산줄다리기, 기지시줄다리기 등

② 광주 칠석 고싸움놀이 : 풍요 기원하며 정월대보름 전후에 남성의 격렬한 집단 놀이, 주로 전라남도에서 행해짐, 노끈 한 가닥을 길게 늘여 둥근 모양으로 맺은 '고'가 서로 맞붙어 싸우는 놀이

③ 안동 차전놀이(동채싸움) : 정월 대보름을 전후로 행해지는 민속놀이, 동채싸움

④ 영산 쇠머리대기 : 나무로 만든 소를 어깨에 메고 맞부딪쳐 승부를 가리는 놀이, 풍년을 기원하는 마을공동체 놀이

⑤ 남사당놀이 : 2009년 유네스코 인류무형문화유산 등재 꼭두쇠(우두머리)를 비롯해 최소 40명에 이르는 남자들로 구성된 유랑연예인인 남사당패가 농·어촌을 돌며, 주로 서민층을 대상 연행했던 놀이

⑥ 밀양 백중놀이 : 농사일을 마친 뒤 벌이는 놀이로, 상민과 천민의 한을 익살스럽게 표현한 것이 특징

⑦ 봉죽놀이 : 풍어를 기원하며 즐기는 소리와 춤이 어우러진 민속놀이

2) 음악

(1) 궁중음악

① 정악(아악) : 국가 제례에 사용되는 음악으로, 악기 연주뿐 아니라 노래와 춤까지 함께 구성된 종합적인 개념, 제례악·연례악 등이 해당

② 향악 : 순수한 한국형의 궁중음악으로, 삼국시대 이후 조선말까지의 한국 전래음악을 지칭

③ 당악 : 중국 당·송대의 연향음악을 수용한 궁중음악으로, 중국과 한국 형식의 조합

④ 대취타 : 왕 또는 귀인의 행차 및 군대 행진에서 연주되던 군례악

⑤ 종묘제례악

- 조선시대 왕과 왕비의 신위를 모신 종묘에서 지내는 제사 때 사용하는 음악
- 형식과 내용 면에서 아악과 당악, 향악적 요소를 포괄
- 보태평 11곡, 정대업 11곡을 제례 전반에 걸쳐 나누어 부름
- 1964년 국가무형유산 지정, 2001년 인류유네스코 무형문화유산 지정

(2) 판소리

① 소리꾼이 북 장단에 맞춰 노래, 말, 몸짓을 섞어 이야기를 풀어내는 전승 예술

② 고수(북 치는 사람)의 장단에 맞추어 소리꾼이 소리(노래), 아니리(말), 너름새(몸짓)를 섞어가며 이야기를 함

③ 고수(북 치는 사람)와 청중이 '얼씨구', '좋지' 등과 같은 추임새를 하며 판소리 판에 몸소 참여

④ 12마당 중 5마당 전승 : 춘향가, 심청가, 흥부가, 수궁가, 적벽가

⑤ 2003년 유네스코 인류무형문화유산 지정

(3) 민요

① 통속민요

- 넓은 지역에 퍼져서 음악적으로 많이 세련되고 다듬어진 민요
- 아리랑, 밀양아리랑, 도라지타령, 방아타령, 농부가, 수심가 등

② 토속민요

- 어느 한 지역에 한정되어 불리고 있는 민요
- 농요, 어요, 의식요, 부녀요 등

③ 지역별 민요

경기민요	•서울과 경기도, 충청도 지방에서 불리던 민요 •아리랑, 천안삼거리, 군밤타령, 경복궁타령, 창부타령 등
남도민요	•전라도 지방을 중심으로 충청남도와 경상남도 일부 지역을 포함하는 지역에서 불리던 민요 •농부가, 진도아리랑, 홍타령, 강강술래, 육자배기 등
동부민요	•함경도, 강원도, 경상도 등 한반도 동부 지역에서 불리던 민요 •밀양아리랑, 정선아리랑, 신고산타령 등
서도민요	•평안도와 황해도 지방에서 불리는 민요 •수심가, 산염불, 몽금포타령 등
제주도민요	•제주도에서 불리는 토속적이고 통속적인 민요 •해녀 노젓는 소리, 오돌또기, 너영나영, 맷돌노래 등

(4) 농악

① 전통 사회에서 농민들이 풍물을 치면서 풍년을 기원하고 일 년의 액운을 막고 고된 농사일을 덜기 위해 행하는 문화 행사
② 악기 : 꽹과리, 장구, 북, 징, 태평소, 나발, 피리, 대금 등
③ 지역별로 호남좌도농악, 호남우도농악, 영남농악, 경기농악(웃다리농악), 영동농악 등으로 구분
④ 2014년 유네스코 무형유산으로 지정
⑤ 진주삼천포농악, 평택농악, 이리농악, 강릉농악, 등 국가무형유산 지정

(5) 사물놀이

① 의미 : 꽹과리, 장구, 북, 징 4가지 타악기를 연주하는 음악과 놀이
② 장구는 비, 꽹과리는 번개, 징은 바람, 북은 구름을 의미
③ 호남우도농악, 짝두름, 비나리, 설장고놀이, 판굿, 길군악칠채 등

(6) 농요

① 고된 농사일의 피로를 풀기 위한 노래, 들노래 또는 농사짓기
② 고성 농요, 예천통명농요, 남도 들노래, 영동설계리농요 등
③ 작물을 재배하는 과정에서 부르는 민요가 거의 대부분이며, 가축을 키우는 과정에서 부르는 민요도 포함

(7) 가곡

① 시조시(한국 고유의 정형시)에 곡을 붙여서 관현악 반주에 맞추어 부르는 우리나라 전통 음악

② 2010년 유네스코 인류무형문화유산 등재

(7) 가사 : 비교적 긴 가사체의 사설을 노래하는 성악곡(현악기 제외)

3) 무용

(1) 궁중 무용

① 처용무
- 궁중무용 중에서 유일하게 사람 형상의 가면을 쓰고 추는 춤
- 음양오행설에 근거하여 악운을 쫓는 의미가 담겨 있음(전염병 퇴치, 벽사)
- 5명의 무용수가 동서남북과 중앙의 5방향을 상징하는 옷을 입고 춤
- 2009년 유네스코 인류무형문화유산 등재

② 춘앵무
- 조선 순조 때 효명세자가 만든 궁중무용
- 길이 여섯 자의 제한된 화문석 위에서 한없이 느리게 추는 우아한 독무

③ 태평무
- 나라의 평안과 태평성대를 기원하는 뜻을 담은 춤
- 복잡한 장단과 경쾌한 발놀림이 특징

(2) 민속무용

① 살풀이춤 : 액을 풀기 위해 굿판에서 추던 춤에서 유래한 민속무용
② 승무 : 승복을 입고 추는 춤(흰 장삼, 붉은 가사, 고깔), 불교적 색채
③ 승전무 : 경남 통영에서 전승된 춤으로, 북춤, 칼춤, 입춤이 합쳐진 춤, 충무공과 연관
④ 진주검무 : 무사복을 입은 8명의 무용수가 칼을 휘저으며 추는 여성검무
⑤ 강강술래 : 노래, 무용, 음악이 어우러진 원시종합예술로, 우리나라의 고유한 정서와 리듬이 잘 담겨 있음

(3) 불교무용

① 바라춤 : 바라를 들고 다라니와 진언에 맞춰 추는 춤
② 나비춤 : 극히 좁은 공간에서 느리고 완만하게 추는 춤
③ 법고춤 : 북을 두드리며 추는 춤

무용	분류 내용
궁중 무용	처용무, 검무, 춘앵무 등
민속 무용	승무, 살풀이춤, 한량무, 진주검무 등
불교 무용	바라춤, 나비춤, 법고춤

4) 종교 및 무속의식

(1) 굿

① 성격 : 무당이 신과 소통하는 무속 제의로 음악, 춤, 의복, 연극적 요소 등이 어우러진 종합예술(종교적, 예술적, 민속적)

② 무당의 유형

강신무	•신령이 몸에 내려오는 강렬한 신적 체험(강신체험)을 통해 무당이 되는 사람 •강신하는 춤과 노래로 굿을 주관하면서 신의 영력을 얻어 점을 침
세습무	•집안 내림의 무업을 승계하여 무당이 되는 경우 •진도씻김굿, 남해안별신굿 등

③ 굿의 종류

마을굿	마을의 액을 막고 풍농, 풍어를 비는 굿 ex〉도당굿, 별신굿, 서낭굿, 산신굿 등
집굿	집안의 재복, 안녕을 기원하는 굿 ex〉재수굿, 천신굿, 안택굿 등
넋굿	죽은 혼을 위로하는 굿 ex〉진오귀굿, 씻김굿, 다리굿, 시왕굿 등
내림굿	몸에 내린 신을 맞아 무당이 되기 위해 벌이는 굿 신굿, 명두굿, 강신제라 부르기도 함

④ 대표적인 굿

은산별신제	•백제 군사의 넋을 위로하고 마을의 평화와 풍요를 기원하는 향토축제
진도씻김굿	•망자의 극락왕생을 기원하는 무속의례로, 춤과 노래, 음악, 소리 등이 특징
동해안별신굿	•부산 동래에서 강원 고성군까지 이어지는 남부 동해안 지역에서 마을의 풍요와 번창을 위해 행하는 마을굿
남해안별신굿	•경상남도 거제도를 중심으로 통영시, 한산도, 사량도, 욕지도, 갈도, 죽도 등에서 벌어지는 마을굿
서해안 배연신굿	•한 해 동안 바다에서 안전과 풍어를 빌기 위해 행하는 무속의례
위도 띠뱃놀이	•전북 부안에서 마을의 평안과 풍어를 기원하는 마을 공동제의
경기도 도당굿	•11월 초순경 경기 남부 지역에서 세습무들이 행하는 마을굿
서울 새남굿	•서울 지역의 전통적인 망자천도굿, •유교와 불교 등의 사상을 수용하여 의례 구성
제주칠머리당영등굿	•제주도 특유의 해녀 신앙과 민속 신앙이 담긴 굿 •2009년 유네스코 세계무형문화유산 등재

영산재	•불교의 영혼천도 의식, 49재의 한 형태(극락왕생 기원) •석가모니 부처님의 설법회상을 재현하는 의식 •2009년 유네스코 인류무형문화유산 지정

(2) 유교의식

① 종묘제례(대제)
- 조선시대 역대 왕과 왕비의 신위를 모셔놓은 사당인 종묘에서 행해지는 제사
- 정시제(1, 4, 7, 10월)와 임시제(길흉사)로 나뉨, 종묘제례악에 맞추어 진행
- 현재는 5월 첫 째 일요일에 행해짐
- 종묘제례악과 함께 유네스코 인류무형문화유산 등재

② 석전대제
- 문묘에서 공자와 선성선현에게 제사를 지내는 의식(문묘대제)
- 유교적 제사 의식의 전범으로 가장 규모가 큰 제사

③ 사직대제
- 땅과 곡식의 신에게 드리는 국가적인 제사
- 사(社)는 땅의 신, 직(稷)은 곡식의 신을 의미
- 9월 첫 째 일요일에 거행

5) 전통공예

(1) 갓일

① 갓을 만드는 과정으로, 가볍고 유연하면서도 기품을 드러내는 갓을 생산하는 것
② 총모자, 양태, 입자로 구성

(2) 나전장

① 조개껍질을 이용해 기물을 장식하는 나전칠기를 제작하는 기능이나 그 장인
② 고려시대 이후 우리나라에서 가장 성행한 칠공예 장식 기법
③ 연마, 옻칠, 광내기와 같은 과정을 거쳐 완성

(3) 한산모시짜기

① 충청남도 서천군 한산 지역의 전통 모시 직조 기술
② 모시를 짜는 기술뿐만 아니라 모시를 생산하는 전 과정을 함께 즐기는 오락적 성격
도 가짐
③ 2011년 유네스코 인류무형문화유산 등재

(4) 장도장

① 호신용 칼인 장도를 만드는 기능과 그 기능을 가진 사람
② 칼자루와 칼집에 화려하게 시문하여 외형에 치중하는 경우도 있음

(5) 낙죽장

① 불에 달군 인두로 대나무에 글씨나 그림을 새기는 기술을 가진 사람
② 남원, 순창, 임실 등지에서 대대로 전통 낙죽 기법의 명맥을 계승

(6) 유기장

① 놋쇠를 다루어 기물을 만드는 장인
② 금속 배합 성분에 따라 음계가 달라지고 만드는 방식도 다양

6) 향토술(전통주)

(1) 국가무형문화재

① 문배주 : 평안도 지역 전통주, 문배나무의 과실 향
② 면천두견주 : 충남 당진 면천면 전통주, 진달래꽃의 향과 맛이 담긴 술
③ 경주교동법주 : 경주 최씨 집안에서 대대로 빚어온 전통주

(2) 시도무형문화재

① 전주 이강주 : 전북 전주 지역의 향토주, 배와 생강이 들어간 증류주
② 한산 소곡주 : 충남 서천군 한산면의 백제부터 이어져온 전통주, 앉은뱅이술
③ 진도 홍주 : 전남 진도지역 전통주, 쌀과 보리, 지초를 주재료로 하여 만든 술

5장 민속문화재 / 사적

1) 민속 마을

(1) 안동 하회마을

① 경북 안동지역 풍산 류씨 집성촌,

② 한국의 전통생활문화와 고건축양식을 잘 보여주는 문화유산들이 잘 보존

③ 마을의 공간 배치가 조선시대 사회구조와 독특한 유교적 양반문화를 잘 보여줌

④ 하회별신굿탈놀이, 선유줄불놀이 등 전통 유지

⑤ 국가민속문화유산 지정, 2010년 유네스코 세계문화유산 지정(한국의 역사마을)

(2) 경주 양동마을

① 경북 경주지역 월성 손씨와 여강 이씨 집성촌

② 전통 민속마을 중 가장 큰 규모와 오랜 역사를 가짐

③ 무첨당, 향단, 관가정, 낙선당 등 건축물 소재

④ 마을 주변에 옥산서원, 독락당, 동강서원 등의 문화재 소재

⑤ 국가지정문화유산 지정, 2010년 유네스코 세계문화유산 지정(한국의 역사마을)

(3) 아산 외암마을

① 충남 아산 예안 이씨 집성촌

② 16세기 중반에 기원하여 반촌으로 진화

③ 고택, 초가집, 초가돌담 보존, 60여 가구가 살고 있음

④ 참판댁, 건재고택, 병사댁, 감찰댁 등 택호 소재

⑤ 국가민속문화유산 지정

(4) 제주 성읍마을

① 제주 서귀포시 소재,

② 제주도의 전통가옥과 생활문화가 잘 보존된 민속마을

③ 정의향교, 일관헌, 고평오 가옥, 이영숙 가옥, 조일훈 가옥 등 유형문화재 소재

④ 오메기술, 고소리 술, 제주민요 등 무형문화재 소재

(5) 고성 왕곡마을

① 강원도 고성군 소재, 강릉 함씨 · 강릉 최씨 · 용궁 김씨 집성촌

② 동해안의 수려한 자연환경 속에 자리한 전통 한옥마을
③ 북방식 한옥(ㄱ자 형태), 기와집과 초가집 혼재

(6) 성주 한개마을

① 경북 성주군 성산이씨 집성촌,
② 풍수적으로 배산임수의 길지에 위치
③ 다섯 개의 작은 마을들이 하나의 큰 마을을 이루
④ 흙돌담과 기와가 얹어진 전통 한옥이 잘 보존

(7) 봉화 닭실마을

① 경북 봉화군, 안동 권씨 집성촌
② 풍수지리에 따른 금계포란형 지형이라고 하여 붙여진 이름
③ 전통적 마을경관이 잘 보존
④ 청암정과 석천계곡 등 소재

(8) 영주 무섬마을

① 경북 영주시, 반남 박씨 · 예안 김씨 집성촌
② 마을 전체가 고택과 정자로 구성
③ 까치구멍집, 겹집, 남부지방 민가 등 다양한 형태의 구조와 양식을 갖춘 가옥 소재
④ 해우당고택, 만죽재고택 등 소재

2) 3대 읍성

(1) 서산 해미읍성

① 충남 서산 소재 사적
② 조선 전기 세종 때 병영으로 축성 된 성,
③ 왜란 이후 효종 때 현치를 이곳으로 옮기며 일반 읍성이 된 특별한 성
④ 동헌과 객사 복원, 천주교 박해의 흔적이 남아 있음
⑤ 지방 읍성의 전형적인 모습을 잘 보여 주고 있음

(2) 순천 낙안읍성

① 전남 순천 소재 사적
② 김빈길이 1397년 축성, 남부 지방 특유의 주거 양식 보존
③ 성과 동헌, 객사, 임경업장군비, 장터, 초가가 원형대로 보존

(3) 고창읍성

① 전북 고창 소재 사적

② 고창의 진산인 반등산을 에워싸며 축조

③ 동, 서, 북문과 3개소의 옹성, 6개소의 치성 등 전략적 요충시설을 갖추고 있음

④ 나즈막한 야산을 이용하여 바깥쪽만 성을 쌓는 내탁법 축성 기법을 사용

4) 의류 및 기타 민속문화유산

(1) 의류

① 덕온공주 당의

② 심동신 금관조복

③ 광해군 내외 및 상궁옷

④ 영조대왕 도포

⑤ 흥선대원군 기린흉배

(2) 기타 민속문화유산

① 강릉선교장 : 조선 양반가의 저택

② 청송 송소고택 : 조선시대 상류주택의 특징을 잘 보존. 슬로시티 지정

③ 태백산 천제단 : 편마암으로 축조된 장방형 석단

④ 장승 : 지역의 경계, 이정표, 마을의 수호신 역할

⑤ 솟대 : 삼한시대 소도의 상징, 마을을 수호하고 풍농을 기원하는 의미

⑥ 방상시탈 : 눈 4개, 궁중에서 나례나 장례에 사용되는 탈로 악귀를 쫓는 역할

⑦ 당산(서낭당) : 마을을 수호하는 서낭신을 모셔 놓은 신당

⑧ 국사당의 무신도

01. 외암민속마을에 관한 설명으로 옳지 않은 것은? (2024년 기출)

① 설화산 남서쪽 자락에 자리잡고 있다.

② 2010년 세계유산에 등재되었다.

③ 충남 아산에 있다.

④ 영암댁, 참판댁, 송화댁 등의 가옥이 있다.

해설 ② 2010년 세계유산에 등재 된 것은 안동 하회마을과 경주 양동마을이다.

정답 ②

02. 유네스코 등재 세계유산(문화유산)을 모두 고른 것은? (2024년 기출)

ㄱ. 남한산성	ㄴ. 흥인지문	ㄷ. 조선왕릉
ㄹ. 창경궁	ㅁ. 화성	ㅂ. 가야고분군

① ㄱ, ㄴ, ㄷ, ㄹ

② ㄱ, ㄷ, ㄹ, ㅁ

③ ㄱ, ㄷ, ㅁ, ㅂ

④ ㄴ, ㄹ, ㅁ, ㅂ

해설 ㄴ 흥인지문과, ㄹ 창경궁은 유네스코에 등재되지 않았다.

정답 ③

03. 주심포 공포 양식의 건축물로 옳지 않은 것은? (2023년 기출)

① 부석사 무량수전

② 통도사 대웅전

③ 봉정사 극락전

④ 수덕사 대웅전

해설 주심포 양식의 건축물은 고려시대 부석사 무량수전, 봉정사 극락전, 수덕사 대웅전 등이 있고 조선시대에는 무위사 극락전이 주심포 양식으로 건축되었다. ② 통도사 대웅전은 다포 양식이다.

정답 ②

04. 유네스코에 등재 인류무형문화유산이 아닌 것은? (2022년 기출)

① 택견   ② 줄타기
③ 은산별신제   ④ 영산재

해설 은산별신제는 유네스코 인류무형문화유산에 등재되지 않았다.
정답 ③

05. 다음 설명에 해당하는 세계기록유산은? (2024년 기출)

> • 유교적 원리에 입각한 국가 의례를 중심으로 국가의 중요 행사를 행사진행 시점에서 당시 사용된 문서를 정해진 격식에 의해 정리하여 작성한 기록
> • 주요의식을 방대한 양의 그림과 글로 체계적으로 담고 있다.

① 승정원일기   ② 일성록
③ 난중일기   ④ 조선왕조 의궤

해설 ④ 조선왕조 의궤는 국가의 중요 행사를 정리한 기록으로 그 가치를 인정받아 유네스코 세계기록유산에 등재되었다.
정답 ③

06. 유네스코 세계문화유산으로 등록된 조선시대 궁궐은? (2021년 기출)

① 창덕궁   ② 경복궁
③ 창경궁   ④ 경희궁

해설 창덕궁은 조선시대 5대 궁궐 중 유일하네 유네스코 세계문화유산에 등재되었다.
정답 ①

07. 조선 궁궐들과 정전의 연결이 옳지 않은 것은? (2023년 기출)

① 경복궁 - 근정전   ② 덕수궁 - 중화전
③ 창경궁 - 숭정전   ④ 창덕궁 - 인정전

해설 창경궁의 정전은 명정전이다. 숭정전은 경희궁의 정전이다.
정답 ③

08. 다음 설명에 해당하는 것은? (2020년 기출)

> - 조선왕조에 관한 방대한 규모의 사실적 역사 기록과 국가의 기밀을 담고 있다.
> - 국보 제 303호로 지정되어 있다.
> - 2001년 유네스코 세계기록유산으로 등재되어있다.

① 조선왕조실록   ② 승정원일기
③ 조선왕조의궤   ④ 일성록

해설 승정원일기는 조선시대 왕과 관련한 가장 방대한 기록으로 실록의 기초자료가 되었고 그 가치를 인정받아 2001년 유네스코 세계기록유산으로 지정되었다.

정답 ②

09. 국보의 지정기준으로 옳지 않은 것은? (2020년 기출)

① 보물에 해당하는 문화재 중 특히 역사적, 학술적, 예술적 가치가 큰 것
② 보물에 해당하는 문화재 중 제작 연대가 오래되었으며 그 시대의 대표적인 것으로서, 특히 보존가치가 큰 것
③ 보물에 해당하는 문화재 중 특히 저명한 인물과 관련이 깊거나 그가 제작한 것
④ 보물에 해당하는 문화재 중 특히 금전적인 가치가 매우 높은 것

해설 금전적인 가치는 국보의 지정기준과 관련이 없다.

정답 ④

10. 다음 설명에 해당하는 석탑은? (2024년 기출)

> - 조선시대의 석탑
> - 대리석으로 만들어짐
> - 탑을 받쳐주는 기단은 3단으로 되어있음

① 익산 미륵사지 석탑   ② 서울 원각사지 십층석탑
③ 부여 정림사지 오층석탑   ④ 충주 탑평리 칠층석탑

해설 ①, ③ 백제의 석탑, ④ 남북국시대 신라의 탑이다.

정답 ②

11. 다음 설명에 해당하는 성의 구성은? (2024년 기출)

> 성곽주위로 물을 채워서 적의 침입을 막는 시설

① 여장　　　　　　　　　　② 해자
③ 옹성　　　　　　　　　　④ 암문

해설 ①성곽의 성벽 위에 낮게 쌓은 담, ③ 성문을 보호하기 위해 성문 밖에 항아리 같은 모양으로 쌓은 작은 성 ④ 비밀 문을 의미한다.

정답 ②

12. 한국의 전통 지붕에 관한 설명으로 옳은 것은? (2022년 기출)

① 모임지붕은 책을 엎어 놓은 것과 같은 형태로 고려 이전에 주로 사용되었다.
② 맞배지붕은 지붕면이 4면으로 되어있어 숭례문과 같은 도성의 문에 사용되었다.
③ 우진각지붕은 하나의 꼭짓점에서 지붕골이 만나는 형태이다.
④ 팔작지붕은 경복궁 근정전, 부석사 무량수전과 같이 권위적인 건축에 많이 사용되었다.

해설 ① 책을 엎어 놓은 것과 같은 형태의 지붕은 맞배지붕이다. ② 지붕면이 4면으로 되어있어 숭례문과 같은 도성의 문에 사용 된 지분은 우진각지붕이다. ③ 하나의 꼭짓점에서 지붕골이 만나는 형태의 지붑은 모임지붕이다.

정답 ④

13. 삼보사찰의 연결이 옳은 것은? (2023년 기출)

① 승보사찰 - 양산 통도사, 불보사찰 - 순천 송광사, 법보사찰 - 합천 해인사
② 승보사찰 - 합천 해인사, 불보사찰 - 양산 통도사, 법보사찰 - 순천 송광사
③ 승보사찰 - 순천 송광사, 불보사찰 - 합천 해인사, 법보사찰 - 양산 통도사
④ 승보사찰 - 순천 송광사, 불보사찰 - 양산 통도사, 법보사찰 - 합천 해인사

해설 승보사찰은 순천 송광사, 불보사찰은 양산 통도사, 법보사찰은 합천 해인사이다.

정답 ④

4편 복합형 관광자원

1장 사회적 관광자원

1) 향토 축제(문화관광축제)

(1) 의미

① 지역의 고유한 전통문화를 계승하고 발전시키기 위해 개최되는 축제

② 지역문화축제, 지역 예술제, 민속 문화제라고 부름

(2) 향토 축제의 기능과 목적

① 기능 : 지역 일자리 창출 효과, 지역 전통 문화의 계승과 발전, 여가활용과 문화향유에 의한 공동체 의식의 형성, 지역의 브랜드 이미지 홍보

② 목적 : 지역민의 정체성 강화, 관광객 유치, 지역 전통문화 보존, 지역특산물 홍보 등

(3) 지역별 주요 향토축제

지역	주요 향토 축제
경기	세종대왕 문화제, 수원화성문화제, 연천전곡리구석기축제, 이천쌀문화축제, 이천도자기축제, 인천소래포구축제, 행주문화제 등
강원	강릉 단오제, 춘천 소양강 문화제, 춘천 마임축제, 화천산천어축제, 설악제, 율곡제, 횡성한우축제, 인제빙어축제, 태백산눈축제 등
충북	우륵 문화제, 충주 세계무술 축제, 영동난계국악축제 등
충남	백제 문화제, 은산별신제, 보령머드축제, 금산인삼축제, 천안흥타령축제 강경발효젓갈축제, 논산딸기축제 등
전라	함평 나비축제, 김제 지평선축제, 강진 청자문화제, 춘향제, 남도문화제 무주반딧불축제, 순창장류축제, 담양대나무축제, 추억의 7080충장축제 등
경상	경주 신라 문화재. 진주 남강 유등 축제, 하동 야생차 축제, 개천예술제, 안동민속축제, 문경전통찻사발축제, 통영한산대첩축제, 김해분청도자기축제, 광안리어방축제, 대구약령시한방문화축제, 부산기장멸치축제 등
제주	성산 일출 축제, 유채꽃 큰 잔치, 최남단모슬포방어축제, 제주올레걷기축제 감귤축제 등

(4) 문화관광축제 및 예비축제 목록(문화체육관광부)

구분	문화관광축제(25)	명예문화관광축제(20)	예비축제(20)
서울			관악강감찬축제
부산	광안리어방축제		동래읍성역사축제, 부산국제록페스티벌
대구	대구치맥페스티벌		대구약령시한방문화축제
인천	인천펜타포트음악축제 부평풍물대축제		소래포구축제
광주		추억의 충장축제	광주김치축제
대전			대전효문화뿌리축제
울산	울산옹기축제		태화강마두희축제
세종			세종축제
경기	수원화성문화제, 시흥갯골축제, 안성맞춤남사당바우덕이축제, 연천구석기축제, 화성뱃놀이축제		여주오곡나루축제, 부천국제만화축제
강원	강릉커피축제, 정선아리랑제, 평창송어축제	화천산천어축제, 평창효석문화제, 춘천마임축제	한탄강얼음트레킹축제
충북	음성품바축제	영동난계국악축제	괴산고추축제
충남	한산모시문화제	보령머드축제, 천안흥타령축제, 금산인삼축제	서산해미읍성축제, 논산딸기축제
전북	순창장류축제, 임실N치즈축제, 진안홍삼축제	김제지평선축제, 무주반딧불축제,	장수한우랑사과랑축제
전남	보성다향대축제, 영암왕인문화축제, 정남진장흥물축제, 목포항구축제	진도신비의바닷길축제, 함평나비축제, 담양대나무축제	곡성세계장미축제
경북	포항국제불빛축제, 고령대가야축제	안동탈춤축제, 문경찻사발축제, 영주풍기인삼축제	청송사과축제
경남	밀양아리랑대축제	진주유등축제, 하동야생차문화축제, 산청한방약초축제, 통영한산대첩축제	김해분청도자기축제
제주			탐라문화제

2) 전통혼례

(1) 순서

① 의혼(議婚) : 중매자가 혼사를 의논함
② 납채(納采) : 신랑집에서 신부집으로 신랑의 사주를 보내며 혼일날을 청함
③ 연길(涓吉) : 신부집에서 신랑집으로 혼인 날짜를 정해 알려줌
④ 납폐(納幣) : 신랑집에서 혼례 전날 신부집으로 신부용 혼수와 물목을 보냄
⑤ 친영 : 혼례를 치름.

(2) 전안(奠雁)례 : 신랑이 나무 기러기를 신부 집 혼주에게 전하는 과정

(3) 교배(交拜)례 : 신랑 신부가 서로에게 절을 주고받는 의식

(4) 합근(合巹)례 : 신랑과 신부가 서로 술잔을 주고받으며 혼인 서약을 하는 의식

(5) 의복

① 신랑 : 사모관대,
② 신부 : 활옷(공주의 대례복)

3) 세시풍속

(1) 우리나라의 세시풍속

① 우리나라의 세시풍속은 농경과 밀접한 관련이 있어 많은 부분이 농한기에 집중
② 4대 명절 : 설, 한식, 단오, 추석

(2) 설

① 한 해의 시작을 알리는 명절
② 조상에게 차례를 지내고 친척들에게 세배를 하는 것이 특징
③ 설과 관련 있는 풍속
- 설빔, 차례, 세배, 성묘
- 세찬 : 설날 차례를 위해서 만드는 음식
- 세주 : 설날 차례에 사용하는 술
- 세화 : 설날 대문에 걸어두는 장군상
- 복조리 : 섣달 그믐날 자정이 지나서 팔거나 돌리는 조리
- 소발 : 설날 저녁 1년 동안 모아두었던 빠진 머리털 태우기
- 수세 : 섣달 그믐날 밤 눈썹이 센다고 밤을 새우는 것
- 전통 놀이 : 널뛰기, 윷놀이, 연날리기

(3) 한식

① 동지에서 105일 째 되는날, 일정 기간 불을 사용하지 않고 찬 음식을 먹는 풍속
② 기원 : 고대 중국의 풍속에서 시작
③ 한식과 관련 있는 풍속
 - 금화 : 불의 사용 금지
 - 성묘와 산신제
 - 전통 놀이 : 투란(계란 위에 누가 그림을 더 잘 그리는지 겨루는 놀이), 제기차기

(4) 단오

① 음력 5월 5일, '천중절' 또는 '수릿날',
② 양기가 가장 왕성한 달이라는 의미
③ 단오와 관련 있는 풍속
 - 단오선 : 공조에서 진상한 부채를 임금이 신하에게 하사
 - 창포로 머리감기 : 창포를 삶은 물에 여인들이 머리를 감는 풍속
 - 단오부적(천중부적) : 가정에서 부적을 써서 기둥이나 벽에 붙이는 풍속
 - 전통놀이 : 그네타기, 씨름

(5) 추석

① 음력 8월 15일, '한가위', '가배일', '중추절'
② 햇곡식과 햇과일이 풍성한 때에 지내는 명절
③ 추석과 관련 있는 풍속
 - 벌초 : 성묘를 하기 전에 조상들의 무덤에 난 풀을 깎는 풍속
 - 차례 : 추석날 아침 햇곡식과 햇과일로 음식을 차려놓고 제사를 지내는 것
 - 강강술래 : 전남무안, 해남, 진도, 완도 지방에서 행해지던 놀이

(6) 정월 대보름

① 음력 1월 15일
② 한 해를 처음 시작하는 달로, 그 해를 계획하고 한 해 동안 무사태평을 기원
③ 정월대보름과 관련 있는 풍속
 - 풍속 : 더위 팔기, 귀밝이술(이명주) 마시기, 부럼 깨기, 달맞이, 달집 태우기
 - 전통놀이 : 줄다리기, 지신밟기, 쥐불놀이, 차전놀이, 놋다리밝기 등

(7) 기타 세시 풍속

① 상달 : 음력 10월, 햇곡식을 신에게 드리기에 가장 좋은 달

② 동지 : 음력 11월, 일 년 중 밤이 가장 길고 낮이 가장 짧은 날

　　　　동지에 먹는 팥죽은 음귀를 쫓는다는 의미

③ 섣달 : 음력 12월, 음력으로 한 해의 마지막 달

2장 산업적 관광자원

1) 산업적 관광자원의 개념과 특성

(1) 개념 : 농업, 임업, 수산업, 공업, 상업 등의 산업시설을 활용한 관광 자원

(2) 특징

① 관광객이 직접 산업시설을 관광함으로서 산업현장을 상세히 관람하고, 대상에 따라 직접 이용 및 구입도 가능

② 산업체의 경우 내·외국인 관광객에게 광고효과를 얻을 수 있음

③ 한 나라의 산업 수준을 외국인 관광객에게 소개함으로써 산업발달 정도를 평하가는 척도로 활용 가능

(3) 산업적 관광자원의 종류 : 농업 관광자원, 수산업 관광자원, 공업 관광자원

2) 농업 관광 자원

(1) 농촌 관광의 목적

① 농촌 지역 주민의 소득 증대

② 농촌 지역경제 활성화

③ 농촌과 도시의 상호 교류 촉진

④ 도시와 농촌 간 소득 양극화 완화

(2) 관광농업

① 의미

– 농촌을 찾는 관광객을 대상으로 숙박, 음식, 농촌체험 등을 제공하는 농업

– 도시인들에게 농촌의 자연환경, 전통문화를 체험할 수 있는 공간과 서비스 제공

② 관광농업의 분류

기능에 따른 분류	(1) 자연 학습형 (3) 심신수련형 (5) 음식판매형	(2) 주말농원형 (4) 숙박휴식형
운영형태에 따른 분류	(1) 생산수단 임대형 (3) 위락공간·장소제공형	(2) 농산물채취형 (4) 농산물판매형
입지형태에 의한 분류	(1) 산악계곡형 (3) 연안해안형	(2) 내륙호수형

체류성에 의한 분류	(1) 체류숙박형	(2) 경유목적형
	(3) 단순경유형	
작목별에 의한 분류	(1) 원예형	(2) 임업형
	(3) 축산형	(4) 어업형
	(5) 농산생산시설형	

(3) 관광특산물

경기	− 강화 : 인삼, 화문석 − 여주 : 도자기 − 안성 : 유기 그릇	− 이천 : 쌀, 도자기 − 연평도 : 조기 − 성환 : 개구리 참외
강원	− 강릉 : 초당 두부 − 횡성 : 한우 − 춘천 : 닭갈비, 막국수, 옥	− 양양 : 송이 − 속초 : 아바이순대, 오징어 순대
충남	− 금산 : 인삼 − 논산 연산 : 오골계 − 한산 : 모시 − 청양 : 구기자	− 논산 : 강경맛갈젓, 딸기 − 공주 : 밤 − 서산 : 어리굴젓 − 보령 : 남포벼루
충북	− 음성 : 고추 − 단양 : 벼루	− 제천 : 약초
경남	− 통영 : 나전칠기, 갓, 굴 − 거제도 : 멸치 − 진영 : 단감	− 하동 : 재첩국 − 기장 : 미역 − 밀양 : 한천
경북	− 영양 : 고추 − 예천 : 누에가루 − 청송 : 사과 − 상주 : 곶감	− 영덕 : 대게 − 울릉도 : 오징어, 호박엿 − 안동 : 간고등어 − 풍기 : 인견, 인삼
전남	− 광양 : 매실 − 담양 : 죽세공품 − 영광 : 굴비(이자겸 고사) − 흑산도 : 홍어 − 나주 : 배 − 진도 : 홍주	− 보성 : 녹차 − 무등산 : 수박 − 완도, 고흥 : 김 − 여수 : 돌산갓김치 − 무안 : 양파
전북	− 고창 : 복분자 − 순창 : 고추장 − 부안 : 죽염 − 전주 : 태극선, 한지, 비빔밥, 콩나물국밥, 이강주	− 남원 : 목기공예 − 임실 : 된장, 치즈
제주	감귤, 한라봉, 갈치, 옥돔	

2) 수산 관광 자원

(1) 수산관광 자원의 유형

① 어패류 채취형 : 임해어장, 조개잡기, 굴따기, 고기잡이 등 해산물 채취 활동을 할 수 있는 형태

② 장소 제공형 : 수족관을 개설하여 관람·견학 할 수 있게 하거나 낚시터·어장·양식장 등을 빌려주고 고기잡이·조개잡이 등 레크레이션 장소로 이용할 수 있게 하는 형태

③ 내수면 어업형 : 하천, 호수 등에서 양식한 어류를 잡도록 하는 형태

④ 수산물 가공 시설 및 공급형 : 수산물의 건조·가공 등 제조과정의 견학과 직·간접적으로 판매공급을 하는 형태

(2) 수산관광 자원의 분포

① 동해안

특징	단조로운 해안선, 조경수역, 암석해안, 사빈해안 등
특산물	동해 : 대구포, 오징어, 북어포 속초 : 명란젓, 창난젓, 오징어순대, 황태 울릉도 : 돌미역, 오징어

② 서해안

특징	리아스식 해안, 넓은 대륙붕, 큰 조류의 영향, 넓은 간석지(갯벌)
특산물	대천 : 김 광천 : 젓갈, 토굴젓갈 서산 : 어리굴젓 영광 : 금성굴비, 마른새우 목포 : 마른새우, 대하, 오징어

③ 남해안

특징	리아스식 해안, 다도해, 풍부한 어족
특산물	여수 : 멸치, 돌산갓김치, 피문어 거제 : 멸치, 유자청 통영 : 건멸치, 굴 기장 : 미역, 다시마

3) 공업 관광 자원

(1) 공업 관광자원의 분류

① 자유무역지역 : 산업단지, 공항, 항만, 유통단지 등에 제조 및 물류업 영위 기업을 유치하고 상호 연계를 통한 시너지 효과를 창출하기 위해 지정한 지역으로 감세·면세 혜택이 있음

② 국가산업단지 : 정부기관과 산업공단이 함께 관리하는 산업단지

③ 지역산업단지 : 지방중소기업 육성과 공업의 지방 분산화를 도모하기 위해 중소도시에 입지한 산업단지

④ 민간산업단지 : 민간이 주체가 되어 업종별로 집단화를 이루고 있는 산업단지

⑤ 중화학공업단지 : 중화학공업제품의 집중개발과 수출을 목표로 임해지역에 입지하고 있는 공업단지

(2) 공업 관광자원의 분포

① 자유무역지역
- 산업단지형 : 마산, 군산, 대불, 동해, 율촌, 울산, 김제
- 공항·항만형 : 인천국제공항, 인천항, 부산항, 포항항, 평택·당진항, 광양항

② 국가산업단지 : 한국수출국가산업단지, 구미국가산업단지, 익산국가산업단지

③ 지역산업단지 : 광주산업단지, 전주산업단지, 대구산업단지, 인천산업단지 등

④ 중화학공업단지 : 창원국가산업단지, 여수국가산업단지, 포스코 등

4) 컨벤션 센터

① 서울특별시 : COEX

② 경기도 고양시 : KINTEX

③ 부산광역시 : BEXCO

④ 대구광역시 : EXCO

⑤ 제주특별자치도 : ICC, JEJU

⑥ 대전광역시 : DCC

⑦ 경남 창원 : CECO

3장 위락적 관광자원

1) 위락적 관광자원의 개념과 종류

(1) 위락 : 일을 떠나 놀이나 즐거운 행위 또는 휴식을 함으로써 몸과 마음을 회복하는 것

(2) 리조트, 골프, 스키, 카지노, 마리나 등

2) 리조트

(1) 개념 : 비교적 오랜 기간 머물면서 여가를 즐길 수 있는 체류형 휴양 시설

(2) 특징

① 숙박과 여가를 즐길 수 있는 체류형 휴양 시설
② 숙박, 식사, 스포츠 활동, 레저 활동, 쇼핑 등 다양한 활동을 할 수 있음
③ 자연적인 요소 뿐 아니라 워터파크, 골프장, 스키장, 카지노, 미술관 등 한정된 공간 내에서 다양한 여가활동을 즐길 수 있는 기능적, 구성적 요소가 가미된 장소

3) 골프

(1) 우리나라의 골프장 : 원산 해변코스(해변형)을 시작으로 해변형, 평지형, 산지형 등 다양한 유형의 골프장이 입지하고 있음

(2) 골프장 입지 조건

① 접근성
② 용지면적

6홀 미만	6만제곱미터의 면적에 3홀을 초과하는 1홀마다 면적 추가
6홀이상 9홀미만	34만제곱미터의 면적에 6홀을 초과하는 1홀마다 면적 추가
9홀이상 18홀미만	50만제곱미터의 면적에 9홀을 초과하는 1홀마다 면적 추가
18홀이상	108만제곱미터의 면적에 18홀을 초과하는 9홀마다 면적 추가

③ 지형조건 : 장방형, 불규칙한형, 부채꼴형 등 선호, 고저의 차가 50m를 초과하지 않아야 함
④ 용수조건 : 18홀을 기준으로 1500톤 정도의 관리용수 필요
⑤ 경관조건

4) 스키

(1) 스키장의 입지

① 적설량 : 1m이상
② 적설기간 : 90~100일 이상
③ 기온 : -5℃ ~ -10℃ 정도로 적설보존 활동에 용이한 기온
④ 바람 : 15m/s 이상일 경우 리프트 중지
⑤ 경사도 : 초급(5~10°), 중급(10~20°), 고급(20~30°)
⑥ 교통조건 : 철도입지형과 도로입지형으로 구분

(2) 스키장의 의의

① 자연성 : 대자연과 조화되어 심신을 단련하는 스포츠
② 계절성 : 눈이 있는 겨울 동안 할 수 있는 스포츠
③ 대중성 : 남녀노소 누구나 즐길 수 있는 대중스포츠
④ 다양성 : 레저스키, 프리스타일 스키, 크로스 컨트리 투어쇼 등 범위가 다양함
⑤ 활동성 : 육체적 · 사회적 · 정신적 측면의 욕구를 모두 충족

5) 마리나

(1) 의미

① 요트를 위한 정박지 또는 중계항으로 시설 및 관리체계를 갖춘 곳
② 요트 활동을 매개로 각종 서비스를 제공하는 동적인 레크레이션 항구

(2) 각 지역별 마리나 시설

수도권	전곡항 마리나, 김포 아라 마리나, 서울 마리나, 왕산 마리나 등
충남권	보령 요트경기장, 삼길포항 마리나
전북권	격포항 요트마리나
전남권	이순신 마리나, 완도항 마리나, 비봉 마리나, 소호 요트 마리나 등
강원권	강릉항 마리나, 속초항 마리나, 양양 수산항 마리나, 속초 마리나 등
경북권	포항 요트 계류장, 후포항 마리나, 오산항 마리나, 양포항 마리나 등
경남권	사곡 마리나, 지세포 마리나, 지세포 마리나, 통영 마리나, 진해 마리나, 물건항 마리나 등
제주권	김녕항 마리나, 도두항 마리나, 위미 마리나, 중문 마리나, 대포항 마리나 등

6) 카지노

(1) 우리나라의 카지노 산업

① 설립 : 1961년 제정된 '복표발행·현상기타사행행위단속법'에 따라 설립 법적 근거
가 마련되어 1967년 국내 최초의 카지노인 인천 올림포스호텔 카지노 개장
② 내국인 카지노 설립 : 1995년 '폐광지역 개발 지원에 관한 특별법' 제정으로 내국인
출입 카지노 설립의 법적 근거 마련, 2000년 내국인 출입이 가능한 강원랜드 개장
③ 카지노 현황 : 외국인 전용 카지노 17개, 내국인 출입 카지노 1개 총 18개 카지노
가 운영되고 있음

(2) 카지노산업의 특성

① 높은 고용창출 효과 : 타 관광산업에 비해 3배 이상의 높은 고용효과
② 높은 경제적 파급효과 : 연관 산업에 대한 생산 및 부가가치 창출 효과, 지역 주민에
대한 소득 및 고용창출효과, 중앙 및 지방자치단체에 대한 재정수입 창출 효과 등
③ 호텔영업에 기여 : 호텔 객실, 식음료, 기타 부대시설에 대한 추가적인 매출을 발생

(3) 우리나라 카지노 현황

시·도	업 체 명【법 인 명】	허가일
서울	파라다이스카지노 워커힐점【(주)파라다이스】	'68.03.05
	세븐럭카지노 강남코엑스점【그랜드코리아레저(주)】	'05.01.28
	세븐럭카지노 서울드래곤시티점【그랜드코리아레저(주)】	'05.01.28
부산	세븐럭카지노 부산롯데점【그랜드코리아레저(주)】	'05.01.28
	파라다이스카지노 부산지점【(주)파라다이스】	'78.10.29
인천	파라다이스카지노(파라다이스시티)【(주)파라다이스세가사미】	'67.08.10
	인스파이어 카지노(인스파이어)【(주)인스파이어 인티그레이티드 리조트】	'24.01.23
강원	알펜시아카지노【(주)지바스】	'80.12.09
대구	호텔인터불고대구카지노【(주)골든크라운】	'79.04.11
제주	공즈카지노【길상창휘(유)】	'75.10.15
	파라다이스카지노 제주지점【(주)파라다이스】	'90.09.01
	세븐스타카지노【(주)청해】	'91.07.31
	제주오리엔탈카지노【(주)건하】	'90.11.06
	드림타워카지노(제주드림타워)【(주)엘티엔터테인먼트】	'85.04.11
	제주썬카지노【(주)지앤엘】	'90.09.01
	랜딩카지노(제주신화월드)【람정엔터테인먼트코리아(주)】	'90.09.01
	메가럭카지노【(주)메가럭】	'95.12.28

13개 법인, 17개 영업장(외국인 전용)		
강원 강원랜드카지노(하이원리조트)【(주)강원랜드】		'00.10.12
14개 법인, 18개 영업장(내·외국인)		

(4) 강원랜드

① 2000년 10월 최초로 내국인 출입이 허용 된 카지노

② 현재 유일하게 내국인 출입이 허용되어 있는 카지노

③ 일펜시아 카지노에 이어 두 번째로 강원도에 설립 된 카지노

④ 2045년까지 내국인 출입이 허용 됨

⑤ 카지노 업체 중 가장 높은 매출액을 기록하고 있음

4장 기타 관광자원

1) 관광 특구

(1) 관광특구

① 의미 : 외국인 관광객을 유치하기 위해 관광 여건을 집중적으로 조성한 지역

② 지정요건

- 외국인 관광객 수가 10만명(서울특별시는 50만명) 이상인 지역
- 관광안내시설, 공공편익시설, 숙박시설 등이 갖추어져 있는 지역
- 임야 · 농지 · 공업용지 또는 택지 등 관광활동과 직접적인 관련성이 없는 토지의 비율이 10%를 초과하지 않은 지역

③ 지정효과

- 관광여건을 집중적으로 조성하여 외국인 관광객을 유치
- 관광활동과 관련된 관계법령의 적용이 배제되거나 완화
- 특구지역 공모사업을 통해 매년 30억 원 규모의 예산 지원
- 관광진흥개발기금을 대여하거나 보조
- 숙박업 등의 관광사업체에 관광진흥개발기금 우대금리 융자지원

④ 지정현황 : 2025년 3월 기준 14개 시도에 36개 관광특구 지정

(2) 우리나라의 관광 특구

시도	특구 명칭	지정 지역
서울(7)	명동, 남대문, 북창	명동, 회현동, 소공동 등
	이태원	용산구 이태원동 등
	동대문 패션타운	중구 광희동, 을지로 등
	종로/청계	종로구 종로, 서린동, 창신동 등원
	잠실	송파구 잠실동, 신천동 등
	강남 마이스	강남구 삼성동 무역센터 일대
	혼대 문화예술	마포구 홍대 일대(셔교, 동고, 합정, 상수)
	고터, 세빛	서울 반포 · 한강, 고속터미널
부산(2)	해운대	해운대구 우동, 중동 등
	용두산/자갈치	중구 부평동, 광복동 등
인천	월미	중구 신포동, 연안동 등
대전	유성	유성구 봉명동, 구암동 등

대구	동성로	성내1 · 2 · 3동, 남산1 · 2동, 대봉1동, 삼덕동 일원
경기(5)	동두천	동두천시 중앙동, 보산동 등
	평택시 송탄	평택시 서정동, 신장동 등
	고양	고양시 일산 등
	수원 화성	수원시 팔달구, 장안구 등
	통일동산	파주시 탄현면 성동리, 법흥리 일원
강원(2)	설악	속초시, 고성군, 양양군 등
	대관령	강릉시 ,동해시, 평창군, 횡성군 등
충북(3)	수안보 온천	충주시 수안보면 등
	속리산	보은군 등
	단양	단양군 단양읍, 매포읍 등
충남(2)	아산시 온천	아산시 음봉면 등
	보령 해수욕장	보령시 등
전북(2)	무주 구천동	무주군 등
	정읍 내장산	정읍시 내장지구, 용산지구
전남(2)	구례	구례군 등
	목포	북항, 유달산 등 해안선 주변 6개 권역
경북(4)	경주시	시내지구, 보문지구, 불국지구
	백암온천	울진군 온전면 등
	문경	문경시 등
	포항 영일만	영일대해수욕장, 송도해수욕장, 죽도시장
경남(2)	부곡온천	창녕군 부곡면 등
	미륵도	통영시 미수동, 봉평동 등
제주	제주도	제주도 전역(부속도서 제외)

2) 안보관광

(1) 안보관광 : 전쟁과 분단의 역사를 간직한 관광지를 방문하는 관광 활동

(2) 우리나라의 안보관광

① 임진각 : 경기도 파주, 분단과 냉전의 상징이었던 임진각을 화해와 상생의 상징으로 전환시킨 곳

② 판문점 : 경기도 파주, 한국 전쟁 당시 정전 협상이 진행된 곳, 정전협정 이후 유엔군과 북한인민군의 공동경비구역으로 지정

③ 고성 통일전망대 : 강원도 고성, 우리나라 전망대 중 가장 북쪽에 위치한 전망대, 민통선 이북에서 최초로 개관한 전망대

④ 도라산 전망대 : 경기도 파주, DMZ에서 북녘땅을 가장 가까이 볼 수 있는 전망대

⑤ 비무장지대 : DMZ, 155마일, 248km, 남북 양쪽 2km

⑥ 땅굴 : 1~4땅굴, 연천군 고랑포(일반공개x), 강원도 철원, 판문점(서울에서 가장 가까운 땅굴), 강원도 양구군

3) 슬로시티

(1) 개념

① 1999년 이탈리아에서 시작한 '느림의 삶'을 추구하는 국제운동

② 느리게 먹고, 느리게 걷고, 느리게 생각하는 운동(차량 제한, 패스트푸드x)

③ '유유자적한 도시, 풍요로운 마을'이라는 뜻의 이탈리아어 치타슬로에서 유래

(2) 가입 조건

① 인구 5만명 이하

② 도시와 주변 환경을 고려한 환경정책 실시,

③ 유기농 식품 생산과 소비 및 전통음식과 문화 보존

(3) 우리나라의 슬로시티

① 전남 : 신안군 증도면(증도), 완도 청산면(청산도), 담양군 창평면, 목포시(외달도, 달리도, 개항문화거리)

② 전북 : 전주시 한옥마을

③ 경북 : 상주시 함창읍 · 이안면 · 공검면, 청송군 주왕산면 · 파천면, 영양군 석보면

④ 경남 : 하동군 악양면, 김해시 봉하마을 · 화포천습지

⑤ 충북 : 제천시 수산면

⑥ 충남 : 예산군 대흥면, 태안군 소원면, 서천군 한산면

⑦ 경기도 : 남양주시 조안면

⑧ 강원도 : 영월군 김삿갓면, 춘천시 실레마을

01. 다음이 설명하는 세시풍속은? (2021년 기출)

> - 부녀자들은 그네뛰기를 하며, 남자들은 씨름을 즐겼다.
> - 머리를 윤기 있게 만들기 위해 창포를 삶은 물에 머리를 감는다.
> - 음력 5월 5일에 모내기를 끝내고 풍년을 기원하는 풍속이다.

① 추석
② 설날
③ 단오
④ 정월대보름

해설 단오는 음력 5월 5일로 '천중절' 또는 '수릿날' 이라고 불리기도 하였다. 단오에는 그네타기, 씨름, 창포로 머리감기 등을 하는 풍습이 있었다.

정답 ③

02. 개최지역과 문화관광축제의 연결이 옳지 않은 것은? (2024년 기출)

① 보령 – 머드축제
② 영암 – 왕인문화축제
③ 하동 – 한방약초축제
④ 음성 – 품바축제

해설 ③ 한방약초축제는 경상남도 산청에서 개최되는 축제이다.

정답 ③

03. 슬로시티(slow city)로 지정되지 않은 지역은? (2024년 기출)

① 전남 신안군 증도면
② 전남 담양군 창평면
③ 경북 의성군 구천면
④ 강원 영월군 김삿갓면

해설 경상북도에는 상주시 함창읍·이안면·공검면, 청송군 주왕산면·파천면, 영양군 석보면 등이 슬로시티로 지정 되었지만 의성군 구천면은 지정되지 않았다.

정답 ③

04. 관광농업 유형 중 기능별 분류에 포함되지 않는 것은? (2023년 기출)

    ① 숙박휴식형   ② 주말 농원형

    ③ 농업 기술 전수형   ④ 음식 판매형

> **해설** 관광농업의 기능에 따른 분류는 '자연학습형'. '주말농원형', '심신수련형', '숙박휴식형', '음식판매형'이
> 있다.
>
> **정답** ③

05. 지역과 특산물의 연결로 옳지 않은 것은? (2022년 기출)

    ① 담양 – 죽세공품   ② 안동 – 한천

    ③ 강화 – 화문석   ④ 금산 – 인삼

> **해설** ② 한천은 경상남도 밀양의 특산품이다.
>
> **정답** ②

06. 위락적 관광자원에 해당하지 않는 것은?

    ① 해양 관광시설   ② 육지형 관광시설

    ③ 숙박 휴양시설   ④ 자연동굴 관광지

> **해설** ④ 자연동굴 관광지는 자연관광자원에 해당한다.
>
> **정답** ④

07. 산업관광에 해당하지 않는 것은?

    ① 기업홍보관 견학   ② 산업시찰

    ③ 박람회 견학   ④ 템플스테이 체험

> **해설** 산업관광자원은 농업, 입업, 수산업, 공업, 상업 등의 산업시설을 활용한 관광 자원이다. ④ 템플스테이
> 체험은 산업관광자원이라고 할 수 없다.
>
> **정답** ④

08. 우리나라 지역별 민속주가 아닌 것은? (2021년 기출)

① 한산의 소곡주　　　　　　　　② 진도의 진양주
③ 면천의 두견주　　　　　　　　④ 안동의 소주

해설　진양주는 해남 지역의 민속주이다. 진도의 민속주로는 진도홍주가 있다.
정답　②

09. 강원랜드 카지노에 관한 설명으로 옳은 것은? (2021년 기출)

① 2003년 최초로 내국인 출입이 허용된 카지노이다.
② 2045년까지 내국인 출입이 허용 운영될 예정이다.
③ 강원도의 유일한 카지노이다.
④ 2020년 기준 국내 카지노 업체 중 매출액이 두 번째로 높다.

해설　① 강원랜드는 2000년 10월에 최초로 내국인 출입이 허용된 카지노로 개장하였다. ③ 강원도에는 강원
　　　랜드 이외에도 알펜시아카지노가 있다. ④ 강원랜드는 국내 카지노 업체 중 매출액이 가장 높다.
정답　②

10. 다음 설명에 해당하는 안보관광자원은?

> • 우리나라 전망대 중 가장 북쪽에 위치하고 있다.
> • 민통선 이북에서 최초로 개관한 전망대이다.

① 고성 통일전망재　　　　　　　② 철원 평화전망대
③ 파주 도라전망대　　　　　　　④ 파주 오두산 통일전망대

해설　고성 통일전망대는 우리나라 전망대 중 가장 북쪽에 위치한 전망대로 민통선 이북에서 최초로 개관한 전
　　　망대이다.
정답　①

3과목

관광법규

제1절 법의 기초

1. 법의 분류

(1) 공법

국가와 개인간 또는 국가기관 사이의 관계를 규율하는 법으로서 헌법, 행정법, 각종 소송법 등이 이에 해당한다.

(2) 사법

개인간의 권리와 의무를 규율하는 법으로서 민법과 상법 등이 이에 속한다.

2. 법의 효력

(1) 시간적 효력

① 발생시기

일반적으로 시행일에 대한 규정이 없으면 공포한 날로부터 20일이 경과하면 효력이 발생한다.

② 소멸시기

명시적으로 폐기하거나 그와 저촉되는 법이 제정될 경우 효력을 상실한다. 유효기간이 규정되어 있는 한시법일 경우 기간이 도래하면 소멸된다.

※ 법률 불소급의 원칙:법 시행 이전에 발생한 사건에 적용되지 않는다.

(2) 지역적 효력

원칙적으로 우리나라 전역에 효력을 미치나 예외적으로 치외법권 지역(외국 공관, 외국군 기지)에는 미치지 못한다.

(3) 대인적 효력

원칙적으로 대한한국 국민이면 어디에서나 효력이 미친다. 다만 주한외교관, 미합중국군 대 구성원에 대해서는 제한적으로 적용된다.

3. 관광법규의 위치

(1) 관광법규는 행정법에 속하며 관광분야에 특화된 법률이다.
(2) '행정'이란 공익을 실현하기 위해서 행정기관인 정부와 지방자치단체가 하는 모든 행위를 말하는데 그 중에서 관광법규는 관광행정과 관련한 부분을 규정한다.
(3) 행정법은 행정기관 상호간의 관계 및 행정기관과 개인간의 관계를 규율하는 법이며 관광법규도 그와 같은 내용으로 구성되어 있다.
(4) 관광법규에는 관광기본법, 관광진흥법, 기금법, 국제회의산업법이 있으며 관광기본법이 관광법규 전체에 있어서 헌법과도 같은 역할을 한다.

제2절 관광법규의 현황

1. 관광법규의 존재 모습

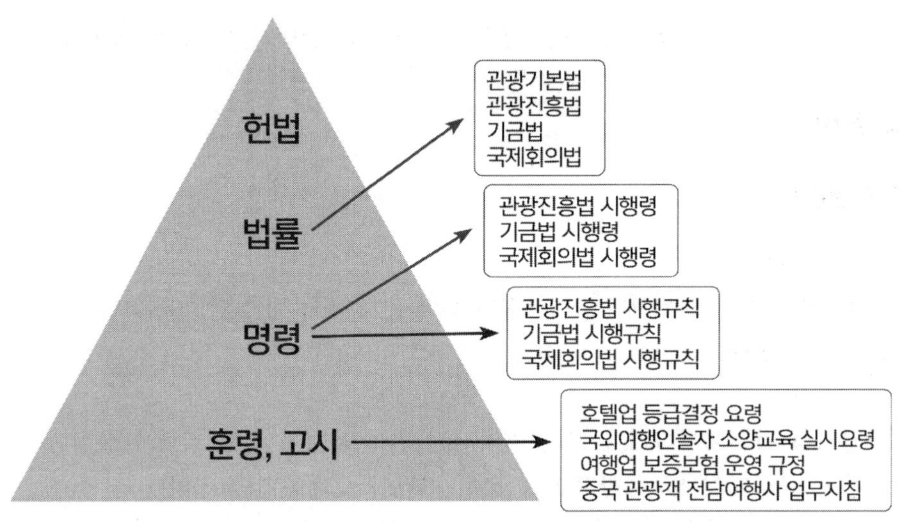

2. 관광법규의 수행 기관

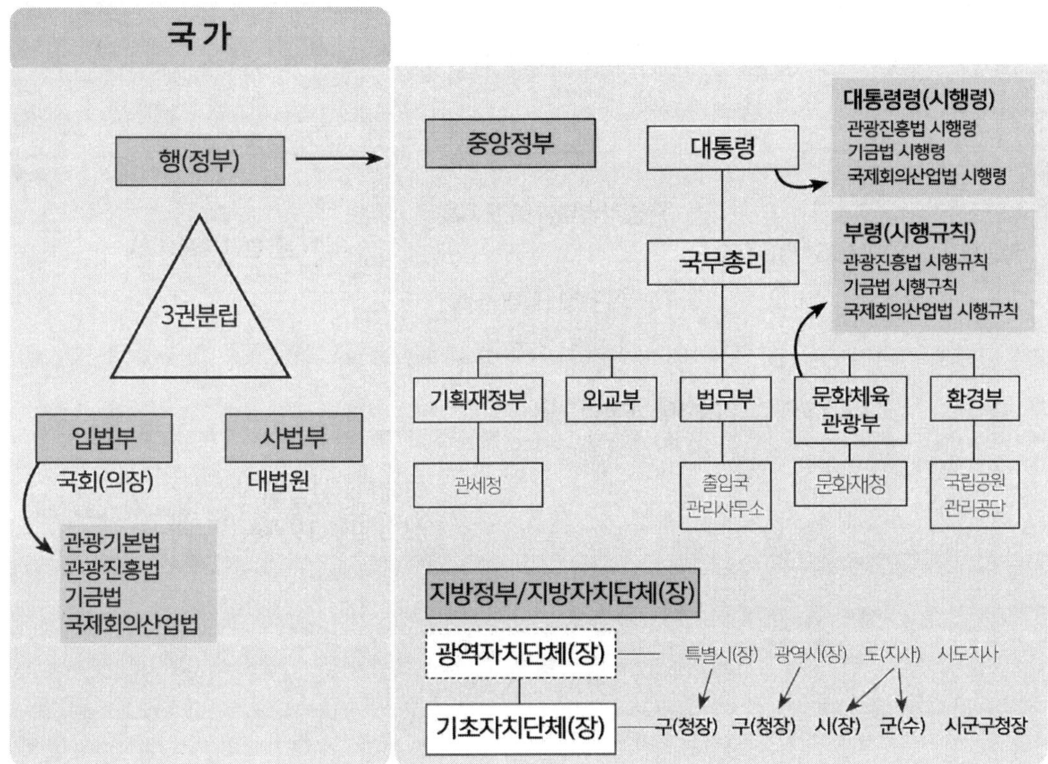

3. 관광법규의 내용상 특징

(1) 행정기관은 지도, 권고, 명령, 강제 등의 수단으로 행정목적을 달성한다.
(2) 관광사업자를 평등하게 취급하며 공익을 우선시 한다.
(3) 전문적이고 기술적인 면을 많이 내포하고 있다.
(4) 행정기관에 자유재량을 많이 부여하고 있다.
(5) 업무의 절차에 관한 규정이 많다.
(6) 관광현상의 변화에 따라 규정의 신설, 변경 및 폐기가 빈번하다.

4. 관광법규의 변천과정

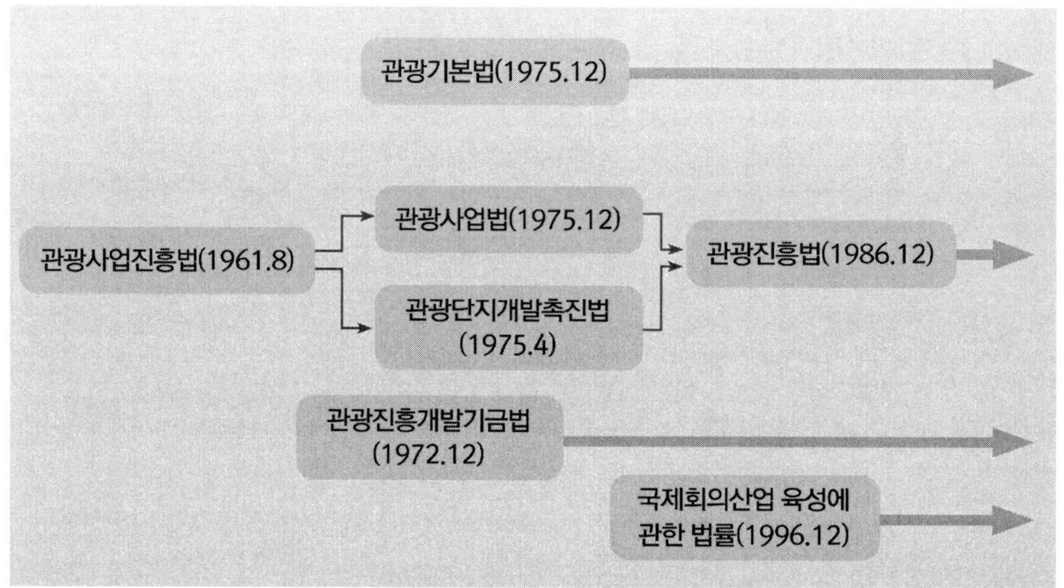

관광기본법(1975.12)
관광사업진흥법(1961.8)
관광사업법(1975.12)
관광단지개발촉진법
(1975.4)
관광진흥법(1986.12)
관광진흥개발기금법
(1972.12)
국제회의산업 육성에
관한 법률(1996.12)

제1절 개요

1975년 12월 31일부터 시행되었고 전문 15조로 구성되어 있다. 관광 행정의 기본방향을 제시하고 있고 관광법규에 있어서 헌법과 같은 역할을 한다고 볼 수 있다.

제2절 조문별 내용

1. 제1조【목적】이 법은 관광진흥의 방향과 시책에 관한 사항을 규정함으로써 국제친선을 증진하고 국민경제와 국민복지를 향상시키며 건전하고 지속가능한 국민관광의 발전을 도모하는 것을 목적으로 한다.

2. 제2조【정부의 시책】정부는 이 법의 목적을 달성하기 위하여 관광진흥에 관한 기본적이고 종합적인 시책을 강구하여야 한다.

3. 제3조【관광진흥 기본계획 수립】

   (1) 정부는 관광진흥의 기반을 조성하고 관광산업의 경쟁력을 강화하기 위하여 관광진흥에 관한 기본계획을 5년마다 수립·시행하여야 한다.

   (2) 기본계획에는 다음 각 호의 사항이 포함되어야 한다.

   ① 관광진흥을 위한 정책의 기본방향
   ② 국내외 관광여건과 관광 동향에 관한 사항
   ③ 관광진흥을 위한 기반 조성에 관한 사항
   ④ 관광진흥을 위한 관광사업의 부문별 정책에 관한 사항
   ⑤ 관광진흥을 위한 재원 확보 및 배분에 관한 사항
   ⑥ 관광진흥을 위한 제도 개선에 관한 사항
   ⑦ 관광진흥과 관련된 중앙행정기관의 역할 분담에 관한 사항
   ⑧ 관광시설의 감염병 등에 대한 안전·위생·방역 관리에 관한 사항

⑨ 그 밖에 관광진흥을 위하여 필요한 사항

⑩ 관광의 지속가능한 발전에 관한 사항

⑪ 관광취약계층 등을 위한 무장애 관광 환경 조성 및 지원에 관한 사항

⑫ 관광산업 인력 양성과 근로실태조사 등 관광 종사자의 근무환경 개선을 위한 기반 조성에 관한 사항

(3) 기본계획은 국가관광전략회의의 심의를 거쳐 확정한다.

(4) 정부는 기본계획에 따라 매년 시행계획을 수립·시행하고 그 추진실적을 평가하여 기본계획에 반영하여야 한다.

4. 제4조【연차보고】정부는 매년 관광진흥에 관한 시책과 동향에 대한 보고서를 정기국회가 시작하기 전까지 국회에 제출하여야 한다.

5. 제5조【법제상의 조치】국가는 제2조에 따른 시책을 실시하기 위하여 법제상·재정상의 조치와 그 밖에 필요한 행정상의 조치를 강구하여야 한다.

6. 제6조【지방자치단체의 협조】지방자치단체는 관광에 관한 국가시책에 필요한 시책을 강구한다.

7. 제7조【외국관광객의 유치】정부는 외국 관광객의 유치를 촉진하기 위하여 해외홍보를 강화하고 출입국 절차를 개선하며 그 밖에 필요한 시책을 강구하여야 한다.

8. 제8조【관광여건의 조성】정부는 관광여건을 조성을 위하여 관광객이 이용할 숙박·교통·휴식 시설 등의 개선 및 확충, 휴일/휴가에 대한 제도개선 등에 필요한 시책을 강구하여야 한다.

9. 제9조【지속가능한 관광 시책의 추진】정부는 관광자원의 보호와 환경친화적 개발·이용, 고용 창출 및 지역경제 발전 등 현재와 미래의 경제적·사회적·환경적 영향을 충분히 고려하는 지속가능한 관광에 필요한 시책을 추진하여야 한다.

10. 제10조【관광사업의 지도·육성】정부는 관광사업을 육성하기 위하여 관광사업을 지도·감독하고 그 밖에 필요한 시책을 강구하여야 한다.

11. 제11조【관광종사자의 자질향상】정부는 관광에 종사하는 자의 자질을 향상시키기 위하여 교육훈련과 그 밖에 필요한 시책을 강구하여야 한다.

12. 제12조【관광지의 지정 및 개발】정부는 관광에 적합한 지역을 관광지로 지정하여 필요한 개발을 하여야 한다.

13. 제13조【국민관광의 발전】정부는 관광에 대한 국민의 이해를 촉구하여 건전한 국민관광을 발전시키는 데에 필요한 시책을 강구하여야 한다.

- 국민관광이란 국민이 일상 생활권을 벗어나 자력 또는 정책적인 지원으로 국내외를 여행하거나 체재하면서 관광하는 것을 말한다. 이에는 복지개념이 녹아들어 있다.

14. 제14조【관광진흥개발기금】정부는 관광진흥을 위하여 관광진흥개발기금을 설치한다.

15. 제16조【국가관광전략회의 】

(1) 관광진흥의 방향 및 주요 시책에 대한 수립·조정, 관광진흥계획의 수립 등에 관한 사항을 심의·조정하기 위하여 국무총리 소속으로 국가관광전략회의를 둔다.

(2) 국가관광전략회의의 구성 및 운영 등에 필요한 사항은 대통령령으로 정한다.

① 국가관광전략회의의 기능 : 아래 사항의 심의·조정
  ㉠ 관광진흥의 방향 및 주요 시책의 수립·조정
  ㉡ 관광진흥에 관한 기본계획의 수립
  ㉢ 관광 분야에 관한 관련 부처 간의 쟁점 사항
② 의장
  ㉠국무총리가 된다.
  ㉡안건을 선정하여 회의를 소집하고, 이를 주재한다.
③ 구성원
  기획재정부장관, 외교부장관, 법무부장관, 문화체육관광부장관 등
④ 의사정족수 및 의결정족수
  구성원 과반수의 출석, 출석 구성원 과반수 찬성
⑤ 회의의 개최
  연 2회, 반기에 1회씩 개최하는 것을 원칙
⑥ 간사 : 문화체육관광부 제2차관

제3절 요약

1. 제정 및 시행 : 1975년 12월 31일

2. 구성 : 본문 15조 및 부칙

3. 내용 : 관광진흥을 위한 국가 및 행정기관의 의무 사항 규정

4. 세부 내용

  (1) 제정 목적

    국민경제, 국민복지 향상, 국제친선 증진, 국민관광 발전 도모

  (2) 기관별 의무

    ① 정부의 의무 : 관광진흥에 관한 기본적이고 종합적인 시책의 강구

      ㉠ 관광진흥 기본계획의 수립 : 5년 단위

      ㉡ 연차보고 : 정기국회가 시작하기 전까지 국회에 제출

      ㉢ 외국관광객의 유치 : 해외홍보를 강화, 출입국 절차 개선

      ㉣ 관광여건의 조성 : 숙박·교통·휴식시설 등의 개선 및 확충, 휴일/휴가 제도개선

      ㉤ 지속가능한 관광시책의 추진

      ㉥ 관광사업의 지도·육성(지도 및 감독)

      ㉦ 관광종사자의 자질향상(교육훈련 등)

      ㉧ 관광지의 지정 및 개발

      ㉨ 국민관광의 발전

      ㉩ 관광진흥개발기금 설치

      ㉪ 국가관광전략회의 : 국무총리 소속

    ② 국가의 의무 : 법제상/제정상 조치

    ③ 지방자치단체의 의무 : 국가시책에 필요한 시책 강구

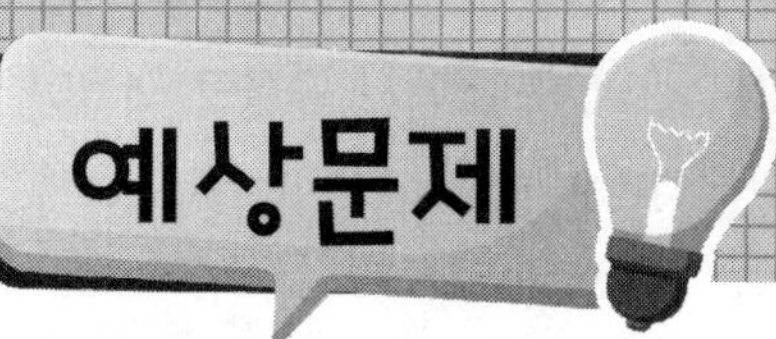

01. 우리나라의 행정기관에 대한 설명으로 맞지 <u>않는</u> 것은?

① 관광 관련 업무의 주무부서는 문화체육관광부이고 그 수장은 장관이다.

② 시·도지사가 시·군·구청장을 임명한다.

③ 특별시·광역시·도를 광역자치단체라고 하며 시군구는 기초자치단체라고 한다.

④ 인구 100만 이상인 도시는 특례시로 승격될 수 있다.

해설 자치단체는 지역주민이 직선으로 선출한다.

정답 ②

02. 여행업을 경영하려는 자는 시군구청에 등록을 해야 한다. 서울 은평구 응암동에서 여행업을 하려는 자는 어느 기관에 등록을 해야 하는가?

① 서울시　　　　　　　　　　　② 은평구

③ 서울시관광협회　　　　　　　④ 응암동

해설 시군구청에는 특별시/광역시의 구가 포함된다.

정답 ②

03. 다음의 관광 관련 법 중에서 가장 먼저 제정된 법은?

① 관광단지개발촉진법　　　　　② 관광진흥개발기금법

③ 관광기본법　　　　　　　　　④ 관광사업진흥법

해설 관광사업진흥법은 1961년에 제정되었다.

정답 ④

04. 관광기본법에서 규정한 내용이 <u>아닌</u> 것은?

① 관광지 지정 및 개발
② 국제관광의 발전
③ 외국관광객의 유치
④ 관광종사자 자질 향상

해설 국제관광 대신에 국민관광으로 고쳐야 한다.
정답 ②

05. 관광기본법의 내용과 <u>틀린</u> 것은?

① 관광진흥 기본계획 수립
② 관광특구 지정
③ 지방자치단체의 협조
④ 국가관광전략회의 설치

해설 관광특구의 지정은 관광진흥 위한 세부적인 정책으로 기본법에 규정되어 있지는 않다.
정답 ②

06. 정부의 외국관광객 유치 위한 시책에 해당하는 것은?

① 무료 여행객 초청
② 출입국 절차 개선
③ 국내 홍보 강화
④ 해외원조 확대

해설 국외홍보를 강화해야 한다.
정답 ②

07. 관광에 관한 국가시책에 필요한 시책을 강구해야 하는 곳은?

① 국회
② 정부
③ 장관
④ 지방자치단체

해설 지방자치단체는 국가의 시책에 발맞춰 정책을 수립하고 집행해야 한다.
정답 ④

08. 관광진흥기본계획 및 시행 계획은 각각 몇 년 단위로 수립하는가?

    ① 5년 / 매년   ② 5년 / 2년

    ③ 10년 /5년   ④ 10년 / 매년

해설 정부는 5년마다 기본계획을 수립하고 매년 시행계획을 수립하여 시행해야 한다.

정답 ①

09. 정부가 강구할 시책이 <u>아닌</u> 것은?

    ① 건전한 국민관광을 발전시키는 데 필요한 시책을 강구해야 한다.

    ② 관광에 적합한 지역을 국립공원으로 지정하여 개발해야 한다.

    ③ 관광진흥에 관한 기본적이고 종합적인 시책을 강구해야 한다.

    ④ 지속가능한 관광 시책을 추진해야 한다.

해설 국립공원의 지정은 환경부의 소관으로 기본법에는 규정되어 있지 않다

정답 ②

10. 관광진흥에 관한 기본적이고 종합적인 시책을 추진하기 위해 법제상,제정상의 조치를 강구해야 하는 곳은?

    ① 국가   ② 국회

    ③ 대법원   ④ 대통령

해설 법을 제정하는 기관은 입법부인 국회이다. 입법부와 행정부를 합해 국가라고 부를 수 있다.

정답 ①

11. 시장·군수·구청장은 기초자치단체장이라고 한다. 이에 속하지 <u>않는</u> 것은?

    ① 경기도 양평군수   ② 대구 수성구청장

    ③ 수원시 팔달구청장   ④ 서울 송파구청장

해설 수원시는 특례시인데 구청장은 시장이 임명한다.

정답 ③

12. 정부는 매년 관광진흥에 관한 시책과 동향에 대한 보고서를 정기국회가 시작하기 전까지 어디에 제출하여야 하는가?

① 국무총리　　　　　　　　　　　② 대통령
③ 국가관광전략회의　　　　　　　④ 국회

해설 국회에 보고하여 입법정책에 반영할 수 있게 한다.
정답 ④

13. 관광기본법의 목적이 <u>아닌</u> 것은?

① 국민복지 향상　　　　　　　　② 국민경제 향상
③ 국제친선 증진　　　　　　　　④ 대중관광 진흥

해설 대중관광 대신에 국민관광으로 대체해야 한다
정답 ④

14. 국가관광전략회의에 대한 설명으로 옳지 <u>않은</u> 사항은?

① 관광진흥의 방향 및 주요시책의 수립과 조정을 담당한다.
② 대통령이 의장을 맡아 회의를 주도한다.
③ 회의는 연 2회, 반기 1회 실시함을 원칙으로 한다.
④ 간사는 문화체육관광부 제2차관이 담당한다.

해설 국무총리가 의장을 맡는다.
정답 ②

3편 관광진흥법

1. 개요

(1) 관광진흥법의 개요

〈관광진흥법〉은 1986년에 제정되었으며 본문 7장 86조로 구성되어 있고 제정 목적은 관광 여건을 조성하고, 관광자원을 개발하며, 관광사업을 육성하고, 관광 진흥에 이바지하기 위함이다.

(2) 관련 용어 정리

관광사업	관광객을 위하여 운송 · 숙박 · 음식 · 운동 · 오락 · 휴양 또는 용역을 제공하거나 그 밖에 관광에 딸린 시설을 갖추어 이를 이용하게 하는 업(業)을 말한다.
관광사업자	관광사업을 경영하기 위하여 등록 · 허가 또는 지정(이하 "등록 등")을 받거나 신고를 한 자를 말한다.
기획여행	여행업을 경영하는 자가 국외여행을 하려는 여행자를 위하여 여행의 목적지 · 일정, 여행자가 제공받을 운송 또는 숙박 등의 서비스내용과 그 요금 등에 관한 사항을 미리 정하고 이에 참가하는 여행자를 모집하여 실시하는 여행을 말한다. *
회원	관광사업의 시설을 일반 이용자보다 우선적으로 이용하거나 유리한 조건으로 이용하기로 해당 관광사업자와 약정한 자를 말한다.
소유자	단독 소유나 공유(共有)의 형식으로 관광사업의 일부 시설을 관광사업자로부터 분양 받은 자를 말한다.
관광지	자연적 또는 문화적 관광자원을 갖추고 관광객을 위한 기본적인 편의시설을 설치하는 지역으로서 이 법에 따라 지정된 곳을 말한다.
관광단지	관광객의 다양한 관광 및 휴양을 위하여 각종 관광시설을 종합적으로 개발하는 관광거점지역으로서 이 법에 따라 지정된 곳을 말한다. *
민간개발자	관광단지를 개발하려는 개인이나 〈상법〉 또는 〈민법〉에 따라 설립된 법인
조성계획	관광지나 관광단지의 보호 및 이용을 증진하기 위하여 필요한 관광 시설의 조성과 관리에 관한 계획을 말한다.

지원시설	관광지나 관광단지의 관리·운영 및 기능 활성화에 필요한 시설
관광특구	외국인 관광객의 유치 촉진 등을 위하여 관광 활동과 관련된 서비스·안내 체계 및 홍보 등 관광여건을 집중적으로 조성할 필요가 있는 지역으로 지정된 곳
여행이용권	관광취약계층이 관광활동을 영위할 수 있도록 금액이나 수량이 기재된 증표
문화관광해설사	관광객에게 이해와 감상, 체험 기회를 제공하기 위하여 역사·문화·예술·자연 등 관광자원 전반에 대한 전문적인 해설을 제공하는 자를 말한다.

2. 관광사업의 개념

(1) 그룹별 개념

① 여행업	여행자 또는 운송시설·숙박시설 등 시설의 경영자(Principal) 등을 위하여 그 시설의 이용알선, 계약 체결의 대리, 여행에 관한 안내, 기타 여행 편의를 제공하는 업
② 관광숙박업	㉠ 호텔업 : 관광객의 숙박에 적합한 시설을 갖추어 제공하거나 숙박에 딸리는 음식·운동·오락·휴양·공연 또는 연수 시설(이하 부대시설) 등을 함께 갖추어 이용하게 하는 업 ㉡ 휴양 콘도미니엄업(이하 콘도업) : 관광객의 숙박과 취사에 적합한 시설을 갖추어 이를 그 시설의 회원이나 소유자, 그 밖의 관광객에게 제공하거나 숙박에 딸리는 부대시설을 함께 갖추어 이를 이용하게 하는 업
③ 관광객 이용시설업	관광객을 위하여 음식·운동·오락·휴양·문화·예술 또는 레저 등에 적합한 시설을 갖추어 이를 관광객이 이용하게 하는 업
④ 국제회의업	대규모 관광 수요를 유발하는 국제회의(세미나·토론회·전시회 등)를 개최할 수 있는 시설을 설치·운영하거나 국제회의의 계획·준비·진행 등의 업무를 위탁받아 대행하는 업
⑤ 카지노업	주사위·트럼프·슬롯머신 등 특정한 기구 등을 이용하여 우연의 결과에 따라 특정인에게 재산상의 이익, 다른 참가자에게 손실을 주는 행위를 하는 업
⑥ 테마파크업	테마파크시설을 갖추어 이를 관광객에게 이용하게 하는 업
⑦ 관광편의시설업	위 (1) ~ (6)의 관광사업 외에 관광 진흥에 이바지할 수 있다고 인정되는 사업이나 시설 등을 운영하는 업

(2) 사업별 세부 개념

그룹명	세부 사업명		사업별 개념
여행업 (등록)	종합여행업		국내외를 여행하는 내국인 및 외국인을 대상
	국내외여행업		국내외를 여행하는 내국인을 대상
	국내여행업		국내를 여행하는 내국인을 대상
관광숙박업 (등록)	호텔업	관광호텔업	관광객의 숙박에 적합한 시설로 음식, 운동, 오락, 공연 또는 연수에 적합한 시설을 관광객에게 제공
		수상관광호텔업	수상에 구조물 or 고정된 선박 위의 숙박 시설
		한국전통호텔업	한국전통의 건축물 호텔
		가족호텔업	가족 단위 관광객에 적합한 시설로 취사도구 구비
		호스텔업	개별 관광객의 숙박에 적합 시설로 샤워장, 취사장 등의 편의시설 및 문화·정보 교류시설 구비
		소형호텔업	소규모의 숙박 시설
		의료관광호텔업	의료관광객의 숙박에 적합한 시설과 취사도구
	콘도업		관광객의 숙박과 취사에 적합한 시설로 회원이나 공유자, 그 밖의 관광객에게 제공
관광객 이용 시설업 (등록)	전문휴양업		휴양이나 여가 선용을 위하여 숙박시설이나 음식점 시설과 전문휴양시설 1곳 이상 갖추어야 한다.
	종합 휴양업	제1종 종합휴양업	숙박시설 또는 음식점시설을 갖추고, 전문휴양시설 중 두 종류 이상의 시설을 갖추거나 전문휴양시설 한 종류 이상과 종합유원시설업 시설을 갖추어야 한다.
		제2종 종합휴양업	관광숙박업 시설을 갖추고 전문휴양시설 중 2종류 이상의 시설을 갖추거나 전문휴양시설 1종류 이상과 종합유원시설업 시설을 갖추어야 한다.
	야영장업	일반야영장업	야영장비 설치 공간, 야영에 적합한 시설
		자동차야영장업	주차공간, 야영장비 설치 공간, 취사 시설
	관광 유람선업	일반관광유람선업	선박을 이용하여 관광
		크루즈업	숙박시설, 위락시설 등 편의시설을 갖춘 선박
	관광공연장업		공연시설을 갖추고 공연물을 공연, 식사와 주류
	외국인 관광 도시민박업		도시 지역에서 외국인에게 한국의 가정문화를 체험, 숙식 제공
	한옥체험업		숙박과 전통문화 체험
국제회의업 (등록)	국제회의시설업		국제회의를 개최할 수 있는 시설을 운영하는 업
	국제회의기획업		국제회의의 계획·준비·진행 등의 업무를 위탁받아 대행하는 업

	카지노업(허가)	주사위·트럼프·슬롯머신 등 특정한 기구를 이용하여 우연의 결과에 따라 이익과 손실을 보게 하는 업
테마파크업	종합유원시설업(허가)	안전성검사 대상 시설 6종류 이상
	일반유원시설업(허가)	안전성검사 대상 1종류 이상
	기타유원시설업(신고)	안전성검사 대상이 아닌 유기시설/기구
관광편의 시설업 (지정)	관광유흥음식점업	유흥주점영업의 허가, 한국전통분위기의 시설, 음식, 가무
	관광극장유흥업	유흥주점영업의 허가, 무도(舞蹈)시설
	외국인전용 유흥음식점업	유흥주점영업의 허가, 외국인이 이용하기 적합한 시설(주류, 음식, 가무)
	관광식당업	일반음식점영업의 허가, 특정국가의 음식
	관광순환버스업	관광객에게 시내와 그 주변 관광지를 정기적으로 순회하면서 관광할 수 있도록 하는 업
	관광사진업	외국인 관광객과 동행하며 기념사진을 촬영
	여객자동차터미널시설업	관광객이 이용하기 적합한 여객자동차터미널시설, 휴게시설·안내시설 등 편익시설을 제공하는 업
	관광펜션업	숙박시설을 운영, 자연·문화 체험관광에 적합한 시설
	관광궤도업	궤도사업의 허가, 주변 관람과 운송에 적합한 시설
	관광면세업	관광객에게 면세물품을 판매
	관광지원서비스업	쇼핑,운수,숙박,음식점,문화/오락/레져스포츠,건설,자동차임대,교육서비스 등

3. 관광사업 일반원칙

(1) 관광사업자 결격사유

① 관광사업자 유형
  ㉠ 관광사업의 등록 등을 받거나 신고를 한 자(등록, 허가, 지정, 신고를 마친 자)
  ㉡ 사업계획의 승인을 받은 자(관광숙박업 부분에서 상세설명)

② 관광사업자 결격사유
  ㉠ 피성년후견인, 피한정후견인
  ㉡ 파산선고를 받고 복권되지 아니한 자
  ㉢ 〈관광진흥법〉에 따라 등록 등 또는 사업계획의 승인이 취소되거나 영업소가 폐쇄된 후 2년이 지나지 아니한 자
  ㉣ 〈관광진흥법〉을 위반하여 징역 이상의 실형을 선고 받고 그 집행이 끝나거나 집행을 받지 아니하기로 확정된 후 2년이 지나지 아니한 자 또는 형의 집행유예 기간 중에 있는 자

③ 결격사유에 해당될 경우 처분권자(장관, 시도지사, 시군구청장/등록기관 등의 장)의
조치
㉠ 3개월 이내에 등록 등 또는 사업계획의 승인을 취소
㉡ 영업소를 폐쇄
㉢ 법인의 임원 중 그 사유에 해당하는 자가 있는 경우 3개월 이내에 그 임원을
바꾸어 임명한 때에는 결격사유 해제

(2) 관광표지 부착 관련 금지 사항

① 관광표지의 종류
관광사업장표지, 호텔등급표지, 관광식당표지, 관광사업등록증, 관광편의시설업 지
정증
② 관광사업자가 아닌 자에 대한 금지 사항
㉠ 관광사업자가 아니면 관광표지를 사업장에 붙이지 못한다.
㉡ 관광사업자가 아니면 다음의 행위를 할 수 없다.(위반할 경우 과태료 부과 대상)
ⓐ 관광숙박업과 유사한 영업은 관광호텔이나 휴양콘도미니엄을 포함하는 상호
를 사용할 수 없다.
ⓑ 관광유람선업과 유사한 영업은 관광유람을 포함하는 상호를 사용할 수 없다.
ⓒ 관광공연장업과 유사한 영업은 관광공연을 포함하는 상호를 사용할 수 없다.
ⓓ 관광유흥음식점업, 외국인전용 유흥음식점업 또는 관광식당업과 유사한 영
업의 경우 관광식당이 포함된 상호를 사용할 수 없다.
ⓔ 관광극장유흥업과 유사한 영업의 경우 관광극장이 포함된 상호를 사용할 수
없다.
ⓕ 관광펜션업과 유사한 영업의 경우 관광펜션이 포함된 상호를 사용할 수 없다.
ⓖ 관광면세업과 유사한 영업의 경우 관광면세가 포함된 상호를 사용할 수 없다.
③ 관광사업자는 사실과 다르게 관광표지를 붙이거나 관광표지에 기재되는 내용을 사
실과 다르게 표시 또는 광고하는 행위를 하여서는 아니 된다.
㉠ 위반 시 행정처분 : 시정명령, 사업정지, 사업취소
㉡ 인터넷 홈페이지에 공개
㉢ 사실과 다른 관광표지 제거 또는 삭제 조치

(3) 관광시설의 타인 경영 및 처분 금지

① 등록 등 기준에 포함되는 시설은 금지
㉠ 관광숙박업의 객실
㉡ 전문휴양업 개별 시설
㉢ 카지노업의 시설 및 기구

         ② 안전성 검사 대상인 테마파크시설

  ② 관광숙박업의 객실은 타인 위탁 경영 가능. 단, 본인 명의 및 책임 부담

  ③ 부대시설은 처분(같은 용도로 사용 조건) 및 타인 경영이 가능

(4) 관광사업의 양도와 양수에 따르는 법적인 효과

① 관광사업을 양수하거나 합병할 경우 또는 관광사업 시설의 전부를 인수한 자(경매, 압류 재산의 매각 등)는 관광사업자의 지위를 승계

  ㉠ 합병 후 존속하거나 설립되는 법인은 등록 등의 관광사업자의 권리와 의무를 승계한다.

  ㉡ 사업계획의 승인을 받은 경우도 승계한다.

  ㉢ 행정처분(개선명령, 정지, 취소)의 효과도 승계된다.

  ㉣ 분양이나 회원 모집을 한 경우에는 그 계약을 승계한다.

② 관광사업자의 지위를 승계한 자는 관할 등록기관 등의 장에게 1개월 이내에 신고

③ 관광사업을 휴업하거나 폐업할 경우 관할 등록기관 등의 장에게 30일 이내에 통보

01. 관광진흥법의 목적이 <u>아닌</u> 것은?

① 국민관광의 발전 ② 관광여건 조성
③ 관광자원 개발 ④ 관광사업 육성

해설 국민관광은 기본법의 목적에 속한다.
정답 ①

02. 관광객을 위하여 음식·운동·오락·휴양·문화·예술 또는 레저 등에 적합한 시설을 갖추어 이를 관광객에게 이용하게 하는 업은?

① 관광객 이용시설업 ② 관광편의시설업
③ 테마파크업 ④ 관광숙박업

해설 레저 라는 용어가 보이면 관광객 이용시설업이다.
정답 ①

03. 다음 중 여행업의 종류에 해당되지 <u>않는</u> 것은?

① 국내외여행업 ② 일반여행업
③ 종합여행업 ④ 국내여행업

해설 과거에 일반여행업이 있었으나 종합여행업으로 바뀌었다.
정답 ②

04. 국내외를 여행하는 내국인 및 외국인을 대상으로 하는 여행업은?

① 국내외여행업　　　　　　　　② 기획여행업
③ 종합여행업　　　　　　　　　④ 국내여행업

해설　외국인이 포함되면 종합여행업이다.
정답　③

05. 관광객 이용시설업에 속하지 <u>않는</u> 것은?

① 관광공연장업　　　　　　　　② 자동차 야영장업
③ 한옥체험업　　　　　　　　　④ 여객자동차터미널시설업

해설　한옥체험업은 과거에 관광편의시설업에 속했다.
정답　④

06. 관광객의 숙박과 취사에 적합한 시설을 갖추어 이를 그 시설의 회원이나 공유자, 그 밖의 관광객에게 제공하는 사업은?

① 호텔업　　　　　　　　　　　② 종합휴양업
③ 야영장업　　　　　　　　　　④ 휴양콘도미니엄업

해설　취사와 회원이라는 단어가 보이면 콘도업이다.
정답　④

07. 호텔업에 속하지 <u>않는</u> 것은?

① 한국전통호텔업　　　　　　　② 호스텔업
③ 한옥체험업　　　　　　　　　④ 소형호텔업

해설　한옥체험업은 관광객 이용시설업에 속한다.
정답　③

08. 관광객 이용시설업에 속하지 <u>않는</u> 것은?

   ① 일반야영장업   ② 관광극장유흥업

   ③ 일반관광유람선업   ④ 외국인관광 도시민박업

해설 관광극장유흥업은 관광편의시설업에 속한다.

정답 ②

09. 다음 중 테마파크업의 종류에 해당되지 <u>않는</u> 것은?

   ① 일반유원시설업   ② 제2종 유원시설업

   ③ 종합유원시설업   ④ 기타유원시설업

해설 제2종 종합휴양업은 관광객 이용시설업에 속한다.

정답 ②

10. 관광편의시설업에 속하지 <u>않는</u> 것은?

   ① 관광공연장업   ② 관광극장유흥업

   ③ 관광펜션업   ④ 관광식당업

해설 관광공연장업은 관광객 이용시설업에 속한다.

정답 ①

11. 관광진흥법령상 관광사업자 A와 관광사업자가 아닌 B 및 C가 다음과 같이 상호를 사용하여 영업을 하고 있다. 이 법령에 위배되는 것은?

> ㄱ. A는 관광펜션업자로서 '만국관광호텔'이라는 상호를 사용하고 있다.
> ㄴ. B는 민박업자로서 '추억관광펜션'이라는 상호를 사용하고 있다.
> ㄷ. C는 음식점 사장으로서 '맛나관광식당'이라는 상호를 사용하고 있다.

   ① ㄱ, ㄴ   ② ㄱ, ㄷ

   ③ ㄴ, ㄷ   ④ ㄱ, ㄴ, ㄷ

> **해설** 관광사업자는 사실과 다르게 관광표지를 붙이거나 관광표지에 기재되는 내용을 사실과 다르게 표시해서는 안된다.
>
> **정답** ④

---

12. 관광객의 숙박에 적합한 시설을 갖추어 제공하거나 숙박에 딸리는 음식·운동·오락·휴양·공연 또는 연수 시설 등을 함께 갖추어 이를 이용하게 하는 업은?

① 관광객이용시설업 ② 휴양콘도미니엄업
③ 호텔업 ④ 한옥체험업

> **해설** 숙박과 연수라는 단어가 보이면 호텔업이다.
>
> **정답** ③

---

13. 다음 중 등록 대상인 관광사업에 해당되지 <u>않는</u> 것은?

① 호텔업 ② 기타유원시설업
③ 관광객 이용시설업 ④ 국제회의업

> **해설** 기타유원시설업은 신고해야 한다.
>
> **정답** ②

---

14. 관광진흥법령상 관광객 이용시설업에 해당하는 것을 모두 고른 것은?

ㄱ. 크루즈업	ㄴ. 전문휴양업
ㄷ. 관광극장유흥업	ㄹ. 일반야영장업

① ㄴ, ㄷ ② ㄷ, ㄹ
③ ㄱ, ㄴ, ㄹ ④ ㄱ, ㄴ, ㄷ, ㄹ

> **해설** 관광극장유흥업은 관광편의시설업에 속한다.
>
> **정답** ③

15. 다음 중 타인에 의한 위탁 경영이 가능한 시설은?

    ① 카지노업의 시설 및 기구   ② 관광숙박업의 객실

    ③ 전문휴양업 개별 시설   ④ 안전성 검사 대상인 유기시설 및 기구

해설 체인호텔의 위탁경영방식이 있다.

정답 ②

제2절 **등록**

1. 등록의 개념과 절차

(1) 등록의 개념
등록이란 등록관청이 어떤 법률 사실이나 법률관계의 존재를 공적으로 증명하는 공증 행위라고 할 수 있다. 원칙적으로 등록관청은 등록요건을 갖춘 자에게 등록을 거부할 수 없다.

(2) 등록의 절차
① 등록 대상 사업과 담당 관청
   ㉠ 등록 대상 관광사업 : 여행업, 관광숙박업, 관광객 이용시설업, 국제 회의업
   ㉡ 등록관청 : 특별자치시장, 특별자치도지사(제주도), 시장, 군수, 구청장/시군구청장
② 제출 서류와 기재 사항
   ㉠ 신규 등록 시 제출 서류
      ⓐ 등록신청서, 사업계획서, 신청인 사항(법인인 경우는 대표자와 임원)
      ⓑ 부동산 소유/사용권 현황, 대차대조표(여행업, 국제회의 기획업)
      ⓒ 보증보험 서류(회원 모집하려는 호텔과 콘도의 부동산에 저당권이 설정된 경우)
      ⓓ 시설의 평면도, 배치도, 시설별 일람표(관광숙박업, 관광객이용시설업, 국제회의시설업)
   ㉡ 등록관청은 관광사업자 등록대장에 아래 사항을 기재한다.(관광숙박업의 경우)
      ⓐ 관광사업자의 상호 또는 명칭, 대표자의 성명·주소, 사업장의 소재지(공통사항)
      ⓑ 객실 수, 대지면적 및 건축연면적
      ⓒ 신고를 하였거나 인·허가 등을 받은 것으로 의제되는 사항
      ⓓ 부대영업을 하기 위하여 다른 법령에 따라 인·허가 등을 받았거나 신고한 사항
      ⓔ 등급(호텔업만 해당)
      ⓕ 운영의 형태(분양 또는 회원 모집을 하는 콘도업 및 호텔업)
③ 변경 사항 등록(중요 사항의 변경이 있을 경우)
   ㉠ 변경 등록 대상 사항
      ⓐ 상호 또는 대표자 변경
      ⓑ 객실 수 및 형태의 변경(호텔업만 해당)
      ⓒ 부대시설의 위치, 면적, 종류 변경(호텔업, 콘도업)

ⓓ 사무실 소재지 변경 및 영업소 신설(여행업)

ⓔ 사무실 소재지 변경(국제회의기획업)

ⓕ 부지 면적의 변경, 시설의 설치 또는 폐지(야영장업)

ⓖ 사업계획의 변경 승인을 받은 사항

ⓗ 객실의 수/면적의 변경, 편의시설 면적의 변경,체험시설 종류의 변경(한옥체
   험업)

ⓛ 변경 등록 기한 : 변경 사유 발생일로부터 30일 이내

④ 등록 전 절차(등록심의위원회 심의)

㉠ 등록심의위원회 심의 대상 사업 : 관광숙박업, 종합휴양업, 전문휴양업, 국제회
   의시설업, 관광유람선업

㉡ 조직 구성(총 10명 이내)

   ⓐ 위원장 : 부시장·부군수·부구청장,부지사

   ⓑ 부위원장 : 위원장이 위원 중에서 지명

   ⓒ 위원 : 신고 또는 인·허가 등의 소관기관의 직원

   ⓓ 간사 1명

㉢ 의결 정족수 : 재적위원 2/3 이상 출석, 출석위원 2/3 이상 찬성

㉣ 심의 사항

   ⓐ 등록기준 사항, 인허가 가능 여부 사항(인·허가 의제 사항)

㉤ 등록심의위원회의 심의를 거쳐 등록할 경우의 효과 : 인·허가 의제

   ⓐ 숙박업, 목욕장업, 이미용업, 세탁업의 신고

   ⓑ 식품접객업의 허가 또는 신고, 주류판매업의 면허 또는 신고

   ⓒ 환전업무의 등록, 체육시설업의 신고, 해상레저활동의 허가

2. 사업별 등록 기준

(1) 여행업

① 자본금 보유 의무 : 종합여행업 5천만 이상, 국내외여행업 3천만 이상, 국내여행업
   1천5백만 이상(단, 2024.7.1. ~ 2026.6.30. 기간 동안 750만원)

② 사무실의 소유권 or 사용권

(2) 관광숙박업

① 호텔업

㉠ 공통 사항 : 대지 및 건물의 소유권 또는 사용권 보유(회원 모집 시 소유권 보
   유), 외국인에게 서비스 제공 체제 갖출 것, 욕실이나 샤워시설 갖출 것.

　　　ⓛ 종류별 등록 조건

　　　　　ⓐ 관광호텔 : 30실 이상, 욕실

　　　　　ⓑ 수상관광호텔 : 30실 이상, 수상오염 방지 시설

　　　　　ⓒ 가족호텔 : 30실 이상, 취사시설, 객실면적 19m² 이상

　　　　　ⓓ 한국전통호텔 : 외관은 전통 가옥

　　　　　ⓔ 호스텔 : 배낭여행객 등 개별관광객에 적합한 형태, 취사장, 내외국인에게 문화정보 교류 시설

　　　　　ⓕ 소형호텔 : 20실~30실, 부대시설 면적이 건축연면적의 50% 이하, 조식제공, 2종류 이상의 부대시설, 단란·유흥주점·사행행위시설 없을 것

　　　　　ⓖ 의료관광호텔 : 20실 이상, 객실면적 19m² 이상, 취사시설, 의료기관시설과 분리될 것

　　　　　　• 의료기관 : 전년도 환자 수 500명 초과(서울 3,000명)

　　　　　　• 유치업자 : 전년도 환자 수 200명 초과

　　② 콘도업

　　　　㉠ 객실 30실 이상, 취사 가능, 매점 또는 간이 매장, 문화체육공간 1개소 이상 (단,2024.7.1. ~ 2026.6.30. 기간 동안 20실 이상)

　　　　㉡ 대지 및 건물의 소유권 또는 사용권 보유(분양 또는 회원 모집할 경우 대지 및 건물의 소유권 확보)

(3) 관광객 이용시설업

　　① 전문휴양업

　　　　㉠ 숙박시설 또는 음식점 시설, 편의시설, 휴게시설

　　　　㉡ 전문휴양시설 중 1곳 : 민속촌, 해수욕장, 스키장, 골프장, 식물원, 수족관, 온천장 등

　　② 제1종 종합휴양업

　　　　㉠ 숙박시설 또는 음식점 시설

　　　　㉡ 전문휴양시설 중 2종류 이상의 시설 또는 전문휴양시설 1종류 이상과 종합유원시설업 시설

　　③ 제2종 종합휴양업

　　　　㉠ 관광숙박업 시설

　　　　㉡ 전문휴양시설 중 2종류 이상의 시설 또는 전문휴양시설 1종류 이상과 종합유원시설업 시설

　　　　㉢ 부지 50만m² 이상

　　　　㉣ 회원 모집 가능

④ 야영장업 : 등급을 받을 수 있는 사업

㉠ 등록 기준

ⓐ 침수, 유실, 고립, 산사태, 낙석의 우려가 없는 안전한 곳에 위치할 것

ⓑ 시설배치도, 이용방법, 비상시 행동요령 등을 잘 볼 수 있는 곳에 게시할 것

ⓒ 비상시 긴급 상황을 이용객에게 알릴 수 있는 시설 또는 장비를 갖출 것

ⓓ 야영장 규모를 고려하여 소화기를 적정하게 확보하고 눈에 띄기 쉬운 곳에 배치할 것

ⓔ 긴급 상황에 대비하여 야영장 내부 또는 외부에 대피소와 대피로를 확보할 것

ⓕ 비상시 대응요령을 숙지하고 개장되어 있는 시간에 상주하는 관리요원을 확보할 것

ⓖ 건축물의 바닥면적의 합계가 전체면적의 100분의 10 미만일 것

㉡ 안전/위생 기준

ⓐ 야영용 천막 2개소 또는 100제곱미터마다 1개 이상의 소화기 비치

ⓑ 야영장 내에서 들을 수 있는 긴급방송시설을 갖추거나 엠프의 최대출력이 10와트 이상이면서 가청거리가 250미터 이상인 메가폰을 1대 이상 비치

ⓒ 야영장 내에서 차량이 시간당 20킬로미터 이하의 속도로 서행하도록 안내판을 설치

ⓓ 폭죽, 풍등의 사용과 판매를 금지하고, 흡연구역은 설치

ⓔ 사업자와 관리요원은 문화체육관광부장관이 정하는 안전교육을 연 1회 이수

ⓕ 야영장 내 숯 및 잔불 처리 시설을 별도의 공간에 마련하고, 1개 이상의 소화기와 방화사 또는 방화수를 비치하여야 한다.

ⓖ 정전에 대비하여 비상용 발전기 또는 배터리를 비치하여야 하고, 긴급상황 시 이용객에게 제공할 수 있는 비상 손전등을 갖추어야 한다.

ⓗ 야영장 입구를 포함한 야영장 내 주요 지점에 조명시설 및 CCTV를 설치, 이를 설치한 사실을 이용객이 알 수 있도록 게시하여야 한다.

ⓘ 사업자는 중대사고(사망 또는 1주 이상의 입원치료 또는 3주 이상의 통원치료)가 발생한 경우에는 시군구청장에게 즉시 보고

ⓙ 매월 1회 이상 안전점검 실시, 반기별로 시군구청장에 제출

㉢ 종류별 기준

ⓐ 일반야영장업 : 천막 1개당 15m² 이상, 하수도, 화장실, 긴급 상황 발생 시 수송차로

ⓑ 자동차야영장업 : 1대당 50m² 이상, 상하수도, 전기시설, 취사시설, 화장실, 진입도로 1차로 이상(차량의 교행이 가능한 공간을 확보)

⑤ 관광유람선업

    ㉠ 일반관광유람선업 : 숙박 또는 휴식 시설, 편의 시설, 수질오염방지 시설

    ㉡ 크루즈업 : 일반관광유람선업 기준 충족, 20실 이상 객실, 2종 이상(체육, 쇼핑, 미용, 오락)

⑥ 관광공연장업

    ㉠ 설치 가능 장소 : 관광지, 관광단지, 관광특구 내 또는 관광사업시설 내

      ※ 단, 실외관광공연장은 관광숙박업,전문휴양업,종합휴양업,국제회의업,테마파크업 시설에만 가능

    ㉡ 일반음식점 영업 허가, 무대 면적(실내외 공히 70m² 이상)

⑦ 외국인관광 도시민박업

    ㉠ 건물의 연면적이 230m² 미만일 것

    ㉡ 외국어 안내서비스가 가능한 체제를 갖출 것

    ㉢ 소화기를 1개 이상 구비하고, 객실마다 단독경보형 감지기를 설치할 것

    ㉣ 단독, 다가구, 연립, 다세대주택 및 아파트에서 가능

    ㉤ 안전 및 위생교육 받을 것(2027.2월 시행)

⑧ 한옥체험업

    ㉠ 한옥일 것   ㉡ 숙박공간 연면적 230m² 미만

    ㉢ 욕실 또는 샤워시설(숙박제공 시)   ㉣영업시간내 관리자 근무

    ㉤ 안전 및 위생교육(2027.2월 시행)

(4) 국제회의업

① 국제회의 시설업

    ㉠ 회의·전시 시설(국제회의산업 육성에 관한 법률에서 상세히 다룸)

    ㉡ 부대시설 : 주차·휴식·쇼핑 시설

② 국제회의 기획업 : 자본금 5천만 원 이상, 사무실 소유권 또는 사용권

3. 여행업

(1) 여행업자의 보증보험 등 가입 의무

① 목적 : 여행알선과 관련한 사고로 인하여 관광객에게 피해를 줄 경우 그 손해를 배상하기 위함.

② 가입 방법

    ㉠ 가입처(아래 셋 중 하나)

        ⓐ 보증보험

        ⓑ 한국관광협회중앙회의 공제

ⓒ 업종별(지역별) 관광협회에 영업보증금 예치

ⓛ 가입 시기 : 사업을 시작하기 전

ⓒ 기획여행을 실시하는 종합여행업 및 국내외여행업은 추가로 보증보험 등에 가입해야 한다.

ⓛ 보증보험 등 가입금액(영업보증금 예치금액) 기준 : 직전 사업연도의 매출액 규모에 따른 차등 가입

ⓐ 직전 사업연도의 매출액이 없는 사업개시 연도의 경우에는 직전 사업연도 매출액이 1억 원 미만인 경우에 해당하는 금액으로 한다.

ⓑ 여행업과 함께 다른 사업을 병행하는 여행업자인 경우에는 매출액을 산정할 때에 여행업에서 발생한 매출액만으로 산정하여야 한다.

(단위 : 백만 원)

직전 사업연도 매출액	국내여행업	국내외여행업	종합여행업	기획여행(종합, 국내외여행업)	
1억 원 미만	20	30	50	200	200
1억 원 이상 5억 원 미만	30	40	65		
5억 원 이상 10억 원 미만	45	55	85		
10억 원 이상 50억 원 미만	85	100	150		
50억 원 이상 100억 원 미만	140	180	250	300	300
100억 원 이상 1,000억 원 미만	450	750	1,000	500	500
1,000억 원 이상	750	1,250	1,510	700	700

(2) 여행업등록 결격사유

사기/횡령/배임으로 실형을 선고 받고 집행만료 후 2년 미경과 또는 집행유예기간

(3) 기획여행 광고 시 표시해야 할 사항

① 여행업의 등록번호, 상호, 소재지 및 등록관청

② 기획여행명·여행일정 및 주요 여행지, 여행경비

③ 교통·숙박 및 식사 등 여행자가 제공받을 서비스의 내용

④ 최저 여행인원, 보증보험 등의 가입 또는 영업보증금의 예치 내용

⑤ 여행일정 변경 시 여행자의 사전 동의 규정

⑥ 여행목적지의 여행경보단계

(4) 여행계약 체결 시 여행업자의 의무 사항

① 서면으로 안전정보 제공 의무
  ㉠ 여권의 사용을 제한하거나 방문·체류를 금지하는 국가 목록 및 벌칙(여권법에 의거)
  ㉡ 외교부 해외안전여행홈페이지(www.0404.go.kr)에 게재된 여행목적지(국가 및 지역)의 여행경보단계 및 국가별 안전정보(긴급연락처를 포함함.)
  ㉢ 해외여행자 인터넷 등록 제도에 관한 안내
    ⓐ 해외여행자가 해외안전여행홈페이지에 신상정보·비상연락처·일정 등을 등록
    ⓑ 등록된 여행자에게 방문지의 안전정보를 메일로 발송
    ⓒ 등록된 여행자가 사건·사고에 처했을 때 소재지 파악이 용이함.
② 여행계약서 및 보험가입 증명서류 교부 의무
③ 여행계약서에 명시된 숙식, 항공 등 여행일정(선택관광 일정)을 변경하는 경우
  ㉠ 일정을 시작하기 전에 여행자로부터 서면으로 동의를 받아야 함.(자필서명 포함)
  ㉡ 서면동의서에 명시될 내용 : 변경일시, 변경내용, 변경으로 발생하는 비용
  ㉢ 긴급상황으로 사전동의를 받지 못할 경우 : 사후에 서면으로 변경내용을 설명해야 함.

(5) 여행경보제도

① 개념
  ㉠ 외교부에서 여행·체류 시 특별한 주의가 요구되는 국가 및 지역에 경보를 지정하여 위험수준과 이에 따른 안전대책(행동지침)의 기준을 안내하는 제도
  ㉡ 해당 국가(지역)의 치안정세와 기타 위험요인을 종합적으로 판단하여 안전대책의 기준을 판단할 수 있도록 중·장기적 관점(1개월 단위 이상)에서 여행경보를 발령
② 대상 : 해외 주재원, 출장자, NGO요원, 선교사, 여행자 등 해외에 체류할 예정이거나 체류하고 있는 모든 우리 국민들
③ 여행경보 단계별 행동 지침
  ㉠ 남색경보 : 여행 유의, 신변 안전 유의
  ㉡ 황색경보 : 여행자제 / 불필요한 여행 자제 / 신변 안전 특별 유의
  ㉢ 적색경보 : 출국권고 / 가급적 여행 취소, 연기 / 긴급용무가 아닌 한 출국
  ㉣ 흑색경보 : 여행 금지, 즉시 대피, 철수 / 허가 없이 방문시 여권법에 따라 처벌

(6) 특별여행주의보

① 여행경보 2단계 이상, 3단계 이하에 준함
② 발령기간은 90일 이내 / 단기적인 위험 상황이 발생할 경우 발령

(7) 국외여행인솔자(Tour Conductor)

① 자격 요건(3개 중 하나)

㉠ 관광통역안내사 자격을 취득할 것

㉡ 여행업체에서 6개월 이상 근무 + 국외여행 경험 + 장관이 정하는 소양교육

㉢ 장관이 지정하는 교육기관에서 양성교육을 이수할 것(학력 조건 있음)

② 등록 및 자격증 발급 절차

㉠ 등록 및 자격증 발급 기관 : 장관(업종별 관광협회에 위탁)

㉡ 제출서류 : 관광통역안내사 자격증 또는 자격 요건을 갖추었음을 증명하는 서류 및 사진 2매

㉢ 자격증을 빌려주거나 빌려서도 안되고 이를 알선해서도 안됨(형사처벌)

㉣ 분실 또는 훼손된 경우 재발급 신청

(8) 전담여행사 지정

① 취지 : 단체관광객의 유치

② 지정 기준 : 문화체육관광부령

③ 지정 취소 사유

㉠ 거짓이나 그 밖에 부정한 방법으로 지정받은 경우

㉡ 전담여행사의 지정 요건에 적합하지 아니하게 된 경우

㉢ 고의나 공모로 관광객 이탈사고를 일으킨 경우

㉣ 그 밖에 여행업 질서를 현저하게 해치는 등 문화체육관광부장관이 전담여행사로서 부적합하다고 인정하는 경우

④ 필요한 사항은 문화체육관광부령으로 정한다.

4. 관광숙박업

(1) 종류

① 호텔업

관광호텔업, 수상관광호텔업, 한국전통호텔업, 호스텔업, 소형호텔업, 가족호텔업, 의료관광호텔업

② 콘도업

(2) 사업계획 승인

① 목적

등록관청으로부터 사업계획을 미리 승인 받고 대규모 투자를 통한 건설을 함으로써 사업추진에 따르는 불확실성을 미리 제거함.

② 대상 사업

　㉠ 필수 사업 : 관광숙박업

　㉡ 선택 사업 : 전문휴양업, 종합휴양업, 관광유람선업, 국제회의시설업

③ 승인 절차

　㉠ 사업계획 승인 관청 : 시군구청(등록관청과 동일)

　㉡ 제출 서류

　　ⓐ 사업계획 승인 신청서, 신청인(법인은 대표자 및 임원)의 성명 및 주민번호

　　ⓑ 건설계획서 : 장소, 부지면적, 공사계획, 층별 면적 및 시설, 자금 조달 방법, 조감도

　　ⓒ 부동산 소유권 or 사용권 증명 서류

　　ⓓ 분양 및 회원 모집 계획서 개요

　　　(※ 분양 및 회원 모집을 할 경우에 제출)

　㉢ 승인 기준

　　ⓐ 관계법령에 적합하고 자금 조달 능력과 방안이 있어야 함.

　　ⓑ 인접 도로 일정 기준 이상 : 폭 12미터 이상의 도로에 4미터 이상 연접(호스텔 및 소형호텔 제외)

　　ⓒ 조경 면적은 대지 면적의 15% 이상, 인접 대지와 차단하는 수림대 조성할 것

　　ⓓ 연간 내국인 투숙객 수가 연간 수용가능 총 인원의 40% 이하일 것(의료관광호텔업)

④ 사업 계획 승인 시 발생하는 인·허가 의제

　㉠ 농지전용 허가, 산지전용 신고 및 허가, 입목벌채 허가

　㉡ 사방지(砂防地) 지정 해제

　㉢ 초지전용 허가, 하천공사 허가, 공유수면 점용 사용 허가

　㉣ 사도개설 허가, 개발행위 허가(그린벨트 내), 분묘개장 허가

(3) 호텔업의 등급 결정

① 의무 대상 호텔 : 호스텔을 제외한 모든 호텔업

② 등급 결정권자 : 장관

③ 등급 결정 신청 시기

　㉠ 호텔업 신규 등록 시 : 등록한 날로부터 60일 이내

　㉡ 유효기간이 만료되는 경우 : 유효기간 만료 전 150일부터 90일까지

　㉢ 시설의 증개축, 서비스/운영실태 등의 변경에 따른 등급 조정사유가 발생한 경우 : 등급 조정사유가 발생한 날로부터 60일 이내

④ 등급 결정 기한 : 신청 후 90일 이내(60일 이내 연장 가능)

⑤ 등급 결정을 위한 평가 요소

　　㉠ 서비스 상태　　㉡ 객실 및 부대시설 상태　　㉢안전관리 법령 준수 여부

⑥ 등급의 유효기간 : 3년

5. 분양 및 회원 모집

① 관광사업별 가능한 유형

　　㉠ 콘도업 : 분양 및 회원 모집

　　㉡ 호텔업 및 제2종 종합휴양업 : 회원 모집

② 분양 및 회원 모집 가능 시기

　　㉠ 호텔업 : 등록 이후

　　㉡ 콘도업 및 제2종 종합휴양업

　　　ⓐ 공사공정률 20% 이상 진행

　　　ⓑ 공정률에 비례하여 모집할 수 있다.

　　　ⓒ 공정률을 초과하여 모집하려면 보증보험에 가입해야 한다.

01. 관광사업의 등록 위한 자본금으로 틀린 것은?

① 종합여행업 : 3천만 이상　　　　② 국내여행업 : 1천5백만 이상

③ 국내외여행업 : 3천만 이상　　　④ 국제회의 기획업 : 5천만 이상

해설 종합여행업은 5천만원 이상이다.

정답 ①

02. 의료관광호텔의 등록 기준이 아닌 것은?

① 객실 20실 이상

② 객실 면적 19㎡ 이상

③ 취사 시설

④ 전년도 환자 유치실적이 500명 초과(유치업자의 경우)

해설 유치업자는 전년도 환자 유치실적이 200명 초과여야 한다.

정답 ④

03. 다음 관광사업 중 등록심의위원회의 심의 대상 사업이 아닌 것은?

① 관광숙박업　　　　　　　　　② 국제회의시설업

③ 관광공연장업　　　　　　　　④ 종합휴양업

해설 등록심의위원회의 심의 대상 사업은 숙종전시유 로 외우면 된다.

정답 ③

04. 다음 중 회원 모집이나 분양이 가능한 관광사업이 아닌 것은?

① 크루즈업
② 호텔업
③ 콘도업
④ 2종 종합휴양업

해설 콘도업은 회원모집과 분양 둘 다 가능하다.
정답 ①

05. 다음 관광사업과 행정절차가 바르게 연결된 것은?

① 카지노업 - 등록
② 야영장업 - 허가
③ 외국인관광 도시민박업 - 지정
④ 관광공연장업 - 등록

해설 야영장업은 등록 대상이다.
정답 ④

06. 다음 중 신고 대상인 업종은?

① 관광면세업
② 관광식당업
③ 관광궤도업
④ 기타유원시설업

해설 기타유원시설업은 신고대상이다.
정답 ④

07. 식물원과 동물원을 가지고 있고 음식점시설을 가진 A는 어떤 관광사업으로 등록할 수 있는가?

① 전문 휴양업
② 종합유원시설업
③ 제1종 종합휴양업
④ 제2종 종합휴양업

해설 2종류 이상의 전문휴양시설과 음식점시설을 보유하면 제1종 종합휴양업이 가능하다 .
정답 ③

08. 크루즈업의 등록기준으로 틀린 것은?

① 일반관광유람선업의 등록기준을 충족할 것

② 객실 20실 이상 보유

③ 외국인에게 서비스 제공 체제 갖출 것

④ 체육, 미용, 오락, 쇼핑 시설 중 2종류 이상

해설 ③ 번 지문은 외국인관광 도시민박업의 등록기준에 포함된다.

정답 ③

09. 관광진흥법령상 등록기준에 별도로 객실 수에 대한 기준이 있는 호텔업을 모두 고른 것은?

ㄱ. 수상관광호텔업	ㄴ. 한국전통호텔업
ㄷ. 가족호텔업	ㄹ. 호스텔업

① ㄱ, ㄴ ② ㄱ, ㄷ

③ ㄴ, ㄹ ④ ㄷ, ㄹ

해설 한국전통호텔업과 호스텔업은 객실 수에 대한 기준이 없다.

정답 ②

10. 한옥체험업으로 등록하기 위한 기준에 해당하지 않는 것은?

① 숙박체험에 이용되는 공간의 연면적이 230제곱미터 미만일 것

② 한옥을 관리할 수 있는 관리자를 영업시간 동안 배치할 것

③ 객실마다 단독경보형 감지기 및 일산화탄소 경보기 설치하기

④ 객실이 30실 이하일 것

해설 한옥체험업은 객실 수에 대한 기준이 없다.

정답 ④

11. 여행업자가 여행객의 피해를 보상하기 위해 할 수 있는 조치가 <u>아닌</u> 것은?

 ① 관광협회중앙회 공제 가입 　　　　② 보증보험 가입
 ③ 업종별 관광협회에 영업보증금 예치 　　④ 부동산 담보

해설 기획여행을 실시하는 여행업자는 추가로 가입해야 한다.
정답 ④

12. 기획여행을 실시하려는 자가 광고할 경우 표시해야 할 사항이 <u>아닌</u> 것은?

 ① 주요 여행지 　　　　　　② 여행 경비
 ③ 최대 여행인원 　　　　　④ 영업보증금 예치 내용

해설 최저 여행인원을 표시해야 한다.
정답 ③

13. 국외여행인솔자(Tour Conductor) 자격 요건이 <u>아닌</u> 것은?

 ① 여행업체 6개월 이상 근무/해외여행 경험/ 소양교육 받은 자
 ② 문화관광해설사
 ③ 관광통역안내사
 ④ 장관이 지정하는 교육기관에서 양성교육을 이수한 자

해설 문화관광해설사는 국내관광지에서 해설하는 임무를 수행한다.
정답 ②

14. 다음 중 외교부의 여행경보단계와 그 내용이 틀리게 연결된 것은?

 ① 흑색 경보 - 여행 금지 　　　　② 남색 경보 - 여행 유의
 ③ 적색 경보 - 출국 권고 　　　　④ 황색 경보 - 여행 중지

해설 황색경보에 해당하는 행동지침은 여행자제,신변안전 특별유의 등이다.
정답 ④

15. 여행업자는 여행일정을 변경할 경우에 여행자에게 어떤 초치를 취해야 하는가?

① 사전에 구두 동의를 받아야 한다.
② 여행 종료 후 구두로 동의를 받으면 된다.
③ 사후에 서면 동의를 받아야 한다.
④ 사전에 자필로 서명된 동의서를 받아야 한다.

해설 사후에는 서면으로 변경내용을 설명해야 한다.
정답 ④

16. 외교부의 영사콜센터에서 지원하는 업무에 관한 설명 중 <u>잘못된</u> 것은?

① 카카오 상담서비스
② 신속해외송금 지원
③ 사적업무 및 사인간 분쟁 포함한 사건·사고 접수 및 조력
④ 해외 긴급 상황 시 7개외국어로 통역서비스 제공

해설 사적업무 및 사인간 분쟁 포함한 사건 등은 지원대상이 아니다.
정답 ③

17. 여행계약과 관련하여 여행업자가 제공해야 할 안전정보에 해당하지 <u>않는</u> 것은?

① 해외여행자 인터넷 등록 제도
② 여행목적지의 여행경보단계 및 국가별 안전정보
③ 보증보험의 가입 내역
④ 여권의 사용을 제한하거나 방문·체류를 금지하는 국가 목록 및 벌칙

해설 ③ 번 지문은 안전정보에는 해당하지 않는다.
정답 ③

18. 국내외여행업 여행사가 기획여행을 하려면 추가로 가입해야 할 보증보험은? (전년도 매출액 7억)

① 1억   ② 3억 5천
③ 2억   ④ 5억

19. 장관은 단체관광객을 유치하기 위해 전담여행사를 지정할 수 있다. 지정취소의 사유에 해당되지 않는 것은?

① 전담여행사의 지정 요건에 적합하지 아니하게 된 경우
② 외국관광객 유치실적이 우수한 경우
③ 고의나 공모로 관광객 이탈사고를 일으킨 경우
④ 거짓이나 그 밖에 부정한 방법으로 지정받은 경우

20. 다음 중 반드시 사업계획의 승인을 받아야 하는 업종은?

① 국제회의시설업   ② 전문휴양업
③ 관광숙박업   ④ 종합휴양업

21. 호텔업을 경영하려는 자는 사업계획을 작성하여 누구의 승인을 받아야 하는가?

① 시도지사   ② 호텔업협회
③ 시군구청장   ④ 장관

22. 다음 중 사업계획의 승인을 받을 수 있는 관광사업에 해당하지 <u>않는</u> 것은?

① 국제회의 시설업   ② 전문휴양업

③ 크루즈업   ④ 종합유원시설업

해설 종합휴양업이 포함된다.

정답 ④

23. 사업계획 승인을 받으면 인허가 대상 사항들이 의제되는 효과가 발생한다. 이에 해당되지 <u>않</u>는 것은?

① 입목벌채 허가   ② 이미용업 인허가

③ 사도개설 허가   ④ 건축금지제한 규정 배제

해설 이미용업 인허가는 등록심의위원회의 심의를 받을 경우의 의제사항이다.

정답 ②

24. 호텔업의 등급 심사 사유가 <u>아닌</u> 것은?

① 등급결정 후 2년 경과   ② 서비스 및 운영실태 변경

③ 시설 증축   ④ 호텔 신규 등록

해설 등급의 유효기간은 3년이다.

정답 ①

25. 호텔의 등급 심사의 평가 기준이 <u>아닌</u> 것은?

① 고객 만족도   ② 객실 및 부대시설 상태

③ 안전관리 법령 준수   ④ 서비스 상태

해설 고객만족도는 기준에 포함되어 있지 않다.

정답 ①

26. 다음 관광숙박업의 회원모집 및 분양과 관련하여 <u>틀린</u> 것은?

① 콘도업은 공정율 20% 이상부터 분양이 가능하다.
② 회원모집을 위해서는 건물과 대지의 소유권이 필수적이다.
③ 호텔업은 등록 이후에 회원모집이 가능하다.
④ 콘도업은 회원모집만 가능하다.

해설 콘도업은 분양도 가능하다.
정답 ④

27. 호텔 등급 결정의 신청을 하지 않아도 되는 호텔업은?

① 호스텔업　　　　　　　　　② 수상관광호텔업
③ 가족호텔업　　　　　　　　④ 소형호텔업

해설 유일하게 호스텔업만이 등급을 받지 않아도 된다.
정답 ①

제3절 **허가와 신고**

1. 허가·신고의 개념과 관광사업

(1) 허가

① 개념 : 상대적으로 금지된 행위를 특정한 경우에 해제하여 적법하게 일정한 사실행위 또는 법률행위를 할 수 있게 하는 행정행위

② 허가 대상 관광사업

㉠ 시군구청장의 허가 : 유원시설업 중 종합유원시설업 및 일반유원시설업

㉡ 문화체육관광부 장관의 허가 : 카지노업

(2) 신고

① 개념 : 국민이 법령에 따라 행정청에 일정한 사실을 진술·보고하는 행위를 뜻한다. 기재사항에 흠결이 없고 정해진 서류가 구비된 때에는 이를 수리하여야 한다.

② 신고 대상 관광사업

㉠ 유원시설업 중 기타유원시설업(시군구청장에 신고)

2. 테마파크업

(1) 종합유원시설업

① 허가 기준

㉠ 대지 1만m² 이상, 안전성 검사 유기기구 6종 이상

㉡ 발전시설, 의무시설, 안내소, 음식점 또는 매점

② 허가에 필요한 제출 서류

㉠ 허가 신청서, 영업시설 및 설비 개요서, 신청인 사항

㉡ 정관(법인인 경우), 시설검사 서류, 보험가입 증명 서류, 안전관리자 인적 사항

㉢ 안전관리계획서 : 안전점검 계획, 비상연락 체계, 비상 시 조치계획, 안전요원 배치 계획(단, 안전요원 배치계획은 물놀이형 시설의 경우만 해당)

③ 변경 허가 : 중요 사항 변경 시

㉠ 영업소 소재지 변경, 유기기구 신설·이전·폐기, 영업장 면적의 변경

④ 변경 신고 : 경미한 사항 변경 시

㉠ 대표자 또는 상호의 변경, 검사대상 아닌 기구 수의 변경, 안전관리자 변경

㉡ 신고 기한 : 사유 발생일로부터 30일 이내

⑤조건부 허가 : 시설/설비를 갖출 것을 조건으로 허가

    ㉠ 종합유원시설업은 5년 이내, 일반유원시설업은 3년 이내

    ㉡ 1년을 넘지 않는 범위에서 기간 연장 가능 : 불가항력 사유, 귀책사유 없이 부지 조성이 지연되거나 시설·설비의 설치가 지연될 때, 기술적인 문제로 지연될 때

    ㉢ 시군구청장은 허가를 받은 자가 정당한 사유 없이 기간내에 허가 조건을 이행하지 아니하면 그 허가를 즉시 취소하여야 한다.

    ㉣ 기간 내에 허가 조건에 해당하는 필요한 시설 및 기구를 갖춘 경우 그 내용을 시군구청장에게 신고하여야 한다.

(2) 일반유원시설업

① 허가 기준

    ㉠ 안전성 검사 대상 기구 1종 이상

    ㉡ 안내소, 구급약 비치

② 기타 사항 : 종합유원시설업과 동일

(3) 기타유원시설업

① 시설 및 설비 기준

    ㉠ 안전성 검사 대상이 아닌 기구 1종 이상

    ㉡ 대지 40m² 이상, 구급약품

(4) 안전성 검사

허가 전에 시군구청장으로부터 안전성 검사를 받아야 한다. 실제로는 검사 기관에 검사를 위탁한다. 안전성 검사에서 적합 판정을 받더라도 개선이 필요한 사항에는 개선을 권고할 수 있다.

① 안전성 검사 대상일 경우

    ㉠ 허가 받은 연도의 다음 연도부터 연 1회 정기검사를 받아야 한다.

    ㉡ 10년 이상된 시설·기구 중 별도로 지정된 것만 반기 1회씩 받아야 한다.

    ㉢ 재검사를 받아야 하는 경우 : 부적합 판정을 받은 경우, 사고가 발생한 경우, 3개월 이상 정지한 경우

② 안전성 검사 대상이 아닌 경우

    ㉠ 안전성 검사 대상이 아님을 확인하는 검사를 받아야 한다.

    ㉡ 최초 확인검사 이후 정기확인검사를 받아야 하는 시설·기구는 2년마다 정기검사를 받아야 한다.

    ㉢ 안전성 검사 결과 부적합으로 판정될 경우의 처리 : 운행중지 명령, 재검사, 재확인검사 후 운행 권고

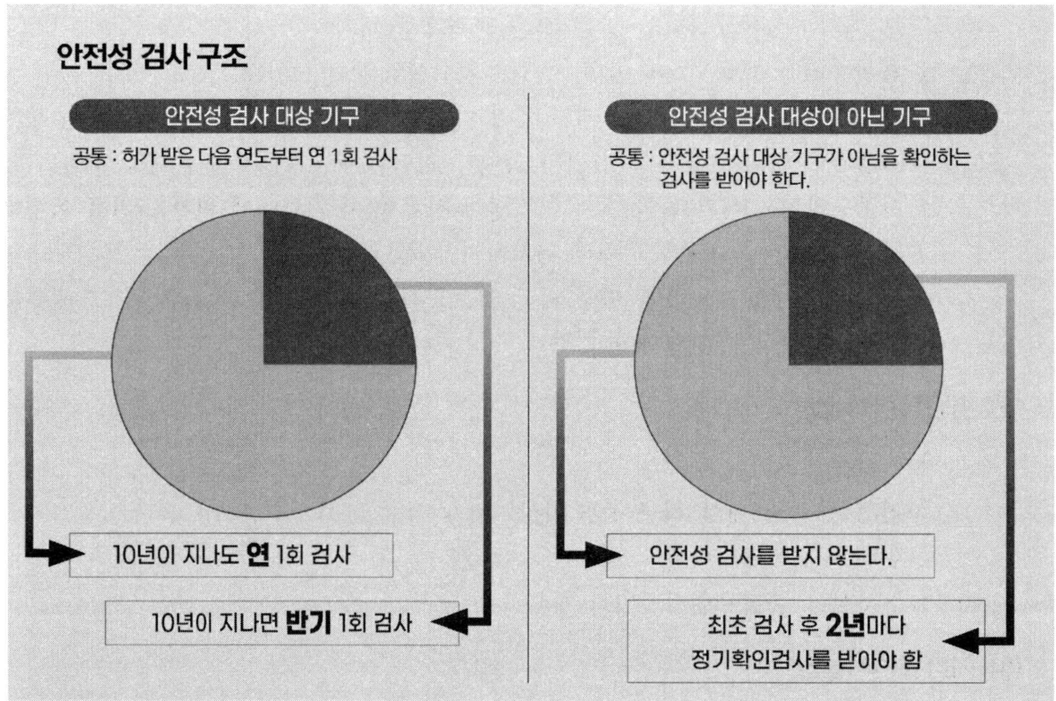

(5) 유원시설업자 준수사항

① 공통 사항

㉠ 이용 요금표, 준수사항 및 주의 사항 게시

㉡ 정신적, 신체적으로 부적합한 이용자에 대해서는 이용을 제한

㉢ 조명은 60 Lux 이상 유지

㉣ 화재 시 피난 방법 고지

㉤ 매일 1회 이상 안전점검 실시, 결과 기록·비치, 안전점검표시판 게시

② 종합 및 일반유원시설업

㉠ 안전관리자 배치

ⓐ 배치 기준 : 유기기구 수에 비례하여 1~3명 이상

ⓑ 안전관리자의 의무

• 안전운행 표준지침 작성, 안전관리계획 수립

• 매일 1회 이상 안전점검 실시, 결과 기록·비치, 안전점검표시판 게시

• 운행자, 유원시설 종사자에 대한 안전교육계획 수립 및 실시

• 장관이 실시하는 안전교육을 받아야 한다.

– 사업장 배치 후 6개월 이내 수료

– 이후는 2년에 1회(8시간)

– 교육 내용 : 안전사고의 원인과 대응요령, 안전관리법령, 안전관리실무

ⓒ 종사자에 대한 안전교육계획 수립 및 주 1회 이상 안전교육 실시(교육일지 비치)

ⓒ 신규 채용 시 안전교육 4시간 이상 실시

ⓒ 안전관리자가 안전교육을 받도록 해야 함.

③ 기타유원시설업

ⓐ 사업자와 종사자는 안전행동요령을 숙지해야 한다.

ⓑ 종사자에 대한 안전교육을 월 1회 이상 실시(교육일지 비치)

ⓒ 최초 확인검사 이후 정기확인검사를 받아야 하는 시설·기구를 운영하는 사업자는 2년마다 4시간의 안전교육을 받아야 한다.

ⓓ 신규 채용 시 안전교육 2시간 이상 실시

④ 물놀이형 유원시설업자의 안전·위생 기준

ⓐ 어린이 이용 제한 조치, 음주자 이용 제한, 물 1일 3회 이상 여과기 통과

ⓑ 간호사나 간호조무사 또는 응급구조사 1인 이상 배치

ⓒ 일정한 수질 유지, 관리요원 배치, 수심 표시

ⓓ 정원 또는 동시 수용가능 인원, 물의 순환 횟수, 수질검사 일자 및 결과 게시

ⓔ 안전요원 배치 : 수심 100cm 이상은 660m²당 최소 1인, 그 이하는 1,000m²당 1인

ⓕ 안전관리계획, 안전요원 교육프로그램, 안전 모니터링 계획을 수립해야 한다.

(6) 중대사고 발생 시 처리 절차

① 중대사고

ⓐ 사망사고, 중상사고

ⓑ 2주 이상 진단 부상자가 동시에 3명 이상

ⓒ 1주 이상 진단 부상자가 동시에 5명 이상

ⓓ 운행이 30분 이상 중단되어 인명구조가 필요한 경우

② 사업자가 등록관청에 통보할 사항

ⓐ 통보 방법 : 문서, 팩스 또는 전자우편으로 3일 이내

ⓑ 통보 사항

ⓐ 사고가 발생한 영업소의 명칭, 소재지, 전화번호 및 대표자 성명

ⓑ 사고 발생 경위(사고 일시·장소, 사고 발생 시설·기구의 명칭 포함)

ⓒ 조치 내용, 사고 피해자 인적 사항(이름, 성별, 생년월일 및 연락처)

ⓓ 사고 발생 유기시설 또는 유기기구의 안전성검사의 결과 또는 안전성검사 대상에 해당되지 아니함을 확인하는 검사의 결과

ⓒ 등록관청의 조치 사항

ⓐ 자료의 제출 요구(7일 이내 제출, 10일 이내 연장 가능) 및 현장조사 실시

ⓑ 사용 중지, 개선·철거 명령(유원시설업자는 2개월 이내에 이의신청 가능)

(7) 테마파크시설안전정보시스템 구축/운영

① 장관의 업무
② 포함 사항
  ㉠ 테마파크업 현황
  ㉡ 보험가입
  ㉢ 안전관리자 정보 등

(8) 장애인의 편의제공

– 국가 및 지자체는 장애인을 위해 시설설치 및 편의시설 확충에 비용 지원

3. 카지노업

(1) 허가 관련 사항

① 허가의 종류 및 허가권자 : 허가는 신규허가, 변경허가, 조건부허가로 나눌 수 있으며, 허가권자는 장관이다.
② 신규 허가
  ㉠ 제출 서류
    ⓐ 허가 신청서, 신청인 내역, 정관(법인), 사업계획서, 부동산 소유 현황 등
    ⓑ 사업계획서 포함 사항 : 이용객 유치계획, 장기 수지전망, 인력 수급·관리 계획, 영업시설의 개요(시설 및 기구)
  ㉡ 허가 요건
    ⓐ 일반 요건(공통 사항) : 사업계획서가 적정해야 하며 재정 능력 보유, 영업거래에 관한 내부통제 방안 수립, 기타 건전한 육성 위한 장관의 공고 기준 적합
    ⓑ 시설 및 위치

호텔업 시설일 경우	• 국제공항·국제여객터미널이 있는 시도에 위치 또는 관광특구 내에 위치 • 등급이 최상등급(없으면 차등급 호텔) • 외래관광객 유치 실적이 장관 공고 기준에 부합
국제회의시설업의 시설	
여객선일 경우	• 외국을 왕래하는 2만 톤급 이상으로 외국인 수송 실적이 장관의 공고 기준에 부합

ⓒ 영업 시설 : 330m² 이상의 전용 영업장, 외국환 환전소 1곳 이상, 4종류 이상 영업 가능한 카지노기구, 카지노 전산 시설

ⓒ 허가 제한

ⓐ 신규 허가 이후 전국 단위 외래관광객 60만 명 이상 증가 시 2개 이내 허가 가능

ⓑ 고려 사항 : 관광객 및 이용객 증가 추세, 기존업자 수용 능력, 외화획득 실적

ⓒ 공공질서 및 카지노업의 건전한 발전 위해 허가 제한 가능

ⓓ 허가 위한 공고 사항 : 허가 대상지역, 허가 가능업체 수, 허가 절차·방법, 세부 허가기준

③ 변경 허가

㉠ 제출 서류 : 변경허가 신청서, 변경계획서

㉡ 변경 허가 사유

ⓐ 대표자 또는 영업소 소재지 변경, 동일 구내로의 영업장소 위치 변경, 면적 변경

ⓑ 영업 시설 1/2 이상의 변경·교체, 전산시설(검사 대상 시설)의 변경·교체

ⓒ 영업 종류의 변경

㉢ 변경 신고 사유 : 시설·기구의 1/2 미만 변경·교체, 상호나 영업소의 명칭 변경

④ 조건부 허가

㉠ 1년 기간 이내 카지노업의 시설 기준에 적합한 시설·기구를 갖출 것을 조건으로 허가하는 것으로 정당한 사유 없이 기간 내 미이행 시 허가를 즉시 취소한다.(1차례, 6개월 이내 연장 가능)

㉡ 기간 내에 허가조건에 해당하는 시설·기구를 갖춘 경우에 장관에게 신고해야 한다.

(2) 카지노 사업자 결격 사유

장관은 허가를 받은 자가 다음 중 어느 하나에 해당되면 허가를 취소해야 한다.

① 19세 미만인 자, 폭력행위 등 처벌에 관한 법률 위반으로 형이 확정된 자(범죄 조직)

② 조세 포탈, 외국환 거래법 위반으로 형이 확정된 자

③ 금고 이상의 실형을 선고 받고 집행이 끝나거나 집행을 아니 하기로 확정된 후 2년이 지나지 않은 자

④ 금고 이상의 형 집행유예 중인 자, 선고 유예 중인 자

⑤ 법인의 임원 중 상기에 해당되는 자가 있는 법인(3개월 이내 교체 시 사업 가능)

(3) 카지노업의 영업 종류

카지노 영업의 종류는 20가지로, 룰렛, 바카라, 블랙잭, 비디오게임, 슬롯머신, 타이 사이 등이 있다. 카지노 사업자는 영업 종류별 영업 방법 및 배당금 관련 사항을 장관

에게 미리 신고해야 한다.

(4) 카지노 사업자의 준수 사항(종사원 포함)

장관은 사행심 유발 방지 및 공익을 고려하여 지도와 명령을 할 수 있다. 카지노 사업자의 준수 사항은 다음과 같으며, 준수 사항을 위반할 경우에는 대부분 형사적 처벌(징역 or 벌금)이 가해진다.

① 법령에 위배되는 카지노기구를 설치하거나 사용하는 행위
② 카지노기구를 변조하거나 변조한 기구를 사용하는 행위
③ 허가 받은 전용영업장 외에서 영업하는 행위
④ 내국인을 입장시키는 것(해외이주자는 가능)
⑤ 지나친 광고나 선전을 하는 행위
⑥ 영업종류에 해당하지 아니하는 영업을 하거나 영업방법 및 배당금에 관한 신고를 하지 아니하고 영업하는 행위
⑦ 매출액을 누락시키는 행위, 19세 미만인 자를 입장시키는 것
⑧ 정당한 사유 없이 연간 60일 이상 휴업하는 행위(휴업 또는 폐업할 경우 신고해야 한다)

(5) 영업준칙 및 사용자 준수사항

① 공통사항
  ㉠ 1일 최소 영업시간은 8시간
  ㉡ 최소배당율 : 이론배당율 75%(5% 이상 차이가 날 경우 검사 기관 통보)
  ㉢ 내기금액 한도액의 표시, 종사원 게임 참여 불가 등 금지 사항
  ㉣ 출입금지 조치 : 배우자, 직계혈족이 문서로써 요청할 경우 및 카지노사업자가 정하는 출입금지 대상자(영업질서 유지 및 이용자의 안전)
  ㉤ 기록의 유지 의무, 집전함 부착
② 폐광지역 카지노 사업자의 영업준칙
  ㉠ 회원용과 일반용 영업장 구분(회원용에만 주류 판매 가능)
  ㉡ 오전 6~10시 영업 금지, 자금대여 금지
  ㉢ 주요지점에 폐쇄회로 TV 설치
  ㉣ 사망 및 폭력사고 발생 시 장관에 즉시 보고
  ㉤ 머신게임의 최고 한도는 1회에 2천원, 테이블게임 10만원 이하(단 1/2 범위 30만원 이하)
  ㉥ 이용자의 비밀보장, 배우자 또는 직계존비속이 요청할 경우/공공기관이 공익목적으로 요청할 경우 자료를 제공할 수 있다.

　　ⓐ 회원용 영업장의 운영방법 및 영업장 출입일수는 규정을 정해 미리 장관의 승인
　　　을 받아야 한다.
　③ 이용자 준수사항
　　카지노 사업자의 신분확인 요청에 응해야 한다.

(6) 카지노 사업자의 관광진흥개발기금(이하 기금) 납부 의무

　① 납부액 범위 : 총매출액의 10% 이내에서 매출액 규모에 따라 차등 징수한다.
　　※ 총매출액 : 받은 금액 - 지불한 금액
　② 매출액별 납부액(초과누진세율)
　　㉠ 10억 이하 : 1%
　　㉡ 10억~100억 이하 : 1천만 원 + (총매출 - 10억) × 5%
　　㉢ 100억 초과 : 4억 6천 + (총매출 - 100억) × 10%
　③ 납부 기한 및 절차
　　㉠ 사업자는 3월말까지 감사보고서가 포함된 제무제표를 장관에 제출해야 한다.
　　㉡ 장관은 4월 30일까지 납부액을 고지해야 한다. 이에 대해 사업자는 30일 이내
　　　에 이의 제기가 가능하고, 15일 이내에 이의 제기에 대한 결과를 서면으로 통지
　　　해야 한다.
　　㉢ 2회 분할 납부 가능 : 6월 30일, 9월 30일
　　㉣ 기한 내 미납 시 10일 이상 기간 정해 독촉한다. 그래도 미납할 경우, 국세체납
　　　처분절차에 따라 처리한다.
　　㉤ 납부연기 신청
　　　ⓐ 사유 : 매출액 감소
　　　ⓑ 납부기한의 45일전까지 신청
　　　ⓒ 1년이내 1차례 연기(기금운용위원회의 심의)
　　㉥ 천재지변 등으로 기한까지 납부할 수 없는 경우에는 그 사유가 없어진 날부터
　　　7일 이내에 내야 한다.

(7) 유사행위 등의 금지

　카지노사업자가 아닌 자는 영리 목적으로 카지노업의 영업 종류를 제공하여 이용자 중
특정인에게 재산상의 이익을 주고 다른 이용자에게 손실을 주는 행위를 하여서는 아니
된다.

01. 다음 중 허가 대상인 사업이 <u>아닌</u> 것은?

① 2종 종합휴양업　　　　　　② 카지노

③ 일반유원시설업　　　　　　④ 종합유원시설업

해설 2종 종합휴양업은 등록대상이다.
정답 ①

02. 중대사고가 발생할 경우 법령에 따른 조치 사항이 <u>아닌</u> 것은?

① 유원시설업자는 3일 이내에 시군구청장에게 반드시 통보해야 한다.
② 시군구청장이 자료의 제출 요구시 7일 이내에 반드시 제출해야 한다.
③ 시군구청장은 조사 결과 시설의 사용중지,개선,철거명령을 내릴 수 있다.
④ 시군구청장의 명령에 대해 유원시설업자는 2개월 이내에만 이의 신청 가능하다.

해설 10일 이내에 연장이 가능하다.
정답 ②

03. 중대사고 발생 시 유원시설업자가 시군구청장에게 통보해야 할 사항에 포함되지 <u>않는</u> 것은?

① 조치 내용　　　　　　② 사고 원인 분석 결과

③ 사고 발생 경위　　　　④ 사고 피해자의 인적 사항

해설 그 외에도 사고가 발생한 영업소의 명칭,안전성검사의 결과 등을 통보해야 한다.
정답 ②

04. 다음 중 중대사고에 해당하지 <u>않는</u> 것은?

① 운행이 30분 이상 중단되어 인명구조가 필요한 경우
② 사망 또는 중상 사고
③ 1주 이상 진단 부상자 5명 이상
④ 2주 이상 진단 부상자 2명 이상

05. 카지노업의 신규 허가 관련 사항으로 **틀린** 것은?

① 전국단위 외래관광객 60만명 이상 증가시 2개 이내에서 허가가 가능하다.
② 관광호텔업 시설일 경우 호텔의 위치가 관광특구내에 있으면 가능하다.
③ 기존업자의 수용능력과 외화획득실적은 허가의 고려사항이 아니다.
④ 외국을 왕래하는 여객선의 경우는 2만톤급 이상이어야 한다.

06. 카지노 사업의 신규허가를 위해 장관이 고려해야 할 사항에 속하지 **않는** 것은?

① 크루즈선 입항횟수　　　　　② 기존 카지노업자의 수용 능력
③ 기존 카지노업자의 총 외화획득실적　　　④ 외래 관광객 증가 추세

07. 카지노업의 허가를 받기 위해서는 사업계획서를 제출해야 한다. 포함되지 **않는** 사항은?

① 건설계획서　　　　　　　② 영업시설의 개요
③ 장기 수지 전망　　　　　④ 이용객 유치 계획서

08. 카지노업의 허가를 받기 위해 갖추어야 할 시설 및 기구에 대한 설명으로 **틀린** 것은?

① 330제곱미터 이상의 전용 영업장　　② 4종류 이상 영업 가능한 카지노기구
③ 외국환 환전소 2곳 이상　　　　　④ 기준에 적합한 전산시설

09. 카지노업의 조건부 허가와 관련된 사항으로 <u>잘못된</u> 것은?

① 기간은 2년 이내이다.

② 정당한 사유 없이 기간내 미이행시 허가를 취소한다.

③ 6개월 이내 1차례 연장 가능

④ 기간내에 조건을 이행시 장관에게 신고해야 한다.

해설 조건부 허가의 이행기간은 1년 이내이다.

정답 ①

10. 다음 중 카지노업자의 금지 행위에 속하는 것이 <u>아닌</u> 것은?

① 해외이주자를 입장시키는 행위

② 전용영업장 외에서 영업을 하는 행위

③ 지나친 광고나 선전을 하는 행위

④ 정당한 사유 없이 60일 이상 휴업하는 행위

해설 해외이주자는 입장이 가능하다.

정답 ①

11. 카지노사업자가 해서는 안 될 행위로 그 내용이 <u>틀린</u> 것은?

① 법령에 위배되는 카지노기구를 설치하는 행위

② 카지노기구를 변조하는 행위

③ 신고하지 않은 영업방법으로 영업하는 행위

④ 매출액을 부풀리는 행위

해설 매출액을 누락시키는 행위로 고쳐야 한다.

정답 ④

12. 카지노업의 영업준칙으로 <u>틀린</u> 것은?

① 1일 최소 영업시간은 6시간이다.

② 종업원은 게임에 참가할 수 없다.

③ 이론 배당률은 75% 이다.

④ 내기금액의 한도를 표시해야 한다.

해설 8시간으로 고쳐야 맞다.

정답 ①

13. 폐광지역 카지노 사업자의 영업준칙으로 <u>틀린</u> 것은?

    ① 회원용과 일반용을 구분해야 한다.   ② 사고 발생시 도지사에게 보고한다.

    ③ 자금을 대여하지 못한다.   ④ 오전 6시부터 10시까지 영업이 금지된다.

해설 사고 발생시 장관에게 보고해야 한다.

정답 ②

14. 카지노사업자는 관광진흥개발기금을 납부한다. 다음 중 <u>틀린</u> 사항은?

    ① 총매출액의 10% 이내에서 차등 납부한다.

    ② 매출액이 10억 이하일 경우 1% 납부한다.

    ③ 매출액이 50억일 경우 10% 납부한다.

    ④ 2회에 걸쳐 분할 납부할 수 있다.

해설 매출액이 10억~100억 구간일 경우 계산식은 1천만원 +(총매출-10억)*5%이다.

정답 ③

15 매출액이 1500억일 경우 카지노업자의 납부액은 얼마인지 바르게 계산한 것은?

    ① 1500억 × 1%   ② 4억 6천 + (1500억-100억) × 5%

    ③ 4억 6천 + (1500억-1000억) × 10%   ④ 4억 6천 + (1500억-100억) × 10%

해설 기금은 초과누진세율 구조로 되어 있다.

정답 ④

16. 카지노 사업자의 기금 납부 관련하여 <u>틀린</u> 사항은?

    ① 카지노업자가 기한내 미납시 15일 이상의 기간을 정해 독촉해야 한다.

    ② 납부액에 대한 이의 제기는 30일 이내에 해야 한다.

    ③ 카지노업자는 3월말까지 감사보고서를 장관에 제출해야 한다.

    ④ 장관은 4월 30일까지 납부액을 고지해야 한다.

해설 10일 이상 기간 정해 독촉한다.

정답 ①

17. 카지노 사업자의 기금의 납부기한 연기와 관련하여 <u>틀린</u> 사항은?

① 납부기한의 45일 전까지 연기를 신청해야한다.
② 납부연기 사유는 매출액감소로 인한 경영악화의 경우이다.
③ 연기기간은 1년 이내에 2차례까지 가능하다.
④ 기금운용위원회의 심의를 거쳐야 한다.

해설 1년 이내에 1차례 가능하다.
정답 ③

18. 폐광지역 카지노 사업자의 영업준칙으로 적절한 것은?

① 일반용 영업장에서만 주류를 제공할 수 있다.
② 주요지점에 폐쇄회로 TV를 설치해야 한다.
③ 카지노 이용자의 비밀은 보장해야 하며 배우자 이외에는 자료를 제공할 수 없다.
④ 출입자의 신분을 확인해야 하며 출입금지 대상자는 장관이 결정한다.

해설 직계존비속 또는 공공기관이 공익목적으로 요청할 경우 자료를 제공할 수 있다.
정답 ②

19. 카지노업자에게 금지된 행위가 <u>아닌</u> 것은?

① 입장객의 신분확인을 요청하는 행위
② 정당한 사유 없이 연간 60일 이상 휴업하는 행위
③ 지나친 광고나 선전을 하는 행위
④ 내국인을 입장시키는 것

해설 입장객의 신분을 확인해야 내국인인지 외국인인지 구별이 가능하다.
정답 ①

1. 지정 대상 관광사업

지정 대상 관광사업		관광 편의시설업
지정 기관별 구분	지역별 관광협회의 지정	관광식당업, 관광사진업, 여객자동차터미널시설업
	시군구청장의 지정	그 외 관광 편의시설업

※ 세부 지정 기준

업종	지정 기준
관광유흥음식점업 (유흥주점 허가)	㉠ 건물은 연면적이 특별시의 경우에는 330m² 이상, 그 밖의 지역은 200m² 이상으로 한국적 분위기를 풍기는 아담하고 우아한 건물일 것 ㉡ 관광객의 수용에 적합한 다양한 규모의 방을 두고 실내는 고유의 한국적 분위기를 풍길 수 있도록 서화·문갑·병풍 및 나전칠기 등으로 장식할 것 ㉢ 영업장 내부의 노랫소리 등이 외부에 들리지 아니하도록 방음장치를 갖출 것
관광극장유흥업 (유흥주점 허가)	㉠ 건물 연면적은 1,000m² 이상으로 하고, 홀면적(무대면적을 포함한다)은 500m² 이상으로 할 것 ㉡ 관광객에게 민속과 가무를 감상하게 할 수 있도록 특수조명장치 및 배경을 설치한 50m² 이상의 무대가 있을 것 ㉢ 영업장 내부의 노랫소리 등이 외부에 들리지 아니하도록 방음장치를 갖출 것
외국인전용 유흥음식점업 (유흥주점 허가)	㉠ 홀면적(무대면적을 포함한다)은 100m² 이상으로 할 것 ㉡ 홀에는 노래와 춤 공연을 할 수 있도록 20m² 이상의 무대를 설치하고, 특수조명 시설 및 방음 장치를 갖출 것
관광식당업 (일반음식점 허가)	㉠ 인적 요건 　ⓐ 한국 전통음식 : 〈국가기술자격법〉에 따른 해당 조리사 자격증 소지자 　ⓑ 외국의 전문음식을 제공하는 경우 다음의 요건 중 1개 이상의 요건 구비자를 둘 것 　　• 해당 외국에서 전문조리사 자격을 취득한 자 　　• 해당 조리사 자격증 소지자로서 해당 분야 경력이 2년 이상인 자 　　• 해당 외국에서 6개월 이상의 조리교육을 이수한 자 ㉡ 최소 한 개 이상의 외국어로 병기된 메뉴판을 갖추고 있을 것 ㉢ 출입구가 각각 구분된 남·녀 화장실을 갖출 것
관광순환버스업	㉠ 안내방송 등 외국어 안내서비스가 가능한 체제를 갖출 것
관광사진업	㉠ 사진촬영기술이 풍부한 자 및 외국어 안내서비스가 가능한 체제를 갖출 것
여객자동차터미널 시설업	㉠ 인근 관광지역 등의 안내서 등을 비치하고, 인근 관광자원 및 명소 등을 소개하는 관광안내판을 설치할 것

관광펜션업	㉠ 자연 및 주변환경과 조화를 이루는 4층 이하의 건축물일 것 ㉡ 객실이 30실 이하일 것 ㉢ 취사 및 숙박에 필요한 설비를 갖출 것 ㉣ 바비큐장 등 주인의 환대가 가능한 1종류 이상의 이용시설 ㉤ 숙박시설 및 이용시설에 대하여 외국어 안내표기를 할 것
관광궤도업	㉠ 자연 또는 주변 경관을 관람할 수 있도록 개방되어 있거나 밖이 보이는 창을 가진 구조일 것 ㉡ 안내방송 등 외국어 안내서비스가 가능한 체제를 갖출 것
관광지원서비스업	다음 어느 하나에 해당할 것 ㉠ 관광관련 매출비중이 50% 이상 ㉡ 관광지 또는 관광단지에서 사업장 운영할 것 ㉢ 한국관광품질인증을 받았을 것 ㉣ 우수관광사업으로 선정된 사업일 것 ㉤ 공통사항 : 관광객의 안전을 확보할 것
관광면세업	㉠ 외국어 안내 서비스가 가능한 체제를 갖출 것 ㉡ 한 개 이상의 외국어로 상품명 및 가격 등 관련 정보가 명시된 전체 또는 개별 안내판을 갖출 것 ㉢ 주변 교통의 원활한 소통에 지장을 초래하지 않을 것

01. 다음 중 시군구청장이 지정하는 관광사업이 <u>아닌</u> 것은?

① 관광순환버스업　　　　　　② 관광극장유흥업

③ 관광식당업　　　　　　　　④ 관광펜션업

해설 지역별관광협회에서 관광식당업을 지정한다.

정답 ③

02. 다음 중 관광편의시설업에 속하지 <u>않는</u> 것은?

① 관광공연장업　　　　　　　② 관광극장유흥업

③ 관광유흥음식점업　　　　　④ 관광사진업

해설 관광공연장업은 관광객이용시설업에 속한다

정답 ①

03. 다음 관광 편의시설업 중 지역별 관광협회로부터 지정 대상인 업종이 <u>아닌</u> 것은?

① 관광식당업　　　　　　　　② 관광사진업

③ 여객자동차터미널시설업　　④ 관광면세업

해설 관광면세업은 시군구청장의 지정대상 사업이다.

정답 ④

04. 다음 중 관광식당업의 지정 요건에 해당되지 <u>않는</u> 것은?

① 해당 조리사 자격증 소지자로서 해당 분야 경력이 3년 이상인 자
② 외국 전문 음식점일 경우 해당 외국에서 전문조리사 자격을 취득한 자를 둘 수 있다.
③ 해당 외국에서 6개월 이상 조리교육을 이수한 자는 가능하다.
④ 최소한 한 개 이상의 외국어로 병기된 메뉴판을 갖출 것

해설 2년 이상으로 고쳐야 한다.
정답 ①

05. 관광펜션업의 지정기준으로 틀린 것은?

① 주인의 환대가 가능한 1종류 이상의 이용시설
② 자연 및 주변환경과 조화를 이루는 4층 이하 건축물
③ 취사,숙박 및 운동에 필요한 시설을 갖출 것
④ 객실이 30실 이하일 것

해설 운동은 해당하지 않는다.
정답 ③

06. 다음 중 관광편의시설업의 종류가 <u>아닌</u> 것은?

① 관광극장유흥업
② 외국인 전용 유흥음식점업
③ 야영장업
④ 관광사진업

해설 야영장업은 관광객이용시설업에 속한다
정답 ③

07. 관광편의시설업으로 지정받기 위한 지정기준으로 <u>틀린</u> 사항은?

① 관광지원서비스업 : 주변 교통의 원활한 소통에 지장을 초래하지 않을 것
② 관광궤도업 : 개방되어 있거나 밖이 보이는 창을 가진 구조일 것
③ 여객자동차터미널업 : 인근 관광자원,명소 등을 소개하는 관광안내판을 설치할 것
④ 관광순환버스업 : 안내방송 등 외국어 안내서비스가 가능한 체제를 갖출 것

08. 관광지원서비스업으로 지정받기 위한 지정조건에 속하지 <u>않는</u> 것은?

① 관광지 또는 관광특구에서 사업장 운영할 것

② 관광객의 안전을 확보할 것

③ 우수관광사업으로 선정된 사업일 것

④ 관광관련 매출비중이 50% 이상일 것

제5절 **관광사업자단체 및 관광종사원**

1. 관광사업자단체

(1) 설립 목적

관광사업자단체는 관광사업의 건전한 발전을 도모하고, 회원의 권익을 증진하고, 정보를 교환하기 위해 설립된 단체를 말한다.

(2) 단체의 종류

① 한국관광협회중앙회
  ㉠ 설립 절차
    ⓐ 장관의 허가
    ⓑ 지역별 관광협회 및 업종별 관광협회의 대표자 3분의 1 이상의 발기인이 정관을 작성하여 지역별 관광협회 및 업종별 관광협회의 대표자 과반수가 참가한 창립총회의 의결을 거쳐야 함.
    ⓒ 〈관광진흥법〉상 설립된 법인으로 설립등기를 함으로써 성립
    ⓓ 회원 : 업종별/지역별 관광협회, 업종별 위원회, 특별회원(면세점협회 등)
    ⓔ 정관 포함 사항 : 목적, 명칭, 사무소 소재지, 회원 및 총회 사항, 임원 사항, 업무, 회계, 해산
  ㉡ 목적 사업
    ⓐ 관광사업 발전 위한 업무
    ⓑ 정부 수탁 사업
    ⓒ 관광안내소 운영
    ⓓ 관광통계작성
    ⓔ 관광종사원의 교육 및 사후관리
    ⓕ 관광사업 진흥에 필요한 조사, 연구, 홍보
    ⓖ 회원 공제 사업 : 장관의 허가사항
      • 허가를 받기 위해서는 공제규정을 첨부하여 장관에게 신청
      • 공제 규정 포함 사항 : 실시방법, 공제계약, 공제분담금 및 책임준비금 산출방법(공제규정 변경 시에는 장관의 승인 필요)
      • 공제사업의 내용 : 사업행위와 관련된 사고공제 및 배상, 업무상 재해를 입은 종사원 보상, 회원의 경제적 이익 도모
      • 준수 사항 : 매 사업연도 말에 그 사업의 책임준비금 계상 및 적립, 회계분리
  ㉢ 기타 사항은 민법의 사단법인 규정을 준용함.

② 업종별 관광협회

　㉠ 설립 절차 : 장관의 허가

　㉡ 설립 단위 : 전국을 단위로 설립

　㉢ 회원사 : 한국여행업협회(KATA), 한국카지노업관광협회, 한국휴양콘도미니업
　　경영협회, 한국 외국인관광시설협회, 한국테마파크협회, 한국MICE협회 등

　㉣ 주요 업무 : 장관 또는 지자체의 위탁 업무 수행

③ 지역별 관광협회

　㉠ 설립 절차 : 시도지사의 설립허가

　㉡ 설립 단위 : 시도(특별시,광역시,도,특별자치도,특별자치시), 필요시 지부를 둘
　　수 있다.

　㉢ 주요 업무 : 장관 또는 지자체의 위탁 업무 수행

　㉣ 시도지사는 조례에 따라 예산으로 지원 가능

(3) 법적 지위 관련

장관, 시·도지사 또는 시군청장으로부터 위탁받은 업무와 관련하여 관광협회의 임직
원이 뇌물을 주고받았을 경우에는 임직원을 공무원으로 간주하여 처벌한다.

2. 관광종사원

(1) 관광종사원 관련 자격 시험

① 자격 종류별 시험 현황

　㉠ 합격 기준

　　ⓐ 필기시험 : 매 과목 4할 이상, 평균 6할 이상

　　ⓑ 면접시험 : 총점의 6할 이상

　㉡ 면접시험은 필기시험 및 외국어 시험에 합격한 자에 대하여 시행하며, 외국어
　　시험은 응시원서 접수 마감일부터 거꾸로 계산하여 5년이 되는 날이 속하는 해
　　의 1월 1일 이후에 실시된 시험을 인정한다.

자격 종류	응시자격	시험 종류	
		필기시험/외국어시험	면접시험
관광통역안내사	제한 없음.	국사, 자원, 개론, 법규 (영어 외 12개 외국어)	국가관, 사명감, 전문지식, 응용능력, 예의, 품성, 성실성,
국내여행안내사	제한 없음.	국사, 자원, 개론, 법규	
호텔경영사	•호텔관리사 자격 취득 후 관광호텔에서 3년 이상 경력 •4성급호텔의 임원 경력 3년 이상	법규, 호텔회계론, 호텔인사/조직관리론, 호텔마케팅론(영,일,중)	

호텔관리사	•호텔서비스사 자격 또는 조리사로서 3년 이상 경력 •관광고등 2년 이상 과정 •관광전공 전문대 졸 또는 대졸	법규, 개론, 호텔관리론 (영,일,중 택일)	논리성, 의사발표 정확성
호텔서비스사	제한 없음.	법규, 호텔실무 (영, 일, 중 택일)	

② 시험 면제

    ㉠ 면제 대상 과목 : 외국어 또는 필기과목

자격 종류	외국어	필기과목 중 면제 대상
관광통역 안내사	•전문대 이상에서 외국어 3년 이상 강의 •외국 근무 or 유학 4년 이상 •중고등에서 5년 이상 강의	•전문대 이상 관광 전공자 : 법규, 개론 •60시간 이상 실무교육 이수 : 법규, 개론 •자격증 소지자가 타 외국어에 응시 : 전체
국내여행 안내사		•전문대 이상 관광 전공자 : 전체 •여행안내와 관련된 업무 2년 이상 : 전체 •고등학교에서 관광분야 학과 이수자 : 전체

    ㉡ 필기와 외국어 시험에 합격하고 면접 시험에 불합격한 자에 대해서는 다음 회 시험에만 필기 및 외국어 시험 면제

③ 시험 시행

    ㉠ 시험 실시 주기 : 연 1회 이상(호텔경영사는 격년)

    ㉡ 시험 실시 공고 : 시행 90일 전 일간신문에 시험 실시를 공고

    ㉢ 시행 기관 : 한국산업인력공단에서 출제, 시행, 채점, 합격자 공고를 담당하며 합격자 명단을 한국관광공사와 관광협회중앙회에 통보한다.

④ 합격자 등록 및 자격증 교부

    ㉠ 자격별 수탁 기관(장관이 업무를 위탁)

      ⓐ 관광통역안내사, 호텔경영사, 호텔관리사 : 한국관광공사

      ⓑ 국내여행안내사, 호텔서비스사 : 한국관광협회중앙회

    ㉡ 등록 및 교부 절차

      ⓐ 시험에 합격한 자는 장관에게 등록 신청

      ⓑ 등록신청서와 사진 2매 제출

      ⓒ 등록기관은 결격사유가 없는 자에 한하여 관광종사원으로 등록하고 관광종사원 자격증을 발급한다.

      ⓓ 자격증을 분실한 자는 재발급을 신청할 수 있다.

(2) 관광종사원의 근무 내용

　① 관광통역안내사

　　㉠ 외국인 관광객을 대상으로 하는 여행업자는 관광통역안내의 자격을 가진 사람을
　　　관광안내에 종사하게 해야 한다.

　　㉡ 관광통역안내의 자격이 없는 사람은 외국인 관광객을 대상으로 하는 여행업에
　　　종사하여 관광안내를 할 수 없다.(위반 시 과태료 부과)

　　㉢ 관광안내를 하는 경우에는 자격증을 달아야 한다.(위반 시 과태료 부과)

　② 기타 관광종사원

　　㉠ 등록기관의 장은 관광사업자에게 자격을 가진 자가 종사하도록 권고할 수 있다.

　③ 관광종사원의 금지 사항 : 관광종사원은 다른 사람에게 관광종사원 자격증을 빌려
　　주거나 빌려서는 안되며 이를 알선해서도 안된다.

(3) 장관과 시도지사는 관광종사원의 교육에 필요한 지원 가능

(4) 관광종사원에 대한 행정처분

　① 처분권자

　　㉠ 장관 : 관광통역안내사, 호텔경영사, 호텔관리사

　　㉡ 시도지사 : 국내여행안내사, 호텔서비스사

　② 사유별 처분 내용(자격 취소, 6개월 이내 자격 정지)

　　㉠ 거짓 기타 부정한 방법으로 자격 취득 : 반드시 자격 취소

　　㉡ 관광사업자의 결격 사유에 해당할 경우 : 자격 취소(자격 취득 시의 결격사유에
　　　도 해당)

　　　ⓐ 피한정후견인, 피성년후견인

　　　ⓑ 파산선고를 받고 복권되지 아니한 자

　　　ⓒ 이 법을 위반하여 징역 이상의 실형을 선고 받고 그 집행이 끝나거나 집행을
　　　　받지 아니하기로 확정된 후 2년이 지나지 아니한 자

　　　ⓓ 이 법을 위반하여 형의 집행유예 기간 중에 있는 자

　　㉢ 직무 수행하는데 부정이나 비위 사실이 있는 경우 : 자격정지 또는 자격취소

　　　ⓐ 세부 기준

　　　　• 1차 위반 : 자격 정지 1개월

　　　　• 2차 위반 : 자격 정지 3개월

　　　　• 3차 위반 : 자격 정지 5개월

　　　　• 4차 위반 : 자격 취소

　　㉣ 자격증을 대여한 경우 : 반드시 자격 취소(형사처벌 별도)

③ 장관은 다음 어느 하나에 해당하는 사람에 대하여는 그 시험을 정지 또는 무효로 하거나 합격결정을 취소하고, 그 시험을 정지하거나 무효로 한 날 또는 합격결정을 취소한 날부터 3년간 시험응시자격을 정지한다.

  ㉠ 부정한 방법으로 시험에 응시한 사람

  ㉡ 시험에서 부정한 행위를 한 사람

01. 다음 중 지역별관광협회를 둘 수 없는 지역은?

① 제주도 ② 세종시

③ 수원시 ④ 울산시

해설 시도단위로 둘 수 있다.

정답 ③

02. 다음 중 설립시 장관의 허가 대상이 아닌 것은?

① 인천시관광협회 ② 한국관광협회중앙회

③ 한국여행업협회 ④ 한국테마파크협회

해설 지역별관광협회는 시도지사의 허가 대상이다.

정답 ①

03. 협회의 공제사업에 포함되지 않는 것은?

① 종사원의 복지와 교육 ② 회원의 경제적 이익 도모

③ 업무상 재해를 입은 종사원 보상 ④ 사업행위와 관련된 사고 공제 및 배상

해설 공제사업은 장관의 허가사항이다.

정답 ①

04. 협회의 업무가 아닌 것은?

① 문화관광해설사의 양성 및 활용계획수립

② 관광안내소 운영

③ 관광사업 진흥에 필요한 조사, 연구, 홍보

④ 관광종사원에 대한 교육과 사후관리

> **해설** 문화관광해설사 관련 업무는 장관이 한국관광공사에 위탁하였다.
>
> **정답** ①

---

05. 서울에서 국외여행인솔자로 등록하려는 자는 어느 기관에 등록신청을 해야 하는가?

① 서울관광협회 ② 업종별 관광협회

③ 한국관광협회중앙회 ④ 한국관광공사

> **해설** 실질적으로는 한국여행업협회이다.
>
> **정답** ②

---

06. 관광사업자 단체에 관한 사항으로 법령과 일치하지 <u>않는</u> 것은?

① 업종별 관광협회는 전국단위로 설립할 수 있다.

② 지역별 관광협회는 특별시·광역시·도 및 특별자치도를 단위로 설립하되, 필요하다고 인정되는 지역에는 지부를 둘 수 있다.

③ 업종별 관광협회는 시·도지사의 설립허가를, 지역별 관광협회는 문화체육관광부장관의 설립허가를 받아야 한다.

④ 지역별 관광협회 및 업종별 관광협회는 관광사업의 건전한 발전을 위하여 관광업계를 대표하는 한국관광협회중앙회를 설립할 수 있다.

> **해설** 업종별관광협회는 장관의 허가 대상이다.
>
> **정답** ③

---

07. 관광종사원 면접시험의 평가 사항이 <u>아닌</u> 것은?

① 전문지식과 응용능력 ② 융통성과 임기응변

③ 예의, 품행, 성실성 ④ 국가관, 사명감

> **해설** 기타 성실성과 논리성,의사발표의 정확성이 있다.
>
> **정답** ②

08. 관광종사원의 자격을 취소하거나 6개월 이내 정지시킬 수 있는 사유와 관련된 설명 중 <u>틀린</u> 것은?

① 거짓 기타 부정한 방법으로 자격 취득한 경우에는 반드시 취소해야 한다.
② 관광사업자의 결격 사유에 해당할 경우에는 취소해야 한다.
③ 직무 수행하는데 부정이나 비위 사실 발생 시 자격정지만 가능하다.
④ 자격증을 대여한 경우에는 반드시 취소해야 한다.

> 해설 4차 위반시는 자격취소 가능하다.
> 정답 ③

09. 관광종사원과 관련한 법령의 내용과 <u>다른</u> 것은?

① 외국인 관광객을 대상으로 하는 여행업자는 관광통역안내의 자격을 가진 사람을 관광안내에 종사하게 할 수 있다.
② 다른 사람에게 자격증을 대여할 수 없다.
③ 관광통역안내의 자격이 없는 사람이라도 외국인 친구를 위해 관광안내를 할 수 있다.
④ 관광통역안내사가 내국인 관광객을 안내할 경우에는 자격증을 달지 않아도 된다.

> 해설 외국인 관광객을 대상으로 하는 여행업자의 의무사항이다.
> 정답 ①

10. 관광종사원으로서 직무를 수행함에 있어 부정 또는 비위사실이 있을 경우의 행정처분에 속하지 <u>않는</u> 것은?

① 시정 명령
② 자격취소
③ 자격정지 3월
④ 자격 정지 5월

> 해설 1차 위반시 처분은 자격정지 1개월이다.
> 정답 ①

11. 호텔 경영사가 직무와 관련하여 부정행위를 하였다. 1차 위반시 처분과 처분권자는?

    ① 자격정지 1월/장관   ② 시정 명령/장관

    ③ 자격정지 1월/시도지사   ④ 자격정지 3월/시도지사

해설 관광종사원에 대한 행정처분은 시정명령이 없고 바로 자격정지처분을 내린다.

정답 ①

12. 장관이 위탁한 기관과 위탁된 권한이 <u>잘못</u> 연결된 것은?

    ① 지역별 관광협회 : 관광식당업, 관광사진업의 지정 및 지정취소에 관한 권한

    ② 업종별 관광협회 : 국외여행인솔자의 등록 및 자격증 발급에 관한 사항

    ③ 한국관광공사 : 관광통역안내사, 호텔경영사의 등록 및 자격증 발급에 관한 사항

    ④ 한국관광협회중앙회 : 국내여행안내사, 호텔관리사의 등록 및 자격증 발급에 관한 사항

해설 호텔관리사 대신에 호텔서비스사로 바꿔야한다.

정답 ④

13. 관광진흥법상 관광종사원에 관한 설명으로 <u>틀린</u> 것은?

    ① 관광종사원 자격증을 분실한 경우 재발급을 신청할 수 있다.

    ② 문화체육관광부장관은 관광종사원의 자격시험에 합격한 후 등록신청을 한 자에게 결격사유가 없으면 관광종사원 자격증을 발급해야 한다.

    ③ 부정한 방법으로 시험에 응시한 사람은 3년간 시험응시자격을 정지한다.

    ④ 관광종사원의 자격을 취득하려는 자는 문화체육관광부장관이 실시하는 시험에 합격한 후 문화체육관광부장관에게 신고하여야 한다.

해설 장관에게 등록하여야한다.

정답 ④

14. 관광진흥법령상 관광종사원에 대한 자격취소의 처분 권한이 시도지사에게 있는 것은?

    ① 관광통역안내사   ② 호텔경영사

    ③ 호텔서비스사   ④ 국외여행인솔자

해설 국내여행안내사가 포함된다.
정답 ③

15. 관광종사원 자격시험에 대한 설명으로 틀린 것은?

① 외국어시험의 유효기간은 5년이다.

② 관광통역안내사 자격증 소지자가 타 외국어에 응시할 경우 면접시험은 면제된다.

③ 면접시험은 필기시험 및 외국어시험에 합격한 자에 대하여 시행한다.

④ 면접시험에 불합격한 자는 다음 회의 시험에 필기와 외국어시험을 면제 받는다.

해설 필기시험이 면제된다.
정답 ②

16. 다음 중 관광통역안내사의 법적인 의무가 <u>아닌</u> 것은?

① 자격증 달기

② 자격증 대여 금지

③ 직무 수행에 부정이나 비위 행위 금지

④ 여행사에 취업 의무

해설 여행사에 종사하여 업무를 수행하지만 취업의 의무가 있을 수는 없다.
정답 ④

17. 관광종사원과 그 관광종사원에 대한 처분권자가 바르게 연결된 것은?

① 관광통역안내사 : 시·도지사

② 호텔경영사 : 한국관광공사 사장

③ 국내여행안내사 : 시·도지사

④ 호텔서비스사 : 한국관광협회중앙회장

해설 등록기관과 처분기관은 구별해야 한다.
정답 ③

18. 관광사업자가 되기 위해서는 등록, 허가, 지정, 신고 중의 하나의 행정절차를 경유해야 한다.
또한 일정한 관광사업은 사업계획의 승인을 받아야 한다. 행정절차와 처분권자가 <u>잘못</u> 연결
된 것은?

① 사업계획의 승인 – 시도지사
② 지정 – 시군구청장 또는 지역별 관광협회
③ 신고 – 시군구청장
④ 허가(카지노) – 장관

해설 사업계획의 승인은 시군구청장의 권한이다.
정답 ①

1. 개선명령 등

(1) 개념과 종류

개념	관광사업자가 법에 규정된 의무사항을 준수하도록 유도하며 만약 위반할 경우에는 불이익을 줌으로써 의무이행을 강제하는 기능을 가진 행정기관의 조치
처분권자	관할 등록기관 등의 장(장관, 시도지사, 시군구청장)
종류	시설·운영의 개선 명령(시정 명령), 사업의 일부 또는 전부의 정지(6개월 이내), 등록 등의 취소

(2) 개별 기준(예시)

① 외국인 관광객을 대상으로 하는 여행업자는 관광통역안내의 자격을 가진 자를 관광안내에 종사하게 해야 한다.

1차 위반	시정 명령	2차 위반	사업 정지 15일
3차 위반	취소		

② 무등록 국외여행인솔자를 종사하게 할 경우

1차 위반	사업 정지 10일	2차 위반	사업 정지 20일
3차 위반	사업 정지 1개월	4차 위반	사업 정지 3개월

③ 여행업자가 보험, 공제, 영업보증금을 예치하지 않을 경우

1차 위반	시정 명령	2차 위반	사업 정지 1개월
3차 위반	사업 정지 2개월	4차 위반	취소

④ 카지노사업자가 영업준칙을 위반할 경우

1차 위반	시정 명령	2차 위반	사업 정지 10일
3차 위반	사업 정지 1개월	4차 위반	사업 정지 3개월

2. 폐쇄조치

개념	폐쇄조치는 물리적인 강제력을 사용하여 영업을 하지 못하도록 조치하는 행위이다.
폐쇄 사유	㉠ 허가 또는 신고 없이 영업을 할 경우 ㉡ 허가의 취소 또는 사업 정지 명령을 받고도 계속 영업하는 경우
조치 사항	폐쇄 사유에 해당할 경우 폐쇄 조치를 취해야 한다. 폐쇄 조치로는 간판이나 영업표지물 제거, 불법 영업소라는 게시물 부착, 시설물·기구를 사용하지 못하게 봉인 등이 있다.

3. 과징금 부과

(1) 개념과 사유

① 개념 : 법적 의무 위반에 대해 공익의 보호를 이유로 사업을 유지하게 하고 그 대신에 이익을 박탈하는 행정제재금(부당이득에 대한 환수조치)이다. 한도는 2천만원이다.

② 가중 또는 감경 사유(1/2 범위)

㉠ 고려 사유 : 사업자의 사업 규모, 사업지역의 특수성, 위반행위의 정도, 위반 횟수

㉡ 가중하더라도 최대 2천만 원

③ 개별 기준(예시)

㉠ 외국인 관광객을 대상으로 하는 여행업자는 관광통역안내의 자격을 가진 자를 관광안내에 종사하게 해야 한다. 이를 어길 경우 800만 원(종합여행업)

㉡ 여행업자가 안전정보 제공 의무 위반 시 500만 원(종합), 300만 원(국내외)

㉢ 여행업자가 사전 동의 없이 여행일정 변경 시 800만 원(종합), 400만 원(국내외), 200(국내)

㉣ 카지노사업자가 영업준칙을 지키지 않을 때 2,000만 원

④ 납부 기한

㉠ 20일 이내(분할 납부 불가)

㉡ 기간내 납부하지 않을 경우 국세체납처분 또는 지방행정제재/부과금의 징수 등에 관한 법률에 따라 징수한다.

1. 행정벌의 종류

행정형벌	행정법상의 의무위반이나 의무불이행에 대한 형사적인 제재로서 징역, 금고, 구류, 벌금, 과료 등이 있으며 형법이 적용된다.
행정질서벌	행정상의 질서위반에 대하여 금전으로 제재를 가하는 행정법상 의무이행 확보 수단의 하나로 '과태료'가 이에 해당한다. 과태료는 형벌이 아니므로 원칙적으로 형법이 적용되지 않는다.

2. 행정형벌

〈관광진흥법〉상의 행정형벌의 내용은 징역과 벌금이다.

(1) 위반 행위별 벌칙

① 7년 이하의 징역 또는 7천만 원 이하의 벌금

  ㉠ 허가 없이 카지노업을 경영한 자

  ㉡ 카지노사업자가 아닌 자가 카지노업의 영업종류를 제공하는 경우

② 5년 이하의 징역 또는 5천만 원 이하의 벌금

  ㉠ 법령에 위반되는 기구 설치 또는 사용하는 행위

  ㉡ 기구나 시설의 변조 또는 그것을 사용하는 행위

③ 3년 이하의 징역 또는 3천만 원 이하의 벌금

  ㉠ 등록 없이 여행업, 관광숙박업, 제2종 종합휴양업, 국제회의업 경영한 자

  ㉡ 허가 없이 테마파크업을 경영한 자

  ㉢ 등록하지 않거나 사업계획의 승인을 받지 않고서 시설을 분양하거나 회원을 모집한 자

  ㉣ 유기시설 또는 유기기구에 대해 사용 중지·개선 또는 철거의 명령을 위반한 자

④ 2년 이하의 징역 또는 2천만 원 이하의 벌금(카지노사업자전용)

  ㉠ 사업정지처분을 위반하여 영업을 한 자

  ㉡ 변경허가를 받지 아니하거나 변경신고를 하지 아니하고 영업을 한 자

  ㉢ 검사를 받지 아니 하거나 검사 결과 공인기준에 맞지 아니한 카지노기구 이용

  ㉣ 카지노업자 준수 사항 위반자

    ⓐ 허가 받은 전용영업장 외에서 영업하는 행위

    ⓑ 내국인을 입장시키는 것(해외이주자는 가능)

    ⓒ 지나친 광고나 선전을 하는 행위

ⓓ 매출액 누락시키는 행위

ⓔ 19세 미만인 자를 입장시키는 행위

㉲ 등록을 하지 아니하고 야영장업을 경영한 자

⑤ 1년 이하의 징역 또는 1천만 원 이하의 벌금

㉠ 테마파크업의 신고를 하지 않고 영업을 한 자

㉡ 테마파크업의 변경허가나 변경신고를 하지 아니한 자

㉢ 고의로 여행계약을 위반한 경우에 대해 내린 개선명령을 위반한 자

㉣ 국외여행인솔자 자격증의 대여,빌린 자,알선 자

㉤ 관광종사원 자격증의 대여,빌린 자,알선 자

3. 과태료

(1) 개념 : '과태료'는 행정상의 질서위반에 대하여 금전으로 제재를 가하는 행정법상 의무 이행 확보 수단의 하나인 행정질서벌에 속한다. 과태료의 부과권자는 등록기관 등의 장이다.

(2) 과태료의 부과 기준

① 개별 기준

㉠ 500만 원 이하의 과태료

ⓐ 유원시설업자의 중대사고 통지 의무 위반

ⓑ 관광통역안내의 자격이 없는 사람이 여행업에 종사하여 외국관광객을 대상으로 관광안내를 할 경우

㉡ 100만 원 이하의 과태료

ⓐ 관광사업자가 아닌 자의 관광표지 부착규정 위반자

ⓑ 카지노사업자가 영업준칙을 준수하지 않을 경우(1차 100만 원, 2차 100만 원, 3차 이상 위반 시 100만 원)

ⓒ 한국관광 품질인증을 받은 자가 아니면서 인증표지 또는 이와 유사한 표지를 하거나 한국관광 품질인증을 받은 것으로 홍보한 경우

ⓓ 관광통역안내사가 자격증을 달지 않고 관광안내를 하는 경우

ⓔ 외국인관광도시민박업과 한옥체험업자가 안전/위생교육을 받지 않은 경우

01. 등록하지 않은 국외여행인솔자를 사용한 여행사에 대한 행정처분 중 틀린 것은?

① 1차 위반 : 사업정지 10일　　② 2차 위반 : 사업정지 20일

③ 3차 위반 : 사업정지 1개월　　④ 4차 위반 : 등록취소

해설　4차 위반시에는 사업정지 3개월이다.

정답　④

02. 등록기관 등의 장은 2천만 원 이하의 과징금을 부과할 수 있다. 틀린 사항은?

① 과징금 금액의 2분의 1 범위에서 가중 또는 경감할 수 있다.

② 사업자의 사업규모, 위반행위의 정도, 위반횟수 등을 고려하여 가중 또는 경감한다.

③ 가중하더라도 최대 금액은 3천만 원이다.

④ 사업 정지 처분으로 인해 공익을 해칠 우려가 있으면 과징금으로 대신할 수 있다.

해설　최대 2천만이다.

정답　③

03. 사업장을 폐쇄할 경우에 취할 수 있는 조치 사항이 아닌 것은?

① 불법영업소라는 게시물 부착　　② 간판이나 영업표지물 제거

③ 출입금지 명령　　④ 시설물 및 기구를 사용하지 못하게 봉인

해설　출입금지는 해당되지 않는다.

정답　③

04. 등록 등 또는 사업계획의 승인이 취소되었거나 영업소가 폐쇄된 경우 몇 년이 지나야 관광
사업을 다시 시작할 수 있는가?

① 1년 ② 2년
③ 3년 ④ 5년

해설 관광종사원이 시험에서 부정행위를 하다 적발되면 3년간 응시자격이 정지된다.
정답 ②

05. 3년 이하의 징역 또는 3천만원 이하의 벌금에 처해지는 사유가 <u>아닌</u> 것은?

① 카지노사업자가 아닌 자가 카지노업의 영업종류를 제공하는 경우
② 등록 없이 여행업, 관광숙박업, 제2종 종합휴양업, 국제회의업 경영한 자
③ 등록이나 사업계획의 승인을 받지 않고서 시설을 분양하거나 회원을 모집한 자
④ 유기시설 또는 유기기구에 대해 사용중지·개선 또는 철거의 명령을 위반한 자

해설 ① 번 지문의 경우는 7년/7천만원 이하에 해당하는 벌칙을 받게 된다.
정답 ①

06. 2년 이하의 징역 또는 2천만원 이하의 벌금에 처해지는 사유가 <u>아닌</u> 것은?

① 등록을 하지 아니하고 야영장업을 경영하는 행위
② 카지노사업자가 매출액을 누락시키는 행위
③ 카지노사업자가 내국인을 입장시키는 행위
④ 카지노사업자가 기구나 시설을 변조하는 행위

해설 ④ 번 지문의 경우에는 5년/5천만원 이하에 해당한다.
정답 ④

07. 숙박업을 경영하는 갑돌이는 관광숙박업으로 등록하지 않고서 갑돌이관광호텔이라는 표지를 붙이고 영업을 하고 있다. 해당 등록기관등의 장이 취할 수 있는 조치는?

① 벌금 부과
② 과징금 부과
③ 과태료 부과
④ 영업정지 명령

해설 관광사업자가 아닌 자의 관광표지 부착규정 위반의 경우에 해당한다.

정답 ③

08. 다음 중 과태료 부과 사유에 해당되지 <u>않는</u> 것은?

① 카지노사업자의 영업준칙 위반
② 안전관리자의 교육 이수 의무 위반
③ 국외인솔자 자격증을 대여한 경우
④ 한국관광 품질인증을 받은 자가 아니면서 인증표지 또는 이와 유사한 표지를 하거나 한국관광 품질인증을 받은 것으로 홍보한 경우

해설 ③번 지문의 경우에는 자격이 취소되며 벌칙을 받게 된다.

정답 ③

제8절 관광의 발전

1. 관광특구

(1) 개념

관광특구란, 외국인 관광객의 유치 촉진 등을 위하여 관광 활동과 관련된 관계법령의 적용이 배제되거나 완화되고, 관광 활동과 관련된 서비스·안내 체계 및 홍보 등 관광 여건을 집중적으로 조성할 필요가 있는 지역으로, 〈관광진흥법〉에 따라 지정된 곳을 말한다. 1993년에 도입된 제도로 1994년 8월에 해운대, 유성, 설악, 경주, 제주도가 처음으로 지정되었다.

(2) 지정신청 및 지정

외국인 관광객을 늘리기 위해 관광 관련 서비스 및 안내홍보 활동 등을 강화할 필요가 있는 장소를 시군구청장이 지정의 신청을 하고 시도지사가 지정한다.(인구 100만 이상의 특례시는 시장이 지정)

① 지정 요건
  ㉠ 연간 외국인 관광객 10만 명 이상(서울 50만 명)
  ㉡ 지역 내 각종 시설 보유(시도 또는 특례시의 조례로 정함)
    ⓐ 공공편익시설 : 화장실, 주차장 등
    ⓑ 관광안내시설, 숙박시설
  ㉢ 관광활동과 무관한 토지가 10% 초과하지 않을 것
  ㉣ 지역이 서로 분리되어 있지 않을 것

(3) 관광특구 진흥계획

① 절차 : 시군구청장이 수립하며 계획수립과 관련하여 필요한 경우 주민의 의견을 들을 수 있다.
② 계획에 포함되어야 하는 사항
  ㉠ 외국인 관광객을 위한 관광편의시설의 개선에 관한 사항
  ㉡ 특색 있고 다양한 축제, 행사, 그 밖에 홍보에 관한 사항
  ㉢ 관광특구를 중심으로 주변지역과 연계한 관광코스의 개발에 관한 사항
  ㉣ 관광 질서 확립 및 서비스 개선 사항
    ⓐ 범죄예방, 바가지요금, 퇴폐행위, 호객행위 근절 대책
    ⓑ 관광불편신고센터의 운영계획
    ⓒ 종사원에 대한 교육계획

ⓓ 토산품 등 관광 상품 개발계획

③ 시군구청장은 5년마다 계획의 타당성을 검토하고 필요한 조치를 취한다.

(4) **지원** : 국가나 지방자치단체는 관광특구의 진흥을 위해 필요한 지원을 할 수 있다. 장관은 관광특구 안의 필요한 시설에 대해 기금을 대여 또는 보조할 수 있다.

(5) **관광특구에 대한 평가 및 조치**

① 평가 : 시도지사 및 특례시장은 관광특구진흥계획의 집행상황을 연 1회 평가한다. 평가할 경우 1개월 이내 장관에게 보고한다. 우수한 관광특구에 대해서는 필요한 지원을 할 수 있다.

② 시도지사 등의 조치

㉠ 지정요건에 3년 연속 미달하여 개선의 여지가 없다고 판단 : 지정 취소

㉡ 추진실적이 미흡하며 개선권고를 3회 이상 이행하지 아니할 경우 : 지정 취소

㉢ 추진실적이 미흡할 경우 : 지정 면적의 조정 또는 투자 및 사업계획 개선 권고

③ 장관의 조치

㉠ 3년마다 평가 실시

㉡ 우수한 특구에는 지원

㉢ 시도지사에게 지정취소, 면적조정, 개선권고 등 필요한 조치를 요구할 수 있다.
    - 시도지사는 1개월 이내에 조치계획을 장관에게 보고한다.

(6) **다른 법률에 대한 특례**

① 식품위생법 : 영업제한에 관한 규정이 적용되지 않는다.

② 건축법

㉠ 180일 이내 공지(공터) 사용 가능

㉡ 대상 사업 : 관광숙박업, 국제회의업, 종합여행업, 관광공연장업, 관광식당업, 여객자동차터미널시설업, 관광면세업

③ 도로교통법 : 시도경찰서장 또는 경찰서장에게 차마(車馬) 및 노면전차의 도로통행 금지 또는 제한조치 요청 가능

2. 관광개발

(1) **관광개발기본계획(기본계획)**

관광개발기본계획은 장관이 10년마다 수립한다. 기본계획에는 다음과 같은 사항들이 포함되어야 한다.(5년마다 재검토,개선정비)

① 포함 사항

　　㉠ 전국의 관광 여건 및 관광 동향

　　㉡ 전국의 관광 수요와 공급에 관한 사항

　　㉢ 관광권역 설정 사항

　　㉣ 관광권역별 관광개발의 기본방향에 관한 사항

　　㉤ 관광자원의 보호·개발·이용·관리에 관한 기본적인 사항

② 절차적 사항

　　㉠ 시·도지사는 관광 개발사업에 관한 요구서를 장관에게 제출한다.

　　㉡ 장관은 수립된 기본계획을 확정하여 공고하려면 관계 부처의 장과 협의한다.

　　㉢ 기본계획이 확정되면 공고한다.

(2) 권역별 관광개발계획(권역계획)

권역별 관광개발계획은 시도지사가 5년마다 수립한다. 권역계획에는 다음과 같은 사항들이 포함되어야 한다.

① 권역계획의 수립기준(수립지침) : 장관이 작성하여 시도지사에게 통지

　　㉠ 기본계획과 권역계획의 관계

　　㉡ 권역계획의 기본사항과 수립절차

　　㉢ 권역계획의 수립시 고려사항 및 주요항목

② 포함 사항

　　㉠ 권역의 관광 여건 및 동향

　　㉡ 권역의 관광 수요와 공급 사항

　　㉢ 관광지 및 관광단지 조성·정비·보완 사항

　　㉣ 관광지 및 관광단지 실적평가에 관한 사항

　　㉤ 관광자원의 보호·개발·이용·관리에 관한 사항

　　㉥ 환경보전에 관한 사항

　　㉦ 관광지 연계에 관한 사항

　　㉧ 관광사업의 추진에 관한 사항

③ 절차적 사항

　　㉠ 둘 이상의 시도에 걸치는 지역이 하나의 권역계획에 포함되는 경우 협의가 성립되지 않을 시 장관이 지정하는 시도지사가 수립한다.

　　㉡ 장관의 조정과 관계 행정기관의 장과의 협의를 거쳐 확정하여야 한다.(30일 이내 의견제시)

(3) 관광지 및 관광단지 개발

　① 개념

　　㉠ 관광지

　　　ⓐ자연적 또는 문화적 관광자원을 갖추고 관광객을 위한 기본적인 편의시설을 설치하는 지역으로서 〈관광진흥법〉에 의거하여 지정된 곳

　　　ⓑ공공편익시설(화장실, 주차장, 통신·전기시설, 상하수도, 관광안내소)

　　㉡ 관광단지

　　　ⓐ 관광객의 다양한 관광 및 휴양을 위하여 각종 관광시설을 종합적으로 개발하는 관광거점지역으로서 〈관광진흥법〉에 의거하여 지정된 곳

　　　ⓑ 공공편익시설, 숙박시설, 운동오락시설 또는 휴양문화시설(접객 및 지원시설은 임의 시설)

　　　ⓒ 50만m² 이상

　② 관광지 등의 지정권자

　　㉠ 지정권자 : 시도지사(인구감소지역의 관광단지는 시군구청장이 지정)

　　㉡ 지정 신청자 : 시군구청장

　③ 조성계획의 신청과 승인

　　㉠ 승인권자 : 시도지사

　　㉡ 승인 신청자

　　　ⓐ 관광지 : 시군구청장

　　　ⓑ 관광단지 : 시군구청장, 관광단지개발자(공공법인 또는 민간개발자)

(4) 관광지 등 지정의 실효 및 취소 등

　① 지정고시 후 2년 이내에 조성계획의 승인신청이 없으면 지정의 효력 상실

　② 조성계획의 승인을 받아 승인고시된 날로부터 2년 이내에 사업에 착수하지 않으면 조성계획의 승인의 효력 상실(이로부터 2년 이내 조성계획의 승인 신청이 없으면 지정의 효력 상실)

　③ 시도지사의 승인 취소 또는 개선 명령 : 민간개발자가 사업중단 등으로 환경/미관을 해칠 경우

　④ 위 ①, ②의 경우 부득이한 사유로 인해 1년의 범위에서 1차례 연장 가능

(5) 입장료 징수와 사용

　① 징수대상 범위 및 금액은 조례로 정한다

　② 지역사랑상품권을 통해 관광객에게 환급할 경우 지자체는 비용을 지원할 수 있다

3. 관광 진흥과 홍보

(1) 국제기구와 협력 증진

① 목적 : 관광정보 획득 및 활용, 관광 통한 국제 친선 도모
② 장관은 업무의 원활한 수행 위해 관광사업자, 관광사업자단체,한국관광공사(이하 관광사업자 등)에 필요사항을 권고,조정할 수 있다.

(2) 관광 통계

장관과 지자체장은 관광 진흥과 홍보를 위해 국내외의 관광 통계를 작성할 수 있다. 이 경우 공공기관, 연구소, 법인, 단체, 민간기업, 개인 등에 협조를 요청할 수 있으며, 통계 작성 범위는 다음과 같다.

•한국을 방문하는 외국관광객 행태	•국민의 관광 행태
•관광사업자 경영 사항	•관광지 및 관광단지 현황 및 관리

(3) 관광 홍보

장관과 시도지사는 관광홍보 활동을 조정하거나 관광 선전물을 심사할 수 있고 필요한 사항을 지원할 수 있다. 장관과 시도지사가 관광사업자 등에게 관광홍보를 위해 권고·지도할 수 있는 사항은 다음과 같다.

•해외관광시장에 대한 정기적인 조사	•관광홍보물 제작	•관광안내소 운영

그리고 지자체장, 관광사업자, 관광지·관광단지의 조성계획 승인을 받은 자는 관광 홍보를 위한 옥외광고물을 설치하는 것이 가능하다.

(4) 장관과 지자체장의 관광자원 개발

① 목적
관광객의 유치, 관광복지의 증진 및 관광 진흥 도모를 위해 장관과 지자체장은 관광자원을 개발한다.
② 사업 내용
㉠ 문화, 체육, 레저 및 산업시설 등의 관광자원화 사업
㉡ 해양관광의 개발 산업 및 자연생태의 관광자원화 사업
㉢ 관광 상품의 개발에 관한 사업
㉣ 국민의 관광복지 증진에 관한 사업
㉤ 유휴자원을 활용한 관광자원화 사업
㉥ 주민주도의 지역관광 활성화 사업

ⓐ 전문인력 및 주민사업체의 발굴·육성

ⓑ 주민 주도의 지역관광 홍보

ⓒ 관광콘텐츠 개발 지원

ⓓ 지역관광 모니터링 및 평가

(5) 관광산업의 국제협력 및 해외진출 지원

① 장관은 다음 사업을 지원할 수 있다.

㉠ 국제전시회의 개최 및 참가 지원

㉡ 외국자본의 투자유치

㉢ 해외마케팅 및 홍보활동

㉣ 해외진출에 관한 정보제공

㉤ 수출 관련 협력체계의 구축

② 장관은 필요한 비용을 보조할 수 있다.

(6) 장관의 관광산업 진흥 사업

장관은 관광산업의 활성화를 위하여 다음 사업을 추진할 수 있다.

① 관광산업 발전을 위한 정책·제도의 조사·연구 및 기획

② 관광 관련 창업 촉진 및 창업자의 성장·발전 지원

③ 관광산업 전문인력 수급분석 및 육성

④ 관광산업 관련 기술의 연구개발 및 실용화

⑤ 지역에 특화된 관광 상품 및 서비스 등의 발굴·육성

(7) 외국인 의료관광 활성화를 위한 장관의 조치 사항

① 의료관광(Medical Tourism)의 개념

의료관광은 의료기관에서 수술, 진료 등을 받을 때 환자와 그 동반자가 의료서비스와 병행하여 관광하는 것을 말한다.

② 구체적인 사항

㉠ 장관은 외국인 의료관광 유치·지원 관련 기관에 기금을 대여, 보조할 수 있다.

※ 대상 기관 : 의료법에 따라 등록한 외국인환자유치의료기관, 유치업자, 한국관광공사, 사업추진 실적 있는 기관 중 장관이 고시하는 기관

㉡ 전문 인력 양성 교육기관 중에서 우수 전문기관이나 우수 교육 과정을 선정하여 지원한다.

㉢ 국내외에 외국인 의료관광을 유치하기 위한 안내센터를 운영한다.

㉣ 지자체장, 외국인환자 유치 의료기관, 유치업자와 공동으로 해외 마케팅을 추진한다.

(8) 지역 축제의 관광자원화

장관은 지역축제에 대한 실태조사와 평가를 할 수 있으며, 지역축제의 통폐합 등을 포함한 그 발전 방향에 대해 지자체장에게 의견을 제시하거나 권고할 수 있다. 또한 장관은 지역의 관광자원을 개발하기 위해 우수한 지역축제를 문화관광축제로 지정하여 지원할 수 있다.

① 문화관광축제 지정 기준
  ㉠ 축제의 특성 및 콘텐츠
  ㉡ 운영 능력
  ㉢ 관광객 유치 효과 및 경제적 파급 효과
② 지정절차
  ㉠ 개최자는 시도지사를 거쳐 장관에게 지정 신청
③ 지원 : 장관은 예산의 범위에서 지원

(9) 스마트관광산업의 지원

장관과 지자체장은 관광과 IT를 융합하여 관광객에게 맞춤형 서비스 제공

① 사업추진 사항
  ㉠ 정책/제도의 조사, 연구
  ㉡ 창업촉진 및 창업자 지원
  ㉢ 기술연구 개발 및 전문인력 양성

(10) 장애인/고령자/다자녀가구 관광 활동 지원

① 국가 및 지방자치단체는 장애인/고령자의 관광 활동을 장려·지원하기 위하여 관련 시설을 설치하는 등 필요한 시책을 강구하여야 한다. 관광 지원 사업과 관광 지원 단체에 대하여 경비를 보조하는 등 필요한 지원을 할 수 있다.
② 다가구 자녀 지원 위한 관광시설 이용의 편의를 제공하는 등 종합적인 시책을 강구하여야 한다. 다자녀가구의 요건 등 필요한 사항은 문화체육관광부령으로 정한다.

(11) 관광취약계층의 관광복지 증진 시책 강구

① 국가 및 지방자치단체의 의무
  ㉠ 관광취약계층의 여행 및 관광 활동 장려하기 위한 시책 강구
  ㉡ 여행이용권의 지급 및 관리 위한 전담기구 지정
② 장관은 여행이용권을 문화이용권 등과 통합하여 운영할 수 있다.
  ※ 관광취약계층
    - 국민기초생활보장법상 수급자
    - 차상위계층 중의 자활급여수급자, 장애수당수급자, 장애인아동수급자, 장애인연금수급자, 한부모

가족지원법상 지원대상자(차상위계층 : 중위소득의 50% 이하)

(12) 문화관광해설사

① 장관 및 지자체장의 역할
- ㉠ 장관은 양성 및 활용계획을 수립, 지자체장은 운영 계획을 수립
- ㉡ 장관 또는 지자체장은 인증을 받은 교육과정을 이수한 자를 해설사로 선발하여 활용할 수 있다.
- ㉢ 장관 또는 지자체장은 예산의 범위에서 해설사의 활동에 필요한 비용 지원한다.

② 해설사 교육기관의 인증
- ㉠ 교육과정을 개설하여 운영하려는 자는 교육프로그램과 교육과정의 인증을 한국관광공사에 신청해야 한다.
- ㉡ 교육과정 인증 기준
  - ⓐ 교육 과목 : 기본소양 20시간, 전문지식 40시간, 현장실무 40시간
  - ⓑ 선발 방법 : 이론 70%, 실습 30%로 평가하고 각각 70점 이상 득점자 중에서 전체 점수가 높은 사람 순으로 선발, 3개월 이상의 실무수습 후 자격 부여

(13) 지속가능한 관광 활성화

① 장관은 에너지·자원의 사용을 최소화하고 기후 변화에 대응하며, 환경 훼손을 줄이고 지역주민의 삶과 균형을 이루며 지역경제와 상생발전할 수 있는 지속가능한 관광자원의 개발을 장려하기 위해 정보제공 및 재정지원 등 필요한 조치를 강구해야 한다.

② 특별관리지역 지정
- ㉠ 시도지사 또는 시군구청장이 지정(장관은 지정권고 가능)
- ㉡ 지정 목적 : 수용범위 초과로 인한 자연환경훼손, 주민피해 최소화
- ㉢ 조례로 정하되 공청회 통해 주민의 의견 들어야 한다.
- ㉣ 방문제한조치 가능하며 이에 위반할 경우 과태료 부과
- ㉤ 결정되면 고시해야 하며 안내판을 설치해야 한다.

(14) 관광체험프로그램 개발

장관 또는 지자체장은 관광체험프로그램을 개발할 수 있다.(장애인 배려 의무)

(15) 지역관광협의회 설립

① 개요
- ㉠ 설립 단위 : 광역 및 기초자치단체 단위
- ㉡ 설립 절차 : 지자체장의 허가

ⓒ 참가 범위 : 관광사업자, 관광관련 사업자, 관광 관련 단체, 주민 등

ⓔ 설립 형태 : 법인

ⓜ 운영 경비 조달 : 회원의 회비, 사업 수익금, 지자체장의 지원

② 업무 내용

ⓐ 지역의 관광수용태세 개선 업무

ⓑ 지역 관광 홍보 및 마케팅 지원 업무

ⓒ 관광사업자, 관광 관련 사업자, 관광 관련 단체에 대한 지원

ⓔ 수익사업 및 지자체 위탁 업무

③ 기타 사항

ⓐ 협의회의 설립 및 지원 등에 필요한 사항은 해당 지방자치단체의 조례로 정한다

ⓑ 필요한 경비는 회원이 납부하는 회비와 사업 수익금 등으로 충당하며, 지방자치
단체의 장은 경비의 일부를 예산의 범위에서 지원할 수 있다.

ⓒ 이 법에 규정된 것 외에는 「민법」 중 사단법인에 관한 규정을 준용한다.

(16) 한국관광 품질인증

① 개요

관광객의 편의를 돕고 관광서비스의 수준을 향상시키기 위하여 관광사업 등을 대상
으로 품질인증을 해 주는 제도

② 인증 기관 : 장관(한국관광공사에 위탁)

③ 인증 대상 사업

ⓐ 야영장업　　　　　　　　ⓑ 외국인관광 도시민박업

ⓒ 관광식당업　　　　　　　　ⓔ 한옥체험업

ⓜ 관광면세업　　　　　　　　ⓗ 공중위생관리법에 따른 숙박업

ⓢ 외국인관광객면세판매장　　ⓞ 일반음식점

④ 인증 기준

ⓐ 관광객 편의를 위한 시설 및 서비스를 갖출 것

ⓑ 관광객 응대를 위한 전문 인력을 확보할 것

ⓒ 사업장 안전관리 방안을 수립할 것

ⓔ 해당 사업의 관련 법령을 준수할 것

⑤ 인증의 유효기간 : 3년(인증서가 발급된 날부터)

⑥인증 사업자에 대한 지원

ⓐ 관광진흥개발기금의 대여 또는 보조

ⓑ 국내 또는 국외에서의 홍보

⑦ 인증 취소

　　㉠ 거짓이나 그 밖의 부정한 방법으로 인증을 받은 경우

　　㉡ 인증 기준에 적합하지 아니하게 된 경우

⑧기타

　　㉠ 한국관광 품질인증을 받은 자는 인증표지를 하거나 그 사실을 홍보할 수 있다.

　　㉡ 한국관광 품질인증을 받은 자가 아니면 인증표지 또는 이와 유사한 표지를 하거나 한국관광 품질인증을 받은 것으로 홍보하여서는 아니 된다(위반시과태료)

　　㉢ 인증기준에 부적합하여 인증이 불가할 경우 신청인에게 그 결과와 사유를 알려 주어야 한다.

⑨ 사업별 세부 인증 기준

구분	필 수 사 항
외국인관광 도시민박업, 한옥체험업	– 객실, 침구, 욕실, 조리시설에 대한 청결 수준이 보통(5단계 평가 시 3단계) 이상일 것
관광면세업	– 내국인 출입이 가능할 것 – 품질보증서 등을 구비할 것 – 외국인관광객에게 부가가치세 등을 환급해 줄 수 있는 설비를 갖추고 관련 정보를 제공할 것
숙박업	– 관광객 응대를 위한 안내 데스크가 개방형 구조일 것 – 주차장에 가림막 등 폐쇄형 구조물이 없을 것 – 시간제로 운영하지 않을 것 – 청소년 보호를 위해 성인방송 제공을 제한할 것 – 요금표를 게시할 것 – 객실, 침구, 욕실, 조리시설에 대한 청결 수준이 보통(5단계 평가 시 3단계) 이상일 것
외국인관광객 면세판매장	– 내국인 출입이 가능할 것 – 품질보증서 등을 구비할 것 – 외국인관광객에게 부가가치세 등을 환급해 줄 수 있는 설비를 갖추고 관련 정보를 제공할 것
일반음식점	– 청결수준이 3단계 이상 – 원산지표기 준수 – 남녀화장실 분리 – 1개 이상 외국어로 표기된 메뉴판 제공

(17) 일 · 휴양 연계 관광산업의 육성

① 국가와 지자체는 관광산업과 지역관광의 활성화 위해 일 · 휴양연계관광산업 육성

② 장관은 다양한 지역관광자원을 개발 · 육성하기 위하여 상품 및 서비스를 발굴 · 육성

③ 지자체는 기업 또는 근로자에게 조례로 체류비용 일부 등을 지원

(18) 장관의 과세정보의 제공 요청

① 요청 상대 : 국세청장
② 요청 내용 : 면세판매장을 경영하는 사업자의 과세정보
③ 과세정보 내역
　㉠ 상호
　㉡ 면세판매장의 소재지, 주업태 및 주종목
　㉢ 면세판매장의 지정일 및 지정취소일
　㉣ 즉시환급 실적 제출 여부

01. 관광특구의 지정요건에 적합하지 <u>않는</u> 것은?

① 연간 외국관광객 10만명 이상(서울 50만)

② 지역 내 접객,상가,휴양,숙박,오락,공공편익시설 등 보유

③ 관광활동과 무관한 토지가 10% 초과하지 않을 것

④ 주변에 관광자원이 풍부할 것

해설 ④ 번 내용은 국제회의도시의 지정기준에 속한다.

정답 ④

02. 관광특구의 지정권자는?

① 시군구청장   ② 장관

③ 시도지사   ④ 한국관광공사 사장

해설 시군구청장이 지정 신청을 하고 시도지사가 지정을 한다.

정답 ③

03. 시군구청장은 관광특구진흥계획의 타당성 검사를 몇 년마다 실시하는가?

① 5년   ② 3년

③ 1년   ④ 10년

해설 5년마다 타당성을 검토하고 필요한 조치를 취한다.

정답 ①

04. 관광특구진흥계획에 포함되어야 하는 관광질서 확립 및 서비스개선 사항에 포함되지 <u>않는</u> 것은?

① 범죄예방,바가지 요금,퇴폐행위 등 근절 대책
② 관광상품 판촉계획
③ 종사원에 대한 교육계획
④ 관광불편신고센터 운영계획

해설 관광상품의 개발계획으로 고쳐야 한다.
정답 ②

05. 관광특구진흥계획에 필수적으로 포함되어야 하는 사항이 <u>아닌</u> 것은?

① 제도 개선 사항
② 주변지역과 연계한 관광코스 개발 사항
③ 지역민의 의견 청취
④ 축제, 홍보 관련 사항

해설 계획수립과 관련하여 주민의 의견을 들을 수 있으나 계획에 포함되어야 하는 것은 아니다.
정답 ③

06. 시도지사 및 특례시장은 관광특구진흥계획의 집행상황을 평가하여 필요한 조치를 취할 수 있다. <u>틀린</u> 것은?

① 추진실적이 미흡할 경우 지원금을 환수할 수 있다.
② 추진실적이 미흡하여 개선권고를 3회 이상 미이행할 경우 지정을 취소할 수 있다.
③ 추진실적이 미흡할 경우 지정 면적을 조정하거나 사업계획의 개선을 권고할 수 있다.
④ 지정요건에 3년 연속 미달하여 개선의 여지가 없다고 판단되면 지정을 취소할 수 있다.

해설 시도지사 및 특례시장은 진흥계획의 집행상황을 연 1회 평가한다. .
정답 ①

07. 관광특구로 지정되면 다른 법률에 대한 특례가 적용된다. 이에 해당하지 <u>않는</u> 것은?

① 심야영업 가능
② 행정처분 기준 완화
③ 차마車馬의 도로통행금지 요청 가능
④ 180일 이내 공지 사용 가능

08. 관광개발기본계획과 권역계획은 각각 몇 년마다 수립해야 하는가?

① 5년/1년 ② 5년/3년
③ 10년/3년 ④ 10년/5년

09. 기본계획 수립 시 포함되어야 하는 사항이 <u>아닌</u> 것은?

① 관광권역 설정 사항
② 관광자원의 보호/개발/이용/관리에 관한 기본적인 사항
③ 전국의 관광 수요와 공급 사항
④ 환경보전에 관한 사항

10. 충남과 전북에 걸쳐 있는 대둔산을 포함한 권역별 관광개발계획을 수립하고자 할 경우 양 도지사 간에 합의가 이루어지지 않으면 누가 수립하는가?

① 장관 ② 충남 도지사
③ 장관이 지정하는 도지사 ④ 전북 도지사

11. 권역별 관광개발계획에 포함되는 사항이 <u>아닌</u> 것은?

   ① 관광지 및 관광단지 조성, 정비 사항

   ② 관광권역 설정 사항

   ③ 관광자원의 보호, 개발, 이용, 관리에 관한 사항

   ④ 권역의 관광수요, 공급 사항

`해설` 관광권역 설정은 기본계획에 포함되는 사항이다..

`정답` ②

12. 관광지 및 관광단지의 지정 신청자와 지정권자는?

   ① 시군구청장 - 시도지사   ② 시도지사 - 장관

   ③ 공공법인 - 장관   ④ 공공법인 - 시도지사

`해설` 인구감소지역의 관광단지는 시군구청장이 지정한다.

`정답` ①

13. 장관과 지자체장의 관광통계의 작성 범위에 해당되지 <u>않는</u> 것은?

   ① 외래 방한 관광객 행태   ② 국민의 관광 행태

   ③ 관광사업자 경영사항   ④ 관광특구 현황

`해설` 관광지 및 관광단지 현황 및 관리가 포함된다.

`정답` ④

14. 장관은 지역의 우수한 지역축제를 문화관광축제로 지정하고 지원할 수 있다. 다음 중 지정 기준에 해당되지 <u>않는</u> 것은?

   ① 축제의 국제성   ② 축제의 특성/콘텐츠

   ③ 운영 능력   ④ 관광객 유치 효과 및 경제적 파급효과

`해설` 문화관광축제는 국내관광의 활성화가 1차적인 목표이다.

`정답` ①

15. 관광진흥법상 외국인 의료관광 활성화를 위한 장관의 지원 사항으로 옳지 <u>않은</u> 것은?

① 장관은 의료관광 전문인력 양성기관 중에서 우수기관을 선정하여 지원할 수 있다.

② 장관은 유치안내센터를 설치하여 운영할 수 있다.

③ 장관은 지자체장, 유치의료기관, 유치업자와 공동으로 해외마케팅사업을 추진할 수 있다.

④ 장관은 의료관광호텔의 외국인 환자 유치를 위해 기금을 지원할 수 있다.

[해설] 의료관광호텔에 지원하는 법적 근거는 마련되어 있지 않다.

[정답] ④

16. 지역관광협의회의 업무에 해당되지 <u>않는</u> 것은?

① 지역 관광 홍보 및 마케팅 지원 업무

② 지역의 관광수용태세 개선 업무

③ 해외관광 촉진 업무

④ 관광사업자 등에 관한 지원 업무

[해설] 수익사업 및 지자체 위탁업무가 포함된다.

[정답] ③

17. 일반음식점업이 한국관광 품질인증을 받기 위한 인증기준에 해당하지 <u>않는</u> 것은?

① 남녀화장실이 분리되고 원산지표기 준수할 것

② 주차장에 가림막 등 폐쇄형 구조물이 없을 것

③ 청결수준이 3단계 이상일 것

④ 1개 이상 외국어로 표기된 메뉴판을 제공할 것

[해설] ② 번 지문은 숙박업의 인증기준에 속한다.

[정답] ②

18. 지역축제를 관광자원화 하기 위해 장관이 취하는 조치와 거리가 <u>먼</u> 것은?

① 지역축제의 실태조사와 평가

② 지역축제의 통폐합 권고

③ 우수축제의 선정 및 지원

④ 지역축제의 양적 확대

[정답] ④

19. 지속가능한 관광 활성화 위한 특별관리지역의 지정과 관련한 내용으로 거리가 <u>먼</u> 것은?

① 수용범위 초과로 인한 자연환경훼손, 주민피해 최소화가 목적이다.
② 시도지사 또는 시군구청장이 지정한다.
③ 조례로 정하되 지정하기 위해서는 공청회 통해 주민의 의견 들어야 한다.
④ 지정된 지역에는 방문제한조치 가능하며 이에 위반할 경우 과징금을 부과할 수 있다.

해설 과징금이 아니라 과태료이다.
정답 ④

20. 한국관광 품질인증 위한 인증기준에 해당하지 <u>않는</u> 것은?

① 관광객 편의를 위한 시설 및 서비스를 갖출 것
② 사업장 안전관리 방안을 수립할 것
③ 해당 사업의 관련 법령을 준수할 것
④ 관광객 홍보를 위한 인터넷홈페이지를 관리할 것

해설 관광객 응대를 위한 전문인력을 확보해야 한다.
정답 ④

21. 한국관광 품질인증과 관련하여 법령과 일치하지 <u>않는</u> 것은?

① 거짓이나 그 밖의 부정한 방법으로 인증을 받은 경우 인증 취소된다.
② 한국관광 품질인증을 받은 자가 아니면 인증표지 또는 이와 유사한 표지를 하거나 한국관광 품질인증을 받은 것으로 홍보하여서는 아니 된다.
③ 장관은 인증 사업자에 대해 관광진흥개발기금의 대여 또는 보조할 수 있다.
④ 인증의 유효기간은 3년이며 인증사업자는 국내에서만 홍보할 수 있다.

해설 국내외에 홍보할 수 있다.
정답 ④

22. 숙박업이 한국관광 품질인증을 받기 위한 인증기준에 해당하지 <u>않는</u> 것은?

① 요금표를 외국어로 게시할 것

② 관광객 응대를 위한 안내 데스크가 개방형 구조일 것

③ 청소년 보호를 위해 성인방송 제공을 제한할 것

④ 시간제로 운영하지 않을 것

해설 요금표에 대한 외국에 규정은 없다.

정답 ①

23. 다음 중 한국관광 품질인증 대상 사업에 해당하지 <u>않는</u> 것은?

① 일반음식점업 　　　　　② 외국인관광객면세판매장

③ 관광펜션업 　　　　　　④ 숙박업(공중위생관리법)

해설 관광펜션업은 포함되어 있지 않다.

정답 ③

제9절 **보칙**

1. 보조금

(1) 개요

① 장관은 보조금을 지급할 수 있다.
(지자체는 그 지역의 관광사업자와 관광사업자 단체에 보조금을 지급)
② 지급 대상 : 관광에 관한 사업을 하는 지자체, 관광사업자 단체, 관광사업자
③ 보조금 신청 위한 서류 : 신청서, 사업개요 및 효과, 사업자의 자산과 부채 현황, 사업 공정 계획, 총사업비 및 보조금 산출내역, 사업의 경비 중 보조금으로 충당하는 부분 외의 경비 조달 방법
④ 지급 시기 : 원칙적으로 사업완료 전에 보조금을 지급해야 한다. 그러나 필요한 경우 사업완료 후에 지급하는 것도 가능하다.

(2) 보조금 수급자의 의무

① 사업추진 실적 보고
② 사업계획을 변경, 폐지 또는 사업을 중지하려는 경우 장관의 승인 필요
③ 신고 사항 : 성명이나 주소를 변경한 경우, 정관이나 규약을 변경한 경우, 해산하거나 파산한 경우, 사업을 시작하거나 종료한 경우
④ 목적 외의 용도로 사용할 수 없다.

(3) 보조금의 지급 취소·정지·반환

거짓이나 부정한 방법으로 신청했거나 받은 경우, 보조금의 지급 조건을 위반한 경우에는 보조금 지급 결정 취소, 보조금 지급 정지, 일부 또는 전부의 반환 사유가 된다.

2. 권한 위임

(1) 개념

'위임'이란 상급 행정관청이 자신의 권한을 하급관청에게 넘겨주는 것을 말한다. 권한을 위임 받은 관청은 자기의 명의와 책임으로 권한을 행사하게 된다.

(2) 권한 위임의 형태

① 장관은 권한을 시도지사에게 위임할 수 있다.
② 시도지사는 시장, 군수, 구청장에게 재위임할 수 있다.(장관의 승인 필요)

3. 장관의 업무 위탁

(1) 개념
'위탁'이란 행정관청이 해야 할 사무를 행정관청이 아닌 자(수탁자)에게 의뢰하는 것으로 행정관청은 수탁자에 대해 지도와 감독을 하게 된다.

(2) 기관별 업무 위탁 내역
① 한국관광공사
　　㉠ 한국관광 품질인증 및 취소
　　㉡ 관광통역안내사, 호텔경영사, 호텔관리사 등록·자격증 교부
　　㉢ 문화관광해설사의 양성교육과정 인증
② 관광협회중앙회 : 국내여행안내사, 호텔서비스사의 등록·자격증 교부, 호텔등급 결정
③ 업종별관광협회 : 국외여행인솔자의 등록 및 자격증 교부, 안전관리자의 안전교육
④ 지역별 관광협회 : 관광식당업, 관광사진업, 여객자동차터미널시설업의 지정
⑤ 한국산업인력공단 : 관광종사원 자격 시험

(3) 수탁 기관의 의무 : 수탁 기관은 업무를 수행한 경우 분기별로 종합하여 장관 또는 시도지사에게 보고한다.

4. 청문

청문은 불리한 처분을 신중히 부과하기 위한 안전장치의 역할을 한다. 관할 등록기관 등의 장이 청문을 거쳐야 하는 처분은 다음과 같다.

(1) 관광사업의 등록 등의 취소

(2) 사업계획 승인의 취소

(3) 관광종사원 자격의 취소

(4) 한국관광 품질인증의 취소

(5) 조성계획 승인의 취소

(6) 국외여행인솔자 자격의 취소

(7) 카지노기구의 검사 등의 위탁취소

5. 보고와 검사

(1) 지자체장이 장관에게 보고할 사항

① 관광사업의 등록 및 사업계획의 승인 현황(새해 10일 이내 보고)

② 관광지 등의 지정 및 조성계획 승인 현황(즉시 보고)

(2) 등록기관 등의 장의 검사 권한

① 관광사업자(단체)에게 해당 사업에 관하여 보고 또는 서류 제출 명령할 수 있다.

② 관광사업자(단체)의 사무소, 영업소 등에 출입하여 장부·서류를 검사할 수 있다. 이 경우 해당 공무원은 권한을 표시하는 증표를 휴대해야 한다.

6. 수수료

(1) 개념

수수료란 국가나 공공단체가 특정인을 위해 서비스를 제공한 경우에 그에 대한 보상으로 징수하는 금액

(2) 예시

① 관광종사원 자격시험 응시 : 20,000원

② 관광종사원의 등록 신청 : 5,000원

③ 관광종사원 자격증 재발급 : 3,000원

④ 관광숙박업의 등급결정 신청 : 장관이 고시

⑤ 관광사업 신규 등록 : 30,000원(외국인 도시민박업 20,000원)

⑥ 사업계획 승인 신청 : 50,000원

⑦ 관광편의시설업의 지정 신청 : 20,000원

⑧ 관광사업자의 지위승계 신고 : 20,000원

01. 장관이 한국관광공사에 위탁하는 업무가 <u>아닌</u> 것은?

① 한국관광품질인증 및 취소　　② 호텔경영사 등록 및 자격증 교부

③ 관광식당업 지정　　④ 문화관광해설사 양성교육과정 인증

> **해설** 관광식당업의 지정은 지역별관광협회에 위탁하였다.
>
> **정답** ③

02. 장관이 협회에 위탁하는 것은?

① 호텔관리사 등록　　② 관광사진업 지정

③ 국내여행안내사 등록　　④ 관광펜션 지정

> **해설** 호텔서비스사의 등록 및 자격증교부 업무도 협회에 위탁하였다.
>
> **정답** ③

03. 다음 중 기관별 장관의 위탁업무의 연결이 바르지 <u>않은</u> 것은?

① 업종별 관광협회-국외여행인솔자 등록

② 지역별 관광협회-관광순환버스업 지정

③ 한국관광공사-호텔관리사 등록

④ 협회-국내여행안내사 등록

> **해설** 관광순환버스업의 지정은 시군구청장이 지정한다.
>
> **정답** ②

04. 다음 중 등록기관등의 장이 청문을 실시해야 할 경우에 해당되지 <u>않는</u> 것은?

① 조성계획 승인의 취소 ② 한국관광 품질인증의 취소
③ 보조금 지급 결정 취소 ④ 관광종사원 자격의 취소

`해설` 보조금지급 결정의 취소는 청문의 대상이 아니다.
`정답` ③

05. 다음 중 관광법령에서 정하는 사유별 수수료가 <u>틀린</u> 것은?

① 관광종사원 자격시험 응시 : 30,000원
② 관광종사원 자격증 재발급 : 3,000원
③ 사업계획 승인 신청 : 50,000원
④ 관광종사원의 등록 신청 : 5,000원

`해설` 관광종사원 자격시험 응시는 20,000원의 수수료를 부담해야 한다.
`정답` ①

06. 다음 중 부산광역시장의 권한에 속하지 <u>않는</u> 것은?

① 부산관광협회에 대한 허가권 ② 관광종사원에 대한 행정처분권
③ 종합유원시설업 허가권 ④ 관광특구 지정권

`해설` 광역시장은 시도지사에 속한다.
`정답` ③

4편 관광진흥개발기금법

〈관광진흥개발기금법〉은 1972년 12월에 시행되었고, 본문 13조로 구성되어 있다. 관광사업의 효율적 발전과 관광 통한 외화수입의 증대를 위해 제정되었다.

1. 기금의 재원

(1) 정부 출연금(1973년부터 1982년까지 총 401억 출연)

(2) 카지노사업자 납부금

(3) 기금 운용 수익금

(4) 관세법에 따른 보세판매장 특허수수료의 100분의 50

(5) 출국 납부금

　① 납부 대상자 : 공항과 항만을 통해 출국하는 자

　② 납부 금액 : 공항 7천원, 항만 1천 원

　③ 납부 대상 제외자

　　㉠ 외교관, 승무원, 12세 미만 어린이

　　㉡ 입양 어린이와 호송인, 외국군인 및 군무원(한국주재)

　　㉢ 입국 거부되어 출국하는 자, 강제 출국 외국인

　　㉣ 공항 통과 여객 중 불가피한 상황으로 보세구역을 벗어난 후 출국하는 여객

　　　ⓐ 항공기 탑승이 불가능하여 당일이나 그 다음날 출국하는 경우

　　　ⓑ 공항이 폐쇄되거나 기상악화로 인한 출발 지연

　　　ⓒ 항공기의 고장, 납치, 긴급환자 발생 등으로 불시착한 경우

　　　ⓓ 관광을 목적으로 보세구역을 벗어난 후 24시간 이내에 다시 돌아오는 경우

　④ 납부금에 대한 이의 제기 : 60일 이내 신청, 장관은 15일 이내 결과 통지

2. 기금의 관리

(1) 관리 주체

① 기금을 관리하는 주체는 장관
② 장관은 매년 국가재정법에 따라 기금운용계획안을 수립(위원회의 심의)
③ 기금의 지출한도액 배정 시에는 기획재정부장관 및 한국은행총재에게 통보

(2) 민간전문가 고용

① 구성 : 10명 이내, 계약기간 원칙적 2년(1년 단위로 연장 가능)
② 업무 : 기금의 집행·평가·결산 및 여유자금 관리
③ 경비는 기금에서 사용

(3) 기금운용위원회

① 구성
　㉠ 위원장 포함 10명 이내(위원장은 문체부 1차관)
　㉡ 위원(장관의 임명 또는 위촉) : 기획재정부, 문체부 고위공무원, 관광 단체·연구
　　기관의 임원, 공인회계사
　㉢ 간사 1명
② 업무 : 기금의 운용에 관한 사항 심의
③ 운영
　㉠ 회의는 위원장이 소집하며, 재적위원 과반 출석 및 출석위원 과반 찬성으로 의결
　㉡ 위원장은 위원회를 대표하고, 위원회의 사무를 총괄한다.
　㉢ 위원장이 부득이한 사유로 직무를 수행할 수 없을 때에는 위원장이 지정한 위원
　　이 그 직무를 대행한다.
④ 위원 해임·해촉 사유
　㉠ 심신장애로 인하여 직무를 수행할 수 없게 된 경우
　㉡ 직무와 관련된 비위사실이 있는 경우
　㉢ 직무태만, 품위손상 등의 부적합 사유
　㉣ 위원 스스로 직무를 수행하는 것이 곤란하다고 의사를 밝히는 경우

(4) 여유자금 운용

① 금융기관 및 체신관서에 예치
② 국·공채 등 유가증권 매입
③ 기타 금융상품 매입

3. 기금의 회계

(1) 회계 기관

① 구성
- ㉠ 기금 수입 징수관, 기금 재무관, 기금 지출관, 기금 출납 공무원
- ㉡ 장관이 임명 시에는 감사원장, 기획재정부 장관, 한국은행총재에게 통보

② 담당 업무
- ㉠ 기금의 수입과 지출에 관한 사무
- ㉡ 한국은행에 기금계정 설치(기금 지출관이 담당)
- ㉢ 결산보고 : 다음 해 2월말까지 기획재정부 장관에 제출
- ㉣ 회계연도 : 정부의 회계연도를 따른다.

4. 기금의 용도

(1) 대여

① 대여할 수 있는 사항
- ㉠ 호텔 등 관광시설의 건설 또는 개수(改修)
- ㉡ 관광을 위한 교통수단의 확보 또는 개수
- ㉢ 관광사업의 발전을 위한 기반시설의 건설 또는 개수
- ㉣ 관광지, 관광단지, 관광특구의 관광편의시설의 건설 또는 개수

② 수행 기관 : 한국산업은행이 장관으로부터 대하(貸下)받은 기금으로 대여(貸與)한다.

③ 결정 절차 : 장관은 위원회의 심의와 기획재정부 장관과 협의를 거쳐서 대하이자율 및 대여이자율을 결정한다.

(2) 대여 또는 보조

① 국외여행자 관광교육 및 관광정보 제공사업
② 국내외 관광안내체계 개선 및 관광홍보사업
③ 관광사업 종사자 및 관련자 교육훈련사업
④ 국민관광 진흥사업 및 외래관광객 유치 지원사업
⑤ 관광상품 개발 및 지원사업
⑥ 관광지, 관광단지, 관광특구의 공공편익시설 설치사업
⑦ 국제회의 유치 및 개최사업,
⑧ 장애인 등 소외계층에 대한 국민관광 복지 사업
⑨ 전통관광자원 개발 및 지원사업

⑩ 감염병 확산으로 인한 관광사업자의 경영위기 극복 지원사업
⑪ 기타 관광사업의 발전 위한 사업
  ㉠ 여행업자나 카지노업자가 해외지사 설치할 때
  ㉡ 관광사업체 운영의 활성화
  ㉢ 관광진흥에 기여하는 문화예술사업
  ㉣ 지자체 또는 관광단지개발자 등의 관광지 및 관광단지 조성 사업
  ㉤ 관광 관련 국제기구의 설치
  ㉥ 관광지, 관광단지, 관광특구의 시설의 조성

(3) 경비 보조

한국문화관광연구원, 한국관광연구원 등과 같이 관광 정책에 관하여 조사, 연구하는 법인의 기본 재산을 형성하고, 조사 연구 사업을 하는 데에 경비를 보조한다.

(4) 출자

① 출자 : 사업을 영위하기 위한 자본을 내는 것을 말한다.
② 출자 목적 : 민간자본의 유치가 필요한 경우 출자할 수 있다.
③ 출자할 수 있는 사항
  ㉠ 관광지 및 관광단지의 조성사업
  ㉡ 국제회의시설의 건립 및 확충사업
  ㉢ 관광사업에의 투자를 목적으로 하는 투자조합
  ㉣ 집합투자기구, 사모집합투자기구, 부동산투자회사 등의 관광지·관광단지의 조성 사업 및 국제회의 시설건립·확충사업

(5) 신용보증을 통한 대여를 활성화하기 위하여 예산의 범위에서 다음 각 호의 기관에 출연할 수 있다.

① 「신용보증기금법」에 따른 신용보증기금
② 「지역신용보증재단법」에 따른 신용보증재단중앙회

(6) 목적 외 사용 금지

기금을 받은 자는 지정된 목적 외로 사용 하지 못한다. 만약 이를 어길 경우에는 대여 또는 보조를 취소하고 회수한다.

다음의 사유에 해당할 경우, 기금 대여 신청이 거부되거나 또는 대여가 취소된다.

1. 거부·취소 및 회수조치

(1) 거짓이나 부정한 방법으로 신청하거나 대여를 받은 경우

(2) 잘못 지급된 경우

(3) 등록 등의 취소로 기금의 대여 자격을 상실한 경우

(4) 등록이나 사업계획의 승인을 받지 못하여, 기금을 대여 받을 때 지정된 목적사업을 수행할 수 없을 경우

(5) 대여 조건을 이행하지 않을 경우

2. 대여 및 보조일로부터 5년 이내에 기금을 받을 수 없는 자

(1) 목적 외의 용도로 사용한 자

(2) 거짓이나 부정한 방법으로 기금을 대여 받거나 보조받은 자

(3) 5년의 기산점은 대여금 또는 보조금의 지급일이다.

01. 관광진흥개발기금의 재원이 <u>아닌</u> 것은?

① 관세법에 따른 보세판매장 특허수수료의 100분의 50
② 기금운용수익금
③ 카지노업자 납부금
④ 공항이용료

해설 공항이용료가 아니라 출국납부금이다.
정답 ④

02. 공항과 항만의 경우 출국납부금은 각각 얼마인가?

① 5천원, 1천원
② 1만원, 2천원
③ 7천원, 1천원
④ 1만 5천원, 5천원

해설 입국납부금은 존재하지 않는다 .
정답 ③

03. 홍길동씨는 12세인 딸 진희와 함께 부산에서 배를 타고 오사카에 갔다가 돌아올 때는 항공기를 타고 입국했다. 홍길동씨는 총 얼마의 출국납부금을 지불했나?

① 1,000원
② 2,000원
③ 8,000원
④ 9,000원

해설 12세 미만의 어린이는 납부 제외이다.
정답 ②

04. 관광진흥개발기금법령상 공항통과 여객으로서 보세구역을 벗어난 후 출국하는 여객 중 출국
납부금의 납부제외 대상에 해당하지 <u>않는</u> 경우는?

① 항공기의 고장·납치, 긴급환자 발생 등 부득이한 사유로 항공기가 불시착한 경우
② 기상이 악화되어 항공기의 출발이 지연되는 경우
③ 항공기 탑승이 불가능하여 어쩔 수 없이 당일이나 그 다음 날 출국하는 경우
④ 사업을 목적으로 보세구역을 벗어난 후 24시간 이내에 보세구역으로 들어오는 경우

해설 ④ 번 지문은 '관광을 목적으로'라고 고쳐야 한다.
정답 ④

05. 기금을 대여할 수 있는 용도에 해당되지 <u>않는</u> 것은?

① 관광을 위한 교통수단의 확보 또는 개수　② 국제회의시설의 건립
③ 관광사업의 발전 위한 기반시설의 건설　④ 관광지 편의시설의 건설

해설 국제회의시설의 건립은 출자대상 사업이다.
정답 ②

06. 기금을 대여하거나 보조할 수 있는 사업에 해당되지 <u>않는</u> 것은?

① 국내외 관광안내체계 개선사업　② 관광종사자 교육훈련 사업
③ 문화재 관리 사업　④ 국제회의 유치 및 개최사업

해설 문화재 관리사업은 문화재청의 소관업무이다.
정답 ③

07. 기금의 대여나 보조를 받을 수 있는 사업에 해당되지 <u>않는</u> 것은?

① 관광상품 개발 및 지원사업
② 관광단지 조성사업
③ 장애인 등 소외계층에 대한 국민관광 복지사업
④ 관광사업체 운영의 활성화

해설 관광단지 조성사업은 출자할 수 있는 사업이다.

정답 ②

08. 기금을 출자할 수 있는 사항에 해당하지 <u>않는</u> 것은?

① 국제회의 시설 건립사업

② 국제회의 유치 및 개최사업

③ 관광사업에 투자를 목적으로 한 투자조합

④ 관광지/관광단지 조성사업

해설 국제회의 유치 및 개최사업은 대여 또는 보조 대상 사업이다

정답 ②

09. 관광진흥개발기금법령상 국내 공항과 항만을 통하여 출국하는 자로서 기금의 납부대상자가 <u>아닌</u> 자를 모두 고른 것은?

ㄱ. 외교관여권이 있는 자	ㄴ. 국비로 강제 추방되는 자
ㄷ. 선박을 이용하는 13세 어린이	ㄹ. 항공기를 이용하는 7세 어린이
ㅁ. 국내 주둔하는 미군 군인	ㅂ. 오키나와에 주둔하는 미군 군무원

① ㄱ, ㄴ, ㄷ, ㅁ

② ㄱ, ㄴ, ㄹ, ㅁ

③ ㄱ, ㄹ, ㅁ

④ ㄱ, ㄹ, ㅁ, ㅂ

해설 12세 미만인 어린이는 납부대상자가 아니다.

정답 ②

5편 국제회의산업 육성에 관한 법률

제1절 총칙

1. 법의 구성 및 제정 목적

〈국제회의산업 육성에 관한 법률〉은 1996년 12월부터 시행되었으며, 본문은 총 18조로 구성되어 있다. 국제회의의 유치를 촉진하고, 원활한 개최를 지원하며, 국제회의 산업을 육성하고 진흥함으로써 관광산업의 발전과 국민경제의 향상을 목적으로 한다.

2. 용어의 정의

(1) 국제회의

① 개념 : 상당수의 외국인이 참가하는 회의(세미나, 토론회, 전시회 등 포함)로서, 대통령령으로 정하는 종류와 규모에 해당하는 것

② 개최 기관의 유형별 기준

㉠ 국제기구, 기관 또는 법인·단체가 개최하는 회의

ⓐ 3개국 이상의 외국인 참가

ⓑ 회의 참가자가 100명 이상이고 그 중 외국인 50명 이상

ⓒ 2일 이상 진행

㉡ 제1급 감염병 확산의 경우

ⓐ 개최기간 : 장관이 고시하는 기간

ⓑ 장관이 고시하는 기준

(2) 국제회의시설

① 개념 : 회의시설, 전시시설 및 부대시설로서 대통령령으로 정하는 종류와 규모에 해당 하는 것

② 시설별 기준

㉠ 전문회의시설

ⓐ 2천 명 이상 수용 가능한 대회의실 보유

ⓑ 30명 이상 수용 가능한 중소회의실 10실 이상

ⓒ 옥내외를 합쳐 전시면적 2천m² 이상 확보

   ⓛ 준회의시설

      ⓐ 200명 이상 수용 가능한 대회의실 보유

      ⓑ 30명 이상 수용 가능한 중소회의실 3실 이상

   ⓒ 전시시설

      ⓐ 전시면적 2천m² 이상 확보

      ⓑ 30명 이상 수용 가능한 중소회의실 5실 이상

   ⓔ 지원시설

      ⓐ 컴퓨터, 카메라 및 마이크 등 원격영상회의에 필요한 설비

      ⓑ 칸막이 또는 방음시설 등 이용자의 정보 노출방지에 필요한 설비

      ⓒ 면적이 80제곱미터 이상일 것

   ⓜ 부대시설 : 음식점시설, 주차시설, 휴식 시설, 숙박시설, 판매시설(전문회의시설 또는 전시시설에 부속된 것)

(3) 국제회의산업

국제회의 유치와 개최에 필요한 국제회의 시설 및 서비스 관련 산업(관광진흥법에서는 국제회의시설업과 국제회의기획업으로 분류)

(4) 국제회의도시

장관이 지정한 국제회의산업 육성 및 진흥을 위한 도시

(5) 국제회의산업 육성기반

국제회의시설, 전문인력, 국제회의정보 등 국제회의의 유치 및 개최 위한 기초 역량(인프라)

(6) 국제회의복합지구

국제회의시설 및 국제회의집적시설이 모여 있는 지역으로서 이 법에 의해 지정된 지역

(7) 국제회의집적시설

국제회의복합지구 안에서 국제회의시설의 집적화 및 운영 활성화에 기여하는 숙박시설, 판매시설, 공연장 등 대통령령으로 정하는 종류와 규모에 해당하는 시설로서 이 법에 따라 지정된 시설

1. 국가의 책무

국가는 국제회의산업의 육성·진흥을 위하여 필요한 계획의 수립 등 행정상·재정상의 지원 조치를 강구하여야 한다. 국가의 지원 조치에는 국제회의 참가자가 이용할 숙박시설, 교통시설 및 관광 편의시설 등의 설치·확충 또는 개선을 위하여 필요한 사항이 포함되어야 한다.

2. 장관의 권한과 의무

(1) 국제회의 전담조직 지정

　① 기능 : 국제회의산업의 진흥을 위해 각종 사업을 수행
　② 전담조직의 업무
　　㉠ 국제회의 유치 및 개최 지원　　　㉡ 국제회의산업의 국외 홍보
　　㉢ 관련정보의 수집 및 배포　　　㉣ 전문인력의 교육 및 수급
　　㉤ 지자체에서 설치한 전담조직에 대한 지원 및 상호협력
　③ 국제회의시설을 보유한 지방자치단체의 장은 전담조직을 설치·운영할 수 있으며, 그에 필요한 비용의 전부 또는 일부를 지원할 수 있다.
　　※ 한국관광공사의 코리아MICE뷰로를 전담기구로 지정운영 중임

(2) 국제회의산업육성기본계획(기본계획) 수립 및 연도별 국제회의산업육성시행계획(시행계획) 수립

　① 기본계획의 내용
　　㉠ 국제회의의 유치와 촉진　　　㉡ 원활한 개최
　　㉢ 필요한 인력의 양성　　　㉣ 시설의 설치와 확충
　　㉤ 국제회의시설의 감염병 등에 대한 안전/위생/방역 관리에 관한 사항
　② 기본계획의 수립 주기 : 5년 마다
　③ 절차 사항
　　㉠ 장관은 국제회의산업육성기본계획의 수립과 변경 시, 관련 기관 또는 단체 등의 의견을 들어야 한다.
　　㉡ 기본계획의 추진실적을 평가하여 결과를 기본계획 수립에 반영한다.

(3) 국제회의산업 육성기반의 조성 사업

① 추진 절차 : 장관은 관계 중앙행정기관의 장과 협의하여 추진한다.

② 추진 사업별 지원 가능한 세부 사업

추진 대상 사업	지원할 수 있는 세부 사업
국제회의 시설의 건립	– 시설건립/운영, 시설의 국외홍보사업
전문인력의 양성	– 교육/훈련 사업 – 교육과정의 개발/운영 – 현장실습 기회 제공 사업
국제협력의 촉진	– 국제협력 위한 조사/연구 – 전문인력 및 정보의 국제교류 – 외국의 기관/단체의 국내 유치 – 국제회의 관련한 국제행사에 참여 – 외국의 관련기관/단체에 인력 파견
국제회의 정보와 통계의 수집/분석/유통	– 정보의 수집/분석　　　　　– 정보의 가공/유통 – 정보망의 구축/운영　　　　– 자료의 발간/배포
전자국제회의 기반 구축	– 정보통신망을 통한 사이버공간에서의 국제회의 개최 사업 – 관리체제의 개발 및 운영　–국내외 기관간의 협력 사업
국외홍보산업	
전담조직의 육성	

③ 사업시행기관 : 장관은 아래의 기관에게 육성기반의 조성사업을 실시하게 할 수 있다.

　㉠ 국제회의 전담조직

　㉡ 국제회의도시

　㉢ 한국관광공사

　㉣ 대학교 및 국제회의산업의 육성과 관련된 업무를 수행하는 단체·법인

(4) 국제회의도시의 지정

① 지정권자 : 특별시장, 광역시장, 시장이 신청하고, 장관이 지정한다.

② 지정 기준

　㉠ 국제회의시설을 보유한 특별시, 광역시, 시

　㉡ 국제회의산업육성 계획 수립

　㉢ 편의시설 보유(숙박시설, 교통시설, 교통안내체계 등)

　㉣ 도시나 주변에 풍부한 관광자원이 있을 것(외래관광객 규정 ×)

　　☞ 장관은 지역간의 균형적 발전을 고려해야 한다.

③ 국제회의도시에 대한 우선 지원 : 국제회의도시는 기금법상 대여, 보조의 용도에 해당하는 사업 및 국제회의산업법상 재정 지원 대상 사업에 대해서 우선적으로 지원을 받는다.

④ 지정 신청시 제출서류

　　㉠ 국제회의시설의 보유현황 및 이를 활용한 국제회의산업육성에 관한 계획 수립

　　㉡ 숙박,교통,교통안내체계 등 국제회의 참가자를 위한 편의시설현황 및 확충계획

　　㉢ 지정대상도시 또는 그 주변의 관광자원의 현황 및 개발계획

　　㉣ 국제회의 유치계획,실적

3. 장관의 재정 지원

(1) 재원 및 지원 내용

장관은 출국납부금의 10% 이내에서 재정 지원에 사용한다. 장관은 해당되는 사업에 필요한 비용의 전부 또는 일부를 지원할 수 있다. 사업의 추진상황을 고려하여 나누어 지급한다. 단, 필요하면 한꺼번에 지급할 수 있다.

(2) 지원 사항

① 국제회의의 유치·개최자 지원

장관은 국제회의 유치 및 개최의 지원에 관한 업무를 국제회의전담조직에 위탁한다. 국제회의 유치·개최에 관한 지원을 받으려면 전담조직의 장에게 서류를 제출해야 한다. 제출해야 하는 서류는 신청서, 유치·개최 계획서, 유치·개최 실적, 지원 세부내용이다.

② 전담조직의 운영

③ 국제회의산업 육성기반 조성사업(사업시행기관이 실시)

④ 국제회의복합지구의 육성·진흥을 위한 사업

⑤ 국제회의집적시설에 대한 지원 사업

(3) 지원금을 받은 자의 의무

지원금을 받은 자는 별도의 계정을 설치하고, 사업 종료 후 1개월 이내에 장관에게 실적을 보고해야 한다. 그리고 지원금을 용도 이외에 사용한 경우 회수할 수 있다.

제3절   국제회의복합지구 및 국제회의집적시설

1. 국제회의복합지구

(1) 취지

국제회의 관련 시설의 복합화, 집적화를 통해 국제회의 산업의 국제 경쟁력을 높여 국제회의의 유치 경쟁력을 강화하고, 국제회의 개최의 효과와 실익을 높이기 위함이다.

(2) 지정권자 : 시도지사

① 지정 기준

　　㉠ 지정 대상 지역 내에 전문회의시설이 있을 것

　　㉡ 지정 대상 지역 내에서 개최된 회의에 참가한 외국인이 국제회의복합지구 지정일이 속한 연도의 전년도 기준 5천 명 이상이거나 국제회의복합지구 지정일이 속한 연도의 직전 3년간 평균 5천 명 이상일 것

　　㉢ 지정 대상 지역에 아래 시설이 각 1개 이상 있을 것

　　　　ⓐ 관광숙박업의 시설(100실 이상의 객실, 4성급 또는 5성급일 경우 30실 이상)

　　　　ⓑ 대규모점포(대형마트, 백화점, 쇼핑센터, 복합쇼핑몰 등 면적이 3천㎡ 이상)

　　　　ⓒ 공연장(300석 이상)

　　㉣ 지정 대상 지역이나 그 인근 지역에 교통시설·교통안내체계 등 편의시설 보유

　　㉤ 지정 면적은 400만 제곱미터 이내

　　㉥국제회의복합지구 육성·진흥계획을 수립할 것(장관의 승인 필요)

　　　　ⓐ 국제회의복합지구의 명칭, 위치 및 면적

　　　　ⓑ 국제회의복합지구의 지정 목적

　　　　ⓒ 국제회의시설 설치 및 개선 계획

　　　　ⓓ 국제회의집적시설의 조성 계획

　　　　　　※ 시·도지사는 계획에 대하여 5년마다 그 타당성을 검토

　　　　　　※ 중요사항(위치, 면적, 지정 목적)이 변경될 경우 장관의 승인이 필요

② 지정 해제(장관의 승인)

시·도지사는 사업의 지연, 관리 부실 등의 사유로 지정목적을 달성할 수 없는 경우 국제회의복합지구 지정을 해제할 수 있다.

③ 부담금의 감면 : 국가 및 지방자치단체
  ㉠ 감면 대상 : 국제회의복합지구 안에 있는 국제회의시설 및 국제회의집적시설
  ㉡ 감면 내역
    ⓐ 개발부담금   ⓑ교통유발부담금
    ⓒ 대체산림자원조성비   ⓓ농지보전부담금
    ⓔ 대체초지조성비
④ 기타 사항
  ㉠ 지방자치단체의 장은 〈국토의 계획 및 이용에 관한 법률〉 제51조에 따른 지구단
    위계획구역으로 지정하고 용적률을 완화하여 적용할 수 있다.
  ㉡ 국제회의복합지구는 〈관광진흥법〉에 따른 관광특구로 본다.

2. 국제회의집적시설

(1) 지정권자

국제회의집적시설은 지자체 또는 시설업자가 신청하고, 장관이 시·도지사와 협의를
거쳐 지정하게 된다. 그리고 국제회의집적시설의 지정 및 해제에 필요한 사항은 장관
이 정하여 고시한다.

(2) 관련 절차

① 대상 시설
  ㉠ 관광숙박업의 시설로서 100실 이상의 객실을 보유한 시설(4성급 이상이면 30실)
  ㉡ 〈유통산업발전법〉에 따른 대규모 점포
  ㉢ 〈공연법〉에 따른 공연장으로서 300석 이상의 객석을 보유한 공연장
② 지정 기준
  ㉠ 국제회의복합지구 내에 있을 것
  ㉡ 시설 내에 외국인 이용자를 위한 안내체계와 편의시설을 갖출 것
  ㉢ 국제회의복합지구 내 전문회의시설과 업무제휴협약 체결되어 있을 것
  ㉣ 지정 신청 당시 설치가 완료되지 아니한 시설을 국제회의집적시설로 지정 받은
    자는 그 설치가 완료된 후 조건을 갖추었음을 증명할 수 있는 서류를 제출한다.
③ 지정 해제
  장관은 국제회의집적시설이 지정요건에 미달하는 때에는 시·도지사의 의견을 듣고
  그 지정을 해제할 수 있다.
④ 공고
  국제회의집적시설을 지정하거나 지정을 해제한 경우 이를 공고해야 한다.

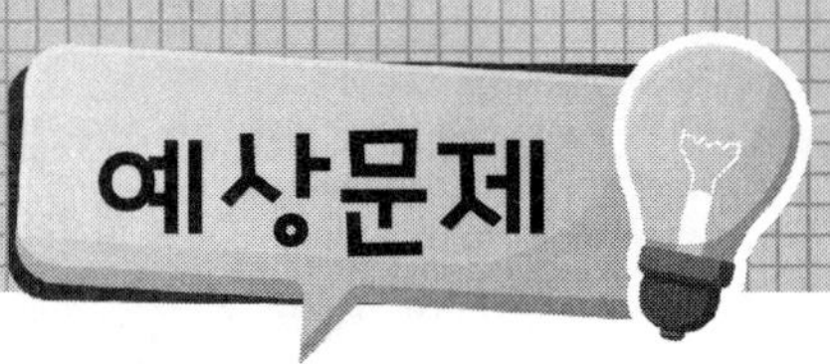

01. 국제회의산업 육성에 관한 법률의 제정목적과 거리가 먼 것은?

① 관광산업의 발전　　　　　　② 국민관광의 활성
③ 국민경제의 향상　　　　　　④ 국제회의의 원활한 개최 지원

　해설　국민관광은 관광기본법의 목적에 해당한다.
　정답　②

02. 국제기구,기관 또는 법인/단체가 개최하는 회의로 국제회의의 요건에 해당되지 않는 것은?

① 회의 참가자가 100명 이상일 것　　② 3개국 이상의 외국인 참가
③ 3일 이상 진행될 것　　　　　　　④ 외국인은 50명 이상일 것

　해설　2일 이상으로 고쳐야 한다.
　정답　③

03. 전문회의시설이 갖추어야 할 요건이 아닌 것은?

① 200명 이상 수용 가능한 식당
② 2천명 이상 수용 가능한 대회의실
③ 30명 이상 수용 가능한 중소회의실 10실 이상
④ 전시면적 2천㎡ 이상

　해설　식당에 대한 기준은 없다.
　정답　①

04. 준회의시설이 갖추어야 할 대회의실의 수용인원은?

① 100명 이상　　　　　　　　② 200명 이상
③ 500명 이상　　　　　　　　④ 1000명 이상

해설 중소회의실은 30명 이상 수용이 가능해야 한다.
정답 ②

05. 국제회의 전시시설이 갖추어야 할 중소회의실의 수는?

① 3실 이상　　　　　　　　② 5실 이상
③ 6실 이상　　　　　　　　④ 10실 이상

해설 전시시설은 2천㎡ 이상의 전시면적을 확보해야 한다.
정답 ②

06. 국제회의시설의 부대시설이 <u>아닌</u> 것은? (단, 전문회의시설 또는 전시시설에 부속된 것임)

① 회의시설　　　　　　　　② 숙박시설
③ 음식점 시설　　　　　　　　④ 판매시설

해설 주차시설과 휴식시설도 포함된다.
정답 ①

07. 국제회의 전담조직의 업무가 <u>아닌</u> 것은?

① 국제회의의 유치 및 개최 지원　　　　② 국제회의산업의 국내 홍보
③ 국제회의 전문인력의 교육　　　　　　④ 국제회의 관련 정보의 수집 및 배포

해설 국외홍보로 고쳐야 한다.
정답 ②

08. 국제회의도시로 지정할 경우의 지정기준이 <u>아닌</u> 것은?

① 국제회의시설을 보유한 특별시, 광역시, 시
② 국제회의산업육성계획 수립
③ 도시나 주변에 풍부한 관광자원이 있을 것
④ 외래관광객 10만 명 이상일 것

해설 외래관광객에 대한 규정은 없다.
정답 ④

09. 장관은 국제회의 유치 및 개최의 지원 업무를 누구에게 위탁할 수 있는가?

① 시도지사　　　　　　　　② 국제회의도시
③ 국제회의 전담조직　　　　④ 시군구청장

해설 전담조직은 국제회의산업의 진흥을 위해 다양한 사업을 수행한다.
정답 ③

10. 국제회의도시를 지정할 수 있는 기관은?

① 대통령　　　　　　　　　② 시도지사
③ 국무총리　　　　　　　　④ 장관

해설 도시단위로 지정된다.
정답 ④

11. 시설, 인력, 체제, 정보 등 국제회의 유치/개최 위한 기초 역량을 무엇이라고 하는가?

① 국제회의 산업　　　　　　② 국제회의시설
③ 국제회의산업 육성기반　　④ 국제회의산업 정보력

해설 국제회의를 위한 인프라라고 할 수 있다.
정답 ③

12. 국제회의산업법의 목적으로 옳은 것은?

① 관광을 통한 외화수입 증대
② 국제친선 증진, 국민복지 향상
③ 관광산업의 발전과 국민경제의 향상
④ 관광여건의 조성과 관광자원 개발

해설 외화수입이 증대는 기금법의 목적에 해당한다.
정답 ③

13. 국제회의복합지구의 지정기준에 속하지 <u>않은</u> 것은?

① 전문회의시설이 있을 것
② 교통시설·교통안내체계 등 편의시설 보유
③ 국제회의복합지구 육성·진흥계획 수립
④ 지정면적은 400만 제곱미터 이상일 것

해설 400만 제곱미터 이내이다.
정답 ④

14. 국제회의집적시설의 지정 대상에 해당되지 <u>않는</u> 시설은?

① 유통산업발전법에 따른 대규모점포
② 100실 이상의 관광숙박업의 시설
③ 식품위생법에 따른 대규모 식당(300석 이상)
④ 공연법에 따른 공연장(300석 이상)

해설 식당에 관한 규정은 없다.
정답 ③

15 국제회의복합지구와 국제회의집적시설의 지정권자가 바르게 짝지어진 것은?

① 시도지사 - 장관
② 시군구청장 - 장관
③ 시군구청장 - 시도지사
④ 장관 - 시도지사

해설 국제회의집적시설은 장관이 시도지사와 협의를 거쳐 지정한다.
정답 ①

16. 장관은 기금법에 따른 국외 여행자의 출국납부금 총액의 100분의 10에 해당하는 금액의 범위에서 국제회의산업의 육성재원을 지원할 수 있다. 장관이 지원할 수 있는 사업에 해당하지 <u>않는</u> 것은?

① 국제회의 참가자 국내관광 지원
② 국제회의산업 육성기반 조성사업
③ 국제회의복합지구의 육성·진흥을 위한 사업
④ 국제회의집적시설에 대한 지원 사업

해설 기타 전담조직의 운영에도 지원할 수 있다.

정답 ①

4과목

관광학개론

관광 기초 이론

제1절 관광 및 관광객의 개념

1. 관광의 어원

(1) 동양

① 중국 주나라 주역 '觀國之光 利用賓于王' / 관국지광 이용빈우왕
(외국의 문물을 파악하여 식견이 풍부해지면 모든 나라의 왕으로부터 귀빈으로 대우 받는다.)
② 신라 최치원의 계원필경 '관광육년'(당나라에 6년 유학했다)
③ 고려사절요 '관광상국'(송나라에 가서 선진문물을 배워라)
④ 정도전의 삼봉집 중의 '관광집'(고려말 이수인의 중국견문록의 제목)
⑤ 조선왕조실록 '관광방'(조선 초기 한성의 12방 중의 하나)
⑥ 열하일기,서유견문 등
☞ 문물을 견학하고 돌아온다.

(2) 서양

① Tour는 라틴어 Tornus(도르래,회전)에서 유래 : 돌다/순회하다의 의미
② 1811년 영국의 The Sporting Magazine 에서 Tourism 처음 사용
③ 처음에는 이민자에 상대되는 '비이민자'의 의미로 사용됨

2. 관광의 정의

(1) 쉴레른 : 1911, 외국인의 유입/체재/유출의 형태를 가진 현상(경제적 관점)

(2) 볼만 : 1931, 일시여행설(일시적으로 떠나고 체재하는 것, 행동론적 관점)

(3) 오글리비 : 1933, 귀환예정소비설(1년을 넘지 않고,관광지에서 금전 소비, 금전은 관광지에서 취득한 것이 아닐 것, 경제적 관점 강조)

(4) 글릭스만 : 1935, 어떤 지역에서의 일시적인 체재를 통해 형성되는 지역 주민들과의 관계 형성의 모습(사회적 측면 강조)

(5) UNWTO : 위락, 휴가, 스포츠 등을 목적으로 24시간 이상,1년 이하의 기간 동안 외국을 방문하는 것

(6) 김진섭 : 생활의 변화를 추구하고자 하는 욕구를 충족하기 위해 일상을 떠나 다른 자연 및 문화 환경하에서 적극적으로 행하는 일련의 활동

3. 관광과 관련된 인접 용어

(1) **여행(Travel)** : Travail(노동, 수고)에서 유래하였고 장거리이며 비교적 소액의 경비로 이루어지며 목적이나 동기는 불문

(2) Excursion : 구경 위한 당일여행

(3) Tour : 단기적, 목적적인 구경

(4) Trip : 짧은 여행(business trip)

(5) Sightseeing : 경치 감상 여행

(6) Journey : 비교적 장거리 육상여행

(7) Expedition : 탐험, 조사 여행

(8) Cruise : 선박 주유여행

(9) Voyage : 바다에서 하는 긴 여행

(10) Pilgrimage : 순례여행

(11) Junket : 공공경비로 하는 호화여행

(12) **위락(Recreation)** : 육체적/정신적인 회복을 위한 적극적인 활동(놀이,오락)

(13) **여가(Leisure)** : 생계를 위한 필요성이나 의무가 따르지 않고 스스로 즐거움을 얻기 위한 활동이나 그 시간

   ① 기능 : 휴식, 기분 전환, 자기 실현
   ② 현대인의 여가 증대 원인 : 경제적 여유, 삶을 즐기자는 가치관 등

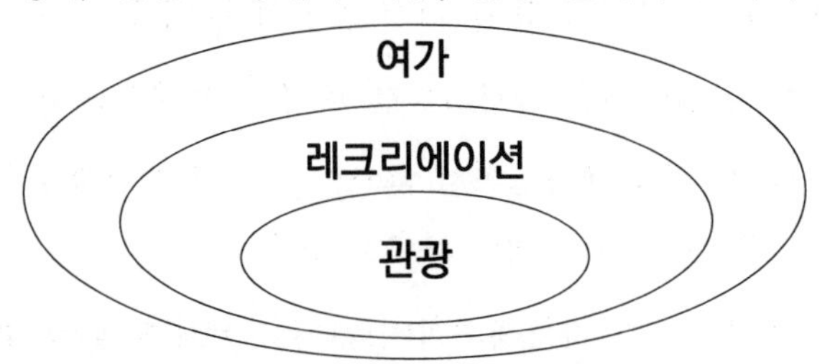

4. 관광객의 개념

(1) ILO(국제노동기구,1937) : 24시간이나 그 이상의 기간 동안 거주지가 아닌 다른 나라를 방문하는 사람 / 최초의 정의

(2) OECD(경제협력개발기구)

    ① 국제관광객 : 24시간 이상,6개월 이내의 기간 동안 체제하는 자

    ② 일시 방문객 : 24시간 이상,3개월 이내의 체재자

    ③ 당일관광객 : 24시간 미만의 여행자

(3) UNWTO(세계관광기구) : 관광객 통계에 포함되는 자와 포함되지 않는 자를 구분

    ① 통계에 포함되는 자

       ㉠ 관광객 : 다양한 목적으로 여행하고 방문국에서 1박 이상 체재

       ㉡ 당일 방문자 : 선박,기차 등의 승객 및 승무원으로서 당일 관광 후 떠남

    ② 통계에 포함되지 않는 자

       ㉠ 국경통근자, 군인, 외교관, 이민자, 영사, 방랑자, 망명자, 취업 목적 입국자, 일시 거주자, 공항 내에서 통과자(transit passenger)

 관광의 구조

---

1. 관광의 주체

관광욕구와 관광동기를 통해 관광행동을 하는 관광의 소비자이다.

'평소 잉카문명에 대해 관심이 많았던 현철이는 페루의 마추픽추에 가보고 싶어 했는데(a) 마침 페루에서 결혼식을 거행할 친구로부터 초청을 받았다'(b). 그래서 현철이는 페루의 마추픽추를 방문했다(c). 여기에서 a 부분이 관광욕구에 해당하며 b 부분이 관광동기, c 부분이 관광행동에 해당한다.

(1) 관광욕구 및 관광동기

    ① 매슬로우의 욕구 단계 : 관광욕구는 5단계 중 자아실현의 욕구에 해당

    ② 글릭스만의 관광동기 분류

       ㉠ 심리적 동기 : 사향심, 종교, 교유(관념적 원인)

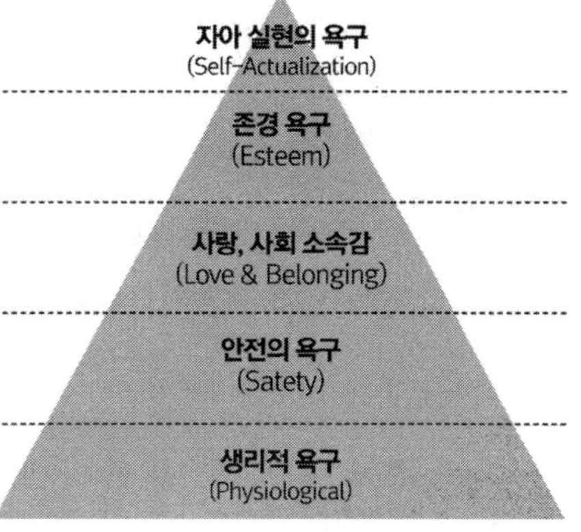

        ⓒ 정신적 동기 : 지식,견문,환락(관념적 원인)

        ⓓ 신체적 동기 : 치료,보양,운동(물리적 원인)

        ⓔ 경제적 동기 : 사업,쇼핑(물리적 원인)

③ 토마스의 분류(1984)

        ⓐ 교육/문화적 동기 : 견문 확대

        ⓒ 휴양/오락적 동기 : 일상 탈출,정신적 위안

        ⓓ 망향적(종족 지향적) 동기 : 고향 방문, 친척/친구 방문

        ⓔ 기타 동기 : 스포츠,모험,종교,건강 등

④ 매킨토시의 분류

        ⓐ 신체적 동기 : 휴식,운동

        ⓒ 문화적 동기 : 문화적인 견문 확대

        ⓓ 사회적(대인적) 동기 : 친구,친지,새로운 사람을 만나기 위함

        ⓔ 지위 향상적 동기 : 개인의 발전,사회적 지위 향상

(2) 관광행동의 결정 요인

① 사회적 요인 : 가족, 준거집단, 사회계층, 하위문화

② 개인적 요인 : 개성, 태도, 성격, 학습, 지각

③ Push 요인 : 관광객 자신의 내적인 요인에 의해 관광행동으로 연결
   (건강, 호기심, 취미, 스트레스, 경제적 여유)

④ Pull 요인 : 관광객체의 매력에 이끌려 관광하는 것(멋진 경관, 역사성, 예술성)

2. 관광의 객체

관광의 대상이 되며 관광의 공급자이다. 관광자원 및 관광시설이 이에 해당한다.

(1) 관광자원 : 문화적/자연적/사회적/산업적/위락 자원

(2) 관광시설 : 숙박시설, 교통시설, 쇼핑시설, 편의시설 등

3. 관광의 매체

관광주체와 객체를 연결시켜 주는 역할을 담당한다. 관광사업자들이 담당하고 있는 분야이며 행정기관도 일정부분에서 관련기능을 수행한다.

(1) 공간적 매체 : 교통/운송시설

(2) 시간적 매체 : 숙박시설, 휴게시설

(3) 기능적 매체 : 여행업, 가이드, 쇼핑센터

(4) 복합적인 관광매체 : 크루즈(교통, 숙박, 오락, 쇼핑)

제3절 관광의 발전사

1. 고대 그리스와 로마

(1) 그리스 : 신앙,체육,요양 중심의 관광/민가에서 숙박(환대 hospitalitas)

(2) 로마

① 종교, 예술, 요양, 식도락(gastronomia, 포도주와 식사) 관광 성행
② 관광 발전 요인 : 치안 유지, 도로 정비, 화폐 경제, 관광사업 등장(숙박)
③ 간이식당 Taberna, 숙박+식사 Popina 발전

2. 중세 유럽

(1) 관광의 암흑기, 십자군 원정 : 동방에 대한 지식과 관심 증대

(2) 종교관광 위주 : 성지순례(예루살렘, 로마)

3. 근대 유럽

(1) Grand Tour(교양관광)

① 유행 시기 : 17C~19C초
② 주체 : 영국을 중심으로 한 유럽 상류층의 젊은 남성
③ 목적지 : 프랑스, 이태리 등
④ 목적 : 교육, 교양(가정교사가 수행)
⑤ 여행기간 : 2~3년

(2) 산업혁명(1760년대) 및 과학기술의 발달에 따라 여행 증가

(3) 1840년 증기기선 영업 시작

(4) 1841년 여행 알선업 : 토마스쿡 / 열차를 빌려 포괄단체여행 실시

(5) 1850년 그랜드호텔(고급호텔의 대명사)

(6) 1897년 리츠호텔(체인호텔의 효시)

(7) 최초의 여객기 : 1930년대 출현

4. 근대 미국

(1) 스타틀러 : 버팔로에 스타틀러 호텔 오픈(1908)

(2) 2차대전 후 힐튼에 의해 미국호텔은 대형화/근대화

5. 우리나라 관광발전사

*** 숙박시설 : 고려시대부터 역, 여사, 원 발달**

년대	주요 사건
1888	최초 호텔 : 인천 대불호텔
1899	경인선 철도 개통, 경부선 철도(1905), 경의선(1906)
1902	서울 최초 호텔 : 손탁호텔
1950	1954 : 교통부에 관광과 설치, 1957년 : IUOTO에 가입
1960	1961 : 관광사업진흥법 제정 1962 : 통역안내원 자격시험 실시, 국제관광공사 설립 1963 : 관광과 → 관광국으로 승격 1967 : 최초 국립공원 지정(지리산) 1968 : 경인고속도로 개통
1970	1970 : 경부고속도로 개통, 호텔등급제 시행 1972 : 관광진흥개발기금법 제정 1974 : 경주 보문단지 개발 1975 : 관광기본법 제정, 관광산업을 국가전략사업으로 지정, UNWTO 설립 1978 : 제주 중문단지 개발, 외래관광객 100만 돌파
1980	1982 : 한국관광공사 설립/야간통행금지 해제 1986 : 관광진흥법 제정, 서울 아시안 게임 1988 : 서울 올림픽 1989 : 해외여행 완전 자유화
1990	1993 : 대전 EXPO 1994 : 관광특구제도 시행, 관광업무 문체부로 이관 1995 : 폐광지역개발지원에 관한 특별법 제정 1996 : 국제회의산업진흥법 제정 1998 : 금강산관광 개시(여객선), 최초로 정기 크루즈 개시

2000	2000 : 정선 강원랜드 개장 2002 : 월드컵, 부산 아시안게임 2003 : 금강산 육로관광 개시(2008 중단) 2005 : APEC 정상회의(부산)
2010~	2010 : G20 정상회의 2012 : 외래관광객 1천만명 돌파 2014 : 인천 아시안 게임, 2018 : 평창 동계올림픽 2025 : APEC 정상회의(경주)

6. 관광의 발전단계

Tour 시대 ~ Tourism 시대 ~ Mass Tourism 시대 ~ Social Tourism 시대
  (~1830)   (1840~1945,상업화)   (1945~, 대중화)   (1980 ~, 사회복지 지향)
(Social Tourism 시대 다음으로 New Tourism 시대를 포함시키기도 한다.)

제4절 관광사업

1. 관광사업의 주체

(1) 민간기업이 주도하며 영리추구가 주된 목적이다.

(2) 공기업도 일정부분 관광사업에 관여한다(예: 한국관광공사의 카지노 사업)

2. 특성

(1) 사업주체 및 사업내용의 복합성

(2) 입지의존성 : 사업장소 선정이 중요

(3) 변동성 : 사회, 경제, 자연적 요인에 의해 사업이 영향을 받는다.

(4) 공익성, 서비스성, 비저장성

3. 관광사업의 종류

현재 관광진흥법상 40개 사업이 규정되어 있으며 그 외에도 직간접으로 관광객을 대상으로
서비스를 제공하는 많은 사업들이 있다.

제5절 관광의 효과

1. 긍정적 효과

(1) 경제적 효과

① 국제수지 개선(외화획득)

② 국민소득 증대

③ 지역사회개발

④ 조세 수입 증대

⑤ 고용 증대

⑥ 승수효과 발생

관광객이 금전을 소비하면 그 돈이 연쇄적으로 생산유발 효과 발생

(3.2~4.3배 생산유발 효과 발생 : (Checki Report)

⑦ 외화가득율이 높다.

㉠ 외화가득율 $= \dfrac{\text{국제관광수입} - (\text{국제관광선전비} + \text{면세품구입가격})}{\text{국제관광수입}} \times 100$

㉡ 외화가득율이란 특정품목이 외화획득에 기여하는 정도를 나타내는 지표로서 관
광을 제조업 상품과 비교할 경우 관광의 외화가득율이 더 높다.

(2) 국제친선 도모 : 상호 이해 증진, 평화 증진, 국제교류 활발

(3) 사회적 효과 : 여성지위 향상, 교육기회 확대

(4) 문화적 효과 : 외국의 문화수준 인식 제고, 역사유적 보존/보호

(5) 환경적 효과 : 관광자원의 보호와 복원, 환경정비와 보전, 환경에 대한 인식증대

2. 부정적 효과

(1) 경제적 : 물가 상승, 외화 유출, 경제 종속, 기형적인 산업구조

(2) **사회적** : 범죄율 상승, 지역주민과의 갈등, 가족구조 해체

(3) **문화적** : 고유 문화 상실, 전통문화 상품화

(4) **환경적** : 환경 파괴, 오염 유발

제6절 관광의 새로운 경향(대안관광, Alternative Tourism)

1. 개관

(1) 1980년 이후 대두

(2) 대중 관광의 문제점(자연과 문화 파괴, 환경오염 증가, 범죄 증가)을 해결하려는 노력의 산물

(3) 공통 개념

① 관광은 소규모로, 관광객의 능동적인 참여
② 지역주민과의 교류
③ 지역민이 경제적인 이익 향유
④ 자연환경에 영향 최소화

(4) 형태

생태관광, 연성관광, 녹색관광, 책임관광, Low Impact Tourism, Ethnic Tourism, 공정여행, 지속가능한 관광 등

2. 생태관광

(1) 등장 배경

① 대중관광으로 인한 과도한 개발에 따른 환경 파괴와 지역문화 상실에 따른 반성으로 대두
② '인간도 자연의 한 부분으로서 생태계를 구성하고 있다'는 개념에서 출발
③ 동식물의 생태나 자연경관의 관찰 활동이 중심이지만 자연환경의 보전활동이 포함되는 경우가 많다.

(2) 개념

① 환경을 보호하고 지역주민들의 복지를 고려하는 책임 있는 여행
② UNWTO : 자연관광의 한 형태로서 환경보호와 자연에 관하여 방문자를 교육시키는 데 가장 많은 배려를 하는 관광
③ 기본 요소
   ㉠ 최소한의 환경적 영향
   ㉡ 현지문화에 최소 영향 및 최대 존중
   ㉢ 현지 주민들에게 경제적 편익이 돌아가야 자연자원 보전에 기여
   ㉣ 자연으로부터 받은 혜택을 통해 인간성 회복

3. 녹색관광(Green Tourism)

(1) 농촌, 어촌 및 산촌지역의 자연과 문화를 체험하는 체재형 관광형태

(2) 다양한 활동을 포함(경작, 채취, 가축 돌봄 체험)

4. Rural Tourism

(1) 도시생활자들이 농촌지역에서의 여가관광 활동

(2) 농촌이 간직한 전통문화, 자연과의 교류 등을 체험하며 지친 심신 회복

(3) 농협에서 진행하는 FarmStay가 이에 속함

5. 지속가능한 관광(Sustainable Tourism)

(1) '지속가능한 개발'이라는 개념에 근거(1987년 세계환경개발위원회)
   (미래세대의 밥그릇을 빼앗지 않으면서 현세대의 밥그릇을 채우는 것)

(2) 환경의 보호를 고려한 적정한 관광개발로 관광이 영속적으로 가능하도록 한다.

(3) 기본 요소

① 관광개발은 지역의 자연, 사회, 문화적 환경에 해를 가하지 않아야 함
② 관광자원은 미래를 위해 보존 + 현세대에게는 편익 제공
③ 관광의 편익은 지역사회에도 돌아가야 한다.

6. 연성관광(Soft Tourism)

지역주민과의 상호 이해, 문화적 전통 존중, 환경보전 달성

7. 책임 관광(Responsible Tourism)

전통의 파괴, 자연환경 훼손, 희귀한 자원을 남용하는 행위를 하지 않는 관광

8. Ethnic Tourism

(1) 소수 민족의 문화를 체험하는 관광의 형태

(2) 인류문화의 다양성을 인정하며 보존에 기여한다.

9. 공정여행(Fair Travel)

(1) 현지인 착취, 환경오염을 지양하며 현지인의 이익을 고려한 여행

(2) 여행사 직원 처우, 현지 지역민의 경제적 이익, 윤리적인 소비, 현지인과 교류, 문화존
    중, 관광지의 동물학대/인권 유린 시정, 사회를 위한 기부 등을 추구하는 관광의 형태

(3) 공정 무역(fair trade)의 이념과 일맥상통

제7절 국제관광기구

1. 국제연합(UN)

(1) 1967년을 국제관광의 해로 지정

(2) '관광은 모든 사람, 모든 국가의 정부가 찬양하고 권장할 가치가 있는 기본적이고 가장
    바람직한 인간 활동'

(3) '관광은 평화의 여권' 표어 채택(Tourism is a passport to peace)

2. 세계관광기구(UNWTO, United Nations World Tourism Organization)

(1) 각국의 정부기관이 회원으로 가입

(2) IUOTO 가 1975년에 개편되어 설립

(3) 153개국 가입, 본부는 스페인 마드리드

(4) 우리나라는 1957년 IUOTO에 가입, UNWTO에는 1975년에 자동 전환가입,

(5) 총회는 2년마다 개최, 통계자료 발간, 교육. 조사/연구 등 활동

(6) 2001년 일본과 공동으로 총회 개최 및 2011년에 단독으로 개최

(7) 9월 27일을 세계관광의 날로 제정(1979)
  ※ 마닐라 선언
    - 1980.9 UNWTO 마닐라 총회
    - 관광은 세계 평화을 위해 중요하며, 선진국과 개도국의 경제격차를 줄일 수 있고 전 인류의 자주, 평화, 자유를 보장한다.
    - 관광활동은 인간존엄성의 정신에 입각하여 보장되어야 하며 세계평화에 기여한다.
    - 여행의 자유와 관광복지정책의 필요성, 출입국 절차 간소화, 유적지 보호, 휴일 보장 등 주장

3. 아시아태평양 관광협회(PATA, Pacific Asia Travel Association)

(1) 1951년에 설립, 본부는 태국 방콕

(2) 아태지역 관광 진흥 활동, 구미관광객 유치 위한 마케팅 활동이 목적

(3) 73개국 800여개의 관광기관 및 사업자 가입

(4) 연차총회, 관광교역전, 관광자원 보호활동

(5) 1965,1979,1994,2004년에 한국에서 총회 개최

(6) 2017년 한국관광공사의 'Korea Visits You'가 마케팅 캠페인 부문 PATA Grand Awards 수상

4. 미주여행업협회(ASTA, American Society of Travel Agents)

(1) 1931년 설립, 미주지역 여행업자의 권익보호와 전문성 제고를 목적

(2) 140여개국 2만여의 회원

(3) 상반기에는 해외 Int'l Desti. Expo, 하반기에는 미국 내 The Trade Show 개최

(4) 1983년 서울, 2007년 제주에서 총회를 개최

5. 세계여행업자협회(WATA, World Association of Travel Agents)

(1) 1949년에 설립되었고 스위스 제네바에 본부

(2) 100여개국 이상으로부터 회원 가입, 1도시 1 여행업자 가입

(3) Master Key(연보) 발행

6. 세계여행관광협의회(WTTC, World Travel & Tourism Council)

(1) 유망한 100여개 업계 리더들이 회원

(2) 관광산업의 사회적 인지도를 증진

(3) 1990년 설립되었고 본부는 런던에 소재

(4) 세계관광정상회의 개최

7. SKAL(건강, 우정, 장수, 행복)

(1) 1934년 설립, 본부는 스페인 토레몰리노스

(2) 관광업계 중진들의 친선 모임, 관광업계 종사자 2만여 명 가입

8. 동아시아관광협회(EATA, East Asia Travel Association)

9. 아시아관광마케팅협회(ATMA, Asia Travel Marketing Association)

10. 기타 : OECD, APEC, ASEAN

01. 글릭스만에 의한 관광동기의 구분 중 견문,지식탐구는 어느 동기에 해당하는가?

① 신체적 동기　　　　　　　　　② 정신적 동기
③ 경제적 동기　　　　　　　　　④ 심리적 동기

해설　신체적 동기, 정신적 동기, 경제적 동기, 심리적 동기 중에서 정신적인 동기에 해당한다.
정답　②

02. 1967년을 국제관광의 해로 지정하였고, Tourism is a passport to peace라고 주장한 국제기구는?

① UNWTO　　　　　　　　　② ASTA
③ OECD　　　　　　　　　　④ UN

해설　UNWTO는 관광의 날을 지정하였다. 혼동해서는 안 된다.
정답　④

03. 다음 각 서적별로 등장하는 관광과 관련된 용어가 잘못 연결된 것은?

① 주역 - 관국지광　　　　　　　② 계원필경 - 관광육년
③ 고려사절요 - 관광집　　　　　④ 조선왕조실록 - 관광방

해설　고려사절요에는 관광상국이라는 말이 등장한다. 관광집은 삼봉집에 등장한다.
정답　③

04. 다음 이론을 주장한 학자는?

<blockquote>
<욕구 5단계 이론>
: 생리적 욕구 - 안전의 욕구 - 사회적 욕구 - 존경의 욕구 - 자아실현의 욕구
</blockquote>

① 마리오티(A. Mariotti)　　　　② 맥그리거(D. McGregor)
③ 밀(R. C. Mill)　　　　④ 매슬로우(A. H. Maslow)

해설 매슬로우는 인간의 욕구를 5단계로 구분하였는데 관광욕구와 밀접한 연관성을 갖는 것은 최상위의 자아
실현 욕구이라고 할 수 있다.

정답 ④

---

05. 매슬로우의 욕구 구조 중 관광욕구와 밀접한 연관성을 갖는 것은?

① 생리적 욕구　　　　② 사회적 욕구
③ 자아실현 욕구　　　　④ 안전욕구

해설 욕구 5단계에 해당한다.

정답 ③

---

06. 다음 중 관광의 개념과 가장 관계가 <u>먼</u> 것은?

① 관광은 레저나 레크리에이션에 속한다고 할 수 있다.
② 이동의 목적은 고려할 필요 없다.
③ 반드시 다시 돌아올 것을 전제로 한다.
④ 서양에서는 Sporting Magazine에서 그 어원을 찾을 수 있다.

해설 관광은 목적을 중요시한다.

정답 ②

---

07. 귀환예정소비설을 주장한 오글리비가 주장한 내용과 <u>다른</u> 것은?

① 기간은 1년을 넘지 않아야 한다.　　　　② 관광지에서 금전을 소비한다.
③ 금전은 관광지에서 취득한 것일 것　　　　④ 원래 거주지로 돌아와야 한다.

> **해설** 금전은 관광지에서 취득한 것이 아닐 것으로 고쳐야 한다.
> **정답** ③

08. 다음 중 UNWTO의 마닐라 선언의 내용과 <u>다른</u> 것은?

① 관광이 선진국과 개도국간의 경제격차를 줄인다.
② 관광은 전 인류의 평화와 자유를 향상시킨다.
③ 여행의 자유와 관광복지정책의 필요성을 주장했다.
④ '관광은 평화의 여권' 표어 채택

> **해설** '관광은 평화의 여권' 표어는 UN에서 채택했다.
> **정답** ④

09. 다음 중 UNWTO에 의하면 관광객으로 보기 <u>어려운</u> 자는?

① 당일 방문자　　　　　　　② 회의 참석 목적의 여행자
③ 국경통근자　　　　　　　④ 승무원

> **해설** 단순한 통과자는 관광객으로 보지 않는다.
> **정답** ③

10. 다음 설명에 해당하는 것은?

> 전 국민이 일상 생활권을 벗어나 자력 또는 정책적 지원으로 국내·외를 여행하거나 체제하면서 관광하는 행위로, 그 목적은 국민의 삶의 질을 제고하는 데 있음

① 대안관광　　　　　　　　② 국민관광
③ 보전관광　　　　　　　　④ 국내관광

> **해설** 국민관광의 개념에는 복지이념이 포함되어 있다.
> **정답** ②

11. 다음 중 관광의 긍정적인 효과와 거리가 <u>먼</u> 것은?

   ① 외화 유출   ② 상호 이해 증진

   ③ 관광자원의 보전   ④ 인구 이동 촉진

해설 외화유출은 부정적인 효과에 해당한다.

정답 ①

12. 아시아·태평양지역의 관광진흥 활동과 구미관광객 유치를 위한 마케팅 목적으로 설립된 국제 기구는?

   ① APEC   ② WTTC

   ③ ASTA   ④ PATA

해설 WTTC는 세계여행관광협의회로서 유망한 100여개의 업계리더들이 회원이다..

정답 ④

13. 관광구조의 구성요소가 가장 복합적으로 형성되어 있는 경우는?

   ① 도심지 상용호텔   ② 자동차 여행

   ③ 크루즈 여행   ④ 놀이공원

해설 크루즈선이 숙박시설이자 교통수단이며 또한 크루즈선 자체가 관광의 대상이 된다.

정답 ③

14. 16~18세기 유럽에서 유행했던 그랜드 투어(Grand Tour)에 관한 설명으로 옳지 <u>않은</u> 것은?

   ① 여행 기간은 2~3년간의 장기간이었다.

   ② 참여동기는 산업시찰이었다.

   ③ 최종목적지는 이탈리아의 로마였다.

   ④ 영국의 상류계층의 젊은층이 주로 즐겼다.

해설 교육적인 목적으로 실시한 관광이었다.

정답 ②

15. 관광 구성요소에 관한 설명으로 옳은 것은?

① 관광매체는 관광사업으로 호텔업, 여행업, 교통업 등이 있다.

② 관광주체는 관광대상으로 자연자원, 문화자원, 위락자원 등이 있다.

③ 관광객체는 관광을 행하는 관광객을 의미한다.

④ 관광매체는 관광목적지를 의미한다.

해설 ② 관광객체는 관광대상으로 자연자원, 문화자원, 위락자원 등이 있다.
　　　③ 관광주체는 관광을 행하는 관광객을 의미한다.
　　　④ 관광객체는 관광목적지를 의미한다.

정답 ①

16. 관광의 경제적 효과로 볼 수 <u>없는</u> 것은?

① 조세수입의 증대 효과가 있다.　　② 외국의 문화를 인식하는 효과가 있다.

③ 지역사회 개발에 기여하는 효과가 있다.　　④ 고용증대의 효과가 있다.

해설 사회문화적 효과에 해당한다.

정답 ②

17. 관광동기의 성격 분류가 옳지 <u>않은</u> 것은?

① 나이트 라이프 - pull factor　　② 소득 - pull factor

③ 스트레스 - push factor　　④ 쾌적한 기후 - pull factor

해설 - Push 요인 : 관광객 자신의 내적인 요인
　　　- Pull 요인 : 관광객체의 매력에 이끌려 관광하는 것(멋진 경관, 역사성, 예술성)

정답 ②

18. 한국관광발전사에서 1970년대에 발생된 내용은?

① 해외여행 완전 자유화　　② 한국관광공사 설립

③ 세계관광기구(UNWTO) 가입　　④ 대전 EXPO

해설 ① 해외여행 완전 자유화 : 1989, ② 한국관광공사 설립 : 1982, ③ 세계관광기구(UNWTO) 가입 : 1975, ④ 대전 EXPO : 1993

정답 ③

19. 관광사업의 특성이 <u>아닌</u> 것은?

① 복합성 ② 비민감성

③ 공익성 ④ 서비스성

해설 관광사업은 외부환경변화에 민감하게 반응한다.

정답 ②

20. 약어와 조직명이 <u>잘못</u> 연결된 것은?

① ATMA – 아시아관광마케팅협회 ② APEC – 아시아태평양경제협력체

③ PATA – 아시아태평양관광협회 ④ ASTA – 아시아여행업협회

해설 ASTA : 미주여행업협회

정답 ④

21. 다음 중 대안관광의 등장배경과 관계 <u>없는</u> 것은?

① 대량관광에 따른 환경오염 증가 ② 과도한 개발에 따른 환경 파괴

③ 그랜드 투어의 등장 ④ 지역문화 상실

해설 그랜드투어는 18세기 전후 유럽에서의 교양관광이다.

정답 ③

22. 다음 중 대안관광의 유형에 속하는 것이 <u>아닌</u> 것은?

① 지속가능한 관광   ② 공정여행

③ 생태 관광   ④ 팸투어

`해설` 팸투어는 홍보 위한 시찰여행이다..

`정답` ④

23. 관광사업의 특성에 관한 설명으로 옳지 <u>않은</u> 것은?

① 사업주체와 내용이 복합적이다.   ② 관광지의 입지의존성이 크다.

③ 무형의 서비스가 중요한 사업요소이다.   ④ 서비스업 비중이 낮다.

`해설` 관광사업의 대부분은 인적서비스 비중이 높다.

`정답` ④

24. 고대 로마시대에 관광이 활성화되었던 이유로 옳지 <u>않은</u> 것은?

① 군사용 도로의 정비   ② 물물경제의 도입

③ 다양한 숙박시설의 등장   ④ 안정된 치안 유지

`해설` 화폐경제가 발달하여 어디에서도 경제활동이 가능하였다.

`정답` ②

25. 다음에서 설명하는 관광의 개념은?

> 사회적 약자, 소외계층들에게 관광체험의 기회를 부여하여 개인의 자아실현이나 삶의 질 향상을 실현하는 사회복지 차원의 관광

① 다크투어리즘(Dark Tourism)   ② 그랜드 투어(Grand Tour)

③ 녹색관광(Green Tourism)   ④ 소셜투어리즘(Social Tourism)

`해설` 관광학에서 social은 복지/배려/균형의 개념이 녹아들어 있다.

`정답` ④

26. Alternative Tourism(대안관광)의 유사 개념으로 옳지 <u>않은</u> 것은?

① Soft Tourism(연성관광)

② High Impact Tourism(하이 임펙트 투어리즘)

③ Appropriate Tourism(적정관광)

④ Green Tourism(녹색관광)

해설 관광객이 현지문화에 강한 충격을 주어서는 안된다.

정답 ②

27. 경제적 측면에서 관광의 긍정적인 효과가 <u>아닌</u> 것은?

① 조세 수입 증가　　　　　　　② 고용 증가

③ 지역경제 진흥　　　　　　　　④ 외화 유출 증가

해설 외화유출은 부정적인 측면으로 볼 수 있다.

정답 ④

28. 외국인 관광객 유치를 위한 노력이 <u>아닌</u> 것은?

① 코리아투어카드 판매　　　　　② 코리아그랜드세일

③ 환승무사증 입국허가 기준 강화　④ 챌린지코리아 캠페인

해설 환승객을 위한 무사증 입국 허가기준을 낮춰줘야 외국인이 입국하기 쉬워진다.

정답 ③

29. 국민관광 진흥을 위한 노력이 <u>아닌</u> 것은?

① 한국관광 100선　　　　　　　② 대한민국 밤밤곡곡 100

③ 구석구석 캠페인　　　　　　　④ 올해의 웰니스 관광도시

해설 웰니스 관광 진흥은 기본적으로 외래관광객 유치가 1차적인 목표이다.

정답 ④

30. 공정관광(Fair Tourism)에 관한 설명으로 옳지 <u>않은</u> 것은?

① 책임관광, 녹색관광, 생태관광과 함께 대안관광의 한 유형이다.
② 여행자와 여행 대상국의 국민이 평등한 관계를 맺는 여행이다.
③ 우리나라는 2007년 사회적 기업 육성법 제정으로 활성화되었다.
④ 55세 이상의 중장년층을 중심으로 하는 특별흥미여행이다.

해설 특별흥미여행은 특수목적관광으로 탐조관광,식도락관광이 포함된다.
정답 ④

31. 다음 설명에서 제시된 관광객 행동에 영향을 미치는 요인은 무엇인가?

> 어떤 개인의 행동, 목표를 설정함에 있어 그에게 개인적 가치의 표준이나 규범을 제공하는 요소, 즉, 학교나 직장 동료, 스포츠 동호회원 등을 말한다.

① 사회계층   ② 준거집단
③ 오피니언 리더   ④ 촉매자

해설 준거집단,사회계층,하위문화 등은 사회적요인에 속한다.
정답 ②

32. 관광의 구조가 바르게 연결된 것은?

① 관광주체 - 교통기관   ② 관광객체 - 관광행정조직
③ 관광매체 - 자연자원   ④ 관광주체 - 관광자

해설 교통기관은 공간적매체이고 자연자원은 관광객체에 해당한다.
정답 ④

2편 여행업

1. 여행업의 정의

여행자와 여행관련 사업자(숙박, 교통 등) 사이에서 여행자를 위해 예약, 알선, 수배 등의 여행서비스를 제공하고 일정한 대가를 받는 업

※ Principal : 숙박, 교통, 식당 등의 기업(소재공급업자)

2. 여행업의 역할

(1) 여행자를 대신하여 교통, 숙박 기타 여행관련 서비스를 수배

(2) 여행자를 위해 정보를 제공

(3) 여행의 전 과정에 편의를 제공

(4) 항공권, 여행상품 등의 판매

(5) 여권이나 비자 대행 업무

3. 여행업의 성격

(1) 자본 투자 적고 소규모의 운영자금 소요

(2) 계절/기후 등 자연적 영향 및 정치/경제/사회적 영향을 많이 받는다.

(3) 인적 자원에 대한 의존도 큼 : 직원의 업무능력이 중요

(4) 경쟁이 심하고 상품의 모방이 쉽다.

(5) 외국과의 거래가 빈번하여 국제적이며 공익적인 사업이다.

4. 여행업 활용의 장점

(1) 여행의 제반 준비에 대한 불안감 해소

(2) 유용한 정보를 제공 받을 수 있다.

(3) 예약 및 수배에 따르는 시간과 비용을 절약할 수 있다.

(4) 여행경비를 줄일 수 있다(패키지 상품)

5. 여행업의 발전

(1) 1841년 영국의 토마스 쿡은 금주대회 참석자들 대상으로 철도여행 실시하였고 1855년에 파리의 박람회 참가자를 대상으로 국제여행 기획했다.

(2) 쿡의 법칙

① 교통기관과 숙박시설은 고정비의 비율이 높기 때문에 이용자를 늘리면 1인당 비용 낮출 수 있다.

② 요금을 낮추면 관광수요 증대(관광수요는 가격탄력적이다)

③ 단체할인요금제를 채택하면 모두가 만족

(3) 관광진흥법상의 여행업 종류

① 종합여행업 : 국내외, 내외국인 대상 / 자본금 5천만 이상

② 국내외여행업 : 국내외, 내국인 대상 / 자본금 3천만 이상

③ 국내여행업 : 국내, 내국인 대상 / 자본금 1.5천만 이상

6. 여행의 형태

(1) 피스톤형 : 서울 ~ 속초 ~ 서울

(2) 스푼형 : 서울 ~ 속초 ~ 양양 ~ 속초 ~ 서울

(3) 안전핀형 : 서울 ~ 경주 ~ 포항 ~ 울산 ~ 서울

(4) 텀블린형 : 서울~속초~울진~포항~부산~목포~군산~인천~서울
(긴 여행기간, 소비 규모 큼)

7. 여행의 분류

(1) 목적에 의한 분류

① 겸목적 : 두 가지 이상의 목적(출장, 회의, 연구, 사업 등)

② 순목적 : 풍물감상, 견문확대, 휴양, 요양, 수학여행 등

(2) 기획자에 의한 분류

① 주최여행(기획여행) : 여행 일정, 경비 등을 미리 정하여 참가자를 모집하는 여행
  - ㉠ 비수기에 수요를 창출할 수 있다.
  - ㉡ 저렴한 여행이 가능하다.
  - ㉢ 숙박 및 교통 등 미리 예약함으로 품질관리 가능하다.
  - ㉣ 여행객은 여러 회사의 상품을 비교할 수 있다.
  - ㉤ 대량 인원의 여행으로 인건비 절감 효과

② 공최여행 : 여행자 단체와 사전 협의 후 결정하여 실시하는 여행

③ 주문여행 : 여행자 단체의 주문에 따라 여행일정을 작성하고, 그 여정에 따른 조건 및 여행비를 산정하여 형성되는 여행

(3) 안내조건에 의한 분류

① I.C.T(Inclusive Conducted Tour) : 안내원이 전 여행기간 동안 안내하는 방식으로 Foreign Escorted Tour라고도 함

② I.I.T(Inclusive Independent Tour) : 출발 시에 안내원을 동반하지 않고 목적지에서 현지 가이드의 안내를 받는 방식(local guide system)

③ FIT(Foreign Independent Tour) : 가이드 없는 개별 여행

(4) 출입국 수속 여부에 의한 분류

① 기항지 상륙여행(Shore Excursion) : 일시 상륙 허가 얻어 여행(72시간 이내)

② 입국 여행

(5) 여행의 방향에 의한 분류

① 내국인의 국내 여행 : Domestic
  * 인트라바운드(Intrabound) : 내국인과 국내거주 외국인의 국내여행

② 외국인의 국내여행 : 인바운드(Inbound)

③ 내국인의 국외여행 : 아웃바운드(Outbound)

④ 외국에 거주하는 사람이 제3국으로 여행갈 경우
  (한국의 철수는 A국에 거주하고 있는 정훈이가 B국에 여행 다녀왔다고 연락을 받

앗다. 이 경우 철수의 입장에서 정훈이는 Overseas Tourism을 다녀왔다고 이야기
할 수 있다)

⑤ 역내관광(Intra-Regional) : 일정한 지역내 관광

⑥ 역외관광(Inter-Regional) : 다른 지역으로의 관광(중동지역에서 동남아로)

⑦ 인바운드와 아웃바운드의 비교

구분	인바운드	아웃바운드
영업/판매업무	외국 대상 판매	내국인 대상 판매
수배업무	국내 숙박, 관광지	해외 숙박, 교통, 식사
안내업무	관광통역안내사	T/C, 현지 가이드
항공권 예약/발권	X	항공권 발권 업무 수행
수속 보조	X	여권, 비자 수속 보조
정산업무	여행 종료 후 경비 지출 보고	

(6) 다양한 여행(관광)의 종류

① Package Tour : 주최여행/기획 여행

② Series Tour : 동일한 여행을 정기적으로 하는 여행

③ Convention Tour : 국제회의 전후에 하는 여행

④ Charter Tour : 여객기를 전세 내어 하는 여행

⑤ Incentive Tour : 포상(보상) 여행으로 주로 기업체에서 우수직원에 대한 보상 차
원에서 실시한다.

⑥ Interline Tour : 항공회사가 가맹 Agency(여행사)의 임직원 대상으로 실시

⑦ Familiarization Tour(Fam Tour) : 관광지 홍보를 위해 지방자치단체나 항공사
등이 여행업자나 기자, 가이드 등을 초대하여 여행지를 시찰하게 하는 여행

⑧ Dark Tour : 역사적인 비극의 현장을 여행하며 교훈을 얻는 여행

⑨ Option Tour : 일정에 없는 여행으로 현지에서 여행자와 협의하여 진행한다.

⑩ Special Interest Tour(SIT) : 특수목적관광 또는 특별관심관광, 탐조관광, 사파리
관광, 식도락 관광 등이 해당한다.

8. 여행업 수익 구성

(1) 여행상품 판매 수익 : 기본적인 수입원

(2) 상품 판매 대행 수수료, 선택관광 판매수수료, 쇼핑 알선 수수료

(3) 여행소재 공급업자로부터 받는 수수료, 서류 발급 수속 대행 수수료

9. 여행 상품

(1) 구성 요소

교통, 숙박, 식음료, 관광지, 쇼핑, 가이드, 보험

(2) 여행상품의 특징

① 무형의 상품으로 재고 보유 불가능
② 계절과 요일에 따른 수요 변동이 심하다.
③ 개인별 효용차가 크다(상품가치의 주관성)
④ 상품의 품질이 일정하지 않다(이질성)
⑤ 복수의 동시 소비가 불가능하다
⑥ 모방하기 쉬워 차별화 어렵다.

(3) 여행상품의 가격 결정 요소

① 여행 조건 : 기간, 숙박, 교통, 식사, 방문지, 단체의 규모 등
② 계절(성수기와 비수기 구별), 환율

(4) 여행상품 유통 구조

① 생산자 직접 판매(직판) Vs 대리점 경유하여 판매(간판)
② 점포판매/방문판매/인터넷판매/홈쇼핑판매

10. 여행업의 변화 경향

(1) 소비자의 욕구의 다양화,전문화,세분화 : SIT, DIY(do it yourself)

(2) 온라인 여행시장이 성장 : Expedia(미), Viator(미), Webjet(호), STA(영)

(3) 개별 여행시장이 확대 : FIT 확대 / 단체여행객 감소

(4) 실버계층의 여행 증가

(5) 인수/합병 통한 외형 성장

(6) 해외 온라인여행사의 점유율 증대

(7) 국내 직판여행사의 점유율 증대

11. 여행업 사업자의 법적 의무

(1) 보증보험 등 가입 의무

① 목적 : 여행알선과 관련한 사고로 인하여 관광객에게 피해를 줄 경우 그 손해를 배상하기 위함

② 가입처(택1)

 ㉠ 보증보험

 ㉡ 한국관광협회중앙회의 공제

 ㉢ 업종별(지역별) 관광협회에 영업보증금 예치

③ 가입 시기 : 사업을 시작하기 전

④ 기획여행을 실시할 경우 추가로 보증보험 등에 가입해야 한다.
(종합여행업 및 국내외여행업이 대상)

⑤ 보증보험 등 가입금액 기준
직전 사업연도의 매출액 규모에 따른 차등 가입

(2) 기획여행 광고시 표시해야 할 사항

① 여행업의 등록번호, 상호, 소재지 및 등록관청

② 기획여행명·여행일정 및 주요 여행지, 여행경비

③ 교통·숙박 및 식사 등 여행자가 제공받을 서비스의 내용

④ 최저 여행인원, 보증보험 등의 가입 또는 영업보증금의 예치 내용

⑤ 여행일정 변경 시 여행자의 사전 동의 규정

⑥ 여행목적지의 여행경보단계

(3) 여행계약 체결 시 여행업자의 의무 사항

① 서면으로 안전정보 제공 의무

 ㉠ 여권의 사용을 제한하거나 방문·체류를 금지하는 국가 목록 및 벌칙

 ㉡ 외교부 해외안전여행홈페이지(www.0404.go.kr)에 게재된 여행목적지(국가 및 지역)의 여행경보단계 및 국가별 안전정보

 ㉢ 해외여행자 인터넷 등록 제도에 관한 안내

  ⓐ 해외여행자가 해외안전여행홈페이지에 신상정보·비상연락처·일정 등을 등록

  ⓑ 등록된 여행자에게 방문지의 안전정보를 메일로 발송

  ⓒ 등록된 여행자가 사건·사고에 처했을 때 소재지 파악이 용이

② 여행계약서 및 보험가입 증명서류 교부 의무

③ 여행계약서에 명시된 숙식, 항공 등 여행일정(선택관광 일정)을 변경하는 경우 일정을 시작하기 전에 여행자로부터 서면으로 동의를 받아야 함(자필서명 포함)

ㄱ 서면동의서에 명시될 내용 : 변경일시, 변경내용, 변경으로 발생하는 비용
ㄴ 사전동의를 받지 못할 경우 : 사후에 서면으로 변경내용을 설명해야 함

(4) 여행경보제도

① 외교부에서 여행·체류시 특별한 주의가 요구되는 국가 및 지역에 경보를 지정하여 위험수준과 이에 따른 안전대책(행동지침)의 기준을 안내하는 제도
② 해당 국가(지역)의 치안정세와 기타 위험요인을 종합적으로 판단하여 안전 대책의 기준을 판단할 수 있도록 중·장기적 관점(1개월 단위 이상)에서 발령
③ 해외 주재원, 출장자, NGO요원, 선교사, 여행자 등 해외에 체류할 예정이거나 체류하고 있는 모든 우리 국민들을 대상으로 발령
④ 여행경보단계별 행동 지침
　ㄱ 남색 경보 : 여행 유의 / 신변 안전 유의
　ㄴ 황색 경보 : 여행자제 / 불필요한 여행 자제 / 신변 안전 특별 유의,
　ㄷ 적색 경보 : 출국권고 / 가급적 여행 취소, 연기 / 긴급용무가 아닌 한 출국
　ㄹ 흑색 경보 : 여행 금지 / 즉시 대피 또는 철수

(5) 특별여행주의보

① 여행경보 2단계 이상, 3단계 이하에 준함
② 발령기간은 90일 이내 / 단기적인 위험 상황이 발생할 경우 발령

(6) 신속해외송금제도

우리 국민이 소지품 분실, 도난 등 예상치 못한 사고로 일시적으로 궁핍한 상황에 처하여 현금이 필요할 경우 국내 지인이 외교부 계좌로 입금하면 현지 대사관 및 총영사관에서 해외여행객에게 긴급 경비를 현지화로 전달하는 제도. 신속해외송금제도를 이용하려면 가까운 대사관 및 총영사관에서 신청하거나 영사콜센터 상담을 통해 이용할 수 있다. 이용한도는 3천불이다. 달러화, 엔화, 유로화, 파운드화로 지급하며 불가피할 경우 현지화폐가 사용될 수도 있다.

제2절 Outbound 여행업

1. 업무 내용

(1) 수속 업무 보조 : 여권과 비자 수속 업무 보조

(2) 판매 업무 : 여행상품, 항공권, 숙박권 등 판매

(3) 수배 업무 : 현지의 호텔, 버스, 식당, 관광지 등 수배/예약(지상수배)

(4) 국외여행 인솔 업무 : 국외여행인솔자 자격자

(5) 기획개발 업무 : 여행상품 개발

(6) 항공예약 및 발권업무

(7) 정산 및 관리

* 국외여행인솔자 자격 요건(3개 중 하나)
  - 관광통역안내사 자격을 취득할 것
  - 여행업체에서 6개월 이상 근무하고, 국외여행 경험이 있으며, 장관이 정하는 소양교육 이수
  - 관광고등학교나 전문대졸 이상의 교육과정을 이수한 자가 교육장관이 지정하는 교육기관에서 양성교육을 이수할 것(80시간)

2. 여행에 필요한 서류

- 여권, 비자, 예방접종증명서(Yellow Card or Vaccination Card)
  (PVS : Passport, Visa , Shot)

(1) 여권의 종류

① 일반여권(단수여권/복수 여권)

② 관용 여권 : 공무원의 공무상 해외 여행시

③ 외교관 여권

※ 여행증명서(travel certificate) : 여권을 분실할 경우 현지의 대사관/영사관에서 발급 받아 여행을 계속할 수 있다. 유효기간 1년

(2) 비자 종류

① 목적에 의한 분류

㉠ 입국 비자(entry Visa) : 해당국에 입국을 주목적으로 하며 관광비자, 상용비자, 방문비자, 유학비자, 취업비자, 영주비자 등이 있다.

㉡ 통과 비자(transit Visa) : 단기간 또는 72시간 체류 시 현지 공항에서 발급

② 사용횟수에 의한 분류

　　㉠ 단수 비자 : 유효기간 내 1회 입국 가능

　　㉡ 복수 비자 : 유효기간 내 횟수에 상관없이 입국 가능

③ 직무에 의한 분류

　일반 비자, 공용 비자, 외교 비자

　※ 무사증체류(Transit Without Visa)
　　- 경유지에서 비자 없이 입국하여 통과 또는 관광할 수 있는 제도
　　- 조건
　　　• 제 3국으로 여행할 수 있는 항공권 소지
　　　• 제 3국으로 여행할 수 있는 여행서류 구비
　　　• 입국목적이 단순한 통과 또는 관광
　　　• 상호 국가간에 외교관계 수립

④ 쉥겐협약

　유럽 내 국가간 자유이동에 관한 협약 : 우리나라 국민은 180일간 90일 이내 체류 가능(영국, 아일랜드 제외)

3. 여행 일정(Itinerary) 작성

(1) **사전 파악 사항** : 여행 목적, 여행 시기 및 기간, 여행경비, 여행경험 유무

(2) **구성 요소**: 여행기간 및 일자, 시간, 관광지, 교통편, 숙박, 식사, 쇼핑 일정

4. 지상 수배

(1) **개념** : 여행목적지에서 호텔,교통,식사,관광 등에 대한 예약

(2) **지상 수배 서비스 제공자** : 지상 수배업자(Land Operator) 현지 수배 기능, 정보 수집/제공 기능, 상담 기능, 견적 기능

(3) **수배 업무의 원칙**

① 정확성 : 정확한 기록,의사소통을 명확하게 한다

② 신속성 : 우선순위를 정하여 신속하게 처리

③ 경제성 : 비용을 최소화

④ 수배 사항 재확인 및 대안 마련

5. 여행상품 가격 산출

(1) 비용 내역

① 운임 : 항공운임 또는 여객선운임

② 지상 경비(Land Fee)

숙박비, 식사비 , 지상 교통비(전세 버스), 관광비, 세금 등

③ 기타 비용

㉠ 여행경비 포함 비용 : 보험료, T/C 경비, 가방 Tag 비용

㉡ 여행경비 불포함 비용 : 여권/비자 수속비용, 예방주사대

(2) 상품 가격산출

운임 + 지상경비 + 기타비용 + 마진

6. 출입국 절차

(1) 출국(CIQ)

① 탑승수속 → 세관신고 → 보안검색 → 출국심사 → 검역 → 탑승
(Customs Clearance) (Immigration) (Quarantine)

② Fast Track Service : 신속한 출국을 지원하는 제도(노약자, 기업인 대상)

③ 자동 출입국 심사서비스(SES) : 복수여권 가능

(2) 입국(QIC) : 검역(Quarantine) → 입국심사(Immigration) → 세관신고(C.C)

(3) APIS(Advance Passenger Information System) : 사전승객정보시스템

7. 수화물

(1) 수화물의 구분

① 휴대 수화물(Carry-on Baggage)
(가로x세로x높이의 합이 115 cm 이내, 10~15kg 내외)

② 위탁 수화물(Checked Baggage) : 항공사의 책임하에 운송
Baggage Polling : 단체여행객에 대해 개별 고객별로 수하물을 처리하지 않고 단체여객의 허용총량을 기준으로 수하물을 처리하는 것

(2) 수화물의 운송가능 여부

　① 운송이 절대 불가한 물품(폭발 위험물, 독극물)
　　　㉠ 에어로졸, 스프레이 페인트, 70도 이상의 술, 소화기
　　　㉡ 불꽃, 화염 등 불꽃 제조품, 딱성냥, 곽성냥
　　　㉢ 인화성 액체 연료
　　　㉣ 가스 및 가스 용기, 기타 위험물(공기가 1/3 이상 주입된 공)
　② 위탁 운송이 가능한 물품
　　　㉠ 도검류, 총기류, 스포츠 용품, 공구류, 액체류
　　　　총포, 도검, 화약류 등은 허가를 받고 항공사에 신고한 후 가능
　　　㉡ 전동휠체어는 리튬배터리 분리하여 운송, 호신용 스프레이(인당 1개, 100㎖이하)
　　　㉢ 액체류 : 1인당 품목당 500㎖(0.5kg), 총 2ℓ(2kg)까지 가능
　③ 기내 휴대 가능 물품
　　　㉠ 체온계와 온도계는 개인용 1개까지 허용
　　　㉡ 드라이아이스(2.5kg이내)
　　　㉢ 전자담배는 기내 휴대만 가능
　　　㉣ 라이터 및 안전성냥 1개
　　　㉤ 액체성 물품은 품목당 100㎖ 이내, 가로/세로 20cm 크기의 지퍼백에 넣어 밀봉
　　　　시키면 가능(1인당 1개의 지퍼백 허용)
　　　㉥ 라켓류, 휴대용 면도기, 와인 코르크 따개, 젓가락, 포크, 등산용 스틱
　　　㉦ 보조배터리 : 몸에 지니거나 좌석 앞주머니 보관(선반 보관 금지)
　　　　－ 100Wh 이하 : 최대 5개까지 가능
　　　　－ 100Wh ～160Wh : 항공사 승인 아래 2개까지 허용
　　　　－ 160Wh 초과 : 기내반입 금지

8. 출국 시 제한사항

(1) 미화 1만불 초과 시 세관 신고(1만~2만달러 과태료, 2만 초과 형사 처벌)

(2) 출국 후 재반입하는 고가품은 출국 전 세관에 신고

(3) 출국 시 면세점에서 구매할 수 있는 한도 : 무제한

　※ 2가지 유형의 면세점
　　－ 사전 면세점 : 관세청 관리, 기존의 면세점 / 출국장 20개, 시내 13개
　　　(관세, 부가가치세와 개별소비세가 모두 면제되는 상품)
　　－ 사후 면세점(외국인 대상) : 국세청 관리, 부가세와 개별소비세만 면제. 즉시면세제도 시행

9. 입국 시 면세 범위

(1) 1인당 면세 금액 : 해외에서 취득한(무상 포함) 물품의 총액 $800 한도

(2) 허용 물품 : 양주 2리터/$400 이하(병수 제한 없음), 엽궐련 50개비, 전자담배 니코틴 20㎖, 궐련 200개비, 기타 담배 250g, 향수 100㎖

① 19세 미만에게는 주류 및 담배의 경우 면세 혜택 없음

01. 다음 중 여행상품의 특징이 <u>아닌</u> 것은?

① 무형의 상품으로 재고 보유 불가능하다.　② 수요 변동이 심하다.

③ 모방이 어려워 차별화가 가능하다.　④ 배달이 용이하다.

해설 모방이 쉽고 차별화가 어렵다.

정답 ③

02. 다음 중 포상관광에 해당되는 것은?

① Series Tour　② Incentive Tour

③ Special Interest Tour　④ Dark Tour

해설 기업이나 단체 등에서 종사원에 대한 보상 차원에서 단체로 이뤄지는 관광을 말한다.

정답 ②

03. 우리나라에서 통역안내원의 자격시험이 시작된 해는?

① 1955년　② 1962년

③ 1963년　④ 1965년

해설 1961년에는 관광사업진흥법이 시행되었다.

정답 ②

04. 다음 중 팸 투어(Fam Tour)에 대한 설명으로 맞는 것은?

① 여행안내원 없이 개인적으로 여행하는 자유여행

② 필요에 따라 선택하여 하는 관광

③ 홍보를 목적으로 여행업자나 언론 관계자를 초청하는 사전 답사여행

④ 농촌의 문화와 전통을 체험하는 관광

해설 ① 여행안내원 없이 개인적으로 여행하는 자유여행 : FIT
② 필요에 따라 선택하여 하는 관광 : Option Tour
④ 농촌의 문화와 전통을 체험하는 관광 : Rural Tourism
정답 ③

05. 다음 중 Inbound(인바운드) 관광진흥과 관련된 사업이 <u>아닌</u> 것은?

① 미션멍파서블 울산
② VISITKOREA 운영
③ 대한민국 관광기념품 박람회
④ 한국 테마관광 박람회

해설 '미션멍파서블 울산' 은 반려동물 동반여행 상품이다.
정답 ①

06. 다음 중 여행시장의 변화에 대해 <u>잘못</u> 설명한 것은?

① 인터넷 여행시장의 급성장
② 개별 여행시장의 확대
③ 소비자 욕구의 다양화
④ 단체관광객 비중의 증가

해설 개별 여행시장이 확대되는 반면 단체관광객의 비중은 감소하고 있다.
정답 ④

07. 기존의 대량관광의 부정적인 측면에 대한 반성 차원에서 대두된 관광의 경향은?

① 그랜드 투어
② 대안 관광
③ 기획 여행
④ Option Tour

해설 Option Tour란 일정에 없으나 현지에서 추가로 진행하는 투어이다.
정답 ②

08. 여행업이나 여행상품의 특징이라고 할 수 <u>없는</u> 것은?

① 저장이 불가능하다.　　　② 고정자산의 비중이 높다.
③ 상품이 이질적이다.　　　④ 효용이 주관적이다.

해설　여행업을 경영하기 위해 필요한 고정자산은 사무실 정도이다.
정답　②

09. 다음 중 지상수배업자가 수행하는 업무가 <u>아닌</u> 것은?

① 여행상품 판매　　　② 현지정보 제공
③ 현지 수배 기능　　　④ 안전대책 기능

해설　지상수배업자는 관광목적지 현지에서 호텔,관광지 등의 예약을 담당하는 자이다.
정답　①

10. Checked Baggage 란 무엇인가?

① 휴대 수화물　　　② 위탁 수하물
③ 동반수하물　　　④ 검사 완료된 수하물

해설　휴대 수화물은 Carry-on baggage 라고 한다.
정답　②

11. 다음 중 입국시 1인당 면세 한도에 대한 내용으로 <u>틀린</u> 것은?

① 양주 2리터/400불 이하　　　② 향수 100㎖,궐련 200개비
③ 미성년자에게도 양주는 면세 대상이다.　　　④ 양주는 병수에 제한이 없다.

해설　미성년자에게는 양주와 담배는 면세대상이 아니다.
정답　③

12. 다음 중 여권을 분실할 경우 현지 대사관이나 영사관에서 발급받아 여행을 계속할 수 있는 것은 무엇인가?

① 여행증명서
② 임시여권
③ 단수여권
④ 신분증명서

해설 여행증명서의 유효기간은 1년이다.

정답 ①

13. 유럽 내 국가 간 자유이동에 관한 협약인 쉥겐협약에 의하면 우리나라 국민은 며칠간 체류할 수 있는가?(예외적인 국가 제외)

① 120일간 60일
② 180일간 60일
③ 180일간 90일
④ 160일간 80일

해설 유럽지역 29개 국가들이 여행과 통행의 편의를 도모하기 위해 룩셈부르크 쉥겐에서 체결되었다.

정답 ③

14. 항공여행 시 보조배터리의 운송과 관련된 내용으로 틀린 것은?

① 160Wh 초과는 반드시 위탁운송해야 한다
② 100Wh 이하는 최대 5개까지 가능하다
③ 몸에 지니거나 좌석 앞주머니 보관해야 한다
④ 100Wh ~160Wh인 경우 항공사 승인 아래 2개까지 허용된다

해설 160Wh 초과는 운송이 금지된다.

정답 ①

15. 관광상품의 특성으로 옳지 <u>않은</u> 것은?

① 비소멸성
② 생산과 소비의 동시성
③ 상호보완성
④ 무형성

해설 소멸성으로 고쳐야 한다.

정답 ①

16. 전형적인 주최여행으로 숙박, 교통, 음식 등의 여행소재를 포괄한 상품을 제공하여 주요 관광지를 방문하는 여행은?

① Special Interest Tour
② Interline Tour
③ Incentive Tour
④ Package Tour

해설 관광진흥법상에는 기획여행에 해당한다.
정답 ④

17. 국내외여행업은 누구를 대상으로 하는가?

① 국내를 여행하는 내국인
② 국내외를 여행하는 내국인
③ 국외를 여행하는 외국인
④ 국내외를 여행하는 내·외국인

해설 국내외를 여행하는 내·외국인 대상은 종합여행업이다.
정답 ②

18. 여행증명서에 관한 내용으로 옳지 <u>않은</u> 것은?

① 6개월 이내의 유효기간
② 출국하는 무국적자에게 발행
③ 해외입양자에게 발행
④ 여권을 분실한 국외여행자로 여권 발급을 기다릴 시간적 여유 없이 긴급히 귀국해야 할 필요가 있는 자에게 발행

해설 유효기간은 1년이다.
정답 ①

19. 관광상품의 소멸성적 특성을 극복하기 위한 방안으로 옳지 <u>않은</u> 것은?

① 서비스 가격의 차별화
② 비수기 수요 개발
③ 예약 시스템 도입
④ 고(高)가격 정책의 유지

해설 소멸성으로 인해 관광상품은 재고보유가 불가능하다.
정답 ④

20. Intrabound 란 무엇인가?

① 외국인의 국내여행
② 내국인과 국내거주 외국인의 국내여행
③ 내국인과 외국인의 국내여행
④ 내국인의 국내여행

해설 domestic은 내국인의 국내여행이다.
정답 ②

21. 우리나라의 관세규정에 관한 설명으로 옳지 <u>않은</u> 것은?

① 출국 시 내국인의 구매한도는 무제한이다.
② 내국인의 반입물품 면세한도는 800달러 이하이다.
③ 외국인에게는 800달러의 반입물품 면세한도가 적용되지 않는다.
④ 미화 1만불 초과 반출시 세관에 신고해야 한다.

해설 외국인에게도 내국인과 같이 적용된다.
정답 ③

22. 행정기관과 관광 관련 주요 기능의 연결이 옳지 <u>않은</u> 것은?

① 법무부 - 여행자의 출입국 관리
② 외교부 - 비자면제 협정체결
③ 관세청 - 여행자의 휴대품 통관업무
④ 문화체육관광부 - 외국과 항공협정 체결

해설 국토교통부의 소관업무이다.
정답 ④

23. 재난 현장이나 비극적 참사의 현장을 방문하는 관광을 의미하는 것은?

① Eco Tourism
② Dark Tourism
③ Soft Tourism
④ Low Impact Toursim

해설 DMZ 인근의 6.25격전지를 방문하는 것도 이에 속한다.
정답 ②

24. 다음 설명에서 A의 관점에서 B의 관광을 어떻게 평가할 수 있을까?

> 한국에 거주하고 있는 A는 미국에 거주하고 있는 B로부터 중국 여행을 마치고 뉴욕 공항에 잘 도착했다고 연락을 받았다.

① Outbound Tourism ② Overseas Tourism
③ Inbound Tourism ④ Domestic Tourism

해설 International Tourism이라고도 할 수 있다.
정답 ②

25. 한국 국적과 국경을 기준으로 국제관광의 분류가 옳은 것은?

① 자국민이 자국 내에서 관광 - Inbound Tourism
② 자국민이 타국에서 관광 - Outbound Tourism
③ 외국인이 자국 내에서 관광 - Outbound Tourism
④ 외국인이 외국에서 관광 - Inbound Tourism

해설 외국인이 자국 내에서 관광하는 것은 Inbound Tourism이다.
정답 ②

3편 호텔업

제1절 호텔업의 개념

1. 호텔업의 정의

관광객의 숙박에 적합한 시설을 갖추어 제공하거나 숙박에 딸리는 음식·운동 오락·휴양·공연 또는 연수 시설 등을 함께 갖추어 이용하게 하는 업

2. 호텔업의 발전 과정

(1) 유럽

① Inn의 시대 : 로마~중세(최소한의 시설)
② 그랜드 호텔 시대 : 19세기 부유층의 사교장
    ㉠ 1807 독일 바덴바덴의 바디셰 호프(온천지)
    ㉡ 1850 파리의 그랜드 호텔
    ㉢ 1897 리츠 호텔(세자르 리츠)
    ㉣ 1899 칼튼 호텔(영국)

(2) 미국

① 1829 Tremont House(보스턴) : 로비 설치, 지배인 제도 도입(근대호텔의 원조)
② 1897 Waldorf Astoria(뉴욕) : 근대적인 호텔회계 확립
③ 상용(商用)호텔(Commercial Hotel, Business Hotel) : 1908 Statler Hotel
    ㉠ 일반 대중이 부담할 수 있는 가격으로 세계 최고의 서비스를 제공, 원가 절감, 경영 효율 추구
    ㉡ 1달러 50센트에 욕실 딸린 객실 제공
④ 2차 세계대전 이후 대형화 및 체인화
    ㉠ 1950년대 힐튼 등장
        ⓐ 호텔 체인화(Chain) : 위탁경영(Management Contract)완성
        ⓑ 전문음식점 설치, 호텔경영 계수 관리, 능률주의(종업원 동작 연구)

ⓛ Kemmons Wilson의 Holiday Inn(모텔) 등장

    ⓐ 세계 최대의 체인조직　ⓑ자동차 이용 인구 폭발 추세 활용

    ⓒ 서비스 최소화 통한 낮은 요금

(3) 우리나라 숙박업

① 최초 호텔 : 인천 대불호텔(1888)

② 최초 서양식 호텔 : 손탁호텔(1902)

③ 최초 상용 호텔 : 반도호텔(1936, 현 롯데호텔)

④ 최초 현대적인 호텔 : 워커힐(1963, 쉐라톤 호텔과 프랜차이즈 계약)

3. 호텔업의 특징

(1) 인적 서비스에 대한 의존도가 높다.(전문화된 인력 필요)

(2) 초기 투자규모 크다.

(3) 시설의 조기 노후화

(4) 고정자산 비중이 높다.(80~90%)

(5) 호텔상품은 저장 불가능(생산과 소비가 동시, 비분리성)

(6) 수요가 계절에 민감하다.(비수기 가격 할인)

제2절 **호텔의 분류**

1. 관광진흥법에 의한 분류

종류	등록 조건
관광 호텔	• 30실 이상, 욕실
수상관광호텔	• 30실 이상, 수상오염 방지 시설
가족호텔	• 30실 이상, 취사시설, 객실면적 19㎡ 이상
한국전통호텔	• 외관은 전통 가옥
호스텔	• 배낭여행객 등 개별관광객에 적합 • 취사장, 내외국인에게 문화정보 교류 시설
소형호텔	• 20실~30실, 부대시설 면적이 건축연면적의 50% 이하, 조식제공 • 2종류 이상의 부대시설, 단란/유흥 주점/사행행위시설 없을 것
의료관광호텔	• 20실 이상, 객실면적 19㎡ 이상, 취사시설, 의료기관시설과 분리될 것 • 의료기관 : 전년도 환자수 500명 초과(서울 3,000명) • 유치업자 : 전년도 실적 200명 초과
공통 사항	• 대지 및 건물의 소유권 또는 사용권 보유(회원 모집시 소유권 보유) • 외국인에게 서비스 제공 체제 갖출 것, 욕실이나 샤워시설

2. 장소에 의한 분류(입지)

(1) 씨티 호텔 : 도시 중심지 소재

(2) 메트로폴리탄호텔 : 대도시에 위치한 대형호텔

(3) Suburban 호텔 : 도시에서 떨어진 호텔/가족단위 자동차 이용

(4) Country 호텔 : 산간호텔 / 마운틴 호텔

(5) Air Port 호텔 : 공항 인근

3. 이용 목적에 의한 분류

(1) 상용호텔(Commercial) : Business 호텔

(2) Convention 호텔 : 대규모 회의

(3) Resort 호텔 : 휴양, 관광지의 호텔

(4) 카지노 호텔

4. 숙박기간에 의한 분류

(1) Transient 호텔 : 단기 체재, 일반적인 호텔

(2) Residential 호텔 : 1주일 이상 체재, 식사와 음료 제공

(3) Permanent 호텔 : 장기 체류

5. 요금 지불 방식에 의한 분류

(1) 미국식 요금(American plan, Full Pension) : 객실 요금 + 하루 세끼 식대 포함

(2) 변형된 미국식(Modified American Plan, Demi Pension) : 객실 요금 + 두끼

(3) 대륙식 요금(Continental Plan) : 객실 요금 + 조식

(4) 유럽식 요금(European Plan) : 객실 요금만 지불

(5) Dual Plan : American Plan과 European Plan 중에서 고객이 선택한다.

6. 경영형태에 의한 분류

(1) 단독 경영(개별 경영) : 호텔이 독자적으로 경영하는 형태(자본과 경영이 일치)

(2) 체인(chain) 호텔

① 위탁경영방식 : 경영 노하우를 가진 호텔이 계약을 통해 다른 호텔을 경영하는 방식으로 소유와 경영이 분리된다(Hilton 방식).

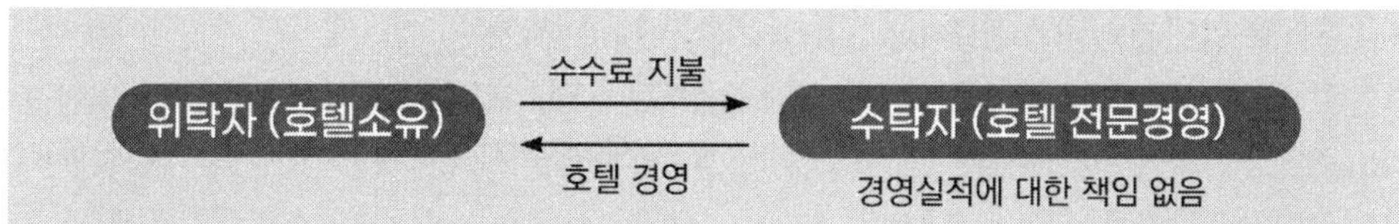

② 프렌차이징(franchising) : 경영기술을 보유한 특허권자(franchiser)가 가맹점(franchisee)에게 브랜드사용권과 경영노하우를 제공하고 수수료를 받는다.

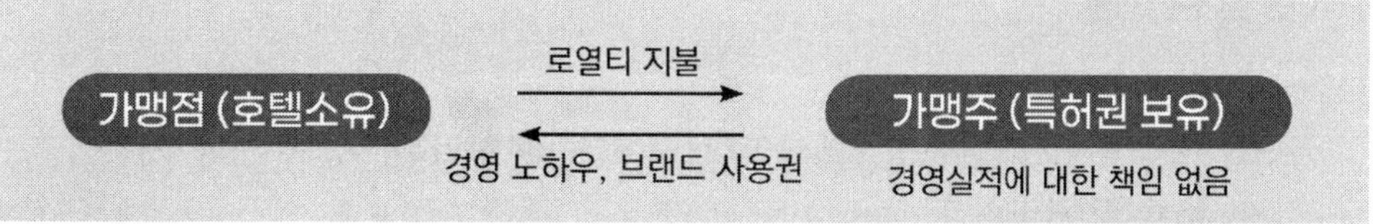

(3) 리퍼럴 호텔 : 독립호텔들이 상호 연합하여 운영하는 공동경영방식으로 경영의 독립성은 유지된다.

(4) 자본제휴(Joint Venture) : 공동 투자하여 호텔을 운영

제3절 호텔의 조직별 업무

1. 호텔의 주요 조직

(1) 총지배인 : 호텔의 최고 경영자

(2) 객실 부분

① 객실의 예약, 판매, 객실 청소, 현관서비스 담당
② 객실정보시스템(Front Office System) 사용

(3) 식음료 부분

① 식당, 라운지, 커피숍 등 식음료의 판매 담당
② 식당, 음료과, 조리과, 연회과 등으로 구성

(4) 부대사업 부분

오락, 헬스장, 위락시설 담당

(5) 관리 부분

① 총무, 인사, 회계 등 담당
② 일반관리시스템(Back Office System) 사용
  ※ Front of House : 고객과 직접 접촉하는 부서로 프론트데스크, 유니폼서비스, 식당 등이 해당된다.
  　 Back of House : 고객접점 부서를 지원하는 부서로 관리부분과 주방이 이에 해당한다.

2. 객실 부문의 구성 및 업무

(1) 업무 내용

① 프론트 데스크
  예약처리, 객실배정, 체크인/체크아웃, 환전업무, 정보 전달 기능
② 유니폼 서비스
  ㉠ 도어맨(Door man) : 고객의 영접, 전송, 차량 정리, 교통 안내
  ㉡ 벨맨(Bell man) : 수화물 이동, 시설 안내, 수화물 보관, Paging Service

ⓒ 컨시어지(Concierge) : 관광지 안내, 항공예약, 공연 안내, VIP 영접 등
③ 객실 관리(House Keeping) : 객실상품을 생산하는 부서
　　㉠ 객실의 청소, 기구와 비품의 관리, 린넨류 세탁/보급, Lost & Found
　　㉡ House Keeper(청소 manager), Room Maid(청소 담당), House Man(고장 수리), Linen Woman(린넨류 담당)
　　㉢ Turn-down service : 침대를 정리하여 손님이 바로 사용하기 편하게 해주는 서비스

(2) 객실의 종류

① Single room : 싱글베드가 1개 있는 방
② Double room : 2인용 침대가 1개 있는 방
③ Twin room : 1인용 침대 2개 있는 객실.
④ Triple room : 싱글베드가 3개 또는 싱글베드 2개에 Extra 침대 1개 추가
⑤ Quard room : 트리플 룸에 Extra 침대 추가
⑥ Studio room : 더블이나 트윈 룸에 소파형의 침대가 있는 객실
⑦ Connecting room : 나란한 객실 2개가 내부의 문을 통해 연결되어 상호 왕래가 가능한 객실
⑧ Adjoining room : 서로 이웃한 방
⑨ Suite room : 침실에 거실 겸 응접실이 딸린 호화 객실
　　※ 객실 관련 용어
　　　- Blocking room : 예약된 방
　　　- On change room : 정비가 필요한 방
　　　- Trunk room : 손님의 화물을 장기간 보관할 수 있는 방
　　　- House use room : 호텔에서 사무실로 사용하는 객실(판매 불가)
　　　- Outside room : 외부 경관을 즐길 수 있는 방
　　　- Inside room : 막혀서 외부 경관을 즐길 수 없는 방

(3) 객실 요금의 종류

① 공표 요금(Tariff)
　　㉠ 호텔이 객실요금을 설정하여 이를 담당행정기관에 공식적인 신고절차를 마치고 호텔에서 공시하는 기본요금
　　㉡ Full Charge, Full Rate, Rack Rate, 팸플릿 가격이라고도 하며 할인되지 않은 정상적인 요금
② 특별 요금
　　㉠ Complimentary rate : 무료 요금, 콤프(Comp)라고 한다.
　　㉡ 할인 요금(Discount rate)

ⓐ Single rate : 트윈룸을 제공하고 싱글룸 가격으로 받는 경우

ⓑ Season off rate : 비수기 판촉 위한 할인 가격(객실점유율 높이기)

ⓒ Commercial rate : 특정한 기업체에 일정한 비율로 할인해 주는 것

ⓓ Group rate : 단체 고객을 유치하기 위한 할인 제도

③ 기타 요금

㉠ Midnight charge : 한밤중에 도착하거나 다음날 새벽에 도착하였을 경우 부과하는 객실 요금

㉡ Hold room charge : 고객이 수하물(手荷物)을 객실에 그냥 두고 가는 경우나 고객이 객실을 예약하고 호텔에 도착하지 않았을 때 부과하는 객실요금

㉢ Over charge(late check-out charge) : 오후 2시 이후 퇴실할 경우 50% 부과

㉣ Part day charge (day use) : 객실의 시간 사용에 대해 부과하는 요금 (예, 온천지 호텔)

㉤ Cancellation charge : 고객의 일방적인 예약취소에 따른 요금

3. 식음료 부문의 구성 및 업무

(1) 인적 구성

① Manager, Head waiter, Assistant waiter
② Bus boy (식당에서 웨이터를 돕는 접객보조원으로 식사 전후 식탁 정돈)

(2) 아침 식사의 종류

① American Breakfast(미국식) : 커피, 쥬스, 빵, 달걀, 감자
② Continental Breakfast(대륙식) : 커피, 주스, 빵
③ English Breakfast : 미국식 + 생선 요리
④ Viena Breakfast : 간단한 달걀요리와 롤빵, 커피나 우유

(3) Full course(정식)

① Appetizer → Soup → Fish → Entrée → Roast → Salad → Dessert → Beverage
② Hors D'oeuvre(오르되브르, 오드볼)

㉠ 서양 요리의 전채(Appetizer와 동일한 기능)

㉡ 먹기 좋고 주요리와 어울려야 하며 짠맛, 신맛으로 위액의 분비를 촉진하는 기능을 한다.

㉢ 달팽이(Escargots), 굴, 캐비야, canape 등이 일반적이다.

③ Entrée : 주요리로 소고기 등심 또는 안심이 제공된다.
  ㉠ 안심(Tenderloin) : Chateaubriand, Tournedos, Filet mignon
  ㉡ 등심(Sirloin) : Minute Steak, New York Cut
  ㉢ 뒷다리 : Round Steak

(4) 음식 제공 방식에 의한 분류

① American service(Plate) : 주방에서 접시에 담아 전달한다.
② Russian service : 큰 접시에 담아 고객에게 보여준 후, 작은 접시로 배분
③ French service(Cart,Gueridon) : 주방에서 고객이 요구하는 종류의 음식과 그 재료를 Cart에 싣고 고객의 테이블까지 와서 고객이 보는 앞에서 직접 조리를 하여 제공한다.
④ English service(Silver) : 큰 쟁반에 담아와 테이블에서 나눠 준다.
⑤ Counter service : 조리과정을 보며 주방장과 상호교류 가능, 카운터를 식탁으로 사용한다. 일식당, Bar, Lunch Counter가 이에 해당한다.
⑥ Room Service : 고객의 요청으로 객실에 음료나 식사를 배달

(5) 식당의 종류

① Dining Room : 점심과 저녁을 제공하는 식당
② Grill : 최고의 일품요리를 서비스하는 식당
③ Cafeteria : 셀프서비스 방식으로 배식하는 대형 식당
④ Snack : 간이 음식 파는 곳
⑤ Buffet : 손님이 진열된 음식 중에서 직접 골라 먹는 식당

(6) 주류의 종류

① 알코올 유무
  ㉠ Soft drink : 커피, 홍차 등 알코올성분 없는 음료
  ㉡ Hard drink : 포도주, 위스키, 샴페인 등 알코올 함유
② 술의 종류
  ㉠ 발효주(양조주) : 포도주, 맥주, 막걸리
  ㉡ 증류주 : 위스키, 보드카(감자),브랜디(포도주),진(향이 가미된 증류주)
  ㉢ 혼성주(리큐어/Liqueur) : 과일, 향신료, 씨앗, 꽃 등을 위스키 등에 섞어서 만든 술(Vermouth : 포도주에 향료를 넣어 우려 만든 술)
  ㉣ 발포주(스파클링 와인) : 샴페인, 이탈리아 스푸만테(spumante), 스페인 카바(cava), 독일 젝트(sekt)
  ㉤ 칵테일 : short drink(알코올 + 알코올), long drink(알코올 + 비알콜)

  ⓑ 강화주 : 포트 와인(포도주 + 코냑)

  ⓢ 와인의 종류 : Sweet 와인, Dry 와인

 ③ 국가별 포도주 산지(포도주명)

  ㉠ 프랑스 : 보르도, 샹파뉴, 부르고뉴, 메독

  ㉡ 독일 : 라인, 모젤

  ㉢ 이태리 : 치안티, 소아베, 피에몬테, 토스카나

  ㉣ 스페인 : 셰리

  ㉤ 포르투칼 : 포르토

 ④ 식사 전후

  ㉠ 식전주(Aperitif) : Vermouth, Sherry

  ㉡ 식사 중 : 생선요리에는 백포도주, 육류에는 적포도주

  ㉢ 식사 후 : 브랜디, 위스키

(7) Table Setting

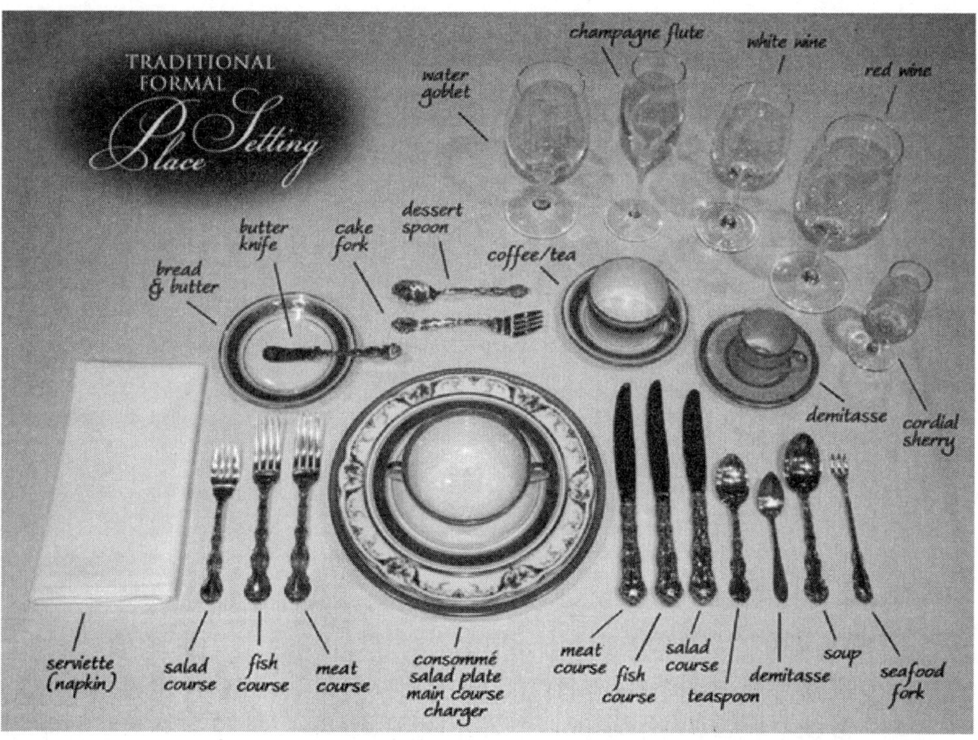

1. Go Show : 예약하지 않고 오는 손님

2. Walk in Guest : 예약하지 않고 와서 투숙하는 손님

3. No Show : 예약했던 손님이 예약을 취소하지도 않고 오지도 않는 경우

4. Turn away service : 객실이 부족하여 손님을 타 호텔로 안내해주는 서비스

   (1) 경우의 수 : 호텔의 초과예약, 예약카드 누락, 불예측 상황 발생

   (2) 처리 방안 : 정중히 양해를 구하고 다른 호텔로 예약, 1박의 50%와 교통비 부담, 비슷하거나 수준이 높은 호텔로 안내

5. Skipper : 미정산 도망자

6. Pass Key : 한 층의 객실 전부를 열수 있는 열쇠

7. Master Key : 전체를 다 열 수 있는 열쇠

8. Grand Master Key : 이중 잠금 방을 열수 있는 열쇠

9. Castor : 탁자위의 조미료의 총칭

10. Decanting : 포도주의 찌꺼기를 제거하기 위해 다른 병에 따르는 것

11. Garnish : 칵테일 장식

12. Doily : 식탁 위의 1인용 소형 깔개

13. Amenity : 공짜로 제공되는 소모품

14. Catering : 출장 연회

15. Corkage Charge : 외부 반입 음료에 부가하는 요금

16. Jockey service : 주차 서비스, Valet Service

17. Make up : 객실 청소

18. SPATT : VIP 고객 인식표

19. Vintage : 포도의 생산 연도

20. Do not disturb : 객실을 청소하지 않아도 된다는 표시

21. Crib, Baby bed, Cot : 아기 침대

22. **Center piece** : 식탁의 중앙장식물(꽃꽂이, 꽃다발 등)

23. **Walk a Guest** : 고객을 타 호텔로 안내하는 것

24. **Table D'hote** : 요리의 종류와 순서가 미리 결정되어 있는 차림표(Full Course)

25. **A la Carte** : 고객의 주문에 의해 제공되는 일품요리

26. **Gratin** : 치즈, 버터 등을 요리표면에 뿌린 뒤 오븐에 넣어 굽는 방법

27. **Grilling** : 석쇠를 이용하여 직접 열을 조리하는 방법

28. **Roasting** : 오븐에 넣어 열로 조리하는 방법

29. **Blanching** : 야채를 순간적으로 데치는 방법

01. House Use Room 이란?

  ① 호텔에서 직원용으로 사용 중인 방   ② 예약된 방

  ③ 장기 투숙 중인 방   ④ 수화물을 보관할 수 있는 방

> 해설 ② 예약된 방 : Blocking room
> ④ 수화물을 보관할 수 있는 방 : Trunk room
> 정답 ①

02. 객실 요금과 식사 요금이 별도인 지불 방식은?

  ① American plan   ② Continental plan

  ③ European plan   ④ Dual plan

> 해설 ④ Dual plan : 미국식과 유럽식 중에서 선택할 수 있는 방식
> 정답 ③

03. 호텔객실의 정비, 미니바 관리, turn down service를 담당하는 부서의 명칭은?

  ① 프론트 오피스   ② 컨시어즈

  ③ 하우스키핑   ④ 룸서비스

> 해설 룸서비스는 식음료부의 업무이다.
> 정답 ③

04. 경영기술을 보유한 특허권자(franchiser)가 가맹점(franchisee)에게 브랜드사용권이나 경영노하우를 제공하고 가맹점은 수수료를 지불하는 형식의 운영방식을 무엇이라 하나?

① 프랜차이즈 방식
② 위탁경영방식
③ 리퍼럴 방식
④ 업무제휴 방식

해설 특허권자(franchiser), 가맹점(franchisee), 브랜드사용권과 같은 용어가 등장하면 프랜차이즈 방식임을 바로 알 수 있어야 한다.

정답 ①

05. 다음에서 설명하는 호텔은 무엇인가?

- 독창적인 경영기법을 개발할 수 있다.
- 경영의 자율권이 보장된다.
- 브랜드 사용료, 수수료, 임차료 등을 지불하지 않는다.

① 체인호텔
② 임차호텔
③ 제휴호텔
④ 단독독립호텔

해설 한국의 롯데호텔, 신라호텔이 이에 해당한다.

정답 ④

06. 호텔업의 문제점과 그에 대한 해결방안이 잘못 짝지어진 것은?

① 소멸성 : 인력 고급화
② 비저장성 : 초과 예약
③ 계절성 : 성수기 가격 할인
④ 시설의 노후화 : 시설 개선

해설 비수기에는 손님을 유인하기 위해 할인 행사를 실시한다.

정답 ③

07. 호텔에 투숙한 고객이 거실과 침실이 분리된 방을 원할 경우 제공해야 할 방은?

① Twin room
② Suite room
③ Triple room
④ Connecting room

정답 ②

---

08. 초과 예약으로 인해 객실이 부족한 경우 예약 손님을 다른 호텔로 안내하는 것은?

① Turn away service
② No show guest
③ Walk in guest
④ Go show

정답 ①

---

09. 다음에서 설명하는 서비스는?

> • 고객의 편안한 잠자리를 위한 서비스이다.
> • 베드 커버(Bed Cover)를 맵시 있게 접는다.
> • 조명을 조절한다.

① Turn Away Service
② Turn Down Service
③ Laundry Service
④ Valet Service

정답 ②

---

10. 호텔 객실 중 객실과 객실 사이가 문으로 연결되어 있는 객실은?

① 커넥팅룸(Connecting Room)
② 인사이드룸(Inside Room)
③ 아웃사이드룸(Outside Room)
④ 어드조이닝룸(Adjoining Room)

정답 ①

11. 19세기에 대두된 관광 관련 현상이 <u>아닌</u> 것은?

① 호화호텔(Grand Hotel)의 등장 ② 여행업의 등장
③ 여객기의 등장 ④ 여행자수표의 등장

해설 여객기는 20세기에 들어와서 영업을 시작했다.

정답 ③

12. Plate Service로도 불리며, 주방에서 조리된 음식을 접시에 담아 나가는 서비스는?

① American Service ② Russian Service
③ French Service ④ Counter Service

해설 ③ French service(Gueridon 서비스) : 주방에서 고객이 요구하는 종류의 음식과 그 재료를 카트에 싣고 고객의 테이블까지 와서 고객이 보는 앞에서 직접 조리를 하여 제공한다.

정답 ①

13. 다음에서 설명하고 있는 서비스 제공 방식은?

- 고객이 직접 조리과정을 보면서 식사를 할 수 있는 형태
- 주로 바, 라운지, 스낵바 등에서 볼 수 있음
- 조리사가 요리를 직접 제공함

① 카운터 서비스(counter service) ② 러시안 서비스(Russian service)
③ 뷔페 서비스(buffet service) ④ 플레이트 서비스(plate service)

해설 참치횟집도 유사한 서비스를 제공하는 경우가 많다.

정답 ①

15. 레지덴셜 호텔(Residential Hotel)의 설명으로 옳은 것은?

① 장기체류 호텔 ② 단기체류 호텔
③ 국제회의 호텔 ④ 공항 호텔

해설 비교적 장기간 체류하는 호텔유형이다.

정답 ①

16. 호텔업의 사업적 특성으로 옳지 <u>않은</u> 것은?

① 고정비의 지출이 많다.　　　　② 높은 초기투자 비율

③ 객실상품의 비저장성　　　　④ 수요에 따른 객실 공급이 탄력적이다.

해설 객실의 수를 단기간에 조절할 수는 없다.

정답 ④

17. 호텔의 경영형태에 관한 설명으로 옳지 <u>않은</u> 것은?

① 조인트 벤처(joint venture) : 자본제휴를 통해 호텔을 운영

② 리퍼럴 그룹(referral group) : 독립 호텔들이 상호 연합하여 운영하는 공동경영방식

③ 위탁경영호텔(management contract hotel) : 경영 노하우를 가진 호텔이 계약을 통해 다른 호텔을 경영하는 방식

④ 프랜차이즈 호텔(franchise hotel) : 경영 노하우를 소유한 가맹호텔(franchisee)들이 본부(franchisor)를 형성하여 운영하는 형태

해설 프랜차이즈 호텔(franchise hotel) : 경영 노하우를 소유한 본부(franchisor)가 가맹호텔(franchisee)에게 브랜드사용권과 경영노하우를 제공하고 가맹호텔은 수수료를 제공하는 형태이다.

정답 ④

18. 부서와 업무가 <u>잘못</u> 연결된 것은?

① 비즈니스 센터(Business Center) : 객실예약 서비스

② 하우스키핑(Housekeeping) : Lost & Found 서비스

③ 벨 데스크(Bell Desk) : 투숙객의 수하물을 운반하거나 보관

④ 프런트 데스크(Front Desk) : 외화 환전 서비스

해설 객실예약서비스는 프런트 데스크에서 수행한다. 비즈니스 센터(Business Center)는 사무공간, 전화/팩스, 비서업무 등을 제공한다.

정답 ①

19. 호텔서비스의 특징이 <u>아닌</u> 것은?

① 무형성　　　　　　　　　　② 동질성
③ 소멸성　　　　　　　　　　④ 비분리성

해설 서비스품질은 인력과 시설의 상황에 따라 달라질 수 있다.
정답 ②

20. 다음에서 설명하는 것은?

> • 고객이 객실에 짐을 두고 타 지역에서 잠을 자면서 그 방을 사용하지 않았더라도 예정대로 징수하는 객실요금

① 홀드 룸 차지(Hold Room Charge)　　② 상용 요금(Commercial Rate)
③ 취소 요금(Cancellation Charge)　　④ 초과 요금(Over Charge)

해설 초과 요금이란 고객이 퇴실시간을 초과할 경우 부과되는 요금이다.
정답 ①

21. 일품 요리 메뉴의 특징이 <u>아닌</u> 것은?

① 기호에 따라 자유롭게 선택이 가능하다.
② 선택한 요리에 대해서만 요금을 지불한다.
③ 품목이 다양한 경우에는 식자재의 관리가 어렵다.
④ 기본적으로 코스 요리로 제공된다.

해설 코스 요리로 제공되는 형식은 Table D'hote(Full Course) 라고 한다.
정답 ④

22. 플레이트 서비스(Plate Service)에 관한 설명으로 옳지 <u>않은</u> 것은?

① 신속한 서비스를 할 수 있다.
② 음식의 온도가 비교적 오래 유지된다.
③ 고객 회전이 빠른 레스토랑에 적합하다.
④ 일반적으로 아메리칸 서비스(American Service)라고 한다.

 접시로 제공되는 음식은 비교적 빨리 식는다.

정답 ②

23. 다음에서 설명하는 것은?

> • 객실 내 소형냉장고에 음료와 맥주 비치
> • 셀프서비스 형태로 이용
> • 주류, 스낵 및 기타 편의용품 비치
> • 호텔 매출에 기여

① 세이프티 박스(Safety Box)
② 도어 놉(Door Knob)
③ 미니바(Mini Bar)
④ 어메니티(Amenity)

해설 도어 놉(Door Knob)이란 문손잡이를 뜻한다.

정답 ③

24. 우리나라 최초의 호텔은?

① 반도호텔
② 조선경성철도호텔
③ 손탁호텔
④ 대불호텔

해설 조선경성철도호텔은 오늘날의 웨스틴조선호텔이다.

정답 ④

25. 요리 종류와 순서가 정해진 정식메뉴에 대한 명칭은?

① Table D'hote Menu
② A la Carte Menu
③ Combination Menu
④ Cycle Menu

해설 A la Carte Menu는 일품요리에 해당한다. Cycle Menu는 작성해 놓은 메뉴를 일정한 기간을 단위로 주기적으로 반복하는 형태이다.

정답 ①

26. 호텔연회 운영의 특징에 관한 설명으로 옳지 <u>않은</u> 것은?

① 호텔 비수기 타개책으로 활용한다.
② 인력을 탄력적으로 운용할 수 있다.
③ 상품가격을 다양화할 수 있다.
④ 호텔 연회장 내에서만 할 수 있다.

해설 출장연회도 가능하다.
정답 ④

27. 컨시어지(Concierge)에 대한 설명으로 <u>틀린</u> 것은?

① 사전적 의미로 문지기라고도 한다.
② 중세 촛불관리자에서 유래했으며 호텔에서 Room Service를 전담한다.
③ 열쇠를 지키는 사람이라는 의미로도 사용되었다.
④ 세계컨시어지협회에서 정회원에게 골든키를 수여한다.

해설 Room Service는 식음료부에서 담당한다.
정답 ②

28. 석식이 포함된 호텔 요금제도를 모두 고른 것은?

ㄱ. European Plan	ㄴ. Full American Plan
ㄷ. Modified American Plan	ㄹ. Continental Plan

① ㄱ, ㄴ   ② ㄴ, ㄷ
③ ㄱ, ㄹ   ④ ㄷ, ㄹ

해설 Continental Plan에는 조식이 포함된다.
정답 ②

4편 항공운송업

제1절　기본 개념

1. 항공운송업의 정의

항공기를 이용하여 승객이나 화물을 운송하는 사업

2. 항공운송업의 구성요소

(1) 항공기, 공항, 항공 노선(운항권)

(2) 공항의 기본 시설

　① 활주로(runway) : 이착륙

　② 유도로(taxiway) : 활주로와 주기장 연결로

　③ 주기장(apron) : 승객의 상하차/정비 위한 공간

　④ 관제시설

3. 항공운송업의 특징

(1) 저장이 불가능한 상품

(2) 고속성, 안전성, 정시성, 쾌적성, 공공성(국제성)

(3) 대규모 자본 투자 필요, 경기에 민감하고 계절성이 강하다.

4. 항공운송업의 도전과제

(1) 사회 환경의 변화에 영향을 받기 쉽다.

(2) 공항의 정비 상황 및 기상조건 등 운항의 제약이 많다.

(3) 고도의 안정성이 요구된다.

(4) 경쟁이 치열하다.

제2절 항공운송업의 발전

1. 우리나라 항공업의 발전

(1) 조선항공사업사(1936) ~ 대한민국항공사(KNA,1948)

(2) 민간항공사의 발전 : 대한항공공사(1962) ~ 대한항공(1969)

2. 항공사 간의 업무제휴

(1) **목적** : 시장 확대 및 고객서비스 향상을 위해 대형 항공사들이 제휴를 통해 초대형그룹을 형성

(2) **제휴 그룹 현황**

① Star Alliance : 아시아나, 중국국제항공, 심천항공, 루프트한자, 유나이티드 항공
② Sky Team : 대한항공, 동방항공, 남방항공, 에어프랑스, 델타항공
③ OneWorld : 일본항공, 케세이퍼시픽, 브리티시, 카타르항공, 아메리칸
④ U-FLY Alliance : 홍콩익스프레스, 럭키 에어, 우루무치항공, 이스타항공

(3) **협력의 내용**

① Code Sharing(Share)
  ㉠ A 항공사가 B 항공사의 특정 운영 노선의 좌석을 임대하여 판매하는 것으로 자사의 운항편처럼 자사코드 및 비행편수를 부여한다.
  ㉡ 승객의 입장에서 장점
    ⓐ 항공편의 선택의 폭이 넓어진다.
    ⓑ 목적지까지 편리한 연결편 활용 가능하다.
    ⓒ 라운지 이용 범위 확대
② 상용고객 우대제 적용(마일리지 보너스)
③ 객실 승무원 교환
④ 원자재 공동 구매 및 공동 마케팅

3. 저비용 항공사(LCC / Low Cost Carrier)

(1) 특징

① 기존의 대형항공사(FSC, full service carrier)에 대항해 등장

② 기내 서비스를 최소화하여 비용을 낮춘 중소형 항공사

③ 단일 기종 항공기 사용, point to point 노선, 단일 좌석 클래스

④ 좌석 지정 없음, 허브 공항 대신 2급 공항 이용

   ※ FSC의 특징 : Spoke & Hub 방식으로 운행

(2) 해당 항공사

① 한국 : 제주항공(7C), 진에어(LJ), 에어부산(BX), 이스타(ZE), 티웨이(TW), 에어서울(RS), 에어프레미아, 에어로케이

② 외국 : 사우스웨스트 에어라인, 버진 아메리카(미), 에어 아시아(말련), Jet Star(호주), 피치 항공(일본)

제3절   예약 및 전산시스템

1. 좌석 등급 및 코드

(1) First Class : F

(2) Business Class : C

(3) Economy Class : Y

2. 예약 관리

(1) 예약제도 최초 도입 항공사 : 네덜란드 KLM

(2) 탑승률(Load Factor) : 항공사의 손익에 직결되는 요소

(3) 초과 예약(Over Booking)

① 예약 취소 및 No Show 대비하여 판매가능 좌석을 초과하여 예약을 접수하는 것.

② 전년도 통계 고려하며 계절과 요일에 따라 다르다. (Over sales와는 다르다)

(4) 예약전산시스템 : CRS(Computerized Reservation System)

　① 아메리칸 항공(1964년 Sabre), 유나이티드 항공(Apollo)
　② 기능 : 좌석예약, 정보조회, 호텔예약, 고객관리, 여행상품 정보 제공
　③ 지역별 시스템
　　㉠ 유럽 : Galileo, Amadeus
　　㉡ 미국 : Apollo, Sabre, World span
　　㉢ 한국 : Topas(대한항공), Sabre(아시아나)
　④ GDS(Global Distribution System) : CRS의 지역별 통합

(5) NDC(New Distribution Capability) : 향상된 항공사의 상품 판매체계

(6) PNR(Passenger Name Record) : 여객단위로 예약하고 정보 관리

제4절　국제협약 및 국제기구

1. 항공운송관련 국제협약

(1) 바르샤바 협약(1929)

　① 국제항공운송 규칙 제정(항공운송의 유한 책임)
　② 항공사 책임 : 위탁 수하물(1kg당 20불), 휴대 수하물(kg당 400불)

(2) 2개 국가 간 항공협정의 최초 : 미국과 영국 간의 버뮤다 협정(1946)

(3) 1944년 시카고 협약 : 5가지 하늘의 자유 규정

(4) 미국의 항공사 규제 완화법(Deregulation Act, 1978)

(5) 몬트리올 협약(1999) : 항공업자의 책임 강화(한국은 2007년 가입)

2. 국제 기구

(1) 국제항공운송협회(IATA, Int'l Air Transport Association)

　① 1945년 쿠바 하바나에서 설립, 캐나다 몬트리올에 본부
　② 130여 개국 270여 항공사 가입
　③ 항공운임 결정, 서비스 조건/운송절차/대리점 규정 정립

④ 항공사코드(2자리), 공항코드(3자리) 부여

⑤ 항공사간 Interline 판매대금 정산 위해 IATA Clearing House 운영

⑥ 산하 기관 : 대리점 관리 위원회(AAB), 대리점 심사위원회(AIB)

(2) 국제 민간 항공 기구 (ICAO, Int'l Civil Aviation Organization)

① 시카고 협약에 따라 1947년에 국제연합의 산하기구로 설립

② 본부는 몬트리올, 각 국가 정부가 회원, 191개국 참여

③ 민간항공의 발전과 안전 도모, 항공기술 촉진

④ 항공사코드(3자리), 공항코드(4자리) 부여

제5절 용어 정리

1. **상용고객 우대제도(Mileage System)** : 승객의 탑승실적에 따라 마일리지를 누적하여 그 실적에 따라 무료여행권 등 혜택을 제공하는 제도(아메리카 항공이 시초)

2. **Stretcher 승객** : 앉아 있기 불편하여 간이 침대에 누워서 여행하는 여객

3. **Payload** : 유상 탑재량(승객, 화물, 우편물 등의 중량)

4. **No Record Passenger** : 예약을 확정했으나 예약기록이 없는 경우

5. **ABC(ABC World Airway Guide System)** : 전세계 항공회사 정기편 시간표

6. **OAG(Official Airline Guide)** : 전세계 항공 시간표에 따른 운임, 통화 등 여행에 필요한 자료 수록된 간행물, 공항별 최소 연결시간 및 공항시설 수록

7. **Lavatory** : 화장실

8. **Galley** : 기내 주방

9. **Overhead bin** : 선반

10. **Slide** : 탈출 미끄럼대

11. **Turbulence** : 기류변화로 인한 흔들림

12. **Cabin crew** : 기내 승무원(Cockpit crew : 조종사)

13. **MCT(Minimun Connecting Time)** : 최소 연결시간

14. PIR : 수하물 분실 보고서

15. Transit : 비행기에서 내렸다가 동일한 비행기에 다시 탑승하는 것

16. Transfer : 다른 비행기로 갈아 타는 것

17. BSP(Bank Settlement Plan) : 항공회사와 대리점의 정산시스템

18. Bulkhead seat : 칸막이 앞 좌석

19. World Tracer : 수화물 추적 시스템

20. Unaccompanied Minor : 만5세~만12세 미만의 어린이를 보호자 없이 탑승시킬 경우
항공사가 도착지의 인수자에게 인계 시까지 책임진다.

※ 국내 항공사 코드

항공사	IATA	ICAO
대한항공	KE	KAL
아시아나	OZ	AAR
제주항공	7C	JJA
에어부산	BX	ABL
진에어	LJ	JNA
티웨이항공	TW	TWB
에어서울	RS	ASV

01. 다음에서 설명하는 서비스로 옳은 것은?

> 고속성, 안전성, 정시성, 경제성, 쾌적성을 특성으로 하는 서비스를 말한다.

① 항공서비스　　　　　　　　② 호텔서비스
③ 카지노서비스　　　　　　　④ 외식서비스

해설　항공서비스는 고속이며 타 운송수단 대비 안전하다.
정답　①

02. 다음 중 항공사 제휴 그룹의 종류가 <u>아닌</u> 것은?

① Sky Team　　　　　　　　② U-FLY Alliance
③ OneWorld　　　　　　　　④ World Span

해설　① ② ③ 이외에도 Star Alliance가 있다.
정답　④

03. 저비용 항공사(LCC)의 기본적인 특징이 <u>아닌</u> 것은?

① 서비스 최소화　　　　　　② 가격 경쟁력
③ 시스템 효율화　　　　　　④ 고급화 추구

해설　저비용 항공사(LCC)의 중요한 특징이 원가 절감 통한 가격 경쟁력이다.
정답　④

04. 도시 코드와 항공사 코드의 연결이 옳지 <u>않은</u> 것은?

① 마닐라 - MNL　　　　　필리핀항공 - PR
② 로스엔젤레스 - LAS　　아메리칸항공 - AL
③ 부산 - PUS　　　　　　제주항공 - 7C
④ 방콕 - BKK　　　　　　캐세이퍼시픽항공 - CX

해설　로스엔젤레스 - LAX, 아메리칸항공 - AA
정답　②

05. Over-booking에 관한 내용으로 <u>틀린</u> 것은?

① 과거의 통계를 고려한다.　　　　　② 예약취소에 대비하는 것이다.
③ 계약취소를 막기 위해서 실시한다.　④ Turn away service가 필요할 수 있다.

해설　계약취소 및 No show에 대비하는 것이다.
정답　③

06. 국제민간항공기구에 대한 설명으로 <u>틀린</u> 것은?

① 세계 민간항공의 평화적, 건전한 발전을 목적으로 한다.
② UN 산하 전문기관으로 본부는 캐나다 몬트리올에 있다.
③ 각국의 정부가 회원이며 항공운임을 결정한다.
④ 시카고협약에 의거하여 1947년에 설립되었다.

해설　항공운임을 결정하는 기구는 국제항공운송협회(IATA) 이다.
정답　③

07. 항공기 탑승 시 타고 왔던 비행기가 아닌 다른 비행기로 갈아타는 환승을 뜻하는 용어는?

① transit　　　　　　　　　② transfer
③ stop-over　　　　　　　④ code share

해설　우리말로 환승이라고 하지만 영어로는 transit 과 transfer로 구분되어 진다. 같은 비행기에 탑승할 경우
　　에는 transit 이라고 한다.
정답　②

08. 다음 중 IATA에 대한 설명으로 <u>틀린</u> 것은?

① 1945년에 쿠바 하바나에서 설립되었다.

② 항공사 코드를 부여한다.

③ 항공운임을 결정하며 구속력이 있다.

④ 민간 항공사업자가 회원이며 본부는 프랑스 파리에 있다.

해설 본부는 캐나다 몬트리올에 있다.

정답 ④

09. 항공사와 그 코드가 바르게 연결된 것은?

① 에어서울 : L J　　　　　　　　② 에어부산 : BS

③ 이스타항공 : 7C　　　　　　　④ 티웨이 : TW

해설 ① 에어서울 : RS　② 에어부산 : BX　③ 이스타항공 : ZE

정답 ④

10. IATA 기준 우리나라 항공사 코드가 <u>아닌</u> 것은?

① OZ　　　　　　　　　　　　② ZE

③ 7C　　　　　　　　　　　　④ JL

해설 JL은 일본항공이다.

정답 ④

11. 항공사 간의 제휴로 인한 효과에 해당하지 <u>않는</u> 것은?

① 마케팅비용을 절감할 수 있다.　　② 승객은 항공편 선택의 폭이 넓어진다.

③ Code share가 가능하다.　　　　④ 마일리지는 누적되지 않는다.

해설 제휴 항공사간 마일리지도 누적된다.

정답 ④

12. PNR(Passenger Name Record) 은 무엇인가?

① 후불제 항공권
② 여객단위로 정보 관리하는 것
③ 선불 항공권
④ 단체승객명단

해설 CRS 를 이용한 항공예약은 PNR(Passenger Name Record)을 중심으로 이루어 진다. 이는 여객단위로 예약정보를 관리하는 것을 말한다.

정답 ②

13. 해외 주요 도시 공항코드의 연결이 <u>틀린</u> 것은?

① 두바이(Dubai Int`l) - DXB
② 로스앤젤레스(Los Angeles Int`l) - LAX
③ 홍콩(Hong Kong Int`l) - HKG
④ 시드니(Sydney Kingsford) - SDY

해설 시드니(Sydney Kingsford) - SYD

정답 ④

14. 대한민국 국적 항공사의 코드가 <u>아닌</u> 것은?

① 8C
② OZ
③ RS
④ KE

해설 제주항공이 7C이다.

정답 ①

15. IATA 항공사 코드와 항공사의 연결로 <u>옳지</u> <u>않은</u> 것은?

① BX - 에어부산
② AK - 에어아시아
③ LJ - 제주항공
④ TW - 티웨이항공

해설 LJ 진에어

정답 ③

16. A항공사가 B항공사의 특정한 운영 노선의 좌석을 공동으로 판매하는 것을 무엇이라고 하는가?

① Code Sales   ② Code buying
③ Code Sharing   ④ Code Renting

> **해설** Code Sharing(Share)란 A 항공사가 B 항공사의 특정 운영 노선의 좌석을 임대하여 판매하는 것으로 자사 운항편처럼 자사코드 및 비행편수를 부여한다.
> **정답** ③

17. 우리나라 저비용 항공사의 IATA와 ICAO 기준 코드로 옳은 것은?

	IATA	ICAO
① 에어부산 :	BR	ABL
② 제주항공 :	LJ	JNA
③ 진에어 :	JL	JJA
④ 이스타 :	ZE	ESR

> **해설** 에어부산 : BX/ABL, 제주항공 : 7C/JJA, 진에어 : LJ/JNA
> **정답** ④

18. 항공권 예약 담당자의 비행편 스케줄 확인 방법으로 옳지 않은 것은?

① 항공사별 비행 시간표(Time Table)   ② OAG(Official Airlines Guide)
③ BSP(Bank Settlement Plan) 이용   ④ CRS(Computer Reservation System)

> **해설** BSP(Bank Settlement Plan)는 항공사와 대리점간에 은행을 통해 정산하는 방식으로 항공일정관련 정보는 다루지 않는다.
> **정답** ③

19. 항공사와 여행사가 은행을 통하여 항공권 판매대금 및 정산업무 등을 처리하는 제도는?

① PNR   ② CRS
③ PTA   ④ BSP

> **해설** CRS(Computerized Reservation System)란 항공예약시스템이다.
> **정답** ④

5편 위락 / 레크레이션 시설업

제1절 관광객 이용시설업

관광객을 위하여 음식·운동·오락·휴양·문화·예술 또는 레저 등에 적합한 시설을 갖추어 이를 관광객에게 이용하게 하는 업

1. 전문휴양업의 기준

(1) 관광객의 휴양이나 여가 선용을 위하여 시설을 제공

(2) 숙박시설 또는 음식점 시설을 갖추고 편의시설, 휴게시설을 보유

(3) 전문휴양시설 중 1곳 : 민속촌, 해수욕장, 스키장, 골프장, 식물원, 수족관, 온천장 등

2. 제1종 종합휴양업의 기준

(1) 숙박시설 또는 음식점 시설

(2) 전문휴양시설 중 2 종류 이상의 시설 또는 전문휴양시설 1 종류 이상과 종합유원시설업 시설

(3) 해당 업체 : 비발디파크, 남이섬, 한국민속촌, 부곡하와이 등

3. 제2종 종합휴양업의 기준

(1) 관광숙박업 시설 보유

(2) 전문휴양시설 중 2 종류 이상의 시설 또는 전문휴양시설 1 종류 이상과 종합유원시설업 시설

(3) 부지 50만㎡ 이상

(4) 회원모집가능

(5) 해당 업체 : 용평리조트, ㈜무주덕유산리조트, 보광휘닉스파크 등

> ※ 리조트
> 리조트는 휴양 및 휴식을 취하면서 각종 스포츠나 여가 활동을 즐기는 체류형 휴양 시설을 말한다. 숙박, 식음료, 오락, 스포츠, 쇼핑 시설을 갖춘 종합단지로 대표적인 휴양 시설로는 스키, 골프, 수영, 테니스 등이 있으며 숙박 시설로는 호텔, 콘도미니엄 등이 있다. 리조트는 유형별로 스키리조트, 골프리조트, 마리나리조트, 온천리조트 등으로 나눌 수 있다. 리조트는 관광진흥법상의 종합휴양업에 해당한다고 보면 되겠다.

4. 야영장업

(1) 공통기준

① 침수, 유실, 고립, 산사태, 낙석의 우려가 없는 안전한 곳에 위치할 것
② 시설배치도, 이용방법, 비상시 행동요령 등을 잘 볼 수 있는 곳에 게시할 것
③ 비상시 긴급상황을 이용객에게 알릴 수 있는 시설 또는 장비를 갖출 것
④ 야영장 규모를 고려하여 소화기를 적정하게 확보하고 눈에 띄기 쉬운 곳에 배치할 것

(2) 종류별 기준

① 일반야영장업 : 천막 1개당 15㎡ 이상, 하수도, 화장실, 긴급상황 발생 시 수송 차로
② 자동차야영장업 : 1대당 50㎡이상, 상하수도, 전기시설, 취사시설, 화장실, 진입도로 1차로 이상(교행 가능 공간 확보)

5. 관광유람선업

(1) 일반관광유람선업 : 숙박 또는 휴식시설, 편의 시설, 수질오염방지 시설

(2) 크루즈업

① 일반관광유람선업 기준 충족
② 20실 이상 객실, 2종 이상 시설(체육, 쇼핑, 미용, 오락 중)

6. 관광공연장업

(1) 관광객을 위하여 적합한 공연시설을 갖추고 공연물을 공연하면서 관광객에게 식사와 주류를 판매하는 업

(2) 설치 가능 장소 : 관광지, 관광단지, 관광특구 내 또는 관광사업시설 내
(단, 실외관광공연장은 관광숙박업, 전문/종합휴양업, 국제회의업, 유원시설업에만 가능)

(3) 일반음식점 영업 허가, 무대 면적(실내외 공히 70㎡ 이상)

7. 외국인관광 도시민박업

(1) 도시지역의 주민이 자신이 거주하고 있는 주택을 이용하여 외국인 관광객에게 한국의 가정문화를 체험할 수 있도록 적합한 시설을 갖추고 숙식 등을 제공하는 업

(2) 건물의 연면적이 230㎡ 미만일 것

(3) 외국어 안내서비스가 가능한 체제를 갖출 것

(4) 소화기를 1개 이상 구비하고, 객실마다 단독경보형 감지기를 설치할 것

(5) 단독, 다가구, 연립, 다세대주택 및 아파트에서 가능

8. 한옥체험업

(1) 한옥일 것

(2) 숙박공간 연면적 230m² 미만

(3) 욕실 또는 샤워시설(숙박제공 시)

(4) 영업시간내 관리자 근무

제2절 테마파크업

유기시설이나 유기기구를 갖추어 관광객에게 이용하게 하는 업

1. 종합유원시설업

(1) 허가 기준

① 대지 1만㎡ 이상, 안전성 검사 유기기구 6종 이상

② 발전시설, 의무시설, 안내소

③ 음식점 또는 매점

(2) 허가 위한 제출서류

   ① 허가 신청서, 영업시설 및 설비 개요서, 신청인 사항

   ② 정관(법인인 경우), 시설검사서류, 보험가입 증명 서류, 안전관리자 인적 사항

   ③ 안전관리계획서(안전점검 계획, 비상연락체계, 안전요원 배치계획 등)
     (단, 안전요원 배치계획은 물놀이형 시설의 경우만 해당)

(3) 변경 허가 : 중요 사항 변경 시 영업소 소재지 변경, 유기기구 신설/이전/폐기, 영업장 면적의 변경

(4) 변경 신고 : 경미 사항 변경시

   ① 대표자 또는 상호의 변경, 검사대상 아닌 기구의 수의 변경, 안전관리자 변경
   ② 신고 기한 : 사유 발생일로부터 30일 이내

(5) 조건부 허가 : 시설/설비를 갖출 것을 조건으로 허가

   ① 종합유원시설업 : 5년 이내(일반유원시설업 : 3년 이내)
   ② 1년을 넘지 않는 범위에서 기간 연장 가능

2. 일반유원시설업

(1) 허가 기준

   ① 안전성 검사 대상 기구 1종 이상
   ② 안내소, 구급약 비치

(2) 기타 사항 : 종합유원시설업과 동일

3. 기타유원시설업

(1) 시설 및 설비 기준

   ① 안전성 검사 비대상 기구 1종 이상
   ② 구급약품, 대지 40㎡ 이상

(2) 제출 서류

① 영업시설 및 설비 개요서, 보험가입 증명 서류
② 유기시설 또는 유기기구가 안전성 검사 대상이 아님을 증명하는 서류

(3) 변경 신고 사항

① 대표자 또는 상호의 변경, 유기시설/기구의 수의 변경
② 영업장 면적 변경, 영업소 소재지 변경
③ 신고 기한 : 사유 발생일로부터 30일 이내

4. 안전성 검사

(1) 허가 전 시군구청장으로부터 안전성 검사를 받아야 한다.
(실제로는 검사기관에 검사 위탁)

(2) 안전성 검사 대상일 경우

① 허가 받은 연도 다음 연도부터 연 1회 정기검사 받아야 한다.
② 10년 이상 된 시설/기구 중 별도로 지정된 것만 반기 1회씩 받아야 한다.
③ 안전성 재검사
㉠ 부적합 판정을 받은 경우
㉡ 사고가 발생한 경우
㉢ 3개월 이상 정지한 경우

(3) 안전성 검사 대상이 아닌 경우

① 안전성 검사 대상이 아님을 확인하는 검사를 받아야 한다.
② 최초 확인검사 이후 정기확인검사를 받아야 하는 시설/기구는 2년마다 정기검사를 받아야 한다.

(4) 안전성 검사 결과 부적합으로 판정될 경우 처리

① 운행중지 명령
② 재검사 후 운행 권고

(5) 적합판정을 받더라도 개선이 필요한 사항에는 개선 권고할 수 있다.

5. 물놀이형 유원시설업자의 안전/위생 기준

(1) 어린이 이용 제한 조치, 음주자 이용 제한,물 1일 3회 이상 여과기 통과

(2) 간호사나 간호조무사 또는 응급구조사 1인 이상 배치

(3) 일정한 수질 유지, 관리요원 배치, 수심표시

(4) 정원 또는 동시 수용가능 인원, 물의 순환 횟수, 수질검사 일자 및 결과 게시

(5) **안전요원 배치** : 수심 100cm 이상은 660㎡당 최소 1인, 그 이하는 1000㎡당 1인

(6) 안전관리계획, 안전요원 교육프로그램, 안전 모니터링 계획을 수립해야 한다.

6. 안전관리자 배치

(1) 대상 업종 : 종합 및 일반유원시설업

(2) 배치 기준

　① 안전성검사대상 유기기구 1종 이상 ~ 10종 이하 : 1명 이상
　② 안전성검사대상 유기기구 11종 이상 ~ 20종 이하 : 2명 이상
　③ 안전성검사대상 유기기구 21종 이상 : 3명 이상

(3) 안전관리자의 의무

　① 안전운행 표준 지침 작성, 안전관리계획 수립
　② 매일 1회 이상 안전점검 실시, 결과 기록/비치, 안전점검표시판 게시
　③ 운행자, 유원시설 종사자에 대한 안전교육계획 수립 및 실시
　④ 장관이 실시하는 안전교육 받아야 한다.
　　㉠ 사업장 배치 후 6개월 이내 수료
　　㉡ 이후는 2년에 1회(8시간)
　　㉢ 교육 내용 : 안전사고의 원인과 대응요령, 안전관리법령, 안전관리실무

7. 유원시설업자 준수사항

(1) 공통 사항

　① 이용 요금표, 준수사항 및 주의 사항 게시
　② 정신적, 신체적으로 부적합 이용자에 대해서는 이용을 제한
　③ 조명은 60럭스 이상 유지
　④ 매일 1회 이상 안전점검 실시,결과 기록/비치, 안전점검표시판 게시
　⑤ 안전점검일지 보관 의무 : 1년 이상
　⑥ 단기 영업 허가(6개월 미만) 받은 사업자는 영업종료 후 1개월 내 안전점검 기록부
　　와 교육일지를 시군구청장에게 제출해야 한다.

(2) 종합 및 일반유원시설업

① 안전관리자 배치

② 안전교육계획 수립 및 주 1회 이상 안전교육 실시

③ 신규 채용 시 안전교육 4시간 이상 실시

④ 안전관리자가 안전교육 받도록 해야 한다.

(3) 기타유원시설업

① 사업자와 종사자는 안전행동요령을 숙지해야 한다.

② 종사자에 대한 안전교육을 월 1회 이상 실시

③ 최초 확인검사 이후 정기확인검사를 받아야 하는 시설/기구를 운영하는 사업자는 2년마다 4시간의 안전교육을 받아야 한다.

④ 신규 채용 시 안전교육 2시간 이상 실시

8. 중대사고 발생 시 처리 절차

(1) 중대사고

① 사망사고, 중상 사고

② 2주 이상 진단 부상자가 동시에 3명 이상

③ 1주 이상 진단 부상자가 동시에 5명 이상

④ 운행이 30분 이상 중단되어 인명구조가 필요한 경우

(2) 사업자가 등록관청에 통보할 사항

① 통보 방법 : 문서, 팩스 또는 전자우편로 3일 이내

② 통보 사항

㉠ 사고가 발생한 영업소의 명칭, 소재지, 전화번호 및 대표자 성명

㉡ 사고 발생 경위(사고 일시·장소, 사고 발생 시설/ 기구의 명칭 포함)

㉢ 조치 내용, 사고 피해자 인적 사항(이름, 성별, 생년월일 및 연락처)

㉣ 사고 발생 유기시설 또는 유기기구의 안전성검사의 결과 또는 안전성검사 대상에 해당되지 아니함을 확인하는 검사의 결과

③ 등록관청의 조치 사항

㉠ 자료의 제출 요구(7일 이내 제출 10일 이내 연장 가능) 및 현장조사 실시

㉡ 사용중지, 개선/철거 명령(유원시설업자는 2개월 이내에 이의신청 가능)

9. 주제공원의 특징

(1) 테마성 : 독창적이고 창의적인 테마 설정

(2) 종합성 : 놀이, 휴식, 전시, 음식 등 종합적인 성격

(3) 통일성 : 건축물, 캐릭터, 음악 등 구성요소의 주제는 통일되어야 한다.

(4) 비일상성(탈일상성) : 평소와 다른 경험 제공

(5) 교육성

10. 사업의 특징

입지 제약, 지역경제에 미치는 영향 크다, 자본 집약적 산업, 인력집단의 전문화

6편 카지노

<표 6-29> 시·도별 카지노업체 현황

(단위: 명, 백만 원, ㎡)

시·도	업 체 명 (법 인 명)	허가일	운영형태 (등급)	종사원 수	2023년 매출액	2023년 입장객 수	허가 면적(㎡)
서울	파라다이스카지노 워커힐점 【(주)파라다이스】	1968.03.05	임대 (5성)	968	354,482	423,304	2,694.23
	세븐럭카지노 강남코엑스점 【그랜드코리아레저(주)】	2005.01.28	임대 (컨벤션)	893	192,143	262,789	2,158.32
	세븐럭카지노 서울드래곤시티점 【그랜드코리아레저(주)】	2005.01.28	임대 (5성)	525	151,683	397,984	2,137.20
부산	세븐럭카지노 부산롯데점 【그랜드코리아레저(주)】	2005.01.28	임대 (5성)	337	53,524	129,052	1,583.73
	파라다이스카지노 부산지점 【(주)파라다이스】	1978.10.29	임대 (5성)	265	46,199	78,186	1,483.66
인천	파라다이스카지노(파라다이스시티) 【(주)파라다이스세가사미】	1967.08.10	직영 (5성)	852	329,132	298,076	8,726.80
강원	알펜시아카지노 【(주)지바스】	1980.12.09	임대 (5성)	5	0	73	632.69
대구	호텔인터불고대구카지노 【(주)골든크라운】	1979.04.11	임대 (5성)	154	21,965	70,376	1,485.24
제주	공즈카지노 【길상창휘(유)】	1975.10.15	임대 (5성)	65	1,188	4,129	1,604.84
	파라다이스카지노 제주지점 【(주)파라다이스】	1990.09.01	임대 (5성)	187	14,810	47,327	1,159.92
	세븐스타카지노 【(주)청해】	1991.07.31	임대 (5성)	170	25,888	17,926	1,175.85
	제주오리엔탈카지노 【(주)건하】	1990.11.06	임대 (5성)	50	2,149	5,885	865.25
	드림타워카지노(제주드림타워) 【(주)엘티엔터테인먼트】	1985.04.11	임대 (5성)	742	189,691	266,864	5,529.63
	제주썬카지노 【(주)지앤엘】	1990.09.01	직영 (5성)	63	727	6,237	1,509.12
	랜딩카지노(제주신화월드) 【람정엔터테인먼트코리아(주)】	1990.09.01	임대 (5성)	311	23,263	58,169	5,641.10
	메가럭카지노 【(주)메가럭】	1995.12.28	임대 (5성)	33	203	707	1,347.72
12개 법인, 16개 영업장(외국인 전용)			직영:2 임대:14	5,620	1,407,047	2,067,084	39,735.3
강원	강원랜드카지노 【(주)강원랜드】	2000.10.12	직영 (5성)	2,077	1,320,219	2,413,082	15,481.19
13개 법인, 17개 영업장(내·외국인)			직영:3 임대:14	7,697	2,727,266	4,480,166	55,216.49

자료: 한국카지노업관광협회; 문화체육관광부, 2023년 12월 31일 기준.
주) 종사원 수: 수시변동, 면적: 전용영업장 면적.

1. **룰렛(Roulette)** : 작은 바퀴라는 뜻으로 Ball이 멈춘 숫자에 따라 승패

2. **블랙잭(Blackjack)** : 카드, 21에 가까우면 이긴다.

3. **다이스(Dice, Craps)** : 주사위 2개 이용

4. **포커(Poker)** : 카드

5. **바카라(Baccarat)** : 카드, 9에 가까우면 이긴다.

6. **다이사이(Tai Sai)** : 주사위 3개 이용

7. **키노(Keno)**

8. **빅휠(Big Wheel)**

9. **빠이 까우(Pai Cow)**

10. **판탄(Fan Tan)**

11. **조커 세븐(Joker Seven)**

12. **라운드 크랩스(Round Craps)** : 주사위 3개 이용

13. **트란타 콰란타(Trent Et Quarante)**

14. **프렌치 볼(French Boule)**

15. **차카락(Chuck – A – Luck)** : 주사위 3개 이용

16. **빙고(Bingo)**

17. **마작(Mahjong)**

18. **카지노워(Casino War)**

19. **슬롯머신(Slot Machine)**

20. **비디오게임(Video Game)**

제3절 **관광진흥법상의 의무 규정**

1. 허가 관련 사항

(1) 허가 및 관리 주체 : 문화체육관광부 장관

(2) 허가 요건

    ① 일반 요건

        ㉠ 사업계획서가 적정해야 하며 재정 능력 보유

        ㉡ 영업거래에 관한 내부통제 방안 수립

    ② 시설 및 위치

        ㉠ 관광호텔업 시설

        ㉡ 국제회의시설업의 부대 시설

        ㉢ 여객선일 경우 외국을 왕래하는 2만톤급 이상

    ③ 영업 시설

        ㉠ 330㎡ 이상의 전용 영업장

        ㉡ 외국환 환전소 1곳 이상

        ㉢ 4종류 이상 영업 가능한 카지노기구

        ㉣ 카지노 전산 시설

(3) 허가 제한

    ① 신규허가 이후 전국단위 외래관광객 60만명 이상 증가시 2개 이내 허가 가능
        (고려 사항: 관광객 및 이용객 증가 추세,기존업자 수용 능력, 외화획득 실적)

    ② 공공질서 및 카지노업의 건전한 발전 위해 허가 제한 가능

2. 카지노사업자의 준수 사항

(1) 법령에 위배되는 카지노기구를 설치하거나 사용하는 행위

(2) 카지노기구를 변조하거나 변조한 기구를 사용하는 행위

(3) 허가 받은 전용영업장 외에서 영업하는 행위

(4) 내국인을 입장시키는 것(해외이주자는 가능)

(5) 지나친 광고나 선전을 하는 행위

(6) 영업종류에 해당하지 아니하는 영업을 하거나 영업방법 및 배당금에 관한 신고를 하지
    아니하고 영업하는 행위

3. 관광진흥개발기금 납부 의무

(1) 납부액 범위 : 총매출액의 10% 이내에서 매출액 규모에 따른 차등 징수

(2) 매출액별 납부액

　① 10억 이하 : 매출액의 1%,
　② 10억~100억 이하 : 1천만원 + (총매출-10억)x5%
　③ 100억 초과 : 4억 6천 + (총매출-100억)x10%

4. 카지노 용어

(1) "콤프"라 함은 카지노사업자가 고객 유치를 위해 카지노 고객에게 무료로 숙식, 교통서비스, 골프비용, 물품(기프트카드 포함), 기타 서비스 등을 제공하는 것

(2) "크레딧"이라 함은 카지노사업자가 고객에게 게임참여를 조건으로 칩스로 신용 대여하는 것

(3) "칩스"라 함은 카지노에서 베팅에 사용되는 도구를 말한다.

(4) "카운트룸"이라 함은 드롭박스의 내용물을 계산하는 계산실을 말한다.

(5) "고객관리대장"이라 함은 카지노영업장에 출입한 사실이 있는 고객에 한정하여 고객의 이름, 여권번호, 국적, 유효기간 등의 기록을 유지하여 입장을 원활하게 하기 위한 장부를 말한다.

(6) "뱅크롤"이라 함은 영업준비금을 말한다.

(7) "베팅금액한도표"라 함은 1회 베팅가능 최저액과 최고액을 표시한 표를 말한다.

(8) "드롭박스"라 함은 게임테이블에 부착된 현금함을 말한다.

(9) "드롭"이라 함은 드롭박스 내에 있는 현금, 수표, 유가증권 등의 내용물을 말한다.

(10) "전문모집인"이라 함은 카지노사업자와 일정한 계약을 맺고 카지노사업자의 판촉을 대행하여 게임의 결과에 따라 수익을 분배하는 등의 행위를 하는 자, 또는 법인 등을 말한다.

(11) "머신게임"이라 함은 슬롯머신(Slot Machine) 및 비디오게임(Video Game)을 말한다.

(12) "뱅커"라 함은 블랙잭, 바카라와 같은 게임에서 진행하는 직원을 말한다.

01. 테마파크의 본질적 특성으로 옳지 않은 것은?

① 주제성　　　　　　　　② 이미지 통일성

③ 일상성　　　　　　　　④ 배타성

　해설　테마파크는 탈일상성(비일상성)을 특성으로 한다.

　정답　③

02. 다음 중 우리나라를 찾는 크루즈관광객에 대한 설명 중 관계가 먼 것은?

① 대규모의 관광객을 몰고 온다.　　　② 주로 당일관광을 한다.

③ 제주, 부산, 인천만 입항할 수 있다.　④ 실버연령층이 주 관광객이다.

　해설　여수와 속초에도 입항한다.

　정답　③

03. 국내 크루즈업에 관한 설명으로 옳은 것은?

① 법령상 관광객 유원시설업에 속한다

② 1970년대부터 정기 취항을 시작하였다.

③ 크루즈가 정박하여 관광객이 하선하는 부두를 기항지라고 한다.

④ 2020년 이후 입항 외래 관광객이 꾸준한 증가세를 보이고 있다.

　해설　1990년대에 정기 취항이 시작되었다.

　정답　③

04. 다음 관광사업별 행정절차가 바르게 연결된 것은?

① 카지노업 - 등록　　　　　　　② 야영장업 - 허가

③ 외국인관광 도시민박업 - 지정　④ 관광공연장업 - 등록

　해설　① 카지노업 : 허가　② 야영장업 : 등록　③ 외국인관광 도시민박업 : 등록

　정답　④

05. 한국관광공사에서 진행하는 한국관광 품질인증 대상 사업이 <u>아닌</u> 것은?

① 관광식당업　　　　　　　　② 관광펜션업

③ 한옥체험업　　　　　　　　④ 공중위생관리법에 따른 숙박업

　해설　한국관광 품질인증 대상 사업에는 야영장업, 외국인관광 도시민박업, 관광식당업, 한옥체험업, 관광면세
　　　　업, 공중위생관리법에 따른 숙박업, 외국인관광객면세판매장,일반음식점이 있다.

　정답　②

06. 외국인관광 도시민박업으로 등록하기 위한 기준에 해당되지 <u>않는</u> 것은?

① 한 종류 이상의 전통문화 체험에 적합한 시설을 갖추고 있을 것

② 객실마다 단독경보형 감지기를 설치

③ 건물의 연면적이 230제곱미터 미만일 것

④ 소화기를 1개 이상 구비할 것

　해설　②③④ 이외에도 외국어 안내서비스가 가능한 체제를 갖출 것이 있다.

　정답　①

07. 주사위 3개를 던져 나오는 숫자의 합 또는 조합을 맞히는 게임은?

① 다이사이　　　　　　　　　② 블랙잭

③ 바카라　　　　　　　　　　④ 룰렛

　해설　블랙잭(Blackjack) : 카드 게임, 21에 가까우면 이긴다.

　정답　①

08. 리조트와 관광지에 대한 설명으로 <u>잘못된</u> 것은?

① 리조트는 체류형이며 관광지는 주유형에 가깝다.
② 주로 관광단지의 개발을 통해 리조트가 만들어진다.
③ 관광지는 숙박시설이 선택사항이나 리조트는 필수사항이다.
④ 리조트는 단기 체류형이고 관광지는 장기체류형이다.

해설 리조트는 장기체류형이고 관광지는 단기 체류형이다.

정답 ④

09. 크루즈 유형의 분류기준이 <u>다른</u> 것은?

① 해양크루즈　　　　　　　　　② 연안크루즈
③ 하천크루즈　　　　　　　　　④ 국제크루즈

해설 해양크루즈, 연안크루즈, 하천크루즈는 크루즈가 활동하는 지역을 구분한 것이며 국제크루즈는 여러 나라를 기항한다는 의미이다.

정답 ④

10. 우리나라 카지노 산업의 현황으로 옳지 <u>않은</u> 것은?

① 카지노는 시도지사의 허가사항이다.
② 제주도에 가장 많은 수의 카지노가 영업 중이다.
③ 내국인의 출입이 가능한 카지노는 한군데이다.
④ 매출액의 일정액을 관광진흥개발기금으로 내야 한다.

해설 장관의 허가사항이다.

정답 ①

11. 다음 중 카드게임으로만 묶인 것은?

① 룰렛, 포커　　　　　　　　　② 다이스, 바카라
③ 블랙잭, 다이사이　　　　　　④ 바카라, 블랙잭

 카드 게임 : 바카라, 블랙잭, 포커

　　　주사위 게임 : 다이스, 다이사이

 ④

12. 우리나라 카지노 산업의 현황으로 옳지 <u>않은</u> 것은?

① 서울에는 외국인 전용 카지노가 3개 있다.

② 1967년 인천 올림포스호텔에 카지노가 최초로 개장되었다.

③ 외국인 출입이 가능한 카지노는 총16개이다.

④ 강원랜드는 복합 카지노 리조트이다.

 외국인 출입이 가능한 카지노는 강원랜드를 포함해서 총17개이다.

 ③

13. 다음 관광자가 즐기는 카지노 게임은?

> 내가 선택한 플레이어 카드 두 장의 합이 9이고, 딜러의 뱅커 카드 두 장의 합이 8이어서 내가 배팅한 금액의 당첨금을 받았다.

① 바카라　　　　　　　　　② 키노

③ 다이사이　　　　　　　　④ 다이스

 ①

14. 우리나라에서 카지노업이 허가될 수 있는 곳은?

① 관광특구 내 최상등급의 호텔업 시설　　② 1만톤급 이상 국내 여객선

③ 대규모 유원시설　　　　　　　　　　④ 대규모 관광공연장

 카지노업으로 허가를 받을 수 있는 시설 및 위치는 아래와 같다.

호텔업 시설일 경우	• 국제공항·국제여객터미널이 있는 시도에 위치 또는 관광특구 내에 위치 • 등급이 최상등급(없으면 차등급 호텔) • 외래관광객 유치 실적이 장관 공고 기준에 부합
국제회의시설업의 시설	
여객선일 경우	• 외국을 왕래하는 2만 톤급 이상으로 외국인 수송 실적이 장관의 공고 기준에 부합

 ①

15. 휠(wheel)안에 볼(ball)이 회전하다 포켓(pocket) 안에 들어간 번호가 위닝넘버(winning number)가 되는 게임은?

① 빅휠　　　　　　　　　　　② 바카라
③ 다이사이　　　　　　　　　④ 룰렛

해설 바카라는 카드게임으로 9에 가까우면 이기는 게임이다.
정답 ④

16. 숫자 적힌 판을 돌려 걸리는 숫자에 따라 승패가 결정되는 게임은?

① 빅휠　　　　　　　　　　　② 바카라
③ 다이사이　　　　　　　　　④ 룰렛

해설 다이사이는 주사위게임이다.
정답 ①

7편 관광마케팅

제1절 마케팅의 개념

1. **상품이나 서비스를 고객에게 유통시키는 모든 활동**

2. **피터 드러커 :** 고객 창조와 유지

3. **필립 코틀러 :** 필요와 욕구를 충족시키려는 인간 활동

4. **마케팅 발달의 원동력 :** 20세기초 과잉생산으로 인한 시장경쟁 가열

5. **제조업분야에서 시작되었고 관광분야는 후발 주자**

6. **관광마케팅 :** 관광객의 욕구를 충족시키는 모든 활동

제2절 마케팅의 발전 과정

1. **생산 지향 :** 1900~1930, 생산만 하면 팔리던 시대(Seller's market)

2. **제품 지향**

3. **판매 지향 :** 1930~1950, 공급 초과로 인한 buyer 주도 시장

4. **마케팅(고객) 지향 :** 1950년대 이후, 소비자와 고객이 중심이 되고, 고객을 연구하는 시기, 고객만족 추구

5. **사회 지향 :** 1970년대 이후, 소비자의 욕구 충족이 사회의 장기적인 이익과도 연결되어야 함을 지각(지속가능, 환경 문제 등 고려)

제3절 **마케팅의 Process**

1. 시장조사

(1) 수요예측

① 정량적 예측방법(과거의 정보 기반,단기 미래 예측에 활용)
- ㉠ 회귀분석법 : K-Pop이 외래관광객의 한국 방문에 기여한 정도는?
- ㉡ 시계열분석법 : 2019년 100만, 2020년 200만, 2021년 ?
- ㉢ 중력모형, 개재기회모형

② 정성적 예측방법(정보 부족, 장기 미래 예측에 활용)
- ㉠ 역사적 예측방법
- ㉡ 전문가패널
- ㉢ 델파이 기법 : 전문가에 설문지 제공
- ㉣ 시나리오 모델

(2) 환경분석

① 거시환경분석 : 정치, 경제, 사회, 자연 등 요인 분석
② 산업분석 : 경쟁현황,신규진입자,구매자(공급자) 협상력,대체상품 위협,
③ 기업분석 : 기업의 장단점 분석
④ SWOT분석 : 외부의 기회/위협요인, 내부의 장단점에 따른 전략 수립

2. STP(Segmentation,Targeting,Positioning)

(1) 시장 세분화(Market Segmentation)

① 하나의 시장을 여러 개의 하위시장으로 나누는 것
② 시장 세분화의 기준
- ㉠ 지리적 세분화 : 지역, 기후, 도시의 규모, 인구밀도
- ㉡ 인구통계적 세분화 : 연령별, 성별, 소득별, 직업별, 종교별
- ㉢ 심리형태별 세분화 : 개성, 라이프 스타일, 가치, 관심
- ㉣ 행동형태별 세분화 : 제품에 대한 태도, 구매횟수, 사용량
  (AIO분석 : 라이프스타일을 측정하는 기법)

③ 시장 세분화의 요건
- ㉠ 측정가능성 : 시장별 규모,구매력,비용,이익 등이 측정될 수 있어야 한다.
- ㉡ 접근 가능성 : 마케팅 노력이 세분시장에 도달하기 쉬워야 한다.
- ㉢ 실질성 : 세분화된 시장이 규모가 있고 수익성을 확보할 수 있어야 한다.
- ㉣ 집행력(실천 가능성) : 마케터가 세분된 시장에 마케팅 프로그램을 수립, 집행할

수 있는 능력이 있어야 됨

④ 시장 세분화의 장점

㉠ 자원의 효과적인 배분이 가능하다.

㉡ 강점이 있는 시장에 집중하여 성공 가능성을 높인다.

(2) 표적시장 공략(Targeting)

① 시장을 세분화 한 뒤 그 중에서 특정한 시장을 표적으로 삼아 공략하는 것

② 표적시장 선정기준 시장매력도, 성장가능성, 기대 이익, 경쟁우위

③ 공략의 방법 : 마케팅 믹스를 적용하는 방법

㉠ 무차별 마케팅(Undifferentiated Marketing)

㉡ 차별화 마케팅(Differentiated Marketing) : 프리미엄 고객 우대

㉢ 집중화 마케팅(Concentrated Marketing) : 대한민국 2%

(3) 포지셔닝(Positioning)

① 고객의 인식 속에 어떻게 자리 잡느냐의 문제(어떠한 이미지로)

② 가격, 기능, 품질, 이미지 등에서 적절한 소재 선택한다.

3. 마케팅 믹스

여러 수단을 결합하여 최적의 마케팅 계획을 수립하는 것으로 결국 어떠한 제품을 만들어, 얼마의 가격에, 어떤 경로로, 어떻게 선전을 할 것인가의 문제이다.

(1) 존 하워드의 통제가능 요소와 통제 불능 요소

① 통제 가능 요소 : 제품,가격,경로,광고,입지,인적판매

② 통제 불가능 요소 : 수요,경쟁,법적규제,마케팅비용,유통구조

(2) 매카시의 4P

① 상품(Product) : 차별화된 상품으로 경쟁우위 점유 전략

② 가격(Price) : 수익을 올리고, 시장점유율 높이는 가격 전략

③ 유통(Place) : 어떠한 경로로 고객에게 전달되도록 하는가

④ 촉진(Promotion, 선전) : 어떻게 고객에게 제품을 알릴 것인가

㉠ 광고(Advertising) : 유료로 언론매체를 통해 고객에게 알리는 것

ⓐ AIDCA or AIDMA : Attention, Interest, Desire, Confidence(Memory), Action

㉡ 홍보(Publicity) : 언론 매체에 상품이나 서비스에 관한 정보를 제공하여 알리게 하는 것

ⓒ PR : 대중을 상대로 직접 정보를 전달하는 방법

4. 실행

5. 결과분석

제4절 상품수명주기에 따른 마케팅 전략(Product Life Cycle, PLC)

1. 도입기

(1) 상황 : 시장 기반구축 위해 광고, 홍보 활발

(2) 전략 : 고가 정책(skimming policy), 저가 정책(penetration policy)

2. 성장기

(1) 상황 : 판매 및 이익 증대, 경쟁자 진입 증가

(2) 전략 : 가격 인하/서비스 추가/새로운 유통경로 이용

3. 성숙기

(1) 상황 : 매출 성장세가 둔화

(2) 전략 : 목표 시장 추가, 경쟁자 고객 유인, 제품 개선

4. 쇠퇴기

(1) 상황 : 제품 수요 감소, 회생 가능성 없다

(2) 전략 : 비용 지출 축소, 영업 중단, 매각 검토

※ 버틀러의 관광목적지 수명주기
탐험 - 개입단계 - 발전단계 - 강화단계 - 정체 단계 - 쇠퇴단계

1. 관계마케팅(Relationship Marketing)

(1) 고객과의 유대관계를 형성/지속하여 충성고객을 창조/유지하는 마케팅

(2) 기존회원을 대상으로 생일 등 기념일에 다양한 이벤트를 제공하는 것

2. 내부마케팅(Vs 외부마케팅)

(1) 내부직원을 대상으로 동기부여하기 위한 여러 활동

(2) 직원을 고객으로 봄

(3) 근무여건, 복리후생 등도 고려

3. 직접마케팅

(1) 기업이 제품의 정보를 소비자에게 직접 전달하여 구매행동을 이끌어 내는 마케팅

(2) 우편 및 이메일 발송

4. 바이럴마케팅

이메일이나 SNS 등 전파 가능한 매체를 통해 제품을 홍보하도록 유도하는 마케팅 기법

5. 구전 마케팅(버즈 마케팅)

입소문 마케팅이라고도 한다.

01. 시장 세분화의 기준이 <u>아닌</u> 것은?

① 행동형태별 세분화
② 심리형태별 세분화
③ 인구통계적 세분화
④ 지역적 세분화

해설 지리적 세분화로 고쳐야 한다.
정답 ④

02. 시장 세분화의 기준 중 행동형태별 세분화에 해당하지 않는 것은?

① 구매횟수
② 라이프스타일
③ 사용량
④ 제품에 대한 태도

해설 라이프스타일은 심리형태별 세분화에 해당한다.
정답 ②

03. 상품수명주기에 따른 마케팅 전략 중 다음과 같은 전략을 구사해야 하는 단계는?

매출액의 성장이 둔화되기 때문에 목표 시장 추가하고 경쟁자의 고객을 유인해야 한다.

① 쇠퇴기
② 도입기
③ 성장기
④ 성숙기

해설 성장기는 판매 및 이익 증대, 경쟁자 진입 증가가 특징이다.
정답 ④

04. 다음 중 마케팅에 대한 올바른 설명은?

① 영업과 같은 개념이다.
② 마케팅의 최종 목표는 생산확대이다.
③ 관광마케팅 이론은 19세기부터 정립되었다.
④ 핵심개념은 고객창조와 유지라고 할 수 있다.

해설 ② 마케팅의 최종 목표는 고객창조와 유지라고 할 수 있다.
　　　③ 관광마케팅 이론은 20세기 후반부터 이론정립이 시작되었다.
정답 ④

05. 술의 판매량이 늘면 안주의 판매량도 늘어난다. 이와 같은 관계를 무엇이라고 하는가?

① 보완관계　　　　　　　　　② 경쟁관계
③ 대체관계　　　　　　　　　④ 매개관계

해설 같은 주류 중에서 맥주와 소주는 대체관계라 할 수 있다.
정답 ①

06. 자기 회사의 제품을 경쟁사 제품 대비 차별적으로 인식시키는 것을 무엇인가?

① 포지셔닝(Positioning)　　　② PR
③ 홍보　　　　　　　　　　　④ 타켓팅

해설 포지셔닝(Positioning)은 인식의 문제로 귀결된다.
정답 ①

07. 다음은 마케팅믹스 중에서 어디에 중점을 둔 전략인가?

> 60세 은퇴자들은 온천여행을 선호한다. 겨울에 온천을 즐기는 것으로 여행상품을 구성한 결과 인기상품이 되었다.

① Price　　　　　　　　　　② Promotion
③ Place　　　　　　　　　　④ Product

해설 마케팅믹스 중에서 제품을 어떻게 구성할 것인가의 문제이다.

정답 ④

08. 다음의 표적시장 선정 전략은?

> A여행사는 남성 관광객에게는 스키투어, 여성 관광객에게는 쇼핑투어를 옵션관광상품으로 개발하려는 전략을 수립하였다.

① 고도화　　　　　　　　　　② 차별화

③ 집중화　　　　　　　　　　④ 단순화

해설 고객별 수요특성을 파악하여 차별화된 상품을 적용시키는 것이다.

정답 ②

09. 관광분야에서의 마케팅의 특징으로 거리가 <u>먼</u> 것은?

① 제품의 수명주기가 짧다.　　　　② 공급자간의 경쟁이 심하다.

③ 제품품질의 균일성을 확보하기 쉽다.　　④ 고객에 따라 효용이 달라진다.

해설 인적서비스의 성격이 강하기 때문에 사람에 따라 품질이 상이할 수 있다.

정답 ③

10. 외적인 환경과 내적인 경쟁력을 분석하여 전략을 수립하는 방식을 무엇이라고 하는가?

① AIO 분석　　　　　　　　　② 거시환경분석

③ SWOT분석　　　　　　　　　④ CRM

해설 SWOT분석은 외부의 기회/위협요인, 내부의 장단점에 따른 전략 수립하는 것이다.

정답 ③

11. AIO 분석에서 해당사항이 <u>없는</u> 것은?

① Attention   ② Interest

③ Opinion   ④ Activity

해설 AIO분석은 라이프스타일을 측정하는 기법이다.
정답 ①

12. 관광마케팅의 STP전략에 관한 설명으로 옳은 것은?

① S는 Smart를 의미한다.   ② S는 Segmentation을 의미한다.

③ P는 Purchasing을 의미한다.   ④ P는 Pricing을 의미한다.

해설 P는 포지셔닝(Positioning)을 의미한다.
정답 ②

13. 관광수요의 정성적 수요예측방법이 <u>아닌</u> 것은?

① 시계열법   ② 델파이법

③ 전문가 패널   ④ 시나리오 설정법

해설 시계열법은 정량적 방법에 속한다.
정답 ①

14. 마케팅전략 개발에 유용하게 이용될 수 있는 AIO분석에 관한 설명으로 옳지 <u>않은</u> 것은?

① 소비자의 관찰가능한 일상의 제반 행동이 측정 대상이다.
② 특정 대상, 사건, 상황에 대한 관심 정도가 측정 대상이다.
③ 소비자에게 강점과 약점으로 인식되는 요소를 찾아내는 것이다.
④ 소비자의 특정 사물이나 사건에 대한 의견을 파악한다.

해설 ③번 지문은 SWOT분석에 해당한다.
정답 ③

8편 국제회의업(CONVENTION 산업)

제1절 국제회의의 개념

1. 국제회의 의의

(1) 국제적인 이해관계를 해결하기 위해 다수 국가의 대표자가 참석하여 개최하는 회의

(2) Convention : Con(together) + Vene(come)

2. 국제회의의 형태별 분류

(1) 컨벤션, Congress,Conference : 일반적인 의미의 국제회의

(2) 세미나,심포지엄,포럼,워크숍 : 연수회, 학습회

① 세미나(Seminar) : 교육목적을 띤 회의, 정해진 주제 발표 및 토론

② 심포지엄(Symposium) : 특정 주제에 대해 전문가들이 청중 앞에서 벌이는 공개토론으로 청중에게 제한된 질의 기회 부여

③ 포럼(Forum) : 동일분야 전문가들이 벌이는 공개토론회

④ 워크숍(Workshop) : 전문적인 기술/지식을 서로 교환하여 새로운 지식 창출

⑤ 패널토의 : 청중 앞에서 사회자와 연사가 공개토론 벌임

⑥ 클리닉(Clinic) : 특정한 주제를 가지고 소그룹으로 기술을 습득하는 모임

(3) 전시회(Exhibition)

① 주목적은 전시회이지만 부수적으로 회의를 동반한다.

② Expo, Fair, Show, Messe, Trade(show)로 불린다.

③ Fair, Trade show는 전시장에서 전시상품을 판매한다.

3. 국제회의의 기준

(1) 주최자, 회의 기간, 참가국 및 참가자 수, 외국인 참가자 수에 따라 결정

(2) 국제협회연합(Union of Int'l Associations, UIA)의 기준

① 국제기구가 주최하거나 후원할 경우 또는 국제기구에 가입한 단체가 주최할 것

② 참가국 5개국 이상, 참가자수 300명 이상(외국인 40% 이상)

③ 회의기간 3일 이상

(3) 국제컨벤션협회(Int'l Congress & Convention Association, ICCA)

참가자수 50명 이상이고 4개국 이상을 돌며 정기적으로 회의를 할 것

(4) 국제회의산업 육성에 관한 법률(국제회의산업법)상의 기준

① 국제기구,기관 또는 법인단체가 개최하는 회의의 경우

㉠ 3개국 이상의 외국인이 참가할 것

㉡ 전체 참가자가 100명 이상일 것

㉢ 외국인 50명 이상일 것

㉣ 2일 이상 진행할 것

4. 국제회의의 효과

(1) 경제적 효과

다수의 참가자가 숙박 등 소비행위(일반 관광객보다 소비액 높음)

(2) 사회, 문화적 효과

① 인적 교류, 정보교류 통한 국제 친선 도모

② 개최국의 이미지와 인지도 개선

(3) 정치적 효과

국가 간의 협력 증진, 국가 홍보 기능, 국제 지위 향상

(4) 관광진흥 효과

관광비수기를 극복하기 위한 최적의 기회

5. 국제회의의 성격

복합성, 경제성, 공익성, 전문성, 국제성, 파급효과

제2절 **국제회의산업의 구성요소**

1. 국제회의산업의 의의

(1) 국제회의의 유치와 개최에 필요한 시설 및 서비스 관련 산업

(2) 국제회의시설업 및 기획업을 포함한 국제회의와 관련된 제반 사업의 총합

2. 우리나라 국제회의산업의 현황

(1) 국제회의는 문체부에서, 전시회는 산업통상자원부에서 담당

(2) 국제회의 전문시설의 공급 과잉

(3) 지자체 간의 과도한 유치 경쟁

3. 국제회의 시설

(1) 시설의 종류(국제회의산업법상의 분류)

① 전문회의시설
② 준회의시설
③ 전시시설
④ 부대시설(음식점, 주차, 휴식, 숙박, 판매/쇼핑 시설)

(2) 시설 현황

지 역	센터명	개관일	규모	
			회의실 수(개)	전시장(㎡)
수도권	aT센터	2002.11	11	7,422
	SETEC	1999.05	–	7,948
	COEX	1988.09/2000.05	92	36,007
	KINTEX	2005.09	40	108,566
	송도 컨벤시아	2008.11	26	8,416
충청권	DCC	2008.04	20	2,520
호남권	KDJ Center	2005.09	31	12,027
	GSCO	2014.07	11	3,000
대경권	EXCO	2001.04	24	22,159
	GUMICO	2010	7	3,402
	HICO	2015.02	17	2,273
동남권	BEXCO	2001.09	52	46,380
	CECO	2005.09	12	7,827
제주권	ICC Jeju	2003.03	29	2,395

자료: 전시산업진흥회, 2017년 발간 국내전시산업통계 기준

(3) 시설별 개최 현황

　① 호텔/콘도 : 40%,

　② 컨벤션센터, 전문전시장 : 30%,

　③ 대학교, 연구기관 : 15%

　④ 기타 : 15%

(4) KOREA 유니크베뉴

　① 한국관광공사에서 국제회의 장소로 선정

　② 선정 내역 : 20곳

　　㉠ 서울 : 국립중앙박물관, DDP, 한국의집, 삼청각, 새빛섬

　　㉡ 부산 : 더베이101, 영화의전당, 누리마루

　　㉢ 대구 : 대구텍스타일컴플렉스, 83그릴

　　㉣ 인천 : 현대크루즈

　　㉤ 광주 : 월봉서원, 문화원

　　㉥ 제주 : 생각하는 정원

　　㉦ 강원 : 남이섬

　　㉧ 경기 : 한국민속촌

　　㉨ 경남 : 창원해양공원

　　㉩ 경주 : 황룡원, 한옥마을

　　㉪ 고양 : 중남미문화원

4. 국제회의 기획업

(1) 행사의 시작부터 끝날 때까지의 모든 과정을 계획/준비 및 진행하는 업무 수행

(2) 국제 회의를 유치한 주최자로부터 위탁받아 수행한다.

(3) PCO(Professional Congress Organizer)라고 불린다.

(4) 현재 국내에는 200여개 넘는 기획업체가 영업중

(5) 국가자격증으로 컨벤션기획사1, 2급이 있다.

5. 정부 및 지방자치단체

(1) 국제회의 전담기관을 지정하여 국제회의의 유치/개최 지원, 인력양성, 국외홍보 등 지원

(2) 국제회의 전담기구를 CVB(Convention and Visitors Bureau)라고 부른다.

(3) 문체부장관은 한국관광공사를 전담기관으로 지정하였으며 지방자치단체는 각 지자체

별로 전담기구를 설립하여 운영하고 있음

6. MICE 산업

(1) MICE의 의미 : 대규모 관광객을 유치하는 행사

① Meeting : 일반적인 회의
② Incentive : 포상 관광(보상 관광)
③ Convention : 국제회의
④ Exhibition : 전시회(Event를 포함시키기도 한다)

(2) MICE의 각 행사들은 대규모 방문객이 유입되어 숙박, 교통, 쇼핑, 관광 등 연관산업에 파급효과가 크기 때문에 이런 행사를 유치하고 성공적으로 개최하는 데 국가적인 역량을 모으고 있다. 이러한 연관 산업을 통틀어서 MICE 산업이라고 한다. ※ Event의 분류

- Mega Event : 올림픽, 세계육상대회, 엑스포
- Hallmark Event : 지역색을 띄는 축제(리우 카니발, 지평선 축제)

(3) 국제적인 관광박람회 : FITUR(스페인 마드리드), ITB(베를린), WTM(런던)

(4) 박람회 관련 국제기구 : 국제박람회기구(BIE)

7. 국제회의도시 지정내역(11개 도시)

서울, 대구, 대전, 광주, 창원, 부산, 제주, 인천, 고양시, 경주시, 평창

제3절   국제회의 관련 국제기구

1. 국제협회연합 (Union of Int'l Associations, UIA)

(1) 설립 : 1907, 벨기에 브뤼셀, 35개 국가

(2) 국제회의 정보 수집, 자료 발간, 통계 작성

2. 국제컨벤션협회(Int'l Congress & Convention Association, ICCA)

(1) 설립 : 1963, 네덜란드 암스테르담, 80개 국가

(2) 국제회의 기획/진행 등에 관한 자문서비스 제공

3. 아시아컨벤션뷰로협회

(Asian Association of Convention and Visitors' Bureau, AACVB)

(1) 설립 : 1983, 중국 마카오, 아시아 10개국

(2) 회원국의 홍보 및 국제회의 운영 능력 지원

제4절 우리나라의 국제회의 개최 현황

2023년 : UIA기준 세계 4위(ICCA기준 11위)

01. 국제회의산업의 파급효과 중 사회문화적 효과로 옳지 않은 것은?

① 국제수지 개선
② 국제친선 도모
③ 지역문화 발전
④ 상호이해 증진

해설 국제수지 개선은 경제적인 효과로 봐야 한다.
정답 ①

02. 국제회의 분야에서 가장 일반적인 용어로서 사전에 결정된 일정에 의해 진행되는 공식적인 회의, 전시, 이벤트 등을 수반하는 국제회의 형태는?

① Convention
② Seminar
③ Meeting
④ Workshop

해설 Conference도 비슷한 개념이다.
정답 ①

03. 제시된 안건에 대해 전문가들이 청중 앞에서 벌이는 공개토론 형식으로 청중들도 질의에 참여할 수 있는 회의 형태는?

① 심포지움
② 세미나
③ 패널토론
④ 워크샾

해설 심포지움의 핵심 요소는 '공개토론' 이다.
정답 ①

04. 다음 설명에 해당하는 것은?

> 컨벤션산업 진흥을 위해 관련 단체들이 참여하여 마케팅 및 각종 지원 사업을 수행하는 전담기구

① CVB
② MICE
③ 국제회의도시
④ CRS

05. 다음에서 설명하는 회의는?

> 대개 30명 이하의 규모이며, 주로 교육목적을 띤 회의로서 전문가의 주도하에 특정 분야에 대한 각자의 지식이나 경험을 발표·토의한다. 발표자가 우월한 위치에서 지식의 전달자로서 역할.

① 포럼(forum)
② 세미나(seminar)
③ 패널토의(panel discussion)
④ 컨퍼런스(conference)

06. 특정한 주제를 두고 상반된 견해를 가진 동일분야 전문가들이 벌이는 회의는?

① Forum
② Seminar
③ 페널토의
④ Congress

07. 전시회를 뜻하는 것이 <u>아닌</u> 것은?

① Fair　　　　　　　　　　② Messe

③ PCO　　　　　　　　　　④ Show

해설 Fair와 Trade Show는 현장에서 상품을 판매한다는 것이 특징이다.

정답 ③

08. 국제회의 시설과 그 시설의 소재 도시가 틀리게 연결된 것은?

① GSCO : 군산　　　　　　② 송도 컨벤시아 : 인천

③ EXCO : 대전　　　　　　④ CECO : 창원

해설 EXCO는 대구에 있다.

정답 ③

09. 다음 중 국제회의와 관련된 국제기구가 <u>아닌</u> 것은?

① ICCA　　　　　　　　　② ASTA

③ UIA　　　　　　　　　　④ AACVB

해설 ASTA는 미주여행업협회로서 국제회의와는 관련이 없다.

정답 ②

10. 국제회의의 형태별 분류 중 다음 설명에 해당하는 것은?

> 문제해결능력의 일환으로서 참여를 강조하고 소집단(30~35명) 정도의 인원이 특정 문제나 과제에 관해 새로운 지식·기술·아이디어 등을 교환하는 회의로서 강력한 교육적 프로그램

① 세미나(seminar)　　　　② 컨퍼런스(conference)

③ 포럼(forum)　　　　　　④ 워크숍(workshop)

해설 워크숍(workshop)의 핵심요소는 '문제해결', '참여를 강조', '새로운 지식·기술·아이디어 등을 교환'이다. 세미나(seminar)를 답으로 택해서 틀린 경우가 많다.

정답 ④

11. 다음에서 설명하는 용어는?

> 국제회의 개최와 관련한 다양한 업무를 주최 측으로부터 위임 받아 부분적 또는 전체적으로
> 대행해 주는 영리업체

① CVB   ② NTO
③ TIC   ④ PCO

해설 Professional Congress Organizer의 약자이다.
정답 ④

12. 다음 중 국제회의도시로 지정된 곳이 <u>아닌</u> 것은?

① 창원시   ② 평창군
③ 경주시   ④ 속초시

해설 국제회의도시(11) : 서울, 대구, 대전, 광주, 창원, 부산, 제주, 인천, 고양시, 경주시, 평창
정답 ④

13. 다음 중 MICE의 의미를 <u>잘못</u> 파악한 것은?

① M : Meeting   ② E : Exhibition
③ I : Inclusive   ④ C : Convention

해설 I : Incentive
정답 ③

14. 우리나라에서 MICE산업을 종합적으로 지원하는 기관은?

① KTO   ② KATA
③ KTA   ④ PCO

해설 KTO(한국관광공사)가 MICE산업을 지원하는 전담기구로 지정되어 있다.
정답 ①

관광통역안내사 필기 1차 한권으로 끝내기

편 저 자   김성태/이한용 편저
제 작 유 통   메인에듀(주)
초 판 발 행   2025년 12월 10일
초 판 인 쇄   2025년 12월 10일
마 케 팅   메인에듀(주)
주   소   서울시 강동구 천중로 23, 3층
전   화   1544-8513
정   가   37,000원

I S B N   979-11-89357-88-7